Oya Baydar

YAZARLAREVİ CİNAYETİ

Can Çağdaş

Yazarlarevi Cinayeti, Oya Baydar

1. basım: 2022
3. basım: Şubat 2023, İstanbul
Bu kitabın 3. baskısı 2000 adet yapılmıştır.

Dizi editörü: Cem Alpan
Editör: Mustafa Çevikdoğan
Düzelti: Melis Oflas
Mizanpaj: Bahar Kuru Yerek

Sanat yönetmeni: Utku Lomlu / Lom Creative (www.lom.com.tr)
Kapak tasarımı: Kubilay Aydemir

Baskı ve cilt: BPC Matbaacılık San. ve Tic. A.Ş.
Osmangazi Mah. Mehmet Deniz Kopuz Cad. No.17/1
Esenyurt, İstanbul
Sertifika No: 48745

ISBN 978-975-07-5707-5

CAN SANAT YAYINLARI
YAPIM VE DAĞITIM TİCARET VE SANAYİ A.Ş.
Maslak Mah. Eski Büyükdere Cad. İz Plaza Giz, No: 9/25, Sarıyer/İstanbul
Telefon: (0212) 252 56 75 / 252 59 88 / 252 59 89 Faks: (0212) 252 72 33
canyayinlari.com
yayinevi@canyayinlari.com
Sertifika No: 43514

Oya Baydar

YAZARLAREVİ CİNAYETİ

ROMAN

can

Oya Baydar'ın Can Yayınları'ndaki diğer kitapları:

Elveda Alyoşa, 1991

Kedi Mektupları, 1992

Hiçbiryere Dönüş, 1998

Sıcak Külleri Kaldı, 2000

Erguvan Kapısı, 2004

Kayıp Söz, 2007

Çöplüğün Generali, 2009

Bir Dönem İki Kadın (Melek Ulagay'la birlikte), 2011

O Muhteşem Hayatınız, 2012

Yetim Kalacak Küçük Şeyler, 2014

Surönü Diyalogları, 2016

Yolun Sonundaki Ev, 2018

Köpekli Çocuklar Gecesi, 2019

80 Yaş Zor Zamanlar Günlükleri, 2021

OYA BAYDAR, 1940'ta İstanbul'da doğdu. Notre Dame de Sion Fransız Kız Lisesi'nin son sınıfında yazdığı *Allah Çocukları Unuttu* adlı gençlik romanı nedeniyle neredeyse okuldan atılıyordu. 1964'te İÜ Sosyoloji Bölümü'nü bitirdi. Aynı yıl bu bölüme asistan olarak girdi. "Türkiye'de İşçi Sınıfının Doğuşu" konulu doktora tezinin Üniversite Profesörler Kurulu tarafından iki kez reddedilmesi üzerine öğrenciler olayı protesto için rektörlüğü işgal ettiler. Bu olay üniversiteden ayrılmasına yol açtı. Daha sonra Ankara Hacettepe Üniversitesi'ne sosyoloji asistanı olarak girdi. 1971'deki 12 Mart Askerî Müdahalesi sırasında, TİP ve TÖS üyesi olarak sosyalist kimliği nedeniyle tutuklandı ve üniversiteden ayrıldı. *Yeni Ortam*, *Politika* gazetelerinde köşe yazarlığı yaptı. 12 Eylül sırasında yurtdışına çıktı. 1992'ye kadar 12 yıl Almanya'da sürgünde kaldı. Burada, sosyalist sistemin çöküş sürecini yakından yaşadı. 1991'de yazdığı *Elveda Alyoşa* adlı öykü kitabıyla Sait Faik Hikâye Armağanı'nı, 1993 yılında da *Kedi Mektupları* adlı romanıyla Yunus Nadi Roman Ödülü'nü aldı. Türkiye'ye dönüşünde Tarih Vakfı ve Kültür Bakanlığı'nın ortak yayını olan *İstanbul Ansiklopedisi*'nde redaktör ve *Türkiye Sendikacılık Ansiklopedisi*'nde genel yayın yönetmeni olarak çalıştı. *Sıcak Külleri Kaldı* romanıyla 2001 yılı Orhan Kemal Roman Armağanı'nı, *Erguvan Kapısı*'yla da 2004 Cevdet Kudret Edebiyat Ödülü'nü aldı. Romanları 38 dilde yayımlandı. *Hiçbiryer'e Dönüş*'le 2011 Carical Akdeniz Kültürü Edebiyat Ödülü'nü, *Sıcak Külleri Kaldı* ile 2016 Fransa-Türkiye Edebiyat Ödülü'nü kazandı.

www.oyabaydar.com

Ada

Yirmi iki yıl olmuş. Sorsalar sekiz-on yıl derdim. İnsanın zaman algısı ne tuhaf! Bazen bir yıl bir ömür oluyor, bazen bir ömür bir yıla sığıyor.

Adanın silueti yavaş yavaş belirginleşiyor, yaklaşıyoruz. Okumaya başladığım kitabı kapatıp çantama yerleştiriyorum. Son günlerde çok konuşulan, metro istasyonlarında büyük boy afişlerle, kitap eklerinde tam sayfa ilanlarla tanıtılan bol reklamlı bir roman. Kapağında mühre benzer kırmızı bir daire içinde "ilk 100 bin" yazıyor.

Romanların ilk cümlesi önemlidir derler, ben önce son cümleyi okurum. Bir olayın, bir yaşamın, bir ilişkinin, bir konuşmanın nasıl sona erdiği nasıl başladığından çok daha ilginç gelir bana. Elimdeki kitap, "Kibrit arıyordum, hatırladığım son şey bu," cümlesiyle bitiyor. Romana başlamama, arkadaşlarımın önerilerinden, tanıtımların yaygınlığından çok bu son cümle neden oldu. Kibriti buldu mu, bulduysa ne yapacak merakı...

Çocukluğumda yaptığım gibi kollarımı teknenin küpeştesine dayıyorum. Artık boyum yetişiyor, herkesin yüreğini ağzına getirerek ayaklarımı yerden kesmem gerekmiyor. Kayalık tepeler, mayıs ayında güneybatı yamaçlarını sarıya boyayan katırtırnakları –bu kaba ad, o zarif, güzelim çiçeklere ne büyük haksızlık!–, yaklaştıkça yoğunlaşan iğde çiçeği, kekik, yosun kokusu –demek ki yel gündoğudan esiyor–, fıstık çamlarının sahile kadar indiği mermer çakıllı küçük koylar –Kleopatra Plajı dediğimiz hangisiydi?–, sonra sıra sıra kayalar, burunlar: Meleme Burnu, Ayı Taşı, güneydoğuya dönerken Masa Kayası –Hayırrrrr, hayır! Orayı geç, orası artık yok, orayı görmedin, unut!–.

İçimde kıpır kıpır bir heyecan; ürkek, biraz da suçlu bir sevinçle, unutmak isteyip de bir türlü unutamadığım çocukluğuma, ilkgençliğime, Ada'da olmanın verdiği özgürlük duygusuna dönüyorum.

Babam bizi bırakıp gittikten sonra Ada'yı da evi de orada geçirdiğim mutlu çocukluk anılarını da silmiştim aklımdan. Öyle sanıyordum. Demek ki silememişim, sadece bastırmışım, bilinçdışının en karanlık dehlizlerine itmişim ki şimdi Ada'nın bahar kokularıyla birlikte o duygular da birer birer çıkıyor saklandıkları geçmiş zaman mezarlarından.

Annem, "Babanız bir süre bizden ayrı yaşayacak. İstediği gibi yazamadığını, devam edebilmek için bir süre kendisiyle baş başa kalması gerektiğini düşünüyor. Bağımsızlığa, yalnızlığa ihtiyacı var. İstediğiniz zaman görüşebileceksiniz tabii," dediğinde on beşimi yeni bitirmiştim. Erkek kardeşim on bir yaşındaydı. Sonraki yıllarda babam, yaz tatillerinde ister yalnız ister annemle birlikte gelip köyde birkaç hafta geçirmemizi defalarca teklif ettiğinde hatta zorladığında, ne annem ne de ben kabul ettik. Orası, yapımının bitmesini heyecanla beklediğimiz, odalarımızı nasıl döşeyeceğimizin, nasıl süsleyeceğimizin hayalini kurduğumuz, büyük umutlarla vişne, kayısı, erik fidanları diktiğimiz, mevsimi geldiğinde hangi zeytin ağacını hangimizin toplayacağını gövdelerine işaretlediğimiz aile yuvamızdı. Bir yazlık evden çok daha fazlasıydı, mutlu çocukluğuma dikilmiş bir anıttı.

Babamız böyle birdenbire gidip de küçük ailemiz dağıldığında kır evimizin de Ada'nın da büyüsü bozulmuştu. Kendimi ihanete uğramış hissediyordum, babamın değil Ada'nın ihanetine... Duyduğum acıyı, hayal kırıklığını, yüzüstü bırakılmışlığın öfkesini yükleyemeyecek kadar çok seviyordum babamı. Bütün suç Ada'daydı, babamı büyülemiş, bizi ayırmıştı. O günlerden içimde buruk bir özlem, ince bir keder, ne kadar bastırmaya çalışırsam çalışayım yüreğimden atamadığım bir sitem kaldı.

Şimdi düşünüyorum da babamı gözümde, gönlümde nasıl da büyütmüşüm. O benim idolümdü. Onun gibi karizmatik, ünlü, sevecen bir adamın bir kız çocuğuna böyle hissettirmesinin nedenleri vardı kuşkusuz, bir de Jung ustanın yabana atılmaması gereken Elektra kompleksi...

Annemiz bunca yıldır herkesin gıptayla izlediği evliliklerine babamın nokta koymasından duyduğu acıyı, tepkiyi, terk edilmiş kadın ezikliğini ne bize ne de çevresine yansıttı. Dik durdu, işine, mesleğine sarıldı. Her şeyle kendi içinde hesaplaştı ve sanırım ödeşti ki babama düşmanlaşmadı, kin duymadı, duyduysa da kimseye belli etmedi. Onun sıradan biri olmadığını, böyle özel insanları anlamak gerektiğini düşünüyordu ya da öyle düşünmeye zorluyordu kendini. Bunu bana yıllar sonra, yetişkin bir kadın olduğumda, kocamdan ayrılmaya karar verdiğim sırada söyledi. "Mutluluğun bedeli vardır, ben o bedeli ödemeye hazırdım," dedi. "Baban gibi biriyle evlenmişsen, yaşlanınca pantuflalarını giyip uzun kış gecelerinde şöminenin karşısında pişpirik oynayacağınızı hayal edemezsin. Evlenirken biliyordum bunu. Benimki bilinçli bir tercihti, hiç de pişman olmadım."

Asıl özel olan annemdi belki de. Babamın büyük aşkı olmanın tattırdığı gururla karışık mutluluk, artık geçmişte kalmış da olsa ona yetiyordu. Birlikteliklerinin anısını karartmadan, çirkinleştirmeden korumaya, diri tutmaya çalışıyordu. Sadece aşk değil yoldaşlıktı onlarınki. Bunu sonraları, babam bir gece epeyce içip çakırkeyif olduktan sonra anneme sarılıp, "Bizimki devrim nikâhı değildi, annenize âşıktım, devrimciliğe de bu yüzden heveslendim belki; o güçlü, akıllı, güzel kıza tutkun olduğumdan onun yoluna gittim," dediğinde öğrendim.

Ayrılığın ilk yıllarında, tatillerde babam ne zaman Ada'ya çağırsa kardeşim koşa koşa gider, her defasında da pek memnun dönerdi. Babamızın küçük bir tekne aldığını, birlikte balığa çıktıklarını, bir bahçıvan tuttuğunu, zeytinlerin henüz olgunlaşmadığını, kalabalık misafirler ağırladığını, eve bakan Sultan Abla'nın çok güzel yemekler, kurabiyeler, poğaçalar yaptığını, gitmemekle enayilik ettiğimi, babamızın buna alındığını anlatıp duruyordu. O zaten hep babacıydı. Bence yürekten değil, başına buyruk tatlı hayatı sevdiğinden, kendi çıkarlarını kolladığından. Annemin disiplininden bunalmasının da payı olmalı bunda. Çok sonra bir gün bu konu açıldığında, "O ev hepimizindi, annemin de bizim de payımız vardı orada, siz de sahip çıksaydınız bunlar olmazdı," demişti. Babamın evimizi kendi adını taşıyan bir yazarlarevi olarak tescil ettirmesini kastediyordu.

Tekne doğuya kırıp sahil sahil ilerlerken bir şeyin eksik olduğunu fark ediyorum. Çocukluğumun Ada günlerinin unutulmaz anısı: Tekne kıyıya iyice yaklaşınca hoparlörlerden "El salla kol salla, sağ gösterip sol salla" nakaratı yükselirdi. Barış Manço'nun o günlerde çok popüler olan çocuk şarkısını duyunca Ulaş Kaptan'ın teknesinin yaklaştığını anlardık. Yazın mevsim açılınca, yazlıkçılar, turistler gelmeye başlayınca tekne giderken ve dönerken her gün tekrarlanan bir törendi bu. Cem heyecandan yerinde duramaz, "El salla kol salla geçiyor!" diye minik çığlıklar atardı. Sadece çocuklar değil büyükler de sahile ve denize bakan yamaçlara dizili evlerin bahçelerine, balkonlarına çıkar, örtü, eşarp, minder, elimize ne geçirirsek sallardık. İşi ya da arkadaşları yoksa babam da katılırdı bize. Sözlerini unutmadığıma şaşarak mırıldanıyorum: "Kınalar yakalım elimize / Sahip olalım dilimize / Aman dikkat belimize / Sıra bana geldi çocuklar / Hazır mıyız / El salla kol salla..."

Tekne iskeleye yanaştığında şaşırdım. Her şeyin her an değiştiği, bir yıl önce gittiğiniz sokağı, evi, kapıyı ertesi yıl yerinde bulamadığınız şu altüstlük günlerinde burada mekân da zaman da donmuştu sanki. Rüzgâr, fırtına, yaz kış demeden işleyen yük ve araç tekneleri, çok şiddetli lodos olmadığı günlerde Erdek seferi yapan araba vapuru, iskele, hemen karşısındaki küçük meydan, bu ne çirkin yapı diye eleştirdiğimiz belediye binası, meydanın ortasındaki Atatürk heykeli, köşesindeki bakkal, yanındaki tekel bayisi, sıram sıram sahil kahveleri, pırıl pırıl, masmavi deniz... Yirmi yıldır hiçbir şey değişmemiş sanki. Güney yamaçlara yeni evler, villalar yapılmış, eski binalara birkaç kat daha çıkılmış, çınarların yerini ada rüzgârına dayanamayıp çoğu kurumuş, yelpazemsi dalları eprimiş palmiyeler almış. Ama kokuları, rüzgârı, balık ağları ve balıkçı teknelerinin pejmürde dağınıklığı, akşamüstlerinin mahmur huzuru, dingin havası, insanların rehaveti, sırtlarını güneşe vermiş, balığa doymuş, keyifli keyifli yalanan kediler bıraktığım gibiydi. İlk bakışta bana öyle geldi desem daha doğru olacak belki.

Adalı bir şairin, çocukluğunun yitip giden adasına duyduğu özlemle yüklü "Lüferin bol, kedilerinse tombul olduğu zamandı" dizesini hatırladım.

Kediler di'li geçmişte bıraktığımız kadar tombul değillerdi belki ama keyifleri yerindeydi. Lüfer hâlâ çıkıyor muydu bilmem.

Artık Yazarlarevi olarak bilinen evimize bakmak, ne

yapacağımıza karar vermek, mümkünse satmak için gelmiştim. Geleceğimi kimseye haber vermemiştim. Bunca yılın ardından tanıdık kim kalmıştır ki zaten!

Evin ne durumda olduğunu, babamın yakın arkadaşı yaşlı noterin tapu senedi ve bazı evrakla birlikte teslim ettiği anahtarların kapıya uyup uymayacağını bilmiyordum. Bu işleri üstlenmek zorunda kaldığım için de canım sıkkındı. Kardeşim Portland'a yerleşmiş, kürsü arkadaşı Japon asıllı bir akademisyenle evlenmiş, çoluk çocuğa karışmıştı. Telefonla aradığımda, "O evle hiç ilgilenmiyorum, ne istersen, nasıl istersen öyle yap, hem sen avukatsın, bu işlerden anlarsın," deyip başından savmıştı. Oysa "bu işler"den hiç anlamam, avukatlığı emlak komisyonculuğu mu sanıyor bu adam! Benim uzmanlık alanım deniz ticareti hukuku. Görece erken yaşta Alzheimer belasıyla boğuşan annemden ise hiç hayır yoktu. Babamın eski arkadaşlarından, iyi günlerde etrafını çeviren hayranlardan, yayınevi patronlarından da pek kimse kalmamıştı ortalıkta. İş başa düşmüştü her zamanki gibi. Ne kadar üstlenirsen o kadar yüklenirler derdi bir arkadaşım. Ben hep üstlenirim, şu başımın belası "her şeyden sorumluyum" ruh hâli...

Meydanın bir köşesinde sıram sıram duran taksilere yönelmeden önce levhasındaki yazı İskele Market'e dönüşmüş İskele Bakkal'a uğrayıp hem bilgi hem de biraz nevale almaya niyetlendim.

Ada'nın en güzel mevsimi ilkbahardır. Yamaçlarda sapsarı katırtırnakları, dev agaveler, set set bahçe duvarlarından sarkan, toprağı çingenepembesi bir örtüyle kaplayan kaktüsler, erik ve kiraz baharları, çiçeklerini yeni dökmüş zerdaliler, tepelerden denize kadar inen zeytinlikler...

Eski günlerde, damperli mermer kamyonlarını, ağır yükle dolu tırları Ada'ya taşıyan; arabamıza güçbela bir yer bulduğumuzda sevindiğimiz Ulaş Kaptan'ın teknesi düdüğünü öttüre öttüre demir alıp "El salla kol salla" ya da "Bayıra karşı yatır beni...." şarkılarıyla denize açıldığında içime anlatılmaz bir ferahlık, mutluluk, sevinç dolardı. Ada'ya yaklaştığımızı ta uzaktan burnuma gelen kekik, çam, iğde ve balık kokularından anladığımda yüreğim pır pır eder, sevinç çığlıkları atma ihtiyacı hissederdim. Çiçeklerle böceklerle, kuşlarla, kuzularla, kedilerle köpeklerle ve tabii denizle kucak kucağa geçireceğimiz tatil günleri...

En güçlü, en kalıcı bellek koku belleği mi? Benimki öyle. Anılarımı, çağrışımlarımı, duygularımı kokular uyandırıyor. "Ben bu ânı daha önce de yaşamıştım," duygusu kokularla geliyor. Midye tavası, balık, rakı, çürümüş yosun karışımı o bildik kokuyu daha markete girerken duyuyorum: Resul Kaptan'ın meyhanesi!

Asma çardağının altında yedi-sekiz tahta masa, çardaktan sarkan kokulu Laz üzümü salkımları, seyyar radyo-teypte ya ağır fasıl ya Rumca şarkılar, çiçekli muşamba örtülü masalara siz daha istemeden konan semizotu, kaya börülcesi, fava, zeytinyağlı biber dolması, taratorlu midye tava, tuzlu sardalye ve tabii 70'lik Tekel rakısı...

Sonbahar kışa döndüğünde, ortalığı dumana boğan sac sobanın üstüne denizden dönen balıkçıların getirdikleri istiridye büyüklüğünde deniztarakları dizilir, zargana çirozu közlenir, ara sıra hava raporu almak için radyo ya da televizyon açılırdı.

Yazın Resul'ün meyhanesine ailecek giderdik. Annemin, her şeyi yemeyen biz çocuklar için hazırladığı yiyecekleri ya da misafirler için takviye mezeleri plastik saklama kaplarından servis tabaklarına boşaltmak için mutfağa girdiği bile olurdu. Babam nöbetçi meyhane derdi Resul'ün meyhanesine. Sahildeki balık restoranları, açık hava köftecileri, pizzacılar mevsim biter bitmez kapanırdı ama Resul'ün yeri yaz kış, ramazan, bayram, akşamları hep açıktı.

Geçmişin kokusunun peşinde, İskele Market'in açık kapısının önünde durup etrafa bakıyorum. Kapının hemen dışında, dondurmaların, frigoların durduğu derin dondurucunun bir köşeciğine çilingir sofrasını kurmuş, denize karşı demlenen adamı o zaman görüyorum. Birbirimizi süzüyoruz, terbiye icabı hafifçe gülümsüyoruz. Yüzüme dikkatle bakmayı sürdürüyor. Benim de onu bir yerden gözüm ısırıyor ama nereden? Tahta sandalyesini dükkânın önüne atmış, tabağında kızarmış istavritler, kola bardağında rakıyla böyle teklifsizce oturduğuna göre yabancı olmamalı.

"Kusura bakmayın, birine benzettim," diyor gözlerini indirip bakışlarını benden uzaklaştırırken.

Babama benzetmiş olamaz. Babama hiç benzemem. Ne rengim ne boyum posum ne hâlim tavrım. Babam iriyarı, yakışıklı, Balkan tipliydi. Ben ufak tefek, çelimsiz, çekik gözlüyümdür. Okulda lakabım Japon'du.

"Çocukken yazları gelirdik, yirmi yıl var, hiç uğramadım," diyorum.

Yüzümü yeniden incelerken sakalını sıvazlıyor. Balıkçı ya da yaşlı amca sakalı değil, özenli, bakımlı bir sakal. Tam bir şey söyleyecekken vazgeçiyor.

"Belki," diyorum, "belki Yazar'ı tanımışsınızdır."

Sakallı adam erkenci bir turist değil de adalıysa Yazar'ı mutlaka bilir.

Köyde babamın adı Yazar'dı. Anneme de Yazar'ın Karısı derlerdi. Buna çok gülerdik. Senin ilmin irfanın, doçentliğin burada işe yaramaz, yazarın karısı olarak kalırsın diye dalga geçerdi babam. Adamız Bodrum, Çeşme, Alaçatı gibi sosyetenin görmek ve görülmek için boy gösterdiği, ünlülerin resmigeçit yaptığı bir yer değildi. Bozcaada'nın toplumsal gelişmişliğinden, entel havasından, Ferrari'sini satıp bağcılığa, şarapçılığa soyunan bilgelerinden de yoksundu. Orta sınıf aydın kesimin, gürültü patırtıdan uzak, sakin, görece ucuz tatil geçirmek isteyen emeklilerin, yıllardır hep aynı otele, aynı pansiyona gelen müdavimlerin yazlık yeriydi. Bu yüzden babam köy halkına göre Ada'nın en önemli, en tanınmış kişisiydi. Artistlerin, yazarların, gazetecilerin gelip evinde kaldığı, yatlarıyla uğrayan önemli insanların ziyaret ettiği, yabancı misafirler ağırlayan, adı gazetelerde, dergilerde geçen, televizyonlara çıkan, kitapları, cilt cilt romanları olan biri...

Adam kadehindeki rakıyı bir dikişte içiyor. Ayağa kalkıyor. Birkaç saniye kaçıp gitmekle kalmak arasında kararsız kalıyor. Sonra, ne olacaksa olsun tavrıyla yanıma gelip elini uzatıyor.

"Çok üzgünüm, çok üzgünüz, böyle olmamalıydı," diyor fısıltıyla.

"Evet, böyle olmamalıydı," diyorum ve o anda belli belirsiz anımsıyorum: Babamın adalı genç yazarlar grubundakilerden biri. En fazla umut bağladığı, "Bu çocukta yazarlık, şairlik kumaşı var, aralarından biri yırtıp da geleceğin yazarı olacaksa işte o, bu genç adam," dediği delikanlı.

* * *

O yıllarda köyün edebiyata meraklı, yazmaya okumaya hevesli gençleri babamın etrafında toplanmış, küçük bir edebiyat çevresi oluşturmuşlardı. Adı konmamış, iddiasız bir yazarlık atölyesi de diyebiliriz. Daha sonra, "bizim edebiyat atölyemiz" demeye başladılar. Bazen bizim bahçede, verandada, bazen sahil kahvelerinden birinde, sonbahar gelip de Ada'dan el ayak çekildiğinde Resul'ün meyhanesinde ya da bizim evde toplanıp okuma toplantıları, edebiyat sohbetleri yapar, yazdıklarını babamla paylaşır, eleştirilerini, önerilerini alırlardı.

Çocukluğumdan beri okumayı severdim, babama da hayrandım. Onun gibi yazar olmaya hiç özenmedim, hep iyi bir okur oldum. Henüz küçük bir kızdım, edebiyat meraklısı bu beş-altı gencin sohbetlerine bazen ben de katılırdım. Onların tutkulu, heyecanlı tartışmalarını, yazdıklarını Shakespeare'in soneleriyle, Nâzım'ın şiirleriyle, Sait Faik'in, Sabahattin Ali'nin veya başka bir edebiyatçının hikâyeleriyle kıyaslamalarını, bunu da kendini bilmezlikle, ukalalıkla değil alçakgönüllülükle, saflıkla yapmalarını izlemek hoşuma giderdi.

"Taşranın edebiyat tutkunu, yazarlık heveslisi gençleri," derdi babam sevecen bir tavırla. Sesinde küçümseme değil, acımayla karışık bir şefkat sezerdim. Hiçbirini kırmaz, yazdıklarını okur, daha iyi yazmaları için önerilerde bulunur, hepsini cesaretlendirirdi. "Adaletsizlik, eşitsizlik edebiyat alanında da var," derdi, "bakıyorsun bu çocuklardan daha kötüleri çoksatar bile oluyor. Günümüzde metin iyiymiş kötüymüş hiçbir anlamı kalmadı, kendini satmayı bilmek, medyatik olmak, sesi çok çıkan bir çevreyi, büyük bir yayınevini arkana almak yetiyor. Tabii biraz da şansın olacak."

Bazen davetli olduğu edebiyat festivalleri, kitap fuarları, okuma günleri için beraber Anadolu'nun çeşitli kentlerine giderdik. Tatillere denk geldiğinde bizim için de ailecek güzel bir gezi fırsatı olurdu. Oralarda babamın etrafını çeviren, kitap imzalatan hayran okur kalabalığının arasında, kendisinin de birşeyler karaladığını mahcup bir sesle söyleyen, yazdıklarını babama vermeye, okuyup değerlendireceği sözünü almaya çalışan kadın erkek, genç yaşlı birileri de olurdu mutlaka. Onları kırmaz, burnu büyüklük yapmazdı. "Nasıl uğraşıyorsun bunlarla, üstelik kim bilir ne kötü şeylerdir yazdıkları," diyen anneme, "Onları anlıyorum, neler hissettiklerini, nasıl umutlandıklarını biliyorum. Küçük yerel dergilerin dışına taşmak için çırpınıyorlar, haklılar, yazan kişi okunmak ister, yazdıklarını paylaşmak, beğenilmek ister," dediğini hatırlıyorum.

Kendisinden ısrarla yazı isteyen yerel bir edebiyat dergisine yazdığı yazıda, "Kimileri için yazmak bir tutkudur, yaşamlarına anlam kazandırmaktır. Tek bir satır yayımlayamayacaklarını bilseler de vazgeçmezler. Böyleleri için yazarlık rastlantı değil mecburiyettir," diyordu. Sizin için de öyle mi, sorusuna verdiği böbürlenmekten uzak, alçakgönüllü cevap ilginçti: "Yazmasam delirecektim ruh hâlinde biri değildim, yazarlığa biraz da rastlantı sonucu başladım, yazmayı mecburiyet olarak değil deneyip kendimi sınayacağım bir alan olarak gördüm. Şanslıydım: İstanbul'da, yayın dünyasının kalbinde olmam, o çevrelerden tanıdıklarım, yazmaya başladığım dönemin koşulları, 12 Eylülcülerin akademik hayatımı sonlandırmalarıyla uğradığım mağduriyet, sol geçmişime duyulan ilgi, anlattığım hikâyeleri dinlemeye hazır bir okur kitlesi... Hepsi işimi kolaylaştırdı."

Babam, büyük kentlerde yuvalanmış edebiyat çevrelerinin –onun deyişiyle masonik kliklerin–, yayınevlerinin kibirli edebiyat editörlerinin şu veya bu çevreye dahil olmayan yenilikçi genç yazarları engellediğini söylerdi: "Üstatlar lütfedip rakı sofralarına kabul ettikleri heveskâr bir genci ya da yazdıklarının ilgi göreceğini umdukları aykırı bir tipi, bir marjinali parlatırken umut vaat eden nice yetenekli genci kuyunun dibine iterler. Yayımladıkları kitabın satışını garantilemek için de tanınmamış iyi bir yazar yerine adı gazetelerin magazin sayfalarında sıkça geçen güzel bir kadının, bir artistin, bir televizyon yıldızının ipe sapa gelmez, edebiyat dışı metinlerini tercih ederler," derdi.

Küçük yerlerin, taşranın edebiyat ateşiyle yanan gençlerine –sadece gençlere de değil–, yerel dergilerde yazan, kendi şiir, hikâye kitaplarını bastırmak içi çırpınan yazarlara fırsat sunmak gerektiğini söyler; yazılarında, söyleşilerinde, konuşmalarında bunu özellikle vurgulardı.

Şimdi, olanların ışığında düşünüyorum da, ne kadarı içten ne kadarı bilinçli olarak kendine verdiği havaydı bu, ölçemiyorum. Bir yerde "kendi hayatını icat etmek" diye bir deyim okumuştum. Babam da kendi "mesen yazar" imajını inşa ediyordu: Genç yazarlara kol kanat geren, rekabet ve kıskançlık duygularını aşmış büyük yazar portresi çiziyor, kendini çizdiği portreye benzetmeye çalışıyordu belki de.

Kimi insanların içindeki edebiyat ateşinden, yazma tutkusundan, kitaplarını yayımlatabilme, çok okunma, tanınmış yazar olma hayallerinden sık sık söz ederdi. Yazma tutkusuna saygısı vardı. "İyi yazarlar, kitap yayımlayayım, yazar olarak tanınayım, şanım yürüsün diye yırtınanlardan değil; yazdıklarının yayımlanmayacağını bilseler de yazmak için doğmuş, yazının büyüsüne kapılmış, yazma tutkusunu içinde barındıranlar arasından çıkar," derdi.

Babam o tutkuya sahip miydi? Yazdıkları yayımlanmasa, ilgi görmese, hatta çoksatar olmasa bile yazmayı sürdürür müydü? Bilmiyorum. Kafamı kurcalayıp duran sorulardan biri de bu.

Bacaklarıma dolanan sıska bir tekirin temasıyla kendime geliyorum. Gözler değişmez derler, doğru. Adamın yüzüne dikkatle baktığımda Şair'i tanıyorum. "Küçük hikâyelerin de umut veriyor ama sen şairsin," demişti babam benim de izlediğim toplantılarından birinde. Adı... adını hatırlamıyorum, belki hiç öğrenmemişimdir. O günlerde yirmilerindeydi herhalde, şimdi kırkını çoktan aşmış olmalı ama yaşından fazla gösteriyor, belki de hafifçe kırlaşmış sakalı yüzünden.

Elini uzatıyor, "Ben Yusuf," diyor, "siz unutmuşsunuzdur, oysa ben sizin adınızı unutmadım. Ceren'di değil mi, kardeşinizinki de Cem. Babanızın en sevdiğim romanının kahramanlarının adları."

"Şair!" diyorum elini sıkarken. Nedense gözlerime yaş doluyor, utanmasam adama sarılıp ağlayacağım. Babama mı çocukluk günlerine mi Şair'e mi yoksa kendime mi ağlıyorum, bilmiyorum.

"Ev için mi geldiniz?" diye soruyor. Sesi yine huzursuz, sanki bu konuya girmek istemiyor ya da beni incitmekten çekiniyor.

"Evet, hem eve bakmak hem de ne yapacağımıza karar vermek için. Aslında daha önce gelmem gerekirdi, yapamadım. Cem ilgilenir diye düşündüm, o da çok uzaklarda şimdi, iş başa düştü."

"Olaydan sonra hiçbirimizin ayağı varmadı oralara. Manastır'a gitmek için zeytinliğin önünden arabayla geçerken bile başımı çevirip bakmak gelmiyor içimden. Sultan uğruyormuş zaman zaman, zeytinleri de onlar topluyor. Geçenlerde pazarda karşılaştık, 'Ev olduğu gibi duruyor, insanlar gidiyor, mallar kalıyor,' dedi. O aile babanıza çok bağlıydı, sizden sonra hem bahçeyle hem zeytinlerle hem de gelip gidenlerle onlar ilgilendi."

Bir an duraksıyor, sonra sıkılgan bir edayla:

"Bir ihtiyacınız olursa, ben... ben... yardımcı olurum."

Artık daha rahat konuşuyor. Yine de dikkatli, neyi ne kadar kaldırabileceğimi tartar gibi.

Eve tek başıma gitmek içimi ürpertiyordu zaten, teklifine hemen atlıyorum.

"Evi görsem iyi olur, eğer vaktiniz varsa, zahmet olmazsa belki beraber gidebiliriz."

"Benim kamyonet hemen şurada, iskelenin karşısında. Ne zaman isterseniz gideriz."

"Sağolun, marketten birşeyler alayım. Güneş birazdan batar, karanlık bastırmadan gidelim."

Evimizin terasından seyrettiğimiz muhteşem günbatımları... Önce ufukta beliren, giderek kızıllaşan bir altın küre, denize düşen altın sarısı ışık, sonra kızaran ufuk, uzakta, karşı sahillerdeki tepelerin üzerinde kor kırmızısı güneş, sonra ağır ağır kızıldan eflatuna dönen gökyüzü, mor dağlar, turuncu deniz, sütmavisinden laciverdiye evrilen gökyüzü... Babamın defalarca yazdığı, neredeyse kalıplaşmış tasvir.

Babam da annem de bu saatleri kaçırmak istemezlerdi. Yazdığım en güzel satırları bu günbatımlarına borçluyum, derdi babam. Doğru ama çok tekrarlama, bıktırma, derdi annem. Babamın en iyi eleştirmeniydi aslında, bu yüzden bazen tatlı sert tartıştıkları olurdu. Okur beğeniyor ama, derdi babam. Okur beğenisi önemlidir tabii, sen yine de bana güven, derdi annem, babamı sevgiyle öpüp işi şakaya vurarak.

Manzarayı hayalimde canlandırırken, Sultan haklı; insanlar gidiyor, yıllar geçiyor, günbatımları, deniz, kayalar, bir de zeytin ağaçları hep aynı kalıyor, diye düşünüyorum.

Kayalar da aynı mı kalıyor? Ürperiyorum. Kayalar, kayalık tepeler görünüşte aynı ama duyguları farklı, hatırlattıkları farklı. İnsanlar gibi mekânlar da doğa da nesneler de belleğimizde karşı konulmaz, sürekli bir değişim geçiriyor, biz değişirken onlar da bizimle değişiyor. Bugünkü ben nasıl dünkü ben, hele de yirmi yıl önceki ben değilsem bugünün gerçeği de dünün gerçeği değil. Hani belli bir yerde, o ânın duygularıyla bir kadeh şarap içersiniz de aynı şarabı başka bir yerde, başka bir atmosferde içtiğinizde asla aynı tadı alamazsınız. Şarap aynıdır, siz başka bir sizsinizdir.

Bakkaldan markete terfi etmiş dükkâna giriyorum. İnanılır gibi değil! Yirmi-otuz yıl öncesindeyim. Sütün, yoğurdun, peynirlerin, çok sevdiğim tatlı lorun durduğu dolap, zeytinyağı tenekeleri, bakkaliye ürünlerinin, temizlik malzemesinin dizili olduğu raflar, kasanın arkasındaki küçük rafta sigara paketleri; hep aynı düzensiz düzen. Sadece alkollü içkiler vitrinden kalkmış, en dipteki raflara sıralanmış. "Şu şarapları vitrine, güneşin alnına koymayın, zaten hepsi köpek öldüren, büsbütün beter oluyorlar," derdi babam. Onun sözünü dinlediklerinden değil alkollü içkilerin açıkta sergilenmesi yasaklandığından, zorunlu bir düzen değişikliği...

Hemen girişte, kapının sol yanında, Bakkal Amca'nın yerinde sarışın bir genç kadın oturuyor. Beyazpeynir, ekmek, limon, bir paket de sigara istiyorum. "Peynir küçük bir kalıp olsun lütfen, yalnızım da..."

Gözüm, Bakkal Amca'nın benden üç-beş yaş büyük oğullarını arıyor.

"Çocukluğum burada geçti, buradan çok alışveriş yaptım, annem İskele Bakkal'ın beyazpeynirinin üstüne yoktur derdi," diyorum gereksiz bir gevezelik ve belki de hatırlanırım umuduyla. Yabancı olmadığımı, köye ait olduğumu hissettirmeye çalışıyorum nedense. Genç kadın gülümsüyor, fazla ilgilenmiş görünmüyor.

"Bakkal Amca vardı, onunla aramız çok iyiydi, her alışverişten sonra bana küçük bir çikolata verirdi," diye üsteliyorum.

"Herhalde dedemden bahsediyorsunuz. Artık yaşlandı, her zaman gelemiyor ama mevsim açıldığında mutlaka oturur kasaya, hesapları kontrol etmek ister. Şimdi de evde, sıkılınca geliyor bazen."

"Selam söyleyin, Yazar'ın kızı gelmiş deyin, babamla iyi ahbaplardı, mutlaka hatırlayacaktır."

"Söylerim," diyor, "kendinize iyi bakın, yarın uğrarsanız belki dedem de gelmiş olur."

Bir yandan, kızın adı neydi diye kafamı kurcalayıp dururken adamın peşi sıra, eliyle işaret ettiği kamyonete yürüyorum. Göğsümün ortasında pır pır eden, tedirgin bir yürekle.

* * *

Ev deniz kenarında değildi. Annemin deyişiyle "bunca lebiderya ev, arsa varken" yolun üstündeki yamaçta, zeytinlikler arasındaki eski taş yapıyı baştan aşağı yenilemeyi tercih etmişti babam. Rumlardan kalma iki katlı bir bağ evi, daha doğrusu eski bağ evinin yıkıntısıydı. Dedem buralarda evin arsanın ucuz olduğu, hele de metruk azınlık emlakinin para etmediği günlerde zeytinlikle birlikte bu yıkık evi de almış, oturulacak hâle getirmeye gücü de parası da yetmediğinden, köyün içinde her yaz kaldıkları Giritli'nin pansiyonunda yaşamayı sürdürmüştü.

Arsa alıp yeni bir ev yaptırmak yerine eski yapıyı onarmak çok daha hesaplıydı kuşkusuz; ama babamı asıl çeken, Ada'nın eski sakinlerinin izleri, onlara atfedilen –biraz da aydın fantezisi– yaşam biçiminin esintileri, balık, şarap, sirtaki anılarıydı sanırım. Çocukluğunda yaz tatilinde geldikleri zaman Rumlar çoktan ayrılıp gitmiş olsalar da Ada'da hâlâ o günlerden kalma bir hava olduğunu söylerdi. O da yaşlılardan duymuştu: Rumlar gitmeden önce Ada, üzümüyle, şarabıyla ünlüymüş. Rumlar sahil boyu dizilen çınaraltı kahvelerinde kadınlı erkekli dans eder, şarkılar söyler, yortular, bayramlar kutlarlarmış. Sonra Giritliler gelmiş, daha sonra Karadenizliler. Onlar üzümle, şarapla ilgilenmemişler, Güzel Marmara şarabı da sadece bir marka olarak kalmış. O günleri hatırlatan tek şey, Ada'nın güney yamaçlarında, terk edilmiş set set bağlardan kalan yabanileşmiş bağ kütükleriydi. Bizim evin bahçesinde, çevresinde onlarcası vardı. Olgunlaşmadan kuruyan cılız salkımları toplardık. Annem bamya pişirdiğinde, çoban salatası yaptığında korukları ekşi olarak kullanırdı.

Babam Ada'nın köylerinin, koylarının, fenerlerinin Rumca adlarını bilirdi. Klazaki, Kalemi, Palatia, Prastos, Palapetra kayası demekten hoşlanır, bu arada kendi kendiyle dalga geçmeyi de ihmal etmezdi, "Türk aydınının Batılılık özentisi, kendisini eski Yunan'a, Ege medeniyetine bağlama çabası. Çocukluğumda yazları babamın arkadaşlarıyla Ada'ya geldiğimizde hem onlar hem de halk bu adları kullanırdı. Benim de hoşuma gidiyor," derdi. Tarihi yaşatmak, sürekliliği hatırlamak gerektiğine inananlardandı. Yıllar sonra, büyüdüğümde seyrek buluşmalarımızdan birinde, ulus-devlet kurulurken halklar mozaiğinin nasıl dağıldığından, bunun insanlara ne acılar yaşattığından, ne cinayetler işlendiğinden söz etmişti. "Ne Rum bıraktık ne Ermeni, şimdi de Kürtlere geldi sıra," demişti. Hatırladığım kadarıyla konusu Ermeni tehciri olan –yoksa mübadele günleri miydi– yeni bir romana çalışıyordu o günlerde. Nedense o roman hiç yayımlanmadı, belki de bitirilmedi.

Epeyce harap durumda olan eski bağ evi baştan aşağı onarılıp yenilendiğinde, annemin ince zevkine uygun döşenip verandası, bahçesi düzenlendiğinde ailecek yaşadığımız mutluluğu hüzünle, özlemle hatırlıyorum. Yazlık giysilerimizle dolu bavullarla evimizin kapısından girerken annemle babam birbirlerine sarılmış, uzun uzun öpüşmüşlerdi. O zamanlar birbirlerine âşıktılar, aşklarını saklamaz, bizimle de paylaşırlar, etrafımızda bir sevgi halesi yaratırlardı.

Eve ilk taşındığımızda Cem beş yaşındaydı, ben dokuz. Bahçe, zeytinlik, meyve fidanları, köpeğimiz, kedilerimiz, yamaçtaki evimizin hemen altındaki yolun karşısına geçince kayalıklara oyulmuş basamaklardan indiğimiz deniz: çocuklar için küçük bir cennet...

Babama küskünlüğüm bizi terk ettiği için değil, o cennetin kapılarını bana kapattığı içindi. Haksızlık etmeyeyim, kapıları o kapatmamıştı. Her yaz yanına gitmemiz için ısrar ederdi. Onu görmekten kaçınır, yakınlaşma çabalarını geri çevirirdim. Şimdi düşünüyorum da, annem, "O senin baban, orası senin de evin, kardeşinle beraber gitmelisin," diyerek ne kadar zorlarsa zorlasın Ada'ya gitmeyi inatla reddetmemin nedeni babama olan büyük sevgimdi. O benim idolümdü. Suçum, günahım olmadığı halde, taptığım tanrı beni terk etmişti, kendimi ihanete uğramış hissediyordum, çocuk aklımla ondan hınç alıyordum.

Babamla annem ayrılıp da küçük ailemizi kuşatan sevgi çemberi kırılınca evin büyüsü de dağıldı. Üstelik artık çocukluktan çıkmıştım, tatillerde arkadaşlarımla Bodrum'a, Antalya'ya, Çeşme'ye gitmek daha çekiciydi. Bir süre sonra babam da ısrar etmez oldu, sonra hepimiz kendi yolumuza gittik. "Hayat, yatağı değiştirilmiş bir ırmak gibi, eskisi kadar gür olmasa da usul usul akmayı sürdürdü." Bu da babamın kalıplaşmış cümlelerinden biriydi aslında, benim dilime de takılmış işte.

Zaman zaman buluştum babamla. Hatta çok seyrek de olsa annemle iki eski dost gibi görüştükleri oldu. Gerçekten eski dost, yoldaş olduklarını çok sonra öğrendim. Bu görüşmelerden sonra babamın bize döneceğini umut ettim gizliden gizliye. Ama dönmedi, dönseydi bile annemin kabul edeceğini sanmıyorum.

Aşklarının sürdüğünü söyleyemem ama işin içinde başka bir kadın olduğu tahminleri, dedikoduları boş çıktı. Bir süre sonra babam yaz kış Ada'da kalmaya başladı, zaten sürekli seyahat ediyordu. Hindistan, Vietnam, Çin, Afrika ülkeleri, Güney Amerika: Meksika, Peru ve evet,

Madagaskar... Çoğunlukla uzak, egzotik ülkeler...Uzak coğrafyalarda onu çekenin ne olduğu sorulduğunda, "Mesela Madagaskar'a lemurları ve baobap ağaçlarını görmek için; Peru'ya Machu Picchu, Titikaka Gölü, lamalar için gittim," dediğini hatırlıyorum. Gittiği yerlerden kartlar yollardı. O kartları özenle biriktirdim, sonra bir gün, buluğ çağının gemlenmez duygusallığına kapılıp büyük bir öfkeyle hepsini yaktım.

Aramıza gitgide kendi koyduğumuz mesafeler, –itiraf edeyim ki mesafeyi ben koyuyordum– derinleşen suskunluklar girdi. Son yıllarda onu yazdığı romanlardan, edebiyat dergilerinden, gazetelerde çıkan haberlerden izliyordum sadece. Birbirini bu kadar seven bir baba kız nasıl bu kadar uzaklaşır, nasıl ayrı düşer birbirinden! Üstelik kimse buna zorlamamışken.

Dünyalarımız farklılaşmıştı, yüreklerimiz kopmuştu. Düğünsüz derneksiz, davetlisiz basit bir törenle evlenirken annemin bütün ısrarına rağmen onu çağırmamıştım. Yine de sadece nikâh kıyılacağını, tören yapmayacağımızı bildirerek haberdar ettim. Bir süre sonra İstanbul'a geldiğinde bizi o günlerde pek moda olan bir İtalyan lokantasında akşam yemeğine davet etti. Bana kalsa mazeret uydururdum ama eşim ayıp olacağını, ayrıca babamla da tanışmak istediğini söyledi. Yeni evliydik, sorun çıkmasın diye kabul ettim. Birbirlerinden pek hoşlandıklarını, yabancı bir deniz taşımacılığı şirketinin bölge müdürü olan kocamla dünya ekonomik krizini, tedarik sorunlarını, Çin'in geleceğin süper gücü olacağını konuştuklarını hatırlıyorum. Başta epeyce gergindim, birkaç kadeh İtalyan şarabından sonra gevşedim, sohbete katıldım. Eve döndüğümüzde, "Baban çok hoş bir insan, üstelik bu kadar tanınmış bir yazarken son derece alçakgönüllü, doğal bir adam, hiç hava basmıyor, neden ona bu kadar uzaksın anlayamıyorum," demişti kocam.

Neden gerçekten?

Şair'in kamyonetinde, şoför koltuğunun yanındaki eprimiş meşin koltuğa ilişmiş, çevreyi seyrediyorum. Katırtırnakları sapsarı çiçekte, pembe-mor bazen de sarı çiçekli tombul kaktüsler set set yamaçlardan sarkıyor. Yolun kenarında papatyalar, gelincikler, eflatun, mor kır çiçekleri, hindibalar, devedikenleri. Kayalık tepelerdeki pınarlardan inen incecik sular delik deşik asfalt yola akıyor, eskisi gibi.

"Evin yapıldığı yıllarda bu yol topraktı," diyorum karşımızdan sıra sıra gelen otomobilleri işaret ederek. "Eskiden tek tük araba vardı. Bunlar nereden geliyor, Çınarlı'da da iskele mi var?"

"Evet, tekneler oraya da uğruyor artık. Sizin geldiğiniz tekneyi kaçıranlar beşteki kooperatif teknesine biniyorlar."

"Arabalar çoğalmış, bayağı trafik var."

"Hele yaz gelsin, o zaman görün siz. Yollar yapılıp da bütün köyler araba trafiğine açıldığından beri İstanbul'u aratmıyor. Ada'nın eski keyfi kalmadı."

Hiçbir yerin eski keyfi kalmadı, diye düşünüyorum. Babamla sabah erkenden bazen sahilden bazen patikadan yürüyerek köydeki balık mezatına yetişmek için koşturmamız geliyor aklıma. Babam istediği balığı kaçırmamak için yüksek bir para söyler, balıkçıları güldürürdü. Meyhaneci Resul, "Bu balığı bende daha ucuza yerdin Yazar," diye dalgasını geçer, aynı balığı yarı fiyatına kapıp giderdi. Biz ise köyün yaşamına karışmış olmaktan, orada balıkçılarla, sahildeki salaş restoranları işletenlerle, balık simsarı Katoz'la aynı havayı koklamaktan mutlu olurduk.

Birden aklıma geliyor. "Katoz yaşıyor mu?" diye soruyorum. "Ya Resul Kaptan?"

"İkisi de rahmetlik oldu. Zaten Resul meyhaneyi

çoktan kapatmıştı. Asma çardaklı avlu ona ait değildi, idareten kullanıyordu. Öndeki yıkık dökük ev satılınca orayı boşalttırdılar. İşin keyfi kaçtı, Resul de yaşlanmıştı zaten. Yazar'ın 'nöbetçi meyhane'si kapandı."

Köyde herkesin bir lakabı vardı. Katoz'un erkek kedi, kimilerine göre hırsız kedi anlamına geldiğini öğrendiğimden beri en çok bu adı severdim. Meyhaneci Resul ise "Ağnadın mı Resul" lakabıyla anılırdı, bütün cümlelerini "ağnadın mı" diye bitirdiği için. Norveç'ten Küba'ya, Akdeniz limanlarından Hollanda'ya kadar gitmiş eski bir denizciydi. Kaptanlığı tevatürdü, tayfaydı büyük olasılıkla ama kaptan denmesinden hoşlanırdı. Ballandıra ballandıra anlattığı ne hikâyeleri, ne maceraları vardı. Hiçbiri doğru olmasa da güzel anlatıyor, derdi babam. Bir de Mahmut vardı, Kır Mahmut derlerdi. İnanılmaz bir hikâye anlatıcısıydı. Denizleri dolaşmış, Hollanda'da, Almanya'da kalmış, içeri girip çıkmış, sonunda Ada'ya yerleşmişti anlattığına göre. Yaşar Kemal'le hapishane arkadaşı olduğunu iddia ederdi. Neden girdiği, nerede olduğu belirsiz hapishane hikâyesi bir yana, Yaşar Kemal'le, başka tanınmış yazarlarla Ada'da çekilmiş fotoğrafları vardı gerçekten. Frankfurt havaalanında meydancılık yapmış, belki de yükleme-boşaltma işlerinde çalışmıştı ama o Almanya'da pilotluk yaptığını söylerdi. Babam onun hikâyelerine bayılırdı. "Bir gece yarısı telefon çaldı," diye anlatırdı Kır Mahmut. "Herr Mahmut, başpilot hastalandı, acele gel uçağı teslim al, dediler, pilot giysilerini pijamamın üstüne çektim, hemen gittim. Okyanus aşırı uçacağız. Tam İngiltere açıklarında, Manş Denizi'ni geçerken baktım aşağıda bir şilep. Tanıdık göründü, şöyle bir pike yaptım, ne göreyim! Bizim Resul güvertede raspa yapmıyor mu!" O zamana kadar aynı hikâyeyi beş yüz defa dinlemiş olan Resul tam o anda başını masadan, rakı kadehinden kaldırır, ağır, ağdalı sesiyle, "Ben hayatımda raspa yapmadım ağnadın mı!" diye homurdanırdı. Ne Kır Mahmut anlatmaktan ne de insanlar dinlemekten usanırdı bu hikâyeleri. Tekrarlandıkça inandırıcılıkları artardı sanki.

1950'lerde, 60'larda yazları Ada'ya gelen, çoğu "sakıncalı piyade" yazarların, gazetecilerin, aydınların, bir de onların çocuklarının, mesela babamın, babamdan birkaç yaş daha büyük Samih Rıfat'ın Ada anıları benimkinden çok farklı, çok daha güzel, masalsı: balıklar, balıkçılar, tekneler, zeytinlikler, adatavşanı, acıbadem kurabiyesi, narlar, Baba Zula Meyhanesi ve ille de gemiler; iskele olmadığından İstanbul'dan gelen Deniz Yolları gemisinden sandallarla alınan yolcular, cuma akşamları gelen "babalar vapuru"nun üst güvertesinde kurulan çilingir sofralarında rakı sohbetleri, konserve fabrikasının jeneratörü gece yarısı saat 12'de durduğunda sönen elektrikler, ıssız kumsallar, bembeyaz mermer plajları ve gökyüzü, yıldızlar, sonra fırtınalar, rüzgârlar, rüzgârlar, rüzgârlar... Her kuşağın kendi adası var, her kuşak kendi yitirdiklerine özlem duyuyor.

Bir gün Ada'daki insanların hikâyesini yazmak istediğini söylerdi babam. Yazmadı ya da yazamadı. Okur kitlesinin ondan farklı konular beklediğini biliyordu. "Müşteri nasıl esnafın velinimetiyse okur da yazarın velinimetidir. Huyuna gideceksin, istediğini vereceksin," diye dalgasını geçerdi. Bunda yenilmiş çıktığı bir iç hesaplaşması olduğunu çok sonraları anladım. Yayınevi de cesurca işlediği günün havasına uygun konuları, gergin siyasi, toplumsal ortamda geçen insan hikâyelerini yalın bir dille anlatan yazarını –altın yumurtlayan tavuğunu– bu konuda kibarca uyarıyordu. Bir röportajında, çoksatar yazarın yaratma özgürlüğünün müşteri talebiyle sınırlandırıldığını, bir çeşit konu otosansürü yaşandığını, bunun edebiyatçıya zarar verdiğini söylemişti. Söylemişti söylemesine de tarzını değiştirmemiş, şikâyet ettiği yolda yürümeyi sürdürmüştü.

"İskeleye ilk indiğimde, Ada bunca yıldır hiç değişmemiş diye düşünmüştüm ama galiba çok değişmiş," diyorum Şair'e. "İnsanlar gidince mekânlar da boşalıyor sanki."

Başını sallıyor. "Değişti," diyor, "değişmemiş gibi görünenler de değişti aslında. Bu taraflar yine iyi de Gündoğdu'dan, Manastır'dan yana yapılaşma arttı. Bir de sahil kahveleri tarumar oldu. Ne çınarlar kaldı ne de o eski hava. Belediye sahil boyunca İzmir'in Kordon'u, Akdeniz şehirlerinin promönadları gibi gezi yolları yapma hevesiyle çınarlarımızı kurutup palmiye dikmeye kalkışınca çınaraltı kahveleri kel kafa gibi kaldılar. Eski limana doğru kırımdan kurtulmuş birkaç balıkçı kahvesi var. Şimdi herkes oralara doluşuyor."

Eve çıkan merdivenlerin başına gelene kadar konuşmuyoruz. Kamyoneti yolun kenarına çekiyor. Büyücek sırt çantamı yükleniyor. Birden içim daralıyor, yüreğime ağırlık çöküyor. Neden geldim buraya? Neyin peşindeyim? Evi yazarlarevi olmaktan çıkarıp satacak bile olsak gerekli işlemleri, veraset, tapu, satış, hepsini büromdaki stajyerlerden birine vekâlet verip buraya gelmeden de halledebilirdim.

Şair durakladığımı fark ediyor.

"Merdivenleri tırmanmak istemiyorsanız arabayla arkadaki yoldan da çıkabiliriz."

Bir bahane arıyorum geri dönmek için.

"Kapının anahtarı," diyorum, "yanımda bir anahtar var ama kilit değiştirilmiş olabilir. O kadar basamağı tırmanıp da içeri giremezsek..."

"Bende anahtar var, bilgisayarına bakmak, not defterlerini falan toplamak için Sultan'dan almıştım, " diyor.

"Hâlâ Sultan Abla mı bakıyor eve, herhalde o da yaşlanmıştır."

Birden kendime geliyorum, Sultan'daki yedek anahtarı almış olmasından çok daha önemli bir şey söyledi Şair. Bunu nasıl da düşünmedim! Bir sürü not defteri vardı babamın: ince Moleskin defterler. O defterlere sürekli birşeyler yazar, aklına gelenleri not ederdi. "Moleskin kullanan pek kimse kalmadı artık, zaten üretimini de durdurmuşlar," derdi biraz da övünerek. Gelenekli, seçkin şeyleri severdi, emektar daktilosunu bırakıp bilgisayarda yazmaya başlaması da yayınevinin tatlı sert baskısıyla olmuştu. "Haklılar, ikinci bir iş çıkarıyorum dizgicilere, üstelik daktilolu kopyalar üzerindeki elyazılı düzeltiler yüzünden bir sürü yanlış yapıyorlar, düzeltmenlerin de anası ağlıyor," demişti. Sonradan çabuk alıştı bilgisayara, yine de taslaklarını, notlarını elyazısıyla defterlerine yazmayı sürdürdü.

Tabii ki defterler dolusu yazı bırakmıştır. Bilgisayarında da kim bilir neler vardı! Hiç aklımıza gelmemesine şaşıyorum. Annem bu hâliyle düşünemezdi, Cem'in böyle şeylere ilgisi yoktur, o zaten uzaklarda. Peki ben? Bu kadar mı küskündüm babama, bu kadar mı kopmuştum? Merak da mı etmedim? Ünlü yazarın kızı olarak özel eşyalarına, notlarına sahip çıkmam, ufak tefek anı nesnelerini saklamam, hele de bilgisayarında taslak hâlinde de olsa yeni bir roman, bir metin olup olmadığına kendi gözümle bakmam gerekmez miydi? Ya bunca yıldır kitaplarını basan yayınevi? Bize sadece telif sözleşmelerini uzatmak için başvurdular. Cem'in vekâleti, annemin vesayet belgesi ile telif sözleşmelerini uzatma onayı da bana kalmıştı. Umurumda değildi, imzayı basıp bu konuyu unutmayı tercih ettim.

Cenazeyi almak için Ada'ya gelen yayınevi avukatı, bilgisayarını teslim almış, değerli kol saatini, önemli gördüğü birkaç parça özel eşyasını, ödül plaketlerini, bir de masasındaki çerçeveli fotoğrafları bize getirmişti. Annem, babam, ben, kardeşim: dörtlü aile fotoğrafımız, annemin çok güzel bir gençlik fotoğrafı, babamın yurtdışında önemli bir ödül alırken kendi fotoğrafı, Cem'le benim karşıki kayalıkların üstünde çekilmiş mayolu fotoğrafımız... Bilgisayarı polis açıp kontrol etmiş. "Ölüm raporunu tamamlamak için rutin bir işlem. Baktık; eski romanlarının, çeşitli yazılarının, söyleşilerinin metinlerinden, eski tarihli bazı mail'lerden başka tahkikatı ilgilendiren bir şey yok," demişler. Benim yüreğim açmaya dayanmadı, annem neler olup bittiğini bile kavramadı. Kaza mı olmuş, ne olmuş, dedi ilgisiz bir sesle. Hepsi o kadar.

"Bu arada bilgisayarı bende, içindekileri bellek çubuğuna kaydettim. Çalışma masasının üstünde bulduğum birkaç not defteri, bir de telefonu..."

"Telefonu yanında değil miymiş?"

"Önce biz de öyle zannettik, polis kaza yerinde de denizde de aradı, bulamadı. Günler sonra bahçede çalıların arasında bulundu. Herhalde farkına varmadan düşürmüş. Şarjı bitmiş, yağmurdan ıslanmıştı. Çekmecelerdeki kırtasiyeyi, kâğıt yığınını, eski mektupları, kitaplarını hiç ellemedim, siz gelip bakarsınız diye düşündüm."

"Babamın kaç bilgisayarı vardı?"

"Son çalıştığı bilgisayar bende. Eski ya da yeni bir tane daha varsa bilemem. Neden sordunuz?"

Sesi hafifçe titriyor sanki ya da bana öyle geliyor.

"Kazadan sonra Yazarlarevi'ne uğrayan avukatımız birkaç parça özel eşyasıyla birlikte polisin kontrol ettiği bilgisayarı bana teslim etti. Eski yazıları, yayımlanmış romanlarının dosyaları falan varmış. Ben bakmadım, yayınevindekiler hepsini incelemişler, onlar da yeni bir şey bulamamışlar. İkinci bir bilgisayarı varmış demek ki."

Cevap vermiyor. Suskunluğu bir kuşku bulutu gibi

giriyor aramıza. Kendi hâlimden de memnun değilim. İlgisizliğime mazeret bulmaya çalışıyorum.

"Kaza haberi o kadar beklenmedik, o kadar sarsıcıydı ki... Çok yalnızdım. Annemden hayır yoktu, Cem uzaklardaydı. Bütün işleri babamın avukatına, noter arkadaşına, bir de yayınevine bıraktık. Keşke özel notlarının, defterlerinin, öteki bilgisayarının sizde olduğunu bana bildirseydiniz."

"Sultan'dan annenizin telefonunu alıp kendisine haber vermiştim. Hepsini ona gönderecektim ama bana dönmedi, sizin iletişim bilgilerinizi de vermedi. Size ulaşmanın bir yolunu bulmaya çalışırken geldiniz işte."

"Anneme Alzheimer teşhisi kondu, hastalık hızlı ilerliyor, günbegün ağırlaşıyor. Sizinle konuştuğunu unutmuştur, belki konuyu da tam kavrayamamıştır."

"Telefonda çok düzgün konuşuyordu."

"Böyle oluyor. Hani, bir gelip bir gidiyor derler ya. Bazen, bilmeyen birinin fark edemeyeceği kadar iyi idare ediyor durumu, hatırlamak istemediği, huzursuzluk duyduğu konularda belleği bütünüyle kararıyor. Bir çeşit savunma mekanizması belki de."

"Ruh sağlığımızı korumak için hepimizin unutmaya ihtiyacı var. Bilmek kimi zaman rezilce korkuludur."

Sesinin tonu hoşuma gitmiyor. Ayrıca istese pekâlâ bana ulaşabilirdi. Çok sevdiği, hayranlık duyduğu Yazar'ın yayımlanmamış metinlerini, varsa özel yazışmalarını, özel eşyalarını sahiplenmek istemiş olabilir. Maddi çıkar bile ummuştur belki. Ama o zaman bu konuyu hiç açmazdı, o söylemese nereden bilecektim ikinci bir bilgisayar olduğunu! Kuşkuculuğumdan utanıyorum.

"Çalışma odasına sizden başka giren olmuş mudur?"

"Rutin işlem olarak polisle savcı evde arama yapmışlar ama hiçbir şeye dokunmamışlar. Sonra da, siz söylediniz, avukatınız gelip bazı özel eşyalarını almış."

"Zaten ne bulacaklardı ki! Kaza öncesinde, ben Masa Kayası'na gidiyorum, oradan aşağı düşeceğim diye not bırakacak değildi ya! Bulduğunuz not defterlerine, bilgisayardaki dosyalara, yazılara göz attınız mı? Bilmediğimiz birşeyler mi var? Bilmek neden korkulu olsun?"

Arkasından gelip gelmediğimi yoklayarak basamakları ağır ağır tırmanıyor. Cevap vermiyor. Belki de duymadı. Gücümü toplayıp arkasından giderken buraya ev için değil yitirdiğim babamı aramak için geldiğimi anlıyorum.

* * *

O gece evde kalmadım.

"Burada yalnız kalmayın, kendinizi huzursuz hissedebilirsiniz, yazlıkçılar henüz gelmediler, çevredeki evlerin çoğu boş," dedi Şair. O teklif etmeseydi ben söyleyecektim ama evde yalnız kalmaktan korktuğumu düşünmesini kendime yediremiyordum.

Terastaydık. Güneş ufukta, karşı kıyıdaki tepelerin ardında kayboluyordu. Bir kor küresi önce ağır ağır, sonra hızla gökten indi, indikçe kızıllaştı, kızıl bir yarımay oldu, sonra battı. Çocukluğumun unutulmaz anılarından biri daha! "Güneşe tapanların ayini başlıyor, hadi herkes terasa!" diye seslenirdi babam. Annem elinde kadehiyle gelirdi. Hatırlıyorum: soğuk roze şarap. "Şimdi karpuz dilimine benzedi," derdi Cem babamı kızdırmak için. Gerçekten mi kızardı, kızmış gibi mi yapardı bilmiyorum ama, "Git aşağıda Çapul'la otur, böyle güzellikler senin neyine," diye söylenirdi. Çapul köpeğimizdi. Yanaşma bir sokak köpeği: kara burunlu, kamçı kuyruklu, hardal sarısı. Adını çapaçul görünümünden almıştı. Kısa zamanda semirdi, güç kazandı, adaleli, yakışıklı bir köpek oldu. Cinsini soran misafirlere, Fransızcadan bozma "dölarü" derdi babam yani "sokaktan". Çoğu anlamazdı, bu da babamı çok güldürürdü.

Güneş batırma ayini –annemin sözleriyle merasimi–, annemle babamın aşklarının her günbatımında bir kez daha tazelenip tescillenmesiydi. Sonraları, aralarındaki derin bağın nasıl çözüldüğünü, ailemizi birbirine bağlayan sevgi çemberinin nasıl kırıldığını çok düşündüm. Nedeni başka bir kadın olamazdı. Yazarlık şöhretinin, özenle tasarladığı, inşa ettiği, kendisinin de benimseyip içselleştirdiği imajının, sıra dışı duruşunun, özel havasının çekimine kapılan kadınlar babamın etrafında hep olurdu. Ama annemle ilişkileri başka bir dünyaya aitti sanki. Kökleri toprağın ta derinliklerinde birbirine karışmış, birbiriyle sarmaşmış zeytin ağaçları gibiydiler. "O kadar çok şeyi birlikte yaşadık ki bazen hangimiz hangimiziz unutuyoruz," diyen hangisiydi? Annem mi babam mı bilmiyorum ama ilişkilerini iyi tarif eden bir sözdü.

Her şeyi birlikte yaşamış olmak, birbiri içinde erimek ömür boyu aşkın, sevginin garantisi olabilir mi? Belki de tam tersi; başka biriyle bir olmuş, tekleşmiş kişi birey kimliğini, özgürlüğünü yitirmez mi? Böyle bir "teklik" yazarın, sanatçının kendini aşmasını engellemez mi? O günlerde bunları düşünemezdim, şimdi babamın bunalımını, her şeyden, kendinden bile özgürleşme isteğini biraz anlayabiliyorum.

"Haklısınız," dedim Şair'e, "bu gece evde kalmayayım, sağolsun Sultan her yanı derleyip toplamış ama ne de olsa bunca zaman kapalı kalmış bir ev burası. Rutubet serinliği var, eşyaların üzerindeki örtüler de içime hüzün veriyor. Şimdi Sultan Abla'yı ararım, gece onda kalırım, yarın sabahtan gelir evi havalandırırım; alacağım kitapları, birkaç özel eşyayı, hâlâ kalmışsa bibloları, tabloları toparlarım, evi ne yapacağımıza da karar veririm."

Güneş ufukta kaybolur kaybolmaz mayıs akşamı serinliği indi, ürperdim. Evi gördükten sonra birden bu gece Sultan'la karşılaşmayı kaldıramayacağımı anladım.

"Sultan Abla dedim ama en iyisi, iskeleye yakın otellerden biri açıksa bu gece otelde kalmak, hem de kadıncağıza zahmet vermemiş olurum," dedim.

"Bu yıl erkenciyiz, oteller moteller yavaş yavaş açılıyor. Ada'nın başlıca geliri turizm artık. Balıkçılık eskisi gibi değil, deniz kurudu; zeytine de pek güven olmuyor. Mevsim kısa ama iç turizm fena kazandırmıyor. Güzel butik otellerimiz, konforlu pansiyonlarımız var. Ama eğer uygun görürseniz bende de kalabilirsiniz."

Evinde kalmamı teklif ettiğini sanmamam için hemen ekledi:

"Yazar olmayı düşleyip pansiyoncu oldum işte... Köyün biraz dışında, deniz kenarında altı apartlık küçük bir yerim var. Arka tarafı zeytinlik. Masaları oraya kuruyoruz, karım yemek de yapıyor, Ada'nın bildiğiniz basit mezeleri, balık, midye dolması, deniz börülcesi, peynirli patlıcan, salata... Gelenler mekânı seviyorlar."

Kafamda dönüp duran Aragon'un dizelerini seslendirecekken son anda vazgeçiyorum. Belki de kırılır, hüzünlenir.

Evin kapısını çekip merdivenlere yönelirken, "Başka bir kadere hazırlanmış şu yenik askerlere benziyor hayat," diye mırıldanıyor aklımdan geçenleri okumuşçasına.

Şiiri tamamlıyorum:

"Mutlu aşk yoktur."

Dönüş yolunda fazla konuşmuyoruz. Sözlerin ağırlığının suskunluğu koyulaştırdığı, konuşmanın tehlikeli, bilmenin korkulu olabileceğinin sezildiği anlar...

* * *

Şair'in Yeri'nde, –mekânın adı böyleydi– genç bir çiftten ve küçük kızlarından başka kimse yoktu. Ada'nın en güzel mevsiminin ilkbahar olduğunu bilen erkencilerden olmalılar. İçimde çocuklukta öğrenilip sonra unutulmuş bir dili yavaş yavaş hatırlama duygusu: babamlı çocukluğumun dili, Ada'nın rüzgârların birbirine kavuşturduğu denizle zeytin karışımı dili, sevginin, mutluluğun dili.

Sofrayı zeytinlerin altındaki masalardan birine kuruyor. "Biraz serin ama şallarımız var," diyor kırmızı mavi ekoseli battaniyemsi şallardan birini uzatırken. Kendinden bir hayli genç görünen ufak tefek bir kadın elinde meze tepsisiyle, gülümseyerek geliyor. "Bizim hanım," diyor utangaç bir edayla. Gürültülü patırtılı boşanmasının ardından yeni evlendiği ikinci eşi olduğunu daha sonra öğreneceğim. Ada'da dedikodu hızlıdır, çabuk yayılır. Beni karısına tanıtıyor.

"Yazarımızın kızı. Yirmi yıldan fazladır gelmiyordu buralara, İskele Market'te tesadüfen karşılaştık."

"Tam yirmi iki yıl," diyorum.

Genç kadın hiç istifini bozmadan, hangi yazarımız diye sormadan, yüzünde aynı gülümsemeyle küçük meze tabaklarını masanın üstüne yerleştiriyor.

"Hoş gelmişsiniz. Yirmi iki yıl önce ben beş yaşındaydım, sizi hatırlayamam tabii ama babanızı bilirim, buralıların hepsi bilir," diyor.

Devam edecekken birden sustuğunu fark ediyorum. Olup bitenlerden haberi vardır mutlaka, küçük yerlerde, hele de dört yanı denizle çevrili bir toprak parçasında herkes her şeyden haberdardır, yalan yanlış da olsa.

Şair içip içmeyeceğimi sormaya bile gerek görmeden kendi imalatı olduğunu övünerek açıkladığı rakıyı dolduruyor kadehime. "İzin verirseniz ben de oturabilir miyim kısa bir süre," diye soruyor.

"Eğer sizi işinizden alıkoymayacaksam tabii oturun, memnun olurum."

"Rakı öyle pahalılandı ki son zamanlarda, insan müşteriden utanıyor. Üstelik fiyatın en az yüzde 70'i vergi. Ada'da kendi rakısını şarabını yapmayan kimse kalmadı neredeyse. Korkmadan için, sağlamdır. İktidar, ölümlerin nedeninin rakıdan değil fiyat artışlarından olduğunu bir anlasa! İnsanlar içiyor bu mereti işte! Benim günahımdan, öteki dünyada nereye gideceğimden sana ne! Üstelik şu kötü günlerde içmeyip ne halt edeceğiz? Haydi sağlığınıza!"

"Evet, gerçekten kötü günler. Kendimizi bir kuyunun dibinde hissediyoruz. Keyfî tutuklamalar, yasaklar, işten atmalar, dört bir yanda patlayan şiddet, savaş tamtamları, bir de ekonomik kriz, pahalılık... Dünyanın hâli de hiç parlak değil. Pahalılık dedim de aklıma geldi. Mülk fiyatları nasıl burada? Evi satacak olsak mesela?"

Kaşları çatılıyor. Alnında kırışıklıklar, gözlerinde sorular.

"En kötü zaman. Kriz fena vurdu, kimsede para yok, olanlar da şu sırada eve arsaya yatırmaya cesaret edemiyorlar. Bir sürü satılık yer var ama aylardır yaprak kıpırdamıyor. Yine de bir sorarız."

Masanın üzerine bütün ağırlığıyla çöken konuya girmemek için karşılıklı top çeviriyoruz.

"Öteki arkadaşlar ne yapıyor? Yazarlık atölyesinin gençleri? Hepsi köyde mi, hâlâ yazarlık hevesleri sürüyor mu? Babam, heves dendi mi kızardı, yazma tutkusu, yazarlık ateşi derdi."

"Çünkü heves geçicidir ama tutku sürer. Bunu en iyi anlatan ateş benzetmesi belki de. Ateş çevresini yakar, söndüğünde de külleri kalır. Bizimki hevesi aşan bir şeydi, babanızın çekirdek kadro dediği arkadaşlar, hepimiz, gençliğimizde yazma ateşiyle yanıyorduk. O yangınların külleri kaldı. Sizin tanıdıklarınızın hepsi bir yana dağıldı. Belki hatırlarsınız, Sarı Ahmet vardı, balıkçı Koca Reis'in oğlu, o buradan koptu İstanbul'a yerleşti. Ada'yı anlatan bir şiir kitabı da yayımladı. Yazmayı sürdürüyormuş. Bir de öteki köyden Zeytinciler'in oğlu Engin vardı. Hâlâ kendi kendine birşeyler yazmaya çalışıyor. Yazlıkçılardan falan kitap toplayıp evinde küçük bir kütüphane kurdu, bir de edebiyat arşivi düzenliyor kendi çapında. Küçük bir çocuk grubuyla okumalar yapıyor, onlara okumayı sevdirmeye uğraşıyor. Kütüphanesine gelen giden pek yok benim bildiğim kadarıyla, kitaplar arasında yaşamaktan kendisi mutlu oluyor. Engin, yazar olamadı ama edebiyat öğretmeni oldu, Silvan'a mı Siverek'e mi öyle bir yere tayin edilmişti. Sonra duyduk ki orada örgüte katılmış. Aslı astarı yok tabii. Bir öğrencisini korumak istediği için yardım yataklıktan yargılanmış, bir süre Diyarbakır'da hapishanede kalmış. Öğretmenlikten atılmış. Çıktığında Ada'ya döndü, bu işlerin adamı değildi zaten. Biraz tuhaflaştı, giyimi kuşamı, hali tavrı... Köyün çocuğu şimdi buralara yabancı gibi sanki."

Engin'i anımsıyorum. Kendine güvenli, yakışıklı bir delikanlıydı. Sesi de güzeldi, türkü söylerdi.

"Evet, Engin'i hatırladım. Türkücü derdiniz ona. Neler geçmiş başından! Peki ya siz? Babamın size umut bağladığını, olacaksa bu çocuk olur, dediğini unutmadım."

"Olmak ne demek bilemiyorum ama 'bu çocuk' olamadı işte. Tutkuyla yazıyordum ama yazar olamadım. Gereğince asılmadım, odaklanamadım, fırsat da kollamadım. Belki Ada'nın sınırlarını aşma cesaretim yoktu. Belki de asıl istediğim yazar olmak değil yazmaktı. Okurken içime dolan kendi sınırlarımı aşma, özgürleşme duygusunu yazarken de duyuyordum. Bu da yetiyordu."

"Babam da bunu anlatmak istiyordu sanırım: Anlamı yazmakta bulmayı."

"Yazar'ı kaybettikten sonra bu dediğinizi ben de çok düşündüm. Anahtar sözcük 'anlam'dı; insanın yaşamını yazmakla anlamlandırması; Márquez'in otobiyografisinde anlattığı gibi... Anlamı yitirdiğiniz zaman ya da başka bir yerde aramaya başlayınca ateş sönüyor, yazı bitiyor. Yazar'ın bu duyguya yabancı olmadığını düşünüyorum."

Anlatmak İçin Yaşamak'ı okumuş demek ki! Yıllar önce yazları Ada'ya gelen zamanın yazarlarının, sanatçılarının, sonra da babamın ektikleri tohumların biraz çiğnenmiş, solmuş da olsa hâlâ yaşadığını düşünmek güzel. Okumak da yazmak gibi bir iptiladır, derdi babam. İnsan bir kez tutulmayagörsün.

Şair'in son cümlesi takılıyor aklıma. Ne demek istedi?

"Babamın anlamı yitirdiğini, onun için yazmanın artık anlamı kalmadığını mı söylemek istiyorsunuz?"

"Bunu söylemeye, hele de size söylemeye cesaret edebilecek miyim bilmiyorum. Yine de galiba söyleyebileceğim tek kişi sizsiniz."

Duraksıyor, bir an vazgeçecekmiş gibi oluyor, unut gitsin, saçmalıyorum, diyecek sanki. Cesaretlendirmek için yüzüne, gözlerinin içine bakıyorum. Gözlerini indiriyor, rakı kadehiyle oyalanıyor. Uzanıp kadehi sıkıca kavramış elini tutuyorum.

"Tabii ki bana söylemelisiniz," diyorum. "Babamın benim için ne kadar önemli olduğunu buraya gelince anladım. Keşke daha çok görüşseydim onunla, keşke daha yakın olabilseydim, o zaman her şey farklı gelişebilirdi... Belki..."

"Belki, ama insan sevdiği birini yitirdiğinde hep birşeyleri eksik bıraktığı duygusuna kapılıyor, kendini suçluyor. Babanızı düşündükçe ben de birçok şeyden pişmanlık duyuyorum. Son zamanlar bizlerden büyük ölçüde kopmuştu, ben onu hep izliyordum ama o aramadıkça zorlamak istemiyordum. Saygısızlık olurdu. Şimdi, zorlamalıydım, zorlamalıydık, sürdürmeliydik diye düşünüyorum."

"Buluşmuyor muydunuz? Edebiyat toplantıları, yazarlık atölyesi falan..."

"Ev, aile evinden yazarlarevine dönüştükten birkaç yıl sonra buluşmalarımız, toplantılarımız yavaş yavaş tavsadı. Orada artık başka bir hayat vardı. Yazar da bizlerden çok o hayatın içine dalmıştı. Yazarlık hayalimiz, edebiyat tutkumuz ağır ağır sönümlendi. Kimimiz çalışmak için, kimimiz üniversite okumak ya da askerlik için Ada'dan ayrıldık; kimimiz de çoluk çocuğa karıştık. Babanız da eskisi kadar istekli değildi, belki de bizden umudunu kesmişti, onu hayal kırıklığına uğratmıştık. Yazarlık atölyesi dağılmıştı. Bizi yetiştirme fikrinden eskisi kadar heyecan duymadığını hissetmiştik. Bizimle uğraşmanın zaman kaybı olduğunu, taşra çocuklarından heveskârlık ötesi yazar çıkmayacağını anlamıştı belki de. Yazarlarevi'nin geleni gideni çoktu. Birçoğunu tanımıyorduk. Yabancı yazarlar da gelirdi. Yazar Ada'da eskisinden daha az kalır oldu, çok seyahat ediyordu, aylarca gelmiyordu buralara. En meraklılarımız bir süre kendi aramızda toplandık, sonra dağıldık. Babanızla ara sıra köyde, pazarda, İskele Market'te rastlaşıyorduk, Sultan'dan haberlerini alıyorduk, 'Hadi çocuklar, kimler kaldıysa toplanıp edebiyat sohbetleri yapalım,' demesi için gözünün içine bakıyorduk ama nafile, o eski güzel günleri unutmuştu sanki, bizlerden uzaklaşmıştı. Bizler de eski biz değildik tabii. Hepsi bu kadar işte."

Hayır, besbelli bu kadar değil. Şair'in bu kadar olmadığını bildiğini, benden birşeyler sakladığını seziyorum. Önemsizleştirmeye, düşünmemeye çalıştığım ikinci bilgisayar konusu ince bir burgu gibi kafamı kurcalayıp duruyor.

"Babamdan ayrı kaldığım, sık görüşmediğimiz, koptuğumuz bir dönemden söz ediyoruz. Biraz daha anlatabilir misin?"

"Bizler artık ona yetmiyorduk, sadece bizi değil Ada'yı da kanıksamış bir hâli vardı. Sık sık yurtdışına gidiyor, uzun seyahatler yapıyordu, dedim ya. Buluştuğumuzda edebiyattan çok gezip dolaştığı uzak ülkeleri konuşuyorduk. Eskiden, yazmakta olduğu romanları anlatır, fikrimizi alır, yazdıklarını bizimle tartışırdı. Sonra paylaşmaz oldu, yazdıklarından söz etmez oldu, sanki bir memnuniyetsizliği vardı; bizlerden mi kendinden mi bilemedim. Sonra iyiden iyiye koptuk."

Gereğinden fazla konuşmuş olduğunu hissedip birden susuyor. Çabuk içti, çakırkeyif oldu. Bu hâlinden yararlanıp konuşturmaya çalışıyorum. Yakınlaşabilmek için siz'den sen'e geçiyorum.

"Sence neden böyle oldu? Babamın edebiyattan, yazmaktan usanmış olacağını düşünemiyorum, hele Ada'dan hiç... Bilmediğimiz, sezemediğimiz bir sıkıntısı vardı belki."

"Artık istediği gibi yazamadığını hissediyordu belki," diyor rakısını bir yudumda tüketirken. Bu sözler dudaklarından çıkar çıkmaz gevşiyor, ferahlıyor sanki, nefesini içinde tutmaya çalışıp da birden bırakmanın rahatlaması. Sonra gereğinden fazla konuşmuş olmanın huzursuzluğu çöküyor yüzüne, kadehine yeniden rakı doldurmakla oyalanıyor.

Gündoğusundan esen rüzgâr zeytin dalları arasında dolanıyor. Ürperiyorum, kırmızı-mavi ekose şala iyice sarınıyorum. Bir yudum da ben alıyorum rakıdan. Anasondan çok reçine kokuyor. Tadı hiç de fena değil.

"Son yazdıkları, onu üne kavuşturan ilk dönem romanlarından daha fazla ilgi gördü," diyorum sakin bir sesle. Çok konuşulan, tartışılan, kimilerinin göklere çıkardığı, kimilerinin hayal kırıklığı ya da yol kazası dediği son romanını okumadığımı, okumayı reddettiğimi itiraf etmiyorum. "Eleştirmenler de okurlar da kendini aştığını, yeni bir tarz, yeni bir üslup yakaladığını, Latin Amerikalı yazarların büyülü gerçekçiliği yerine şiirsel gerçekçiliği yarattığını düşünüyorlardı."

"Haklısınız, son yazdıkları gerçekten de farklıydı. Düzyazının şiiri zorladığı, şiirin romana, romanın şiire dönüşmeye çabaladığı metinlerdi. Yeni bir dil deniyordu sanırım. O dil farklıydı, güzeldi ama sanki tam oturmamıştı, sonradan öğrenilmiş bir yabancı dil gibiydi. Kusura bakmayın, haddimi aştım, edebiyat eleştirmeni değilim, hele de Yazar'ı eleştirebilecek kıratta hiç değilim. Siz bana aldırmayın, ben sadece üzüntümü, sıkıntımı aktarmak istemiştim, ötesi bana düşmez."

Bir an çok tuhaf bir düşünce geçiyor aklımdan. Son romanın yazımında Şair'in de payı olmasın! Saçma, babam böyle bir şeye asla izin vermezdi, Şair'in de haddi değildi o metinler. Bu adam babamı kıskanıyor olabilir, kendisi yazar olamadığı için.

"Sezgilerimizin bir nedeni vardır," diyorum. "Mesela ben müvekkillerimin ya da karşı tarafın avukatının birşeyler sakladığını sezerim çoğu zaman. Bilici kadın olduğumdan değil; küçük gözlemleri, bir bakışı, bir sözcüğü, bir el hareketini, seslerindeki huzursuz titreşimleri titizlikle kaydedip biraraya getirebildiğim için."

"Haklısınız. Biraz fazla içtim, bana aldırmayın. Dedim ya, son dönemlerde görüşmüyorduk."

Yine siz'li biz'li konuşmaya başlıyorum. Şair'e sen demek garip geliyor nedense.

"Mademki başladınız, devam etmelisiniz. Babamın ölümü korkunç bir kaza değil de yatakta normal bir ölüm olsaydı belki de yaraları deşmeye, acıları tazelemeye gerek kalmazdı ama o kazanın yeri, oluş biçimi, ardından çıkan abuk sabuk söylentiler..."

Bir şey söylemiyor; önce bilgiç bilgiç konuşması, eleştirmenliğe soyunması, sonra da suskunluğu öfkemi kabartıyor.

"Korumak için evden aldığınızı söylediğiniz bilgisayar dosyalarında, notlarında, son yazdıklarında neler vardı? Onları bana verecek misiniz?" diyorum sert bir sesle.

Sesimin dostça çıkmadığını fark edip kendimi topluyorum: "Kusura bakmayın, bunca yıl sonra Ada'ya gelmek, evi yeniden görmek kolay değil benim için. Bir de sözlerinizin arasına sıkıştırdığınız belirsizlikler..."

Bir yudum rakı alıyorum. "Peynirli patlıcan pek güzel olmuş, o eski lezzet... midye dolması da güzel görünüyor, hele rakıdaki çam kokusu," diyorum havayı yumuşatmak için.

"Kokuyu aldınız demek, evet, çam fıçılarda dinlendiriyorum." Sonra yüzüme bakıyor. "İskele Market'in önünde sizi görür görmez anladım," diyor.

"Neyi?"

"Ev için değil Yazar için geldiğinizi."

"Demek ki benden önce anlamışsınız. Ben evle ilgili işlemler için geldiğimi sanıyordum."

"İnsanın duyguları, sezgileri aklından, bilincinden önde gidiyor bazen. Babanızı ne kadar sevdiğinizi, ne kadar önemsediğinizi hatırlıyorum. Ara sıra toplantılarımıza katıldığınızda onu can kulağıyla dinlerdiniz. Ölümüne ilgisiz kalmanız mümkün değildi. Hele de kaza mı intihar mı sorusu kafaları kurcalarken..."

"Kazaydı tabii. Ailecek bundan hiç kuşku duymadık. İntihar etmesi için bir neden yoktu. Sizin dediğiniz gibi artık istediği gibi yazamıyor bile olsa bugüne kadar yazdıkları, geniş okur kitlesi, edebiyata katkıları bütün ömrüne yeterdi."

"Doğru ama yazıda istediğine ulaşamadığını düşünmek, babanız çapında bir yazar için bizim kavrayamayacağımız kadar kemirici olabilir. Yeni bir dil denediği son romanı ölümünden dört yıl önce yayımlanmıştı, oysa velut bir yazardı, belki bu yüzden kafamda sorular doğdu. Dedim ya, bana aldırmayın. İntiharı kabullenmenin ne kadar güç olduğunu kendimden biliyorum. İnsan sevdiğine karşı suç işlemiş, onu koruyamamış gibi hisseder kendini. Annem içkici babamın dayağına, aşağılamalarına dayanamayıp intihar ettiğinde küçücüktüm. Benim yüzümden öldüğünü düşünmüştüm, hâlâ da suçluluk duygusundan kurtulamadım."

"Ölüm tutanaklarının tümünde, kuşkuya yer bırakmayacak şekilde yüksekten düşmeye bağlı kaza yazıyordu. Yani kaza denmiyordu tabii ama ölüm nedeni yüksekten düşüp başını kayalara çarpması, bir de iç organlarındaki kanamalar olarak kaydedilmişti. O kayalıkları babam pek severdi, bilirsiniz. Orada, kayaların üzerinde günbatımını seyrederken fotoğrafları vardır."

"Evet, Masa Kayası. Tek başına ya da bir arkadaşıyla günbatımında orada bir kadeh içmeyi severdi. Olaydan sonra etrafını tel örgüyle çevirdiler, yeni bir kaza olmasın diye."

Üzerime çöken yorgunluk günün ağırlığından mıydı, rakıdan mı yoksa Şair'in içime saldığı kuşku tohumlarından mı?

"Yorulmuşum," dedim, "odama gideyim artık, yarın görüşürüz."

"Gül sizi odanıza götürsün, bir eksik var mı baksın. Ne zaman isterseniz gece gündüz beni arayabilirsiniz. Sabah ola hayır ola. Kahvaltıyı odanızın önünde denize karşı mı istersiniz, burada mı?"

"Tabii burada, zeytinlerin altında. İyi geceler."

* * *

Odalara doğru yürürken, "Kim ne derse desin, sen takma abla," dedi Gül. Konuştuklarımıza kulak misafiri olmuştu anlaşılan. "Bizim burada millet dedikoduya bayılır. Herkes hikâye anlatır, sonra anlattıkları hikâyeye kendileri de inanırlar."

"Neler anlatıyorlar, neler duydun Gül?"

"Şimdilerde babanız unutuldu, yeni konular var artık. Ada'dan Fetöcü bile çıkmış diyorlar, komşular komşuları ihbar etti. Götürülenler oldu, sonra çok şükür hepsi geri döndü. İki kişi dışında temize çıkmışlar ama herkeste bir soğukluk var. Canciğer eski dostlar, hısım akraba birbiriyle selamlaşmaz oldu. Herkesin birbirini tanıdığı küçük yerde sanırsın ki dayanışma olur, nerdeee!"

"Babamın geçirdiği kazayla ilgili sormuştum. Ne diyorlardı, ne duymuştun o günlerde?"

"İstanbul'dan mı neredense, birkaç yıl önce gelen adamla o tuhaf kadını konuşuyorlardı."

"Yazarlarevi'ne gelen konuklar mıydı?"

"Aynen... Önce adam geldi, birkaç gün kaldı. Sonra gitti, kadınla birlikte döndü. Öteki konuklar gibi birkaç ay kalıp gitmediler, eve yerleştiler. Adam gençten biriydi, gidip geliyordu. Bekçi, koruma falan sandık, öyleydi belki de. Kadın hep durdu. Adamın anası olacak yaştaydı, kim bilir belki de anasıydı."

"Nasıl bir kadındı?"

"Ben birkaç kere köyde gördüm, pek sık çıkmazdı ortaya. Köye indiğinde Otçu Hanife'den kokulu otlar alırmış, öyle dediler. Hani yaşlanmış ama mihrap yerinde artistler, şarkıcılar vardır, onlara benziyordu. Saçı bembeyazdı, oğlan çocuk gibi kısacıktı, giyimi tuhaftı. Yaşı belli olmuyordu, belki de saçları beyaz olduğuna..."

"O adamla kadın çok kaldılar mı Yazarlarevi'nde?"

"Dedim ya, adam gider gelirdi. Kadın uzun kaldı, ne kadar bilemem ama aylarca. Belki de bir yıl. Babanız biryerlere gittiğinde de kalırlardı. Bunları en iyi Sultan Abla bilir."

"Gül, söyle bana! Ada'dan ne zaman ayrıldılar?"

"Sultan Abla'ya sormalısın, o bilir. İyi kadındır, ağzı sıkıdır. Son âna kadar babanıza da eve de o baktı."

"Peki sen bilmiyor musun o insanların kim olduklarını, ne zaman gelip ne zaman gittiklerini?"

"Ben bilmem, benim adam dedikoduyu sevmez. Kadınlara takılacak, komşulara çaya kahveye gidecek zamanım da olmaz benim. Çocuklar var evde, yazın burası var, iş çok. Sadece duymuşluğum var. Kadın kazadan çok önce gitmiş diyorlar, adam da ortadan kaybolmuş, ne zaman bilemem. Sen Sultan Abla'yla konuş bu konuyu. Benden bir isteğin varsa söyle ablam, odayı beğendin mi?"

"Sağol Gül," diyorum, "güzel bir oda, kanaviçe işlemeli yatak takımlarına da bayıldım."

Gülüyor. "Burası kral dairesi abla, yatak takımları çeyizimden, hepsini kendim işlemiştim."

Bu kafayla uyuyamayacağımı sanıyordum ama yorgunluğun, gerginliğin, bir de Şair'in ev yapımı rakısının etkisiyle mışıl mışıl uyudum. Korunma mekanizması devreye girdi, Gül'ün anlattıkları bile kafamı fazla kurcalamadı. Lodosta kumsalı usul usul yalayan dalgaların sesiyle uyandığımda güneş çoktan doğmuş, doğudaki tepeleri aşıp köye ulaşmıştı.

Huzursuzluk ile Ada mutluluğu içimde kıpır kıpır boy ölçüşüyordu. Kahvaltı için erkendi, deniz tarafına yöneldim. Kayalık buruna kadar denizkabukları toplaya toplaya kumsalda yürümenin çağrısına direnemedim. Çocukluğumdan kalan en unutulmaz anı, ömür boyu vazgeçemediğim denizkabukları toplama tutkusu.

Denizyıldızı mevsimiydi, irili ufaklı yüzlerce, binlerce denizyıldızı vurmuştu sahile. Kurumuş olanları eteğimin içine toplayıp hâlâ canlı görünenleri denize ata ata yürüdüm. Babamın, ne zaman denizyıldızı konusu açılsa bıktırana kadar tekrarladığı kıssadan hisse: Adam sahile vurmuş denizyıldızlarından birini suya atıyor. Ama yüzlercesi var kumların üstünde, yaptığın neyi değiştirir ki, diyor çocuk. Bunun için çok şeyi değiştirir, cevabını veriyor adam.

Şimdi bu hikâyenin bir çeşit hayıflanma, özeleştiri barındıran utangaç bir pişmanlık olduğunu düşünüyorum. Babam büyük öğretilerin peşinde, büyük amaçlarla, büyük hayallerle –kendisinin sonradan birkaç kez yazdığı, söylediği gibi– "güneşi fethe" çıkmış bir kuşaktandı. Biraz küçümseme biraz da hayranlık ve saygıyla "eski tüfek" denilen 40-50 kuşağı solcularından birinin oğluydu. Gençliğinde öğrenci olaylarına karışmış, bir sol örgüte sempati duymuş, kendi tabiriyle devrimcilik oynamıştı.

Bu konular evde konuşulmazdı. Babamın gençlik arkadaşları geldiğinde, –hem İstanbul'daki eve hem de yazları Ada'ya gelen giden çok olurdu– bazen şafak vaktine kadar süren rakı sofralarında buluşurlar, küçüklüğümde anlamadığım konulara dalarlar, önce şakalaşarak, gülüşerek başlayan sohbet birden bağıra çağıra tartışmaya dönüşürdü. Ertesi sabah, "Yine ağır nostalji yaptınız," derdi annem anlayışlı bir sesle. O arkadaşlar belli ki annemi de iyi tanıyorlardı. "Bacı" diyerek kızdırırlardı annemi. "Ben hiç bacı olmadım," derdi annem akşamdan kalan sofrayı toplamaya çalışırken. Bacı lafına annemin neden kızdığını anlamazdım. Okuduğum çocuk kitaplarında evin hizmetçisine, dadısına bacı denirdi. Annemin bacılığı aşağılanma olarak algılayıp kızdığını sanırdım.

Biraz büyüdüğümde oradan buradan duyduklarımla, okuduklarımla bu türden konuşmaları anlamlandırmaya başladım. Ülkenin sağ-sol çatışmasıyla sarsıldığı, gençlerin birbirlerini öldürdükleri karışık günlerde, babam da sol örgütlerden birine katılmış, tutuklanmış, birkaç yıl hapiste kalmış. Arkadaşlarıyla konuşurken, "Dünyayı kurtaralım diye yola çıkmıştık, Nâzım'ın dizesindeki gibi güneşi zapt edeceğimizi sanmıştık. Tekil insanı, bireyi unutmuştuk. 'Sivrisinekleri tek tek öldürmekle olmaz, bataklığı kurutacaksın,' derken ne bataklığı kurutabildik ne de insanı kurtarabildik," dediğini duymuştum bir keresinde.

Yıllar sonra, kendisiyle yapılmış bir söyleşide, "Geçmişinizi ret mi ediyorsunuz, pişman mısınız?" sorusuna verdiği cevabı da unutmadım: "Pişman değilim, gençliğimde bulunduğum yerde olmasaydım bugün burada olamazdım, yazar da olmazdım belki. Beni ben yapan geçmişimdir. Yaptığımız yanlışlar üzerine düşünmeye çalışıyorum sadece. Büyük ütopyaya varmak için başvurulan yöntemlerin sosyalizmin özüyle çatıştığını, insanın özgürleşmesi hedeflenirken özgürlüklerin kısıtlandığını, çöküşün nedeninin bu olduğunu düşünüyorum. Bir de daha temel bir soruya cevap arıyorum: Yeryüzü cenneti yaratmaya insan hazır mıydı, sorusu."

Geçmişini inkâr etmiyor ama sorguluyordu: Nerede yanlış yaptık? Ona şöhreti getiren ilk romanlarının ana izleği de bu soru etrafında dönüyordu. Davaya inancının körleştirdiği, gerçekleri göremeyen, birey insanın sorunlarını önemsemeyen, toplumun bir kesiminin sorunlarından habersiz kahramanları üzerinden kendisiyle hesaplaşıyordu. Kitaplarında dünyanın ve ülkenin bir dönemine ayna tutarken, "Anlattığım, benim değil ülkenin iki kuşağının hikâyesi," diyordu bir başka söyleşisinde. Bunları çok daha sonra anlayıp anlamlandırabildim.

Babamla karşılaşmaktan çekinsem, onu reddettiğimi sansam bile, yazdıklarını, söyleşilerini, hakkında çıkan eleştirileri yutarcasına okurdum. Bir gazetenin kitap ekinin sorularına verdiği cevabı hatırlıyorum: "Romanlarınızda, Türk sol aydınının meselelere sınıfsal bakmaktan diğer mağduriyetleri yeterince göremediğinin; örneğin Doğu, Güneydoğu insanının, özellikle Kürt halkının sorunlarına kör olduğunun altını çiziyorsunuz. Hikâyelerinizi büyük ölçüde 'Batılı aydın'- 'Doğu insanı' çelişkisi üzerine kuruyorsunuz. Siz de Batılı Türk aydınısınız, bu konuları nasıl yansıtabiliyorsunuz yapıtlarınızda?" sorusuna, "Sorunu siyasal bakışın ötesine taşıyabilirseniz, içinizde duyarsanız, anlamaya çalışırsanız, insana odaklanırsanız onların dünyasına girebilirsiniz. Yazar kendi hikâyesiyle sınırlı kalmadan ötekilerin hikâyesini anlatmayı başarırsa iyi yazardır," cevabını vermişti. O günlerde üstünde durmadığım bu cevabın anlamını şimdi kavrıyorum.

Sol çevreler, kimi zaman kaş çatarak da olsa babamın yazdıklarını izliyor, kendilerini o romanların kahramanlarının aynasında gördüklerinden bazen kızarak, bazen beğenerek okuyorlardı. Keskin devrimciler diyerek küçümsediği kimilerine aldırdığı yoktu. Belki de aldırmaz görünüyor, onların yıpratıcı saldırılarını duymazdan geliyordu. Çoksatar olan ikinci romanından sonra şöhretin dokunulmazlık zırhını kuşanmıştı zaten. Kızanlar, eleştirenler, geçmişine ihanetle suçlayanlar da okuyordu yazdıklarını. "Roman kahramanlarımdan birine ilham verdiklerinden endişe duyanlar en iyi okurlarım, satışları onlar artırıyor," derdi kendine özgü mizahıyla.

Yutarcasına okuduğum ilk romanlarından ben de çok şey öğrendim. Anlattığı hikâyeler çoğunlukla bizim çevremizin dışındandı. Halktan insanların acıları, aşkları, yaşamları, efsaneleri, isyanları; özellikle de Doğu insanı... Bunları, halkını tanımakta geç kalmış Batılı aydın kahramanların ağzından, onların bakışıyla aktarırdı. Babamın bütün bunları nereden bilip de bu kadar güzel yazdığını düşünür, yazarlığına saygım artardı. Bir keresinde, babamın romanlarına hayran olan edebiyat öğretmenimiz, romanda gerçeklikle kurgusal olanın ilişkisi konulu bir ödev vermiş, konuyu babamla konuşmamı istemişti. Yazar'ın kızı olmaktan gurur duyuyordum ama böyle özel ödevleri de hiç sevmiyordum. Yine de babama sordum soruyu. Ayrıntıları hatırlamıyorum, sadece, "İnsan en kolay kendini, kendi yaşadıklarını, çevresini, parçası olduğu dünyayı yazar ama iyi yazarlık başkalarının hikâyelerini anlatabilmektir. Mesele yazarın anlattıklarının duygusuna sahip olması, kahramanlarıyla empati kurabilmesidir," demişti. Anlamadım, açmasını istedim. "Mesela Charles Dickens kendi deneyimlerinden hareket eder ve iyi tanıdığı, bildiği çevreleri, olayları, içinde yaşadığı toplumu anlatır. Anlattığı her şeyi birebir kendisinin yaşamış olması gerekmez. Hikâyeyi başkasından işitmiş, bir yerde okumuş ya da uydurmuş olabilir. Ama anlattığı olayların yaşandığı ortamın ruhuna, duygusuna sahiptir. Romanlarındaki karakterleri bildikleri arasından seçer, onları öyle bir işler ki romanın geçtiği mekânı, zamanı aşarlar. Onu büyük yazar yapan, iki yüzyıl sonra romanlarının hâlâ okunmasını sağlayan da budur," dedi. Yine pek anlamasam da öğretmenimiz ödevimi çok beğenmişti.

O zamanlar kafama takılmayan, çelişkili görmediğim bu sözleri düşünüyorum şimdi. Yazar en kolay kendini, kendi çevresini, duygusuna sahip olduğu şeyleri anlatıyorsa nasıl olup da babam bilmediği, yaşamadığı iklimlerde geçen başkalarına ait hikâyeleri anlatabilmişti? Büyük yazar olduğu için mi? Büyük yazar mıydı gerçekten? Öyle olduğunu düşünürdüm. Gün gelip de "Öyle miydi?" sorusunu soracağım aklıma gelmezdi.

Ada'daki yaz evimize yerleştiğimiz, köyle kaynaşmaya çalıştığımız, ailecek birbirimize sarıldığımız, "yaşamın usul, dingin bir su gibi aktığı, tatlı bir meltem gibi estiği" mutlu günlerdi – bu da babamın romanlarında sık kullandığı bir kalıp. Yeni olan her şey gibi Ada yaşamı da heyecan vericiydi. Her gün yeni birşeyler öğreniyor, kırsal yaşamı deneyimliyorduk. Yaz tatili bitip de eve dönmek gerektiğinde Cem hastalık numarasına yatar, ben de karalar bağlardım.

Geçmişte kalan, bir daha yaşanmayacağı için çaresiz bir özlemle hatırlanan güzel çocukluk günleri...

Gül, genç bir adamla tuhaf bir kadından söz etmişti dün gece. Hayır, o mutlu günleri sonlandıran, babamın bizi bırakıp Ada'ya çekilmesine yol açan ne bir kadın ne de bir adamdı. Onların Yazarlarevi'ne gelişi bizden ayrıldıktan çok sonra olmalıydı, yıllar sonra...

Bizi bırakıp gittikten sonra annemin zorlamasıyla, istemeye istemeye gittiğim seyrek buluşmalarımızda babam Yazarlarevi'ne gelip gidenlerden, özellikle yabancı yazarlardan söz ederdi. Romanını Ada'daki Yazarlarevi'nde geçirdiği yaz mevsiminde tamamlayan Norveçli bir kadın yazarı anlatmıştı uzun uzun. Bir de Tunus kökenli deli dolu Fransız şairi hatırlıyorum. Adam şiir kitabını Ada'ya ithaf etmişti. Babam bundan gurur duyuyordu, Fransızca yayımlanan kitabı bana vermiş, okumamı istemişti. Parlak şiirler değildi yine de Ada'nın havasını, kokusunu, renklerini taşıyordu.

Gül'ün sözünü ettiği adamdan, hele de o kadından hiç bahsetmemiş olmasını önce garipsedim, sonra düşündüm: O kadınla adam Ada'ya son yıllarda gelmişlerse sözünü etmemesi doğaldı. Uzun süredir yüz yüze görüşmemiştik, ilişkimiz daha çok annemin sağlık durumuyla ilgili telefon konuşmalarından ibaretti. O kadınla adam belki de yazar mazar olmayan sıradan konuklardı. Babamın bazı yakın arkadaşlarının, bedava tatil yapsınlar diye sevdikleri, değer verdikleri yakınlarını, hatta yardımcılarını, bakıcılarını Ada'ya gönderdikleri olurdu eskiden de.

Yazarlarevi'nde kalmak için başvuranlara uygulanan

kurallar vardı. Yayımlanmış en az iki kitaplarının bulunması, üzerinde çalıştıkları eserin Ada'daki Yazarlarevi'nde yazıldığını künyede belirtmeleri gibi. Bunları bana ayrıntılı anlatmış, önemli yazarlar kabul edip gelirlerse Yazarlarevi'nin prestijinin arttığını, fon bulmanın da kolaylaştığını, böylece yeni yazarlara dolaylı destek sağlandığını söylemiş, açıkça olmasa da yardımcı olmamı istediğini hissettirmişti. "Bu öyle kolay değil, ciddi bir iş. Ben evimi yazarlarevi yaptım demekle olmuyor. Yerelde önemsenmeyebilir ama uluslararası listeye girdin mi, bir de fon aldın mı gelenin gidenin, gelirin giderin kaydını tutacaksın, hele de bizim ülkede dikkatli olmak gerekiyor, profesyonelce bir yönetim şart," demişti. Öyle profesyonelce bir yönetim hiç olmadı, işler hep ha babam usulü yürüdü sanıyorum.

Açıkça söylemese de aslında Yazarlarevi'yle benim ilgilenmemi istiyordu. Anladım ama hiç ilgilenmedim, ilgilenmeyeceğimi de belli ettim. Benim için Yazarlarevi babamı bizden koparan "öteki kadın" gibiydi. Neredeyse kırkıma geliyorum, babam da yok artık ama hâlâ bu saplantıdan kurtulamadım.

Gelenin gidenin kaydı tutulmuşsa o adamla kadının izine kolayca ulaşılabilir. Babamın misafirleriyse kayıtları yoktur tabii. Misafirler uzun kalmazlar, çoğu babamın eski arkadaşlarıdır. Gençliğinden, devrimcilik günlerinden kalma dostluklar ya da ünlendikten sonra edindiği yeni arkadaşlar. Kimi yatıyla, kimi Ada'da ilgi odağı olan şoförlü Jaguar'ıyla gelen, kimisi yazları birkaç ay işleyen deniz otobüslerinden inen; babayani giyimlerine, alçakgönüllü tavırlarına rağmen pansiyonlarına müşteri kapmak için iskeleye birikmiş köy halkının Yazar'ın misafirleri olduklarını nasılsa hemen anladıkları, peşlerine düşmedikleri, bazılarını da televizyon ekranlarından tanıdıkları insanlar.

Düşünüyorum da, Gül kendini önemli, ilginç kılmak için uydurmuş olabilir mi esrarengiz bir adam ve tuhaf görünümlü yaşlıca kadın hikâyesini? Öğrenmesi kolay, Sultan ilk başvurulacak kaynak olmalı. O da öyle dedi zaten.

Sezgilerim, Şair'e pek umut bağlamamam gerektiğini fısıldıyor. Sezgi bilgiye götüren yollardan biridir, derdi üniversitedeki bir profesörümüz. Babama ait notları, yazıları, bilgisayar dosyalarını, elinde ne varsa bir an önce teslim almalıyım ondan. Hepsini verirse tabii...

Şair

Önce tanımadım. Son gördüğümde on dört-on beşinde ancak vardı. Çocukluktan genç kızlığa yeni adım atıyordu.

O gün Erdek feribotundan indirilecek malları beklerken İskele Market'in önünde bir duble içmeye niyetlenmiştim. Bu saatte içme alışkanlığım yoktur aslında; uzun süredir kötü giden havalardan sonra birden gelen baharın, o ılık, sakin, pırıl pırıl mayıs gününün çağrısına kapıldım. Balıkçı Hüseyin karşıki kahvenin köşesinde istavrit kızartıyordu, selamlaştık. Niyetimi anladı ki plastik tabağa birkaç tane koyup getirdi, markette çalışan Mehmet de bir dilim beyaz peynir kesti. Arkalığı kırık tahta iskemleyi dükkânın önüne çektim, tabağımı dondurma tezgâhının üstüne koydum.

"Eski köye yeni âdet mi getirdin, ne rakısı bu saatte burada!" dedi Mehmet.

"İnsan kendi yerinden usanıyor, müşterilerin yanında içmek ayıp oluyor, bugün hava da pek güzel, canım çekti," dedim.

"İyi de, bari kola bardağında iç, başımı belaya sokma, biraları bile vitrinden içeri aldık. Belediye değiştiğinden beri zabıtalar kimsenin gözünün yaşına bakmıyor," dedi. Önce bir küfür savurdu, sonra, "Ey zabıta zabıta, nerde kaldı rabıta!" diye duymadığım bir türkü mırıldanarak dükkâna girdi. O anda kendi uydurmuştu besbelli. Onun satış yaparken de böyle kafiye düzmesi meşhurdur.

Marketin kapısında durmuş etrafa biraz şaşkın gözlerle bakan genç kadın yabancıydı, buralardan değildı. Yine de birine benziyordu. Kime? Yüzüne baktığımı fark edince selam niyetine hafifçe gülümseyip gözlerimi indirdim; yanlış anlamasın, ayıp olmasın diye. Ama gözleri takılmıştı kafama, yüzüne göre büyük, hafif çekik gözler. Bir daha baktım, şaşırdım. O olabilir mi?

"Kusura bakmayın, birine benzettim de," dedim mahcup bir sesle.

"Çocukluğumda yazları gelirdik ama çok oldu, yirmi yıldan fazla," dedi. Sonra duraksadı. "Yazar'ı tanırsınız belki."

Bir an, tanımam, deyip oradan kaçmak geçti aklımdan. Keşke yapabilseydim, o zaman her şey hepimiz için daha kolay olurdu belki. Ama yapmadım, yapamadım. "Hepimiz çok üzgünüz, böyle olmamalıydı," gibi birşeyler geveledim. Az kaldı kıza sarılacaktım, içimden geçen buydu.

"Siz Ceren'siniz, kardeşiniz de Cem'di değil mi?" dedim.

"Siz de Şair olmalısınız," dedi.

Birbirimize sarılıp ağlayabilirdik, ben öyle hissettim. Ceren babasına, ben yitip giden gençlik hayallerime ağlayacaktım.

Kendimi yokladım. Onu tanımazdan gelmeyi, oradan kaçıp gitmeyi düşünmemin nedeni Yazar'ın ölümüyle yüzleşme korkusu mu yoksa geleceğin büyük şairinin meyhaneci olması mıydı? İkisi birden belki.

O zamanlar ne Ada bu adaydı ne insanlar bu insanlardı ne de bizler bugünkü bizlerdik. Hayat daha basit, daha doğal akardı. Buralarda ev yaptırıp yılın yarısını

Ada'da geçiren yazlıkçıları tek tek tanırdık. Her ne kadar, "Ada adalılarındır," gibi budalaca bir slogan dillere dolanmışsa da bir süre sonra uyum sağlarlar, yabancı görülmezlerdi. Hele de Ada'nın küçük çaplı ticaretine, esnafa yaptıkları katkılar düşünülecek olursa...

Edebiyat diye yanıp tutuşan, yazarlık hayalleri kuran bir avuç gençtik. Sadece bizim buradan, merkezden değil, Çınarlı'dan, Gündoğdu'dan, ilkokuldan beri arkadaştık. Liseye de bir-iki yıl farkla tam kadro geçtik. Okumak istemeyen birkaç arkadaşımız ayrıldı, bir arkadaşımız da Anadolu Lisesi sınavlarını kazanıp Bandırma Lisesi'ne gitti. O da tatillerde hep gelirdi Ada'ya, onunla da arkadaşlığımız sürdü. O yıllarda iyi öğretmenlerimiz oldu. Ada'yı sürgün yeri değil az öğrencili sınıflarda iyi öğrenciler yetiştirme fırsatı olarak gören, konularını bilen, mesleklerini seven kişilerdi çoğu. Adalıları köylü sayıp küçümseyen, tayinlerinin bir an önce çıkmasını iple çekenler de vardı. Edebiyat öğretmenimiz onlardan değildi edebiyat öğretmenimiz bir taneydi. Bencileyin okumaya yazmaya yatkın olanlara bu mikrobu ilk aşılayan odur.

Biz çocukken yazları buralara yazarlar, sanatçılar, üniversite hocaları, öyle insanlar gelir, basit pansiyonlarda, mevsimlik tuttukları evlerde, sahildeki pansiyon irisi küçük otellerde kalır, doğanın, denizin, ille de rakı masalarında uzun sohbetlerin tadını çıkarırlardı. Bazıları ev yaptırıp yazlıkçı oldular. Çocukları, torunları hâlâ her yaz gelirler. Artık kullanılmayan, uzaklardaki çocukların, torunların uğramadığı, yıkılıp çökmeye terk edilmiş yazlıkçı evleri de var. O evler, ziyaretçisiz mezarlar gibi içime hüzün verir.

Adamızı seven aydınların sohbetlerine zaman zaman edebiyat hocamız da katılırdı. "Bu insanlardan yararlanmaya bakın; ülkenin en iyi yazarları, şairleri, aydınları ayağınıza geliyor. Kitaplarını alın okuyun, imzalatın, sorular sorun," derdi bize.

1950'li, 60'lı yıllarda, Ada'nın balıklı şaraplı sakin, doğal bir cennet olduğu günlerine, Kör Agop'un çınar altındaki meyhanesine, İhtiyar Balıkçı'ya, Gogoli'nin Eşref Şefik'in iteklemesiyle açtığı ilk pansiyonuna gelip giden ünlülere yetişememiştik. Ama Kır Mahmut'un –Kara Mahmut da derler– Yaşar Kemal'in hapishane arkadaşı olduğunu, bu hikâye pek teyit edilemese de Ada'ya geldiğinde onun evinde kaldığını edebiyat hocamızdan duymuştuk. Fethi Nacilerin, Oktay Rifatların, Selahattin Hilav'ın, Muvaffak Şeref'in, Turgut Uyar'ın, daha kim bilir kimlerin yazları Ada'ya gelip kaldıklarını bilirdik. Onların uzak ve büyülü dünyalarına girmekse harcımız değildi. Yine de bu önemli yazarların adamızı sevdiklerini, köyümüzün sokaklarında dolaştıklarını, arkadaş oldukları balıkçılarla balığa çıktıklarını bilmek bize gurur verirdi.

O günlerde küçük bir arkadaş grubu, merakla, tutkuyla okumaya başlamıştık. Önce dünya klasikleri, sonra bizim şairler, hikâyeciler. Edebiyat hocamız, "Klasikler olmadan olmaz, şiir olmadan olmaz," derdi. Kitapları önermekle kalmaz, kendi kitaplığında olanları ödünç verir, olmayanları ısmarlar, getirtirdi. Özel ve güzel bir insandı. İçimizdeki okuma yazma hevesinin tutkuya dönüşmesinde payı büyüktür.

80'lerin başlarında başının derde girdiğini, bir süre tutuklu kaldığını, sonra devranın değiştiğini, temize çıkıp göreve iade edildiğini duyuyorduk. Yalnız bir adamdı, öteki öğretmenlerle sıkı fıkı değildi. Dayımgillerin evinin yazın turistlere kiralanan bağımsız bölümlerinin birinde kiracıydı. Severler, sayarlar, "Okumaktan yazmaktan başka şey bilmez, içkide kumarda görülmez," diyerek överlerdi.

Bizim çocukluğumuzda, gençliğimizde Ada'da sol rüzgârlar eserdi. Bunda, çoğu solcu olan, zaman zaman komünist diye hapis yatmış, işinden atılmış Ada dostu yazarların, aydınların payı vardı sanırım. Bizim Yazar'ın babası da onlardan biriymiş zaten. 70'ler, 80'ler Türkiye'sinin havası da başkaydı. Devrimci abiler vardı; esrarengiz tavırlar takınarak Denizleri, Mahirleri, Kaypakkaya'yı anlatırlar, 80 Darbesi'nin sola nasıl tırpan vurduğundan söz eder, yenildik-yenilmedik diye tartışır, olan bitenin hesabını birbirlerinden sorarlardı. Edebiyat hocamızın bu işlere bulaştığını da onlardan duymuştuk. Bir keresinde, "Herif yıldı, teslim olmasa zaten öğretmenlik yaptırmazlardı, şimdi varsa yoksa edebiyat," diye konuştuklarını işitmiştim de ağırıma gitmişti. Siz ne yapıyorsunuz peki böyle tespih çevirerek aylak aylak dolaşmaktan, boş boş konuşmaktan, dara düştünüz mü Ada'nın bir numaralı ülkücüsünden borç alıp faiz ağına düşmekten başka, diyesim gelmişti de cesaret edememiştim. Edebiyat hocamız şimdi nerededir, ne yapmaktadır bilmiyorum ama bizim devrimci abilerin kimi ticarete girdi, kimi turizmcilik yapmaya kalkıştı, biri de disko açmaya heveslenip mafyayla belaya çattı.

Yazar Ada'ya yerleştiğinde, edebiyat öğretmenimiz tayinini isteyip buradan ayrılmıştı. Nedeni, bizim buradan evli bir kadına âşık olmasıymış, iş büyümesin, sevdiği kadına kötü gözle bakılmasın diye bağrına taş basmış, diye duymuştuk. Üzülmüştüm ama hoşuma da gitmişti. İyi yazarın, has şairin tutkularının, duygularının peşinden gidebilme cesaretine sahip olması gerektiğini söylerdi. Sevdiğine zarar gelmesin diye tutkusunu, duygusunu gemleyebilmesi de büyük bir cesaret değil miydi? Ada'da geçen böyle bir aşk hikâyesi yazmayı da düşünmüştüm o zamanlar, yazamadım.

Edebiyat toplantılarına başladığımızda Yazar'a ondan söz etmiştim. "Biryerlerden tanırım, o daha çok Ankara'daydı galiba, Ankara Yüksek Öğretmen Okulu'ndandı bildiğim kadarıyla. Tohumu o ekmiş demek ki! Şansınız varmış. Keşke burada kalsaydı, birlikte ne güzel çalışırdık, siz gençlerle sıkı bir edebiyat çevresi oluştururduk," demişti.

Herbirimizin kendimizi geleceğin edebiyatçısı, tanınmış romancısı, büyük şairi olarak hayal ettiğimiz, Yazar'ın da bizim kadar heyecan dolu olduğu güzel günlerdi. Bir daha geri gelmeyecek, yitip gitmiş gençlik hayallerinin, erişilemeyecek umutların, küstah ve masum bir özgüvenin, şimdi iç ezikliği ve buruk bir özlemle hatırlandığı günler...

Edebiyatçı gözüyle bakacak olursak, bizimki iyi bir yazarın başyapıtı olabilecek bir yenilgi hikâyesi. Hem de Yazar'ın öğrettiği gibi, yerelden evrensele taşınabilecek bir hikâye. Ne çare ki yazarı yok.

20 yıl sonrasının artık olgun bir genç kadın havasındaki Ceren'ini yeniden görmek o günlere dönmek gibiydi. Hüzün, pişmanlık, özlem, zamana yenilmenin ezikliği...

İkimiz de duygulanmıştık ama gergindik, birbirimize yaklaşamıyorduk. Görülmemiş bir hesap vardı sanki aramızda. Yazar'ın hayaleti bizi hem buluşturuyor hem de uzaklaştırıyordu. Neden hemen gelmediğini, neden bu kadar geç kaldığını sormak istiyordum. İyi ki hemen gelmedi, diyordum sonra kendi kendime.

Ev için mi geldiniz, diye sordum, evet, dedi. Neden bu kadar geç kaldınız, diye soramadım. Tedirgin bir hâli vardı, Yazarlarevi'ne tek başına gitmekten çekindiğini hissettim. İsterseniz yardımcı olayım, tek başınıza gitmeyin, eve birlikte bakalım, dedim.

Hikâye böyle başladı.

* * *

İnsan bir konudan huzursuzluk duyuyorsa, birinden

birşeyler saklamaya çalışıyorsa mutlaka açık veriyor, hata yapıyor. İskele Meydanı'nda Ceren'i gördüğümde hemen ortadan kaybolmalıydım. Ya da hatırını sorup, başsağlığı dileyip yanından ayrılmalı, kendi yoluma gitmeliydim. Onu benim oraya, Şair'in Yeri'ne götürmeye, uzun uzun konuşup sohbet etmeye ne gerek vardı!

Kızın kafasını biraz da ben bulandırdım. Adaya gelmese, bizleri görmese hiç aklına gelmeyecek kuşku tohumlarını yüreğine ben ektim. Babasının not defterlerinin, bilgisayarının, telefonunun bende olduğunu söylemem yanlıştı. Yazar'ın evdeki bilgisayarını avukatın aileye teslim ettiğini bilmiyordum, oysa düşünmeliydim bunu. Bir süredir iki bilgisayarı vardı. Teknolojiyle başı hoş değildi. "Bu şeytan işi aletler yararlı ama ıcığını cıcığını bilmezsen bir tuşa bastığında yazdıkların siliniveriyor," derdi. Bilgisayarı büyük ihtimalle yine kendi marifeti yüzünden bozulduğunda, yeniden formatlanıp tamir edilene kadar şimdi bende duran bu ikinci aleti edinmişti. Bunu neden o anda hatırlamadım!

Bende duran her şeyi, bilgisayarını, not defterlerini, ne varsa hepsini olayın hemen ardından Ceren'e iletmemem de büyük hataydı. Annesini aramış olmam mazeret değildi, kadın zaten Alzheimer'mış. İsteseydim Ceren'e ya da yayınevine ulaşabilirdim pekâlâ.

"Sevmek kimi zaman rezilce korkuludur" dizesini "Bilmek kimi zaman rezilce korkuludur"a dönüştürüp mırıldanmak da zevzeklikti. "Bilmek neden korkulu olsun?" diye sordu hâliyle. Gözlerini kocaman kocaman açmıştı. Neydi bilmeyi korkulu kılan? Her şeyi apaçık bilmeden, öğrenmeden huzur bulamayacağını o anda anladım ama lafı değiştirmek, dolandırmak için geç kalmıştım.

"Bence son zamanlarda istediği gibi yazamadığını hissediyordu," dememe ne gerek vardı! Hele de son yazdıklarının çok iyi olduğunu, eleştirmenlerin yeni bir dil yakaladığını düşündüklerini, Yazar'ı öve öve bitiremediklerini söylediğinde, "Yazamamak o çapta bir yazar için önemlidir," diye ısrar etmem kötücüllük değil de neydi!

Evet, kötücüllük. Kendimi açık yürekle, cesaretle sorguladığımda Yazar'a karşı duygularımın ne kadar çelişkili, ne kadar karmaşık olduğunu anlıyorum. Sevgi ve hayranlığa sinsi "acaba"ların gölgesi düşüyor. Bir de desteklendiğimizi sanırken engellenmiş olma kuşkusu. Bunu Engin'le her konuştuğumuzda kendimizden utanmışızdır; adam bizimle o kadar uğraştı, bir sürü işi, misafiri, gelip gitmesi arasında didindi durdu, bizde cevher yoksa ne yapsın! Ama o kuşkuyu içimizden çıkaramadığımız da bir gerçek.

Ceren babasına ait notları, belgeleri, bilgisayarı, bende ne varsa hepsini istediğinde sesindeki güvensizliği hissettim. Benden kuşkulanmaya başlamıştı. Ölüm raporunda, emniyet tutanaklarında kuşkuya yer bırakmayacak şekilde "yüksekten düşmeye bağlı" yazıyordu. "Avukatlarımız, arkadaşları, yayınevi çok ciddi araştırdılar, kesinlikle kazaydı," dediğinde üstelemedim. Masa Kayası'nın oradan düştüğü doğruydu ama neden, nasıl?

Ceren'in evi satmak, bir de babasına ait özel eşyaları almak için geldiğini Engin'e neden haber verdim? Ben haber vermesem Engin kızın geldiğini bilmeyecek, büyük ihtimalle karşılaşmayacaklardı. Son zamanlarda Engin'le pek görüşmez olmuştuk. Balıkta, çarşıda pazarda rastlaşınca hal hatır sormaktan ibaret kalmıştı ilişkimiz. Önemli bir ihtiyacı olmadıkça bizim bu tarafa sık gelmiyordu, ben de davet etmiyordum. Konuyu açmaktan, deşmekten korkuyorduk sanki. Suçlu değilsek de suç ortağı psikolojisi içindeydik. Kimin, hangi suçun ortağı? Bu sorunun açık seçik bir cevabı yok, sadece bir kuşku bulutu.

Belki de olup bitenlere olmadık anlamlar yüklüyorum. Kızın aklını karıştırmam da cabası. Yazar, Masa Kayası'ndan denize yuvarlandı ve öldü. Bu kadar yalın, bu kadar basit. Orada değildim, nasıl olduğunu da görmedim. Kaza mıydı, intihar mıydı, cinayet miydi? Yoksa... Yoksanın delili ispatı yok. Sadece varsayımlar, temelsiz çıkarımlar, maksadını aşan sözler...

Yazar'la tanıştığımız günü hatırlıyorum. Engin'le çınaraltında oturuyorduk. O İstanbul'da üniversiteye başlamıştı. Edebiyat Fakültesi'ne gidiyordu, yolunu seçmişti, edebiyat öğretmeni olmaya kararlıydı. Yarıyıl bitince tatil için Ada'ya dönmüş, hemen beni aramış, buluşmuştuk. O günlerde ben ille de mühendis olmayı koymuştum kafama. Bizim burada gençler, hepimiz, tatillerde inşaat işlerinde çalışırız ama köyün yapı ustalarının hiçbiri mektepli değildir. Adamız esaslı bir inşaat mühendisi görsün hevesine kapılmıştım. Biraz kendime fazla güven, biraz da liseden beri konuştuğumuz muhasebecinin kızına hava atmak için. Köyde inşaat mühendisi bir ağabeyimiz vardı, o iyi bir örnek değildi gerçi; İstanbul'da tutunamamış, Ada'ya dönüp Tekel bayisi açmıştı. Ama ben başarabilirdim, neden olmasın! İlle de İstanbul şart mı, Bandırma olur, Erdek olur, Çanakkale bile olur.

Ne İTÜ'nün ne de başka bir mühendislik fakültesinin puanını tutturabildim. Bir yıl boşta gezdim, garsonluk falan yaptım. Yeniden giriş sınavlarına hazırlanıyordum ama giderek hevesim kaçıyordu. Bu yıl da kazanamazsam askerliğimi yapmayı, sonra köye dönüp hayatımı yeniden planlamayı düşünüyordum.

Engin'le derin sohbete dalmışken Felek Usta tanımadığımız biriyle geldi. Biraz ötemizde denize karşı masalardan birine oturdular, adaçayı söylediler. "Son zamanlarda enikonu ünlenen bir romancı," dedi Engin adamı işaret ederek. Ben adamı tanımıyordum, adını bile duymamıştım. Engin İstanbul'da edebiyatı benden daha iyi izliyordu, gerçek bir edebiyatseverdi o, hâlâ da öyle. "Manastır yolu üzerindeki harap Rum evini onarıyor. Ev zaten babasından kalmaymış. Yıkılmıştı, harap durumdaydı. Bodrum'a, Marmaris'e gitmek yerine burayı yeğlemesi hoşuma gitti," dedi.

Yazar'ın, "Koruk suyu çıktı mı?" diye sorduğunu hatırlıyorum. Çocukluğundan kalma bir özlemdi belki. O yıl doğa geç uyanmış, koruklar henüz sıkmalık olmamıştı.

"Son zamanlarda birden ünlendi, hem de ilk iki romanıyla. İlk romanını okudum, çok beğendim, şimdi ikincisine başladım, bu zamanda böyle romanlar yazmak cesaret işi," diye fısıldadı Engin.

Duydular mı bilmem, Felek Usta bize el salladı. Buraların eski günlerini bilen; 60'larda, 70'lerde yazları Ada'yı mesken tutan yazarları, sanatçıları, aydınları tanımış olan halkın yazıp çizen ünlülere saygıları, merakları vardır. Engin'le ben de köyün okumuş yazmış, geleceği parlak gençleri sayılırdık. Bizi Yazar'a tanıştırmak istiyordu, besbelli.

"Yazarımız baba evini yeniden yaptırıyor, bahçeyi genişletti, arkadaki zeytinliği de aldı, buraya yerleşmeye kararlı, gelin tanışın."

Mahcup adımlarla masaya yöneldik. Adam aydınlık yüzlüydü, dost bir gülüşü vardı.

"Bunlar da okumaya yazmaya meraklıdırlar, aydın gençlerimizdir, ellerinden kitap düşmez," dedi Felek Usta. "Biz erkek kız demez, çocuklarımızı okutmaya çalışırız hevesleri varsa. Burada ya mermer ocaklarında işçilik ya inşaat işi ya balıkçılık; gençler daha fazlasını istiyorlar. Engin öğretmen olacak, Yusuf da Allah nasip eder de puan tutturursa mühendisliğe niyetli."

"Ada dünyaya açıktır, çocukluğumdan bilirim, denizaşırı seferlere katılmış az denizci yoktur burada. Hikâyelerini babam anlatırdı," dedi Yazar. "Gega derdi, Ramiz Kaptan, Kır Mahmut, Murat Kaptan, Kaykaf, Giritli Kâhya derdi. Hepsini hatırlamıyorum, aklımda bu adlar kalmış. Gemilerle, şileplerle dünyayı dolaşmışlardı anlattıklarına göre. Çocukken onlara imrenirdim, dünyayı dolaşmak için adalı olmak mı gerekiyor diye sormuştum babama."

"Daha kimler kimler... Çoğu sonunda usandı denizlerde dolaşmaktan, kürkçü dükkânına döndü. Ada kendinden kopanı çeker, çocuklarını kolay kolay yaban ellere bırakmaz. Ayrılanların bile hem gönlü hem de bir ayağı hep Ada'dadır."

"Sadece Adalılar değil Ada'ya bulaşanlar da er geç dönüyorlar galiba. Baksana ben bile ev yaptırıyorum. Kim bilir belki ileride tümden yerleşirim buraya."

"Yazarımızın evini ben yapıyorum," dedi Felek Usta sesinde belli bir gururla. "Boştaysanız gelin inşaatta çalışın, hem harcında emeğiniz olur hem de Yazar'la tanışmış olursunuz."

Engin tamam deyip hemen atıldı. Birkaç kuruş kazanmaktan çok Yazar'la tanışmaktı onu heyecanlandıran. Ben de tamam dedim. Ertesi sabah, elimizde kazma kürek, çimento karıyor, toprağı kazıyor, taş taşıyorduk. Ne ki Yazar'la çok az konuşma fırsatımız oldu. İstanbul'a dönmesi gerekiyordu. Edebiyatla aramızın nasıl olduğunu, neler okuduğumuzu sordu. Engin'in kendi romanını okuduğunu duyunca hem şaşırdı hem de heyecanlandı. Tayini çıkıp Ada'dan ayrılmış olan edebiyat öğretmenimizi, bize aşıladığı okuma tutkusunu, okumakla kalmayıp birşeyler yazmaya çalıştığımızı, başka hevesli arkadaşlarımızın da olduğunu anlattık bir nefeste.

Gerçekten sevinmişti. "Burada küçük bir edebiyat çevresi kurabileceğiz demek ki," dedi. "Türkiye'nin en iyi edebiyatçıları böyle çevrelerden yetişmiştir. Taşrada edebiyat da yazarlık da zor iş, üstelik edebiyat artık pazara teslim oldu ama hâlâ umut var, o umudu birlikte yeşertebiliriz belki."

Edebiyatın pazara teslim olmasının anlamını çözememiştik o zaman. Hikmetli sözlerdi bunlar. Bir edebiyat çevresi oluşturma vaadi pek hoşumuza gitmişti. İnşallah lafta kalmaz diye geçirmiştik içimizden. Ayrılırken, "İnşaat emin ellerde, bir an önce bitirin ki asıl işimize dönelim," dedi.

Asıl işimiz edebiyattı, yazarlık atölyesiydi, kitap sohbetleriydi. O sözleri böyle anlamıştık.

İnşaat ağır ilerledi. Ben üniversiteyi kazanamayınca askere gittim, Engin yaz tatilinde bir öğrenci değişim programından yararlanarak Fransa'nın Alsace bölgesindeki bağlarda çalışma kampına gitme fırsatını kaçırmadı. Fransızcasını ilerletmeyi, büyük Fransız yazarların kitaplarını kendi dillerinden okumayı takmıştı kafasına. Yıllar sonra, "Ne *Sefiller*'i ne de Proust'u aslından okuyabildim. Ama *Küçük Prens*'i ezberledim, o da bir şey," demişti hayıflanan, hüzünlü bir sesle.

O yaz, biz inşaatta canla başla çalıştık ama Yazar Ada'ya gelmedi. Yeni bir romanı çıkmış, çok satarlar listelerine girmiş, İngilizceye çevrilmiş, yurtdışında da ses getirmişti. Bunları gazetelerin kitap eklerinden izliyorduk. Böylece, onun tabiriyle "asıl işimiz"e ancak iki yıl sonra dönebildik. Ama bu süreyi boş geçirmedik, okumaya yazmaya hız verdik. Kendimizi Yazar'a hazırlıyorduk.

İki yaz sonra buluştuğumuzda hepimiz artık daha donanımlıydık. Üstelik iki yeni arkadaş, bir de ilçeye yeni tayin olmuş edebiyat meraklısı genç bir veterinerle Yazar'a hayran matematik öğretmeni bir kadın katılmıştı aramıza. Heyecanlıydık, içimiz kıpır kıpırdı. *Adalı Edebi-*

yat adlı, fotokopiyle çoğaltacağımız bir dergi çıkarmayı planlamıştık. Yazar'dan da yardım almayı umuyorduk.

* * *

Bütün noktalama işaretleri kaldırılsın, hiç umurumda değil. Son zamanların modası da bu zaten. Bizde de heveslileri var; üç sayfalık bir metin, tek bir paragraf olmadan, tek bir noktalama işareti kullanılmadan sürüp gidiyor. Bu ne işe yarıyor, okumayı, anlamayı zorlaştırmaktan başka? Bence edebî züppelik! Metne duyulan güvensizliği, kalıpları kıran öncü yazar cilasıyla örtme çabası. Arayış, deneme, geleceğin anlatımı diyorlar. Neyin arayışı! Yazdıklarında kurguda, biçimde, anlatımda, noktalama işaretlerini kaldırmayı gerektiren bir yenilik olsa canım yanmaz. Artık kendim yazmadığım, yazamadığım için mi tu kaka ediyorum yazabilenlerin ürünlerini! Her şey gibi edebiyat da gelişiyor, değişiyor: yeni arayışlar, yeni biçimler, yeni yazarlar... Ama klasikler kapı gibi sapsağlam duruyor, çağları aşıyor. Noktaları, virgülleri, paragrafları da yerli yerinde.

Yine de bütün noktalama işaretlerinin kaldırılmasına varım, biri hariç: Soru işareti. Adı "?" olan bir roman yazmak isterdim.

Hiç roman yazmayacağım, şiir bile yazmıyorum artık. "Şiir bir atmosferdir, bir ruh hâlidir, dünyanın, insanın, kendinin hallerini kristal bir aynadan okumaktır, müziğin söze dökülmesi, sözün müzik olmasıdır. Şiir noktalama işaretlerine ihtiyaç duymaz; duygularımız gibidir, kesintisiz akan bir ırmak gibidir, zaman gibidir." Bunlar Yazar'ın sözleriydi. Şimdi hatırladıkça içimde, göğsümün tam ortasında, soğuk bir boşluk hissediyorum. Benim aynam kırıldı, ırmağım kurudu, zaman da farklı akıyor artık.

Yazar'ın ölümünden bu yana hem olaya hem Yazar'a

hem de kendime ilişkin soru işaretlerim çoğalıyor. Bulabildiğim cevaplar ise paragrafsız, noktasız, virgülsüz sayfalarca metin gibi karışık, anlaşılmaz.

Şimdi; gençlik günlerimizden, hayallerimizden, kendi gücümüze, yeteneğimize yaratıcılığımıza inancımızdan fersah fersah uzakta, o yazma tutkusu neydi, diye düşünüyorum. İçimizden fışkırıyordu, özellikle de Engin'le benim. Sanki yazmaya mecburduk. Yazmazsak hiç olacaktık, mutsuz olacaktık.

Kendimizi okuyarak, yazarak var etmeye çabalıyorduk. Edebiyat kendi küçük dünyamız dışında başka dünyalara, başka hayatlara, tanımadığımız, bilmediğimiz duygulara, heyecanlara açılmaktı. Bizim de söyleyecek sözümüz vardı, o sözü söyleyerek büyük edebiyat okyanusunda bir damla olmanın hayaline kapılmıştık. Masumiyet çağımızdı, umut dolu gençliğimizdi. Yazar'ın sonradan bir romanında yazdığı gibi, ülkenin de umut çağıydı, masumiyet çağıydı. Yazar hayatımıza böyle bir dönemde girdi. O günlerde, yazım kılavuzundaki noktalama işaretleri arasında soru işareti en az kullandığımızdı. Hele de Yazar söz konusu olduğunda...

Şimdi, soru işaretleriyle doluyum.

Bir soru işareti: Engin öyküsünü bir edebiyat dergisinin açtığı yarışmaya göndermek istediğini söylediğinde Yazar'ın verdiği tepki: "Yazar mı olmak istiyorsun ödül toplayıcısı mı?" Sesinde, o zamana kadar fark etmediğim soğuk, sinirli bir tını algılasam da kafamdan hemen uzaklaştırdım bu algıyı. Engin'in bozulduğunu, "Sizin de ödülleriniz var hocam, kötü bir şey mi bu!" gibi birşeyler gevelediğini hatırlıyorum.

Engin'in hikâyesi adada geçiyordu. *İhtiyar Balıkçı*'dan esinlenmişti ama hepimizin bildiği gerçek bir olaya dayanıyordu. Uzak denizlerin değil bizim ihtiyar balıkçımızın azim, inat, kendini –başkalarına değil– kendine kanıtlama macerasıydı. Yazar da beğenmişti. "Sonunu ucu açık bırakman iyi olmuş, adamı kalp krizinden öldürseydin mesela hikâye sıradanlaşırdı. Asıl fikre vurgu yaptıktan sonra gerisini okura bırakmalıyız," demişti. Yine de hikâyenin yarışmaya gönderilmesine karşı çıkmıştı, neden?

Hatırladığım başka bir şey daha var: Yazar'ın sonraki romanlarından birinde Engin'in öyküsüne çok benzer bir bölüm vardı. Yaşlı adamı adadan ormana taşımış, denizle mücadelenin yerini ormanla mücadele almıştı. O zaman üstünde hiç durmamıştım, keyifle okumuştum. Yazar iyi bir anlatıcıydı, o yazdığında hikâye ete kemiğe bürünürdü. "Atmosfer yaratma" deyimini ondan öğrenmiştik. O, atmosfer yaratabiliyor, okuru yarattığı atmosfere sokabiliyordu. Hikâye aynı olabilir, eninde sonunda insanın halleridir anlatılan; mesele, nasıl anlatıldığında. Şimdi düşününce bir soru işareti daha ekliyorum kafamda yazmakta olduğum, yazmaktan korktuğum, zaman zaman bırak bu işin ucunu, aklından çıkar, dediğim Yazar biyografisine.

Yazar'ın Ada'ya gelişi içimizdeki yazma ateşini körüklemişti. Küçük edebiyat atölyemizi –kendimizi böyle adlandırıyorduk– Yazar da bizim kadar ciddiye alıyor, canla başla uğraşıyordu. Tanınmış, ünlü bir edebiyatçının bize vakit ayırmasından hem biraz eksikleniyor hem de gurur duyuyorduk. Aramızdan önemli yazarlar, şairler çıkacağına bizi inandırıyor, şevkimizi artırıyordu. Yine de ne zaman yazdıklarımızı yayınlatmak istesek, bu konuda yardımını rica etsek, daha zamanı gelmemiş ya da metin gereğince olgunlaşmamış oluyordu. Öyle bir hava yaratıyordu ki yayınlanma isteğimizden utanıyorduk neredeyse. Önemli olan yazar olarak tanınmak değil yazmaktı. Onun sözleriyle: "Meşhur olmak mı amacımız iyi yazmak mı? Yazarcılık mı oynamak istiyoruz yazı yoluyla kendimizin ve insanın derinliklerine inmek mi?"

Aramızdan, "Ben yazarcılık oynamak değil yazar olmak istiyorum, okunmak için yazmıyorum demek saçma geliyor bana, anı defteri tutmuyorum ki, tabii ki okunmak için yazıyorum. Okuru olmayacaksa yazar değil yazıcı olunur," diyebilen tek bir arkadaşımız çıktı. Yazar'ın favorilerinden biri değildi ama sadece o yazar olabildi. Ada'dan çabuk ayrılmıştı zaten. Çok okunan, pek tanınmış bir yazar değil ama öyküleri, denemeleri dergilerde basılıyor, hatta bir şiir bir de öykü kitabı yayımlamış.

Yazar beni sürekli şiire yönlendiriyordu. "Sende şair kumaşı, şair dili var, romanın büyüsüne kapılıp şiirini ziyan etme, üstelik roman yaşanmışlık ister, henüz roman için erken," derdi. Pek çok yazarın en iyi eserlerini genç yaşlarda yazdıklarını okumuştum biryerlerde ama ondan daha iyi bilecek hâlim yoktu ya! Şiirin edebiyatın çerçevesini aşan, müzikle buluşan en saf, en yüce tür olduğunu söylerdi. Belki de haklıydı ama ben o yücelikten pek de pay almadığımı sonraları anladım. Şiirin insanın içinden fışkırması yetmiyor, vezin, kafiye tutturmak hiç yetmiyor. Başka bir şey, Yazar'ın tabiriyle o tanımsız şey, bağışlanmış yetenek, bir de sadece şiir düşünüp şiir yazmaya odaklanmak gerekiyor.

Yazar'ın Ada'da yaşamaya başladığı 89 yazından ailesinden ayrılıp bütünüyle Ada'ya yerleştiği, evi Yazarlarevi olarak düzenlediği, yeni bir hayata açıldığı döneme kadar, edebiyat atölyemizin biz heveskâr yazarları ne çok şey yazmışız, ne çok kitap okumuş, tartışmışız.

Yazar'ın iyiden iyiye ünlendiği, kitaplarının çeşitli dillere çevrildiği yıllardı. Bizleri bırakmamıştı, eskisi kadar sık olmasa da ilişkimiz, çalışmalarımız aramızdan ayrılan ya da aramıza katılanlarla daha çok sohbet toplantıları olarak sürüp gidiyordu. Bir yandan da hepimiz kendi işimize gücümüze dalmıştık. Kimimiz çoluk çocuğa karışmıştı bile. İçimizdeki edebiyat ateşi ağır ağır, sinsi sinsi külleniyordu da farkında değildik. Edebiyat buluşmalarımız, Yazar'la sohbetlerimiz eskisi kadar tutkulu, heyecanlı değildi, vazgeçilemeyen bir alışkanlığa dönüşmüş, rutinleşmişti. Şimdi düşünüyorum da Engin de ben de bu yıllar boyunca hiçbir yerde bir şey yayımlamamışız. İcazet alamamışız demek belki daha doğru olur. Bir soru işareti daha koyuyorum buraya.

2001 miydi 2002 mi, tam hatırlamıyorum, Engin köye dönmüştü o günlerde. Pek ortalarda görünmüyor, çöküş dediği ruh hâlini kaplumbağa gibi kabuğuna çekilerek yaşamaya çalışıyordu. İkimiz de delikanlı heyecanlarımızı geride bırakmış, otuzumuza varmış, yaşlanmıştık. Samih Rifat'ın *Ada* kitabı yeni çıkmıştı. Daha önce okuduklarımızdan farklı, büyülü bir metindi. Kitabı Engin bulup getirmişti. Samih Rifat çocukluğunun, ilkgençliğinin yaz tatillerindeki Ada'sını anlatıyordu. Anlatmıyor, sanki bir şiir besteliyor, demişti Engin. Sunuş yazısında, çocukluğunun adasına duyduğu özlemle; betonlaşmış, kalabalıklaşmış, geçmişini yitirmiş Ada'ya ayak basmamaya yemin ettiğini yazıyordu. "... Bir çocukluk zamanını yeniden kurma, anlatma, yazma çabası... Kimin için? Bütün bunlar kimi ilgilendirir? Belki çocukluğunda, gençliğinde bir Ada'sı olmuş bir-iki kişiyi, kim bilir!" diyordu.

Küçük boyda 80 sayfayı geçmeyen metni okuduğumuzda çarpılmıştık. Düzyazıyla yazılmış şiirdi *Ada*. Bir adası olsun olmasın her iyi okuru, herkesi ilgilendiriyordu. Belli bir yeri, belli bir zamanı anlatıyordu, yine de belirli bir zamana, belirli bir mekâna ait değildi. O "büyülü şey"e sahip bir metindi.

Yazar'ın köyde olduğu bir zamandı. O günlerde Yazarlarevi'nde iki yabancı konuk kalıyordu galiba, kalabalık yoktu. Bu şiirsel metin bizi o kadar heyecanlandırmıştı ki Yazar'ı aradık. Bu defa biz sizi davet ediyoruz, bir kitabı konuşmak istiyoruz, dedik. Her zaman, saf edebî metinlerin yalın, şatafatsız, zorlamasız olduklarını, üslup gösterilerinden, lügat paralamaktan kaçındıklarını, bir iç ışıkla parladıklarını söylerdi. *Ada* tam da böyle bir metindi.

Ona edebiyat duygumuzun nasıl geliştiğini, inceldiğini, saf edebiyatı anladığımızı göstermek istiyorduk. Bizi kırmadı, nazlanmadı da. "Misafirlerim var ama zaten yemeği onlarla yemiyorum; tamam, bu gece Resul'ün orda buluşalım," dedi.

Küçük salaş meyhanenin avuç içi kadar avlusunun asma çardağından sarkan siyah-mor Laz üzümü salkımlarını hatırlıyorum, bir de Resul'ün hiç sormadan tabaklarımıza koyduğu ev yapımı zeytinyağlı biber dolmalarıyla peynirli patlıcanları, sepet peyniriyle kavunu, zargana çirozunu.

Umduğunuzu değil bulduğunuzu yemenin keyfe keyif kattığı bir yerdi burası. Artık yok. Bir sürü güzel, değerli şey gibi o da bitti. Önce asma çardaklı avluya el kondu, sonra Resul hastalandı, köyden ayrıldı, Bandırma'ya kızının yanına gitti. Bir renk daha soldu, geçmişle bir bağ daha koptu. Bizler; Ada'nın Yazar'lı, Resullü, asma çardaklı, sardalye kokulu, balık mezatlı, devrimci abilerli, sinemalı günlerini yaşamış; köyden köye patikalardan yürüyerek ya da ancak denizden ulaşılan, bin yıllık batık teknelerden amfora çıkaran, buzhanenin orda bekleşirken balıkçıların kovalarımıza bedava sardalye doldurduğu son kuşağız. Nasıl da günbegün başkalaşıyor, değişiyor her şey. Nasıl soluyor coşkular, nasıl duruluyor heyecanlar!

O günlerde gençtik. *Ada* kitabı belki de bu yüzden etkilemişti bizi. Samih Rifat bir kuşak öncesinin Ada'sına –aslında kendi çocukluğuna, gençliğine– bir ağıt yakmış, şiirden bir anıt yükseltmişti. Biz de kendi Adamıza güzellemeler düzme peşindeydik.

"Hangi kitap bu kadar heyecanlandırdı sizi?" diye

sorarken muzip gülümsemesinden, kendinden hoşnut keyifli hâlinden, son romanını konuşmak istediğimizi sanmış olabileceğini sezdim. Onu kırmamak için, "Tek bir kitap değil, bir sizin romanınız bir de yeni çıkan *Ada* kitabı," demeye hazırlanırken Engin küçük mavi kitapçığı çıkarıp masanın üstüne koymuştu bile.

"Samih Rifat'ın *Ada*'sı hocam. Düzyazının şiirle buluşması. Sizin hep söylediğiniz, bir metni edebiyat, iyi edebiyat yapan o tanımsız şey."

Yazar'ın kitabı eline alıp evirip çevirdiğini, "Haa, o mu? Çocukluğumdan tanırım. O benden beş-altı yaş daha büyüktü. Onlar da bizim gibi yazları buraya gelirlerdi," derkenki soğuk, mesafeli ses tonunu hatırlıyorum.

"Samih aslında çevirmendir. Belgeselcilik, fotoğrafçılık, araştırma... Her boyaya biraz boyanmıştır. İyi bir kafadır. Sağlam entelektüel. Eee... arkasında iki kuşak dilci, edebiyatçı var ne de olsa. Şiirler de yazardı gençliğinde, birkaç dergide yayımlanmıştı." Bir yandan da kitabı karıştırıyordu. "Bundan haberim yoktu. Yaşı da altmışı geçmiştir. Sizi bu kadar etkileyen nedir bu metinde?"

"Anlatması güç," dedi Engin, "zaten bu yüzden sizinle konuşmak istedik. Hep sözünü ettiğiniz o küçük, tanımsız şey, o sihirli damlacık var bu metinde. Ne belli bir olay ne büyük düşünceler ne şairane benzetmeler ne de sözcük cambazlığı; ama saf edebiyat işte. En azından bana göre böyle."

Meramını iyi ifade etmişti, konuşmaya gerek duymadım, "Bana göre de," dedim.

Rakı kadehine uzandı, "Şerefe," dedi, "saf edebiyatın şerefine."

Biz rakı içmiyorduk, bira bardaklarımızı kaldırdık. "*Ada*'nın şerefine," dedim kitabın adına göndermeyle. "Adamızın şerefine," dedi kitabı yok sayarak.

Uzanıp bir salkım Laz üzümü kopardım, tabağına

koydum. Bu kokulu üzümleri sevdiğini biliyordum. Evin bahçesinde denemiş, çubuklara bir türlü kök saldıramamıştı. İçimi, nedenini bilmediğim bir sıkıntı kaplamıştı. Engin de suskunlaşmıştı. Havayı dağıtmak için son romanından söz açmaya çalıştım. Aslında henüz okumamıştım. "Yazdıklarımın en iyisi değil," dedi. Biraz peynir didikledi çatalının ucuyla, bir üzüm tanesi attı ağzına, kadehindeki rakıyı bir yudumda yarıladı. Sonra kitabı açıp oradan buradan birkaç paragraf okumaya başladı. Önce sessizce, sonra yüksek sesle. Kadehteki rakıyı fondip yaptı. Bardağı yeniden doldurdu. Su katmaya, buz atmaya yeltendim, istemedi. Keyif için içen biriydi, hani sosyal içici diyorlar ya, öylesinden. Onun böyle içtiğini hiç görmemiştim, bir metni böyle okuduğunu da... Sayfalar, satırlar arasında dolaşıyor, cümleleri birbirine öyle bir bağlıyordu ki metin şiir gibi akıyordu.

Rüzgâr başlıklı bölümü okumaya başladı:

> Rüzgârlarım vardı, tanırdım: Gündoğusu, Batı, Karayel. Yosun ve balık kokan Lodos, dipdiri poyraz. Gece kalır, ay çıkar; sabaha dek sütliman (...) Rüzgâr hiç durmaz bu arada: kıyıda, sokakta, bahçede, dağda; bir o yana bir bu yana. Bilmem yaşam mıdır bir burgaçtan esip duran, hafifçecik ya da hoyrat, üstümüze. Belki de Zaman! Sıradan ve gündelik oysa (...)

Soru işaretinden daha farklı, daha derin bir kafa karışıklığı o geceden aklımda kalan.

"Vay kerata! İşte bu!" dedi. "Bu dil bende yok. Olsa da bu dille roman yazılmaz. Yoksa yazılır mı? Belki... Ama o yazamadı, denemedi bile. Kendisiyle konuşmak, anılarıyla buluşmak, yitirdiği duyguları yakalamak istiyordu, hepsi bu. O yazamadı ama ben yazdım işte. Çoksatar bile oldum. Neden biliyor musunuz?"

Böyle bir tepki beklemiyorduk, şaşkındık, susuyorduk. Kitabı Engin'in önüne doğru fırlatırken, "Çünkü *mediocre* yani 'vasat' iş yapar. Vasatın dili kitleye ulaşır, edebiyat piyasası vasatı körükler çünkü sıradan okur kolayı arar," dedi.

Ben "vasat"la ne kastettiğini anlamaya çalışıyordum.

"Siz vasat değilsiniz, siz çok iyi bir anlatıcı, iyi bir romancısınız," diye atıldı Engin. Gözleri dolmuştu, sesi titriyordu, utanmasa adamın boynuna sarılacaktı.

"Herkesin dili kendine. Romanın diliyle şiirin dili, denemenin, anının dili aynı olmaz," dedim ben de Yazar'ı kendi kendisinden korumak istercesine.

Şu lanet kitap da nereden geçti elimize, hangi şeytan dürttü kitabı Yazar'la paylaşmak için, diye hayıflanıyordum bir yandan. Yazar'a bağlıydık, onu seviyorduk, değerine inanmıştık, üstümüzde emeği vardı. Kendini böyle önemsizleştirmesi, hem de bizim önümüzde! Bilmeden, istemeden, bugüne kadar hiç renk vermediği, açık etmediği bir yaraya dokunmuş, yazarlığıyla acı, hem de –bana göre– haksız hesaplaşmasını açık etmesine sebep olmuştuk. Ne yapacağımızı bilemiyorduk. Sadece kendini değil, bizim idolümüz olan yazarı da aşağılıyordu.

"Bu dille bir roman yazılmalı, bir şiir roman, eski aşk destanları gibi," dedi, sonra hırsla yemeye içmeye başladı.

O gece Yazar'ı eve taksiyle biz götürdük, ayakta duracak hâli yoktu. Dönerken, "Sen bir şey anladın mı, ne oldu adama?" diye sordum Engin'e.

"Kendine yetmiyor, sınırlarını aşmak istiyor, yapamıyor. Yazmanın doyumuyla yetinmeyip ünlü yazar olmayı yeğlediğinin farkında. Bize öğretmeye, anlatmaya çalıştığı bu değil miydi? Yazar olarak tanınmak, şan şöhret sahibi olmak ile bahşedilmiş yazarlık yeteneğinin çelişkisi... Bilinçaltında da olsa, ortalama okur beğenisine, kendi deyimiyle edebiyat pazarına teslim olduğunun farkında."

"Yazdıkları okunmasa, başarısızlık üstüne başarısızlık tatsa anlarım da neden çok okunan, beğenilen, ünlü bir yazar olduğu dönemde böyle bir ruh hâline kapıldığını anlamıyorum doğrusu."

"Hatırlıyor musun? Bir keresinde, yazar olarak doğmadığını, roman yazmaya biraz rastlantı, biraz mecburiyet, biraz şansla başladığını söylemişti. İçkili olduğu bir gün, 'işin orospusu olmak' demişti. Yani bir süre sonra deneyim ediniyorsun, işin püf noktalarını, tekniğini öğreniyorsun, yazmak mekanikleşiyor. Böyle olmak istemiyor, benim anladığım. Kendisiyle didişen, –nasıl desem, içgörü mü denir– yani kendini değerlendirebilme yeteneğine sahip biri o. Kendini okurlardan, eleştirmenlerden çok daha iyi tanıyor, daha iyi değerlendirebiliyor. Bunun sıkıntısını yaşıyor sanırım."

"Atlatabilir mi sence?"

"Bilmiyorum. Son romanını henüz bitirmedim. Okuduğum kadarıyla eskilerin devamı. Kalıpçı bir metin, derinleşemiyor. Kendini tekrar ettiğini düşünüyorum. Doğrusunu söylemek gerekirse bir renksizlik, solgunluk, heyecansızlık var. Bunun kendisi de farkında herhalde, sıkıntısı bundan."

"Hatırlıyor musun? Bir atölye toplantımızda piyasaya teslim olup roman makinesi olma tehlikesinden söz etmişti. 'Geniş okur kitlesi, çoksatar olmak yazarı ister istemez bu yola sürüklüyor. Yayınevimiz yeni kitap bekliyor, okurlarınız yeni kitap bekliyor. Siz de motive oluyorsunuz, başlıyorsunuz yazmaya, iş rutine biniyor,' demişti."

"Hatırlıyorum tabii. 'Çok yazan, sürekli kitap yayımlayan, her yazdığı bir öncekinden iyi olan yazarlar var hocam, klasikleşmiş, dünya çapında yazarlardan söz ediyorum,' demiştik. O da, 'Haklısın, onlar büyük yazarlar, klasikleşmeleri de bu yüzden zaten. Ama dikkat ederseniz hepsi birbirinden iyi metinler olsa da hep aynı dil, aynı hikâye etrafında döner her şey. Yazarın kendi edebiyat dilini temelden değiştirip yeni bir yaratma sürecine girmesinin örneği azdır. Önemli olan, yeni bir dile ulaşmak, bir sıçrama yapabilmek, sadece kendi edebiyatını değil romanı da başka bir eşiğe sıçratmak,' gibi birşeyler söylemişti."

"Gecenin özeti: Yazar kendini aşmak, sıradanlıktan kurtulmak istiyorsa da başaramıyor," dedim. "Oysa o kendi tarzında iyi bir yazar, *Ada* metnini kıskanmasının, başkalarının diline öykünmesinin hiç gereği yok."

Soru işaretlerim o geceden sonra biraz daha arttı, birikti. Düşündükçe kendime kızıyordum. Yazar bize karşı açık yürekli davranmıştı. Buruşmaz, kırışmaz, dokunulmaz üstat rolü oynamamış, sıkıntılarını, yetersizliğini, zaaflarını açık etmişti. Bunlar eksi değil artı puandı. Yine de Yazar'ın gönlümdeki yerine düşen belli belirsiz gölgeyi yok edemiyordum. Engin'in de benzer şeyler düşündüğünü sanıyordum. Belki de sorular çoğalmasın, gölge yoğunlaşmasın diye soru işaretlerimizi birbirimize aktarmadık. Sorularımızı üst üste yığıp kuşku yumağına dönüştürmemeye, Yazar'a olan sevgimizi, saygımızı, onun edebiyatına olan inancımızı kemirmelerine izin vermemeye, üzerimizdeki emeğine nankörlük etmemeye özen gösterdik. En büyük, en önemli soru işaretini kendi gözümüzden, kendi aklımızdan sakladık.

* * *

Tek tek sorulduğunda önemsiz, anlamsız görünen sorular birikince huzursuzluk veriyor. Ceren çıkıp gelmeseydi sorular bilinçaltımızın karanlık köşelerinde saklanmayı sürdürecekti. Bazen bir kuşku tomurcuğu, bazen anlamsız bir rüya, nedensiz bir tedirginlik, bir işi yarım bırakmanın insanın içini tırmalayan huzursuzluğu zamanın koyu sis perdesinin ardına itilecek, bir süre sonra da büsbütün unutulacaktı.

Ceren geldi ve fareli köyün kavalcısı misali bütün soru işaretlerini peşinden sürükledi, kocaman bir ?'ne dönüştürdü.

Cevabını belli belirsiz sezinleyip –hatta bulup– o cevaptan korktuğumuz için unutmaya çalıştığımız kuşkular, sorular vardır.

Olaydan iki hafta kadar önce Yazar, içinde "başyapıtım" dediği son romanı olan bilgisayarını, bazı not defterlerini neden Sultan'a verip bana gönderdi?

Sultan, "Biz iki haftalığına köye gidiyoruz, Yazar da biryerlere gidecekmiş, o dönene kadar bunlar sende kalacakmış," dediğinde pek mana veremesem de üstünde durmadım. Artık az görüşüyorduk. Edebiyat atölyemiz çoktan dağılmıştı. Hepimiz kendi yolumuza gitmiş, yeni uğraşlar, yeni gaileler edinmiştik. Bırakın yazmayı, Engin hariç doğru düzgün okumayı bile bırakmıştık. Yine de bilgisayarını, notlarını bana emanet etmesi gururumu okşamıştı doğrusu. Kendisi yokken Yazarlarevi'ne gelen giden olabileceğini hesaplamış, bilgisayarının kurcalanmasını, yazdıklarının yabancıların eline geçmesini istememişti besbelli. Savruk, okunaksız elyazısıyla şöyle bir not da eklemişti:

> Peşinde olduğum, aradığım buydu. Yazarlık hayatım boyunca tek bir metin yazsam bunu yazmak isterdim. Keşke önceki romanlarımın tümünü unutturabilseydim, yeni baskılarını engelleyip eskileri toplatabilseydim, bu metinle anılıp bu metinle var olabilseydim. *Yasemin Kokulu Rüzgâr* hazırlıktan ibaretti, çocukluğumuzda sarı müsvedde defterlerine yazdığımız, sonra iyi defterimize temize çektiğimiz satırlar gibiydi. Bu romanda otuz beş yıllık müsveddeyi temize çektim, ar-

tık başka bir şey yazmama gerek yok, yazarlık yaşamımı bir başyapıtla bitireceğim. Fark edeceğin gibi son bölüm eksik, tekrarlar ve kurguda boşluklar var. Mesele dili bulmaktı, sonrası çocuk oyuncağı. Ben yokken bilgisayarın, bir de bu defterlerin evde kalmasını, kötü niyetli birilerinin eline geçmesini istemiyorum. Belki gereksiz kuşkuculuk, paranoya ama "paranoyak olmanız takip edilmediğiniz anlamına gelmez" diye bir söz vardır. Bu yüzden, bitmemiş hâliyle de olsa metnin sende de bulunmasını istedim. "Üç Nokta" başlıklı dosyayı ayrıca *çubuğa* kaydettim, sen de kaydedersen memnun olurum. Döndüğümde konuşuruz.

Ceren, babasının bilgisayarını, saatini, birkaç parça değerli eşyasını avukatlarının getirip teslim ettiğini söylediğinde bir an ne diyeceğimi bilemedim. İkinci bir bilgisayar! Yazar'ın bilgisayar hikâyesini, tam da yoğun çalıştığı bir dönemde alet bozulunca tamir edilene kadar ikincisini edindiğini biliyordum. Yine de bu işte bir tuhaflık olduğunu düşünmeden edemedim ama üstünde durmadım. Ta ki Ceren sorularıyla gelip arı kovanına parmağını sokana kadar.

O günlerde işler pek yoğundu. Her yıl bu mevsimde gelen giden azalırdı, bu yıl hava iyi gidiyor, sıcaklar sürüyordu. Mevsim uzamış, yeni rezervasyonlar yapılmıştı. Hem ön taraftaki apartlar doluydu hem de bahçe gün boyu dolup taşıyor, akşamları da çok müşteri oluyordu. Ekonomik kriz bizim Ada'ya yaramış, Bodrum'a, Alaçatı'ya, Akdeniz kıyılarına gidemeyen orta sınıf tatilciler hem İstanbul'a yakınlığı hem de görece daha ehven olduğu için bizim buralara akın etmişlerdi. Bırakın birşeyler okumayı, başımı kaşıyacak vaktim bile yoktu. Gül işe yetişemiyor, mutfak için bulduğumuz Özbek aşçı "hoş pilav"dan başka yemek bilmiyor, balıktan hiç anlamıyor, işi beceremiyordu. Kafam romanda değil balık, karides tedarikinde, organik sebzede, apartların tıkanan giderinin tamirinde, acil ödenecek faturalardaydı.

Yazar, "Bir metin yayımlanana kadar yazarın mahremidir," derdi yazmakta olduğu romanlardan parçalar okumasını istediğimizde. Eskiden olsa bu sözlere aldırmaz, edebiyat tutkusuyla, merakla hemen açardım sözünü ettiği "Üç Nokta" adlı dosyayı. Ama artık edebiyata da Yazar'a da eski ilgim kalmamıştı, edebiyat ateşi sönümlenmişti. Zaman zaman içimde neredeyse pişmanlık diyeceğim bir hayıflanma, huzursuz bir boşluk duysam da bu işleri çoktan bırakmıştım; pansiyoncu, meyhaneci, kibarca söylersek turizmci olmuştum. Yazarın gönderdiği not merak uyandırıcı da olsa olaydan önce bilgisayarı açmadım. Demek ki edebiyat tutkusu pansiyonculuğa, meyhaneciliğe yenilmiş. Felek utansın!

Yazar'ın döndüğünü bilmiyordum. Beni aramamış, döndüğünü haber vermemişti. Demek ki acelesi yok ya da başka bir hesabı var, diye düşündüm. Bendeki emanetleri bir fırsat bulup kendim teslim edecektim ki kaza haberi geldi.

Bilgisayarı kazadan sonra açtım. Bir sürü yazı, "Yazarlarevi Cinayeti" olarak kaydettiği yarım kalmış bir roman taslağı –notunda sözünü ettiği yarım kalmış başyapıt bu metin olamazdı–, kendisiyle son dönemlerde yapılmış söyleşilerin kayıtları vardı ama "Üç Nokta" adlı dosya yoktu.

Bu işin uzmanı olmasam da aletleri kurcalamaya merakım vardır, bilgisayar teknolojisine de yabancı sayılmam. Her yolu denedim, dosyayı bulmak için çabaladım, İzmir'de yaşayan, bu işlerden iyi anlayan bir arkadaşımı aradım, söylediklerini harfiyen yaptım. Hayır, o dosya yoktu, silinmiş, boşaltılmış, kazınmıştı.

Yazar sık sık, "Ben teknoloji özürlüyümdür, hele bu

internete hiç aklım ermiyor," derdi, bu hâliyle biraz da övünerek. Eyvahlar olsun! Yine yanlış birşeyler yapmış, oraya buraya basarken dosyayı kurtarılamayacak şekilde tümüyle silmiş... Sonra aklıma tuhaf bir düşünce geldi; kafamdan hemen uzaklaştırdığım bir düşünce: Başyapıt hiç yazılmamış olabilir mi? "Üç Nokta" başlıklı dosya bilgisayarın hafızasına hiç kaydedilmemiş olabilir mi?

O sıralarda saçma görünen bu düşünce, şimdi kocaman bir soru işareti. Bir de, "Bende ortaya çıkmasından korktuğu bir şey var, başıma bir şey gelirse bilesiniz diye söylüyorum," diyen o şantajcı herif... Bizi bulduğunu, Engin'le bana böyle şeyler söylediğini anlatmadık polise. Böyle bir olay olmamış gibi davrandık, kendimiz de unutmayı yeğledik. Bilgisayarını Ada'dan ayrılmadan önce bana gönderdiğini ne soruşturmayı yapanlara ne de başka birine söyledim. Engin bile bilmiyordu.

Sultan'la kocası haberi alıp da alelacele döndüklerinde olup bitene inanamadılar. Kadıncağız öyle bir yıkıldı ki yataklara düştü, dili tutuldu. Sonraki günlerde ne o açtı bu konuyu ne de ben. Acımız tazeydi, konuşmak bile ağır geliyordu. Ona kaza sırasında Yazarlarevi'nde kimsenin kalıp kalmadığını sordum sadece. "Biz giderken kimse yoktu. Sen de biliyorsun ya, daha önce bir arkadaşı, Yazar seyahatteyken işçilerin başında durup evin onarımına göz kulak olmak için gelmişti ama iş bitince gitti. Ardından evi temizledim, sonra da köye gittik. Eltimin torununun düğünü vardı. Yazar daha gitmeden, o yokken eve misafir gelip gelmeyeceğini sormuştum. Gelenler olacaksa yerime halamın kızını göndermek için. Şu sıralar kimse yok, rahat olun, güle güle gidin dedi. Öyle bir adamdı o, insanın hasıydı, bir evliyaydı," diye ağlamaya başladı.

Yazar'ın ölümü üstümüze kâbus gibi çökmüştü. Onunla birlikte Ada'nın renkleri, gençlik hayallerimizin, yitik umutlarımızın, o eski güzel günlerin anıları da solmuştu sanki. Hayatımızda ne çok yeri varmış, son zamanlardaki kopuşumuza rağmen ne kadar içimize işlemiş, nasıl da değerliymiş bizim için! Engin'le birkaç kez buluştuk, konuştuk. Ama ne birbirimizin kederine merhem sürebildik ne de kafamızı zonklatan sorulara cevap verebildik. İkimiz de kendi sorularımızla, kemirici kuşkularımızla baş başa kalmayı yeğledik.

Ne Engin'e ne de bir başkasına açtığım konu, bilgisayardaki yarım kalmış roman taslağının kendisinin de karar veremediği adı: "Yazarlarevi Cinayeti"... Ve asıl, bana gönderdiği notta sözünü ettiği, korumamı istediği, başyapıtım dediği metnin "Üç Nokta"nın silinmiş ya da belki hiç kaydedilmemiş olması... Sezgilerimden mi korkuyordum Yazar'ın anısına saygısızlık yapmaktan mı, bilmiyorum.

Ortak kaybımızın bizi yakınlaştırması beklenirken tam tersi olmuş, Yazar'ın ölümü bizim aramıza da mesafe koymuştu. Engin ne zamandır kabuğuna çekilmiş, köylülerin deyimiyle biraz tozutmuş, bir garip olmuştu. Birkaç yıl içeride yatmış örgüte yataklıktan. Anlaşılan ağır gelmiş, diyorlardı. Kimse ortalık yerde konuşmasa da –ne de olsa köyün çocuğuydu– dağa çıkanlara yardım ettiğini, PKK'nin oyununa geldiğini söylüyorlardı. Çınarlı'nın ileri gelenleri: imam, muhtar, tır teknesi filosunu güçlendiren takacı Laz Kaptan'ın oğulları –üç teknelik küçük bir filo–, "En iyi Kürt ölü Kürt'tür, onlar için değer mi!" yorumları eşliğinde, arkadaşımın etrafına bir kuşku ağı örmeyi başarmışlar, o da bu ağı delmek için çaba göstermemişti. Evine yığdığı kitapların, kâğıtların, eski dergilerin, gazetelerin, nereden bulduğu bilinmez tomar tomar eski fotoğrafların ortasında yaşıyordu. Zorunlu olmadıkça kimseyi aradığı yoktu. Zeytinlikte, bağda bahçede ırgat gibi çalışıyor, yorulduğunda kitaplara dalıyordu.

Sonra bir gün; karşı sahilden tekneyle gelecek kavun karpuzu, üzümü, bir de kaçak Bulgar şarabını teslim almak için Çınarlı'ya uğradığımda Engin'e bir merhaba demeden geçip gitmeye gönlüm razı olmadı. Bunca yılın arkadaşlığı, dostluğu, en önemlisi de edebiyat kardeşliğimiz, okuma yazma tutkumuzu ayrıcalıklı bir kimlik gibi taşıdığımız ortak geçmişimiz...

Telefonla aramaya gerek görmeden doğru evine gittim. Öğle vaktiydi, kapı açıktı, mutfak köşesinde kendisine yemek hazırlıyordu. Geldiğime sevindi, "Kaynanan seviyormuş, tam zamanında geldin, midyeli pilav yapıyordum," dedi.

Şair'in Yeri iyi işliyordu. Pansiyonda müşteriler vardı, sezon sonu da olsa akşamları bahçeye yemeğe gelenler oluyordu hâlâ. İşim çoktu, yine de arkadaşımı kırmak istemedim, oturdum.

Asma çardaklı, iki katlı köy evinin girişindeki büyük odanın duvarları boydan boya kitap doluydu. Bu kadar kitabı olduğunu bilmiyordum, şaşırdım.

"Bir bölümü ta gençliğimizden beri aldığım kitaplar, bir bölümünü de gelip gidenler, yazlıkçılar bağışladı, köyde yayıncı bir ağabeyimiz vardı, o da ayrılırken kitaplarını bıraktı," dedi.

Bir yandan yemekle uğraşıyor, bir yandan ortadaki büyücek tahta masanın üstüne küçük bir sofra kuruyordu: midyeli pilav, domates, salatalık söğüş, sepet peyniri ve bir 35'lik rakı.

"Ne bu böyle, öğlen öğlen mi içeceğiz?" dedim.

"Mehmet Kemal'in 'Öğle Rakıları'nı unuttun mu? 'Güzeldir öğle rakıları efendim, buyrun içelim.' O zamanlar rakı bize ağır gelirdi, bira içerdik. Şimdi bana rakı bile hafif geliyor."

Çok içtiğini duymuştum, üstelemedim.

Güldü, insanın içine huzur veren güzel bir gülüşü vardı eskiden. Kızlar her şeye dayanır da bu gülüşe dayanamaz, diye dalga geçerdik. Yüzüne dikkatle, dostça baktım. Erken yıpranmış, bakımsız çehresinde gülüşü de solmuştu sanki. Yakışıklı çocuktu; aramızdaki en parlak delikanlıydı. Yüzünde, hele de gözlerinde, eski günlerimizin anılara karışmış soluk izlerini gördüm. Hüznünü, kıstırılmışlığını, yenilgisini, teslimiyetini gördüm. Yitirdiğimiz gençlik hayallerimizin titrek yansımasını, hayaletlerini gördüm. Sarılmak istedim, yapamadım.

"Merak etme," dedi, "dedikodusunu yaptıkları kadar çok içmiyorum. Şimdi sen geldin diye... Yani kederden değil sevinçten. Kederli değilim zaten, bir çeşit kendimi koyuvermek, hayatı nasıl gelirse öyle yaşamak diyelim. Hüzün? Evet. Sadece bana özgü de değil; kolektif bir hüzün sanki bu, hepimizin hüznü."

"Hüzün ki en çok yakışandır bize," diye mırıldandım. Şiiri ikimiz birlikte okumaya başladık.

"Şerefe," dedim, "şiirin şerefine."

Kadehlerimizi hafifçe tokuşturduk. Gençlik günlerimizin sıcaklığı yayıldı içime. Ne zamandır şiir okumadığımı, şiir yazmadığımı düşündüm.

"Neden bıraktık?" dedim. "Neden sürdüremedik sence?"

"Kendimizi yazıyla bütünleştirmeye, kaderimizi yazıya, edebiyata teslim etmeye, yazmaktan ibaret bir hayata cesaret edemedik de ondan belki. Yazar'ın o kadar sevdiği, bağlı olduğu ailesini terk etmesini anlayamamıştık. Şimdi düşününce, yine onun bir sözünü hatırlıyorum: Part-time yazarlık olmaz, derdi. Sözüyle yaşamı arasındaki çelişkiye son vermek istemişti sanırım."

"Dünya edebiyatında, bizde de çeşitli işlerde yoğun çalışmak zorunda kalmış nice yoksul yazar vardır. Gece gündüz yazıp şaheserler yaratmışlardır. Demek istediğim: Tam zamanlı veya yarı zamanlı olmanın fazla önem taşımadığı. Mesele kafanın tam zaman yazarlıkta olması."

"Yüreğin, duyguların, bağlılıkların ağır basması, ne için yaşadığının cevabı, hayatın bölünmesi, dağılması anlamında yarı zamanlılıktı Yazar'ın kastettiği. Günün kaç saatini yazmaya ayırıyorsun meselesi değildi. Bir yaşam tarzı seçiminden, kendini vakfetmekten bahsediyordu. Bizim beceremediğimiz buydu sanırım. Yine de, hiç değilse sen çoluk çocuğa karıştın, tek evlilikle bile yetinmedin kerata! Ben başka işlere bulaştım. Sen bari bir iş kurdun, ben onu da beceremedim. Zeytinliği bile kardeşime devrettim."

"Ama sen hâlâ kitabın, yazının içindesin. Gördüğüm kadarıyla uzaklaşmak ne kelime, daha fazla bile gömülmüşsün."

"Aynı şey değil. Yazarlık kanatları takıp uçmayı düşündüğümüz gençlik günlerinde okumak yazmak amaçtı, şimdi ayakta kalabilmek, çökmemek için tutunmaya çalıştığım bir dal. Edebiyat her zaman kurtarıcıdır, Yazar'ın dediği gibi."

"Çocukluğumuzda, karşı adalara kadar yüzeceğimize bahse girerdik hatırlıyor musun? Ne olur ne olmaz diye belimize araba lastiği takardık. Onun gibi biraz."

"Lastik kulaçlarımızı ağırlaştırırdı aslında, dalgaların yönüne göre açıklara da sürüklerdi. Pes edip dönmeye çalışırken ya lastikleri atardık ya da küçük bir tekne gördüğümüzde yardım isterdik. Hiçbir zaman varamadık karşı adalara."

"Varamadık," dedim. Sonra –bazen olur ya– söz düşüncenin önüne geçti. "Sence Yazar'ın üzerimizde nasıl bir etkisi oldu, yani demek istedim ki, yolumuzu açtı mı kesti mi?"

"Bunu ben de düşündüm, cevabını bulamadım. Sonuç ve ürün üzerinden konuşacak olursak, gelişmemize çok yardımcı oldu ama yazarlık yolunu açtığını düşünmüyorum. Hatta..."

"Hatta istemeden de olsa yolumuzu kesti belki de," dedim biraz içim burkularak. Söyler söylemez de kendimi Yazar'ın anısına ihanet etmiş gibi hissettim, utandım.

Sonra aynı duyguları, kuşkuları paylaştığımızdan olmalı, konuyu değiştirdik.

"Hayatını düzene sokmayı düşünmüyor musun?" diye sordum.

Sorudan çok bir öneriydi bu. Eski dostluğumuz, bu soruya da öneriye de hak sağlıyordu, yine de tepkisinden çekindim.

"Hayatımın kendine göre bir düzeni var," dedi. "Kırkımı çoktan aştım, elliye yürüyorum. Düzene sokmak dediğin evlenmek, bir iş kurmak, bir baltaya sap olmaksa –mesela istesem özel okullarda mesleğe dönebilirim–, böyle şeylerse, artık yapabileceğimi sanmıyorum. Bunların hepsi insanı bağlar, galiba fazla özgürleştim ben. Sadece kendimin tutsağıyım, kendimin gardiyanıyım. Garip olan, içimde buradan uzaklaşma isteği de yok artık. Hatırlıyor musun, nasıl tutkuyla isterdik dünyaya açılmayı, tanımadığımız, bilmediğimiz ülkelerde yepyeni maceralar yaşamayı!"

Yıllardır hiç hatırlamadığım, şimdi belleğimin hangi köşesinden çıkıp dudaklarıma takıldığını bilemediğim dizeler: Seferis'in, sıcak yaz gecelerinde kayalıklara oturup özlemle uzaklara bakarken okuduğumuz şiiri...

Nedir aradığı ruhlarımızın
çürüyen teknelerde çıkılan yolculuklarda
bir limandan bir limana.

Engin Kavafis'le devam etti, en sevdiğimiz şiiriyle:

Yeni bir ülke bulamazsın
başka bir deniz bulamazsın.

Bu şehir arkandan gelecek.
(.....)
Bineceğin gemi yok, çıkacağın yol yok.
Ömrünü nasıl tükettiysen burada
bu köşecikte
öyle tüketeceksin, nereye gitsen yeryüzünde.

"Yirmili yaşlarımızda bu şiir dilimizden düşmezdi, yine de başka bir ülke, başka bir deniz bulacağımıza inanırdık. Bineceğimiz gemi de vardı çıkacağımız yol da, ömrümüzü burada tüketmek niyetinde değildik, dünya bizi bekliyordu. Kavafis'in derinliğini insan kırkını aşınca anlıyor."

"Adalı insanlar –bizim adayı kastetmiyorum sadece, adalarda doğmuş, adaların deniziyle, rüzgârıyla, yalnızlığıyla büyümüş insanlar– uzaklaşsalar bile adalarından kopamazlarmış, hep adalarını özlerlermiş, sonunda da doğdukları toprakta, doğdukları denizde ölmek için dönerlermiş. Kavafis bunu anlatmak istiyordu belki de. O İskenderiyeli, İskenderiye de bir bakıma ada sayılır."

Engin masadan kalktı, kitap raflarının birinden ince bir kitap çıkardı: bir şiir kitabı...

"Gündoğdu'dan bir ağabeyimizin şiirleri," dedi.

Kitabı görünce hayal meyal hatırladım. Ada'dan ayrılmış, kendini sanata, resme vermiş, şiirler de yazmıştı. Buraya çakılıp kalmadı, bizler gibi vazgeçip kurumadı, diye konuşmuştuk bir defasında.

Engin, kitaptan dizeler okumaya başladı:

(...)
Artık gitme zamanı!
Düşündüğüm an boğazımda düğümleniyor
korkuyorum uzaklardan
(.....)

'ada'yı yedeğime alıp çekiyorum
Düşlerini kurduğum tuzaklar şehrine doğru
Ayrılık ne zormuş
gitmek ne zormuş
ufukta kayboluncaya dek
gözlerimdeki deniz savruntusunu
siliyorum

"Şiirlerin hepsinde Ada'ya, Ada'da geçmiş çocukluğa, gençliğe özlem var. Şu dizelere bir bak."

Nereye gittiler?
Nar ağaçlarını bırakıp
hiç haber vermeden.
Gelmiyor güneye bakan pencerelerden
eski zaman şarkıları.
Sardunyalarını da mı götürdüler?
Bahçelerde çiçekler kurumuş
Kediler de uğramaz oldu İstavrit Sokağı'na
(...)
bekleyen hiç kimse yok iskelede
yoksa dönmeyecekler mi?
Lüferin bol, kedilerinse tombul
olduğu zamandı
(.....)
–Ben seni hiç unutmadım–

Şiir kitabını raftaki yerine koydu. "İşte böyle," dedi, "nostalji de şiiri, edebiyatı besliyor. Nostaljik bile olamadık!" Yüzünde yine o bezgin, hüzünlü gülümseme.

Birer kadeh daha doldurduk, Gül'ü arayıp biraz gecikeceğimi haber verdim. Sonra rakının da katkısıyla, hesaplamadığımız, beklemediğimiz bir şey oldu; dizeler dizeleri izledi, bir şiiri unuttuğumuzda kitap raflarının şiirler bölümünde arayıp buluyordu Engin. "Ben gidince hüzünler bırakırım"dan tutturduk, "Oysa koca da ne, benim kollarım var"dan "Biliyorsun ben hangi şehirdeysem / Yalnızlığın başkenti orası" dizelerine, Ahmet Arif'ten Turgut Uyar'a, "Hasretinden Prangalar Eskittim"den "Bir kalır uzun duvarlar ve onların dipleri / Bir kalır yılgın adamların hep evet dedikleri" dizelerine...

"Yılgın adamlar mı olduk biz? Hep evet mi diyoruz işin kolayına kaçıp?"

"Gençliğimizde çıtayı çok yükselttik de ondan belki. Hayatın çıtasını da yazarlık çıtasını da erişemeyeceğimiz yerlere koyduk. Şunun şurası köy çocuklarıydık. Dâhi yazar olsak bile artık Gorki'lerin, Jack London'ların çağında değiliz. Yazar'ın hep vurguladığı gibi edebiyat kapitalist pazara emanet, arkan olmadıkça, medyatik takılmadıkça, keşfedilip allanıp pullanmadıkça o pazarda yer bulamıyorsun. Boşver, şiirleri seviyoruz, bak hâlâ şiir okuyoruz ya, yeter de artar bile!"

Birkaç saatçik de olsa, bizi tekdüze, miskin hayatlarımızdan çıkaran bu nostaljinin verdiği hazdan mıdır, yıllar sonra kendimizi şiirin büyüsüne kaptırdığımızdan mıdır, kuşkularımızı paylaşmaktan korktuğumuzdan mıdır, bilemem, Yazar'ın ölümü konusunu hiç açmadık. Onun bitiremediği son roman taslağının, bazı notlarının, defterlerinin bende olduğundan, hele de bilgisayarında kayıtlı olduğunu sandığı, başyapıtım dediği "yok metin"den hiç söz etmedim Engin'e. Neden? Bu da kendime sorduğum bir soru işte.

Bilgisayardaki bitmemiş roman taslağının adı, dönüp dönüp vurguladığı, arayıştan çok saplantıya dönüşmüş yeni dil konusu, Resul'ün meyhanesinde *Ada* kitabını okurkenki garip hali, –hayır, kıskançlık değildi, yetersizliğini hissetmenin çaresizliğiydi– kendini küçümsemesi, hırpalaması, vasatlık meselesi, *Yasemin Kokulu Rüzgâr*'daki yenilenme denemesi...

Bir de köyde herkesin dilinde olan ama Sultan'ın ser verip de sır vermediği o genç adamla annesi mi ablası mı, her nesiyse, kısacık ak saçlı garip kadın... Ada'daki dedikodulara fazla bulaşmayan benim Gül bile iki arada bir derede yetiştirmiş Ceren'e.

Bütün bunlar neye delalet eder, neyi gösterir? Kaybettiği seçimin sonuçlarını kabullenmeyen bir siyasetçinin dediği gibi: Hiçbir şey yoksa da mutlaka birşeyler var!

Şairin Yeri'ne döndüğümde birkaç masada servis bekleyenler vardı. Gül suratını asmış koşturuyordu. "Engin'e takıldım, kafası biraz bozuktu, bırakıp ayrılamadım," diye özür diledim. Suratındaki küskün ifade değişmedi.

Eski Dostlar ve *Nâlân'ın Gözyaşları*

Sahilde yaptığım küçük yürüyüşten çocukluk günlerimdeki gibi bembeyaz çakıltaşları ve birkaç denizkabuğuyla döndüğümde, zeytinlerin altına kurulmuş kahvaltı masasında beni bir sürpriz bekliyordu. Onu önce tanıyamadım. Başında geniş kenarlı Meksika köylüleri tipi hasır şapka, üstünde yerli dokuma bol bir mintan, şalvarımsı siyah bir pantolon, daha doğrusu düpedüz şalvar. Biraz şehir kaçkını "entel", biraz "entel" heveslisi köylü...

Beni görünce ayağa kalkıyor. Boyundan posundan mı, gülüşünden bakışından mı, o zaman tanıyorum: Çınarlılı Engin! "Türkücü" dedikleri...

"Engin!" diyorum, adını hemen hatırladığıma kendim de şaşarak. Belki yakışıklılığı nedeniyle, çocukluğumun gizli aşkı olduğu için, belki de babamın Şair kadar önem verdiği, "Bu çocuklar imkân bulsalar beni aşarlar," dediği edebiyat heveslisi gençlerden biri olduğu için...

Bana doğru yürüyüp yirmi-yirmi beş yıl öncesinin küçük kızına sarılıyor. On üç-on dört yaşındayken böyle sarılsa feleğim şaşardı, kendimden geçerdim.

"Nihayet geldin," diyor. "Keşke çok daha önce gelseydin, keşke hep burada kalsaydın..."

Hayat bu, falan gibi birşeyler söyleyeceğim ama o kadar basmakalıp olacak ki susuyorum.

"Ada budur işte," diyorum kahvaltı masasına otururken. "Haberler ânında yayılır. Nereden öğrendin geldiğimi?"

"Yusuf aradı ama daha o aramadan İskele Market'ten geldi haberi. Otuz yıldır bu konuda bir şey değişmedi, İskele Market bir, İskele Kahve iki, Ada'nın iletişim merkezleridir. Buna bir de Kız Hüsam'ı ekle."

Gülmeye başlıyoruz. Kız Hüsam haa! Ada'nın muhteşem travestisi... Zaman zaman yeni açılan diskoda şarkıcılık da yapardı. Babam konunun keyfini çıkarırdı. "Burayı neden mi seviyorum! Hüsam 23 Nisan'da, 19 Mayıs'ta, erkânın da katılacağı törenlerin koreografisini resmen yaptığı, çocukları çalıştırdığı için," derdi. Haklıydı, o zamanlar köyün hoşgörülü ortamında böyle şeyler yadırganmazdı. Hüsam köyün hem parçası hem de rengiydi.

En önemli konu buymuş gibi, "Kız Hüsam nasıl?" diye soruyorum.

"Yaşlandı, yaşlandıkça Hüsamlığı kızlığına galip gelmeye başladı. Ama hâlâ başı dimdik yürüyor, hiç sezdirmeden, renk vermeden dedikoduların merkez santralı olmayı sürdürüyor."

Yusuf ortada yok, Gül çaylarımızı getiriyor. Masada kırma yeşil zeytin, yağlı sele, kekik, zeytinyağı, taze peynir, bal...

"Ev için mi geldin?" diye soruyor. Sen demesi hoşuma gidiyor. Şair hep sizlibizli, mesafeli, birşeyler biliyor da saklıyor havasında. Engin rahat, kendine güvenli.

"Ev için gelmiştim, bir de bazı eşyaları toplamak için. Ama şimdi..."

Şimdi ne, diye sormuyor. Yüzüme bile bakmıyor. Çayını yudumluyor ağır ağır. "Geç kaldın," diyor sonra. "Olaydan hemen sonra biriniz gelirsiniz diye düşünmüştüm."

Kazayı ânında haber almıştık, cenazeyi ne yapmak istediğimizi sormuşlardı belediyeden. Soruşturma sürüyordu, Adlî Tıp raporu hazırlanmıştı. Annem olayı tam kavrayabilecek durumda değildi. Babamın arkadaşları, yayınevi, edebiyat çevreleri, her kafadan bir ses çıkıyordu. En doğrusunun Ada'da kalması, Gündoğdu'nun denize bakan yamaçtaki mezarlığına defnedilmesi olduğunu düşünüyordum. Bu onun vasiyetiydi aslında. "İnsan ölünce burada yatmalı, denize, adalara, günbatımına karşı bir kadeh içmek keyifli olur," derdi. Yine de kurulu düzene, yayın dünyasının isteğine boyun eğdik, cenazeyi İstanbul'a getirttik, hoşlanmadığını bildiğim görkemli ve ruhsuz ünlüler cenaze töreni ritüeline mahkûm ettik babamı.

"Gelmedim," diyorum, "gelemedim, sanki ölümünden sorumluymuş gibi Ada'yı kaldıramadım. Saçma tabii."

"O kadar da saçma değil, Masa Kayası'ydı olay mahalli. Oraları görmek istememeni anlıyorum."

"Olay mahalli" sözcüğünü düşünmeden kullandığından eminim. Ama hukukla haşır neşir olan birinin kulağında kötü çağrışımlar yapıyor. Lafı değiştirmek için, "Sen ne yapıyorsun? Yusuf köydeki evinde bir kütüphane kurduğunu, okumaya yazmaya meraklı gençlerle edebiyat söyleşileri düzenlemeye çalıştığını söyledi," diyorum.

"Evet, eski güzel günlere özlem diyelim. Yazarın deyişiyle, okuma yazma ateşini söndürmemek için... Hani meçhul asker anıtlarında hiç sönmeyen bir ateş yanar. Asker ölüp gitmiştir, alevler onu hatırlamak için değil vicdanımızı rahatlatmak içindir aslında. Burada o ateşi, babasının kuşağından insanlardan kalan sıcak külleri tutuşturarak Yazar yakmıştı; en azından onlara saygı için sönmesin istiyorum. Ateş eskisi kadar cavlı, korlu değilse de hâlâ için için yanıyor. Bu da beni rahatlatıyor biraz.

Zorluklar çok, gençler eskisi gibi değil, uğraşacak, oyalanacak çok şeyleri var: akıllı telefonları, internetleri, türlü iletişim kanalları. Okumak onlara zor geliyor. Uzak durmaları biraz da benim yüzümden. Aileleri, 'Onunla fazla görüşme, evine gitme,' bile diyorlardır. Her neyse... Benim çakma kütüphaneme, çakma yazarlarevime uğrarsan sevinirim."

"Ada'da çok kalmayacağım, dönmeden uğrarım. Dün akşamüstü Şair'le eve kadar gittik, yine bir gidip bakacağım, evi ne yapacağımıza karar vermem gerek. Bir de kafama takılan bir sürü soru var. Son zamanlarda eve kimlerin gelip gittiği, kayıt tutulup tutulmadığı gibi. Bu gibi işlerle kim uğraşıyordu, herhalde babam değil."

"Ara sıra gelen biri vardı, yayınevinin muhasebecisi miydi başka biri mi, bilmiyorum. Yazar'ın veya yayınevinin avukatları bilirler."

"Kim ne biliyor, son günlerinde burada neler olup bitti, hiçbiri hakkında en küçük fikrim yok. Bilen kim, o da belirsiz."

"*Kırmızı Pazartesi,*" diyor.

"Efendim?"

"Márquez'in *Kırmızı Pazartesi*'si geldi aklıma."

"Ne alakası var?"

"Hiiiç... Öyle aklıma geldi işte."

"Herkesin gördüğü, bildiği neydi Engin Bey?"

"Niye bey oldum birden, canını sıkacak bir şey mi söyledim? Senlibenli konuşmama kızdın yani kızdınız belki. Özür dilerim, düşünemedim. Yıllar önce küçücük bir kızken tanımıştım sizi. O eski güzel günleri geri getirdiniz sanki. Bu yüzden ben..."

"Affedersin. Gerginim, kafam karışık. Tabii ki sen diyeceksin. Geleli yirmi dört saat olmadı, Şair'le karısından başkasını görmedim daha, bir de şimdi sen... Havada uçuşan bilmece gibi cümlecikler, söylemek isteyip de söylenemeyen sözler, Şair de sen de sanki bir bildiğiniz varmış da baklayı ağzınızdan çıkaramıyormuşsunuz gibi esrarengiz tavırlar içindesiniz. Gül'ün bahsettiği bir adam, tuhaf bir kadın... Bütün bunlarla babamın ölümünün nasıl bir bağlantısı var yoksa hepsi saçma sapan dedikodudan mı ibaret? Evet, kafam karışık, kimi görsem biraz daha karışıyor."

"Ben sadece son zamanlarda Yazar'ın içine kapandığını, köyle, bizlerle ilişkisini kopardığını söylemek istemiştim. Bir de çok içtiği söyleniyordu. Eskiden çok içmezdi, nasıl deniyor, sosyal içiciydi. Gelen gideni, arkadaşları, misafirleri azaldığı halde marketten içki alımı çok artmış. Buraları bilirsin, ne yediğini ne içtiğini tez elden öğrenir herkes."

Babam gerçekten de çok içmezdi. "Eski tüfekler içkiciymiş, 68'liler de meyhaneleri severlerdi ama biz 78'liler pek içmezdik," diye anlatırdı. "Devrimci adam içmez, sarhoş adamın eli titrer, tetiği zamanında çekemez, hedefi ıskalar," diye dalgasını geçerdi.

Gençlik günlerini böyle kendisiyle dalga geçen bir havada andığında sesindeki buruk özlemi hissederdim.

"Son zamanlarda Yazarlarevi'nin havası değişmişti," diye anlatıyor Engin. "Babanın bizleri tanıştırmak istediği, 'Bu gençler meşhur olmak için yazarcılık oynamıyor, bunların içinde yazma mikrobu var,' diyerek bizlerle övündüğü sanatçı, yazar arkadaşları eskisi kadar sık gelmiyorlardı. Bir çeşit inzivaya çekilmiş gibiydi. Bazen açıklamak istemediği gizli bir derdi, bir sağlık sorunu mu var diye düşünürdüm."

"Sanmıyorum. Dünya kadar doktor arkadaşı vardı, tehlikeli bir durum olsa mutlaka bilirler, bizi de uyarırlardı."

Babamdan uzaklaşmanın, onun yakınlaşma çabalarını karşılıksız bırakmış olmanın pişmanlığı doluyor içime. Belki gerçekten bir derdi vardı. Dışadönük sanılsa da aslında çok şeyi içine atan biriydi. Kötü bir şey yaptığımızda, "Babanızın tepki vermeyip sustuğuna bakmayın, öfkesi kederi içten içe kemirir onu, patlayınca da kötü patlar," derdi annem.

Babamı yalnız bıraktım, yalnız bıraktık. Çok sevdiği karısından, bizlerden ayrılmayı neden, nasıl göze aldığını anlamaya bile çalışmadım, sadece suçladım. O zamanlar çok gençtim, buluğ çağının dalgalı ruh hâli içindeydim, sonraları, büyüdüğümde de bu konuyu düşünmemeyi yeğledim. Ünlendikçe burnu büyümüş, belki de genç bir sevgili bulup evi terk etmiş tipik bir andropoz erkeği işte! Kendimi ihanete uğramış hissediyordum. Böyle düşünmeye, babamı küçümsemeye, sıradanlaştırmaya çalışıyordum. Erkeklerle güvene dayalı ciddi ilişki kurmayı başaramamamın, evliliğimi yürütememenin nedeni de babamdı belki, hep ihanete uğrayacağım, bırakılacağım kaygısı içindeydim. Bir erkeği bezdirecek saçma sapan kıskançlıklar, aşırı ilgi talebi, böyle bir sürü hata yaptım. Güvene dayanmayan bir ilişki nasıl yürür ki! Hiçbiri yürümedi.

"Şair'le hiç konuştunuz mu bu konuları?" diye soruyorum daldığım düşüncelerden uyanıp.

"Fazla konuşmadık. Yazar bizim için sandığınızdan çok daha önemliydi, bizleri biz yapandı. Onun deyişiyle, içimizdeki yazma ateşini o tutuşturmuştu. Bir avuç edebiyat meraklısı genç onun sayesinde kendimizi keşfettik. Keşfettiniz de ne oldu, diyeceksin. Doğru, aramızdan yazar çıkmadı ama o yazma tutkusu var ya, o tutku hayatımıza anlam kazandırdı. En azından iyi edebiyat okurları olduk, kafamız, ruhumuz zenginleşti, ben böyle düşünüyorum. Bu yüzden de sessiz sedasız Yazar'ın izinden gitmeye, hevesli gençlerle kendi çapımda birşeyler yapmaya çalışıyorum. Şimdiki gençler, bilirsin, bizim kuşağa pek benzemiyor. Edebiyat eskisi gibi başlı başına bir değer sayılmıyor. İyi şiir okuduğun, klasikleri hatmettiğin için değil sosyal medyadaki tıklanma oranınla, beğeni sayısıyla değer kazanıyorsun. Hiç değilse okumayı sevsinler, diye çalışıyorum. 'Okumak, yazmak kadar, hatta bazen daha değerlidir, gün gelecek ne Shakespeare ne Goethe ne Dostoyevski'nin adlarının önemi kalacak, oysa edebiyat yaşadıkça metinlerini okuyanlar hep olacak,' derdi Yazar."

Kafamı kurcalayan soruyu hemen mi sorsam ertelesem mi? Yusuf elinde torbalarla alışverişten gelmiş, çay ocağının önünden el sallıyor. Yanımıza gelmeden hemen sormalıyım.

"Şair, olaydan sonra Yazarlarevi'ne gidip babamın bazı notlarını, son yazdıklarını, bilgisayarını topladığını, hepsinin kendisinde olduğunu söyledi."

"Allah Allah! Bundan haberim yok, bana söylemedi. Benim hiç aklıma gelmedi böyle bir şey. O uyanıktır, iyi yapmış. Gerçekten önemli bir yazardı; notları, varsa taslakları, hepsi değerlidir. Böyle şeyleri edebiyat müzelerinde, vakıf arşivlerinde saklıyorlar. Son çıkan romanını düşünüyorum da, sanki yeni bir arayış, yeni bir dil peşindeydi. Belki o çapta birşeyler vardır dosyalarında. Bir süredir yeni bir roman yayımlamamıştı, mutlaka bir hazırlığı vardı."

Yusuf masamıza yaklaşırken aceleyle soruyor:

"Hepsini verecek değil mi? Sizde, ailede durması gerekiyor. Mirasçısı sizlersiniz. Hepsi mutlaka yayımlanmalı."

"Evet, verecek tabii. Senin de bilmen iyi oldu."

Miras meselesi gündemimin ilk maddesi değildi. Babamın sanıldığı kadar büyük bir maddi varlığı yoktu. Paraya önem vermeyen, eline geçeni dağıtan biriydi. İstanbul'daki ev annemin üzerineydi. Yazarlarevi'nin mülkiyeti de bize geçmişti. Bankada epeyce bir miktar döviz cinsinden parası, bir de muhasebecisinin zoruyla aldığı bazı hisse senetleri vardı. Telif haklarının da mirasa dahil olduğunu düşünmemiştim. Seyrek görüşmelerimizden birinde telif gelirlerinin Yazarlarevi'nin yaşaması, işlevini sürdürmesi için kullanılacağını, bu konuda gerekli işlemleri yapmış olduğunu söylemişti zaten. Bu konuya ilgisiz kalmam bilinçaltımda babamın kafasının, yüreğinin, emeğinin ürünlerinden nemalanmayı reddediyor olmamdandı. Telif gelirlerini düşünmek onun ölümünden yarar sağlamak gibi geliyordu bana.

"Babanın son dönemleri için Sultan'la konuş. Evin hâlini, geleni gideni, bir derdi hastalığı varsa hepsini en iyi Sultan bilir," diyor Engin, Şair masaya gelip oturmadan önce.

* * *

Kadıncağız çok heyecanlanmasın, şaşırmasın diye Sultan'ı Şair'e arattım. Ada'da olduğumu haber verdi. Öğleüzeri iskelenin yanındaki Sahil Kahve'de buluşup Ev'e birlikte gitmek için sözleştik.

Sultan Abla en az on beş yaş büyüktür benden, o da yaşlanmıştır. Daha önce hem eve hem bahçeye bakan aile, çocuklarını Anadolu Lisesi'nde okutmak için Bandırma'ya taşındıklarında amca kızları Sultan'ı bırakmışlardı kendi yerlerine. İlk geldiğinde gencecik bir kadındı. Güçlü kuvvetli, gösterişli, becerikliydi. Hatırladığım kadarıyla iki-üç yaşlarında bir oğlu, bir de memeden kesilmemiş bir kız bebeği vardı. Büyüğü annesine bırakır, bir koşu köye gider, bebeği emzirirdi.

O zamanlar kocası mermer ocaklarında çalışıyordu. Adalı değildi, annemin kulağına gelen söylentilere göre kan davası yüzünden Doğu'daki köyünden kaçmış, bir hemşerisinin aklına uyup Ada'ya gelmişti. Ben denizi, balığı tanımam, Ada'da ne yaparım dediğinde, bir zamanlar mermer motorlarında çalışmış olan hemşerisi, ocaklarda her zaman iş vardır, senin kanlın da oralara ulaşamaz, emniyette olursun, demiş.

Ada'da ailecek geçirdiğimiz son yazdı. İstanbul'dan kalabalık bir arkadaş grubu bekleniyordu. Sultan'ın, mutfakta anneme yardım ederken yüzünde mahcup bir gülücükle kocaya nasıl kaçtığını anlattığını duymuştum:

"Enine boyuna, karayağız, 'artiz' gibi herifti. Madenden gelen, sapsarı toza bulanmış kamyonetten İskele'nin orada indi. Biz üç kız, güneşi batırmaya gelmiştik. Haziranın ortalarıydı. O gün güneş batarken ay doğar, derler. Günbatımını görebileceğimiz bir yerde oturuyorduk. Herifi ilk defa görüyorduk, belli ki yabancıydı. Tam önümüzden geçerken, 'Kıkırdaşmayın kızlar,' diye laf attı. Bizim burada, laf atmak falan, böyle şeyler olmaz. 'Sırnaşma, yoluna git,' diye dellendim ben. Dönüp uzun uzun süzdü beni. Sonra... Sonra Tatlı Pınar'ın oradaki kaya kovuklarında birkaç kez buluştuk. Buluşmak dediysem, işte öyle, elimi tuttu, saçlarımı öptü, o kadar yani. Sonra gelip beni isteyince kıyamet koptu ailede. Bizimki aşktı, nasıldır bilirsin, yer yarılsa ayrılmazsın, birlikte yerin dibine girersin. Kaçtık işte..."

Hikâyenin bu noktasında annem, peki sonra ne oldu diye sormuştu hatırladığım kadarıyla.

"Sonrası sefalet. Çok dolandık, Susurluk'ta kaldık bir zaman. Orada memleketlileri varmış, tarlada çalıştı bir mevsim. Oğlana hamile kaldım, çaresizdim. Sonra benim ailem izimizi bulmuş, haber gönderdiler: Gelsinler, Allah'ın emri peygamberin kavliyle evlensinler, itirazımız yoktur diye. Bizimkiler Ada'nın yerlisidir, arlarına gitmişti kızlarının yaptığı, el âleme karşı fena mahcup düşmüşlerdi, haklıydılar. Yine de evlatlarını feda etmeye gönülleri razı gelmedi. Döndük, benim adam yine ocaklara gitmeye başladı. Çok zor, çok ağır iştir abla. Mermer tozu ciğerlere yapışır, bir de ağır kaldırmaktan ocaklarda çalışan erkeklerin yarıdan fazlası bel fıtığı olmuştur. Erken yaşlanır, pes ederler. Benimki daha genç ama yarın ne olacağı belli olmaz."

Engin, sabah küçük teknesiyle denizden gelmiş, tekneyi Şair'in Yeri'nin önündeki derme çatma ahşap iskeleye bağlamıştı. Sultan'la buluşmam için köye bırakmayı teklif etti. Reddettim, şunun şurası en fazla bir-bir buçuk kilometrelik bir yol. Sahilden çakıllara basa basa yürümek iyi gelecekti. Cep numaramı kaydetti, bir kere çaldırdı, numarası telefonun ekranında göründü. "Yarın ararım, gelebileceksen gelip buradan alırım seni," dedi. "Yarın köyde olacaksan ben taksiyle ya da işliyorsa minibüsle gelirim," dedim. Özgür olmak, zaman planımı kendim yapmak istiyordum.

Köyün sahil boyunca zeytinlikler arasında uzanan doğu yakası, seçkinler semti sayılırdı. Burada yerli ekâbirin bakımlı bahçelerle çevrili yazlık evleri, villaları, bir de Ada'nın dinginliğini, doğallığını, halkın hoşgörülü, rahat tavrını seven yazlıkçıların her yıl geldikleri küçük bir tatil köyü, birkaç da meyhanemsi restoran vardı hatırladığım kadarıyla. Değişiklik olsun diye ara sıra misafirlerle birlikte bu tarafa gelirdik. Anneme göre günbatımının en güzel yaşandığı yerdi burası, bizim evden bile güzel... Babam iğde ağaçlarının altındaki salaş meyhaneyi severdi. Avşa şarabı içilir, taze tutulmuş olta balığı istavrit, pavurya, midye tava yenirdi.

Çakıllara basa basa yürürken çevreye yabancılaşıyorum. Değişen nedir, tam anlayamıyorum; çocukluğumun "doğu yakası", çocukluğumun Ada'sı değil burası. Deniz aynı deniz, sahil boyu uzanan çakıllı plaj, çiçeğe durmuş iğdeler, zakkumlar, mayıs yeşiline bürünmüş bahçeler aynı; yine de hepsi eski havasını yitirmiş, özenle bakılan, sulanan çimler sararıp kelleşmiş. Ada kuraktır, kayalıktır. Sadece bu tarafta sürekli sulanan çimli bahçeler, renk renk çiçek tarhları vardı eskiden. O zamanlar yukarılardaki pınarlardan gelen sular henüz şebekeye bağlanmamıştı, bizim tarafta yazın sık sık su kesilirdi. Bu yüzden kocaman bir su deposu yaptırmıştı babam.

Sahil boyunca kumların, çakılların üzerinde bir iş makinesinin derin tekerlek izleri görülüyor. Herhalde çakıllardan, inşaat molozlarından, lodosun getirdiği çöplerden, atıklardan temizlemek için plaj dev bir tırmıkla taranmış, kötü sürülmüş tarlaya dönmüş. Denizin hemen kenarındaki yan yana dizili motellerde, restoranlarda yaz hazırlığına başlanmış. Okullar tatil olana kadar bitmeli işler. Burada turizm mevsimi kısadır, olsun olsun iki-iki buçuk ay. Köşk yavrusu güzel, bakımlı evlerin çoğu kapalı. Birkaçının duvarında satılık ilanı var. Ekonomik kriz Ada'yı da vurmuş görünüyor.

Köye giden toprak yol parke taşıyla kaplanmış. Ülkenin dört bir yanında bütün yollara döşenen, döşendiğinin haftasında bozulup dağılan, bir süre sonra sökülen sonra yeniden döşenen şu taşlardan. Her yerde halkın yorumu aynı: Yine hangi müteahhit, hangi taşçı zengin ediliyor kim bilir! Mermer ocaklarından büyük iskeleye gidip gelen mermer, mucur, ağır yük taşıyan devasa kamyonların, inşaat makinelerinin bu yoldan geçtiğini, bir de kışın karını buzunu düşünürseniz çiçek bozuğu gibi irili ufaklı çukurlar, çökükler insanı şaşırtmıyor. Tır taşımacılığı yapan büyük teknelerle feribotun yanaştığı yeni iskelenin hemen karşısında, cephesine kocaman bir Türk bayrağı boyanmış, Ada'ya göre görkemli sayılabilecek, bolca mermer kullanılmış hantal bir bina var: Ada İskelesi binası...

Tekirdağ tarafından tekneyle gelirken, sonra iskeleye ilk çıktığımda Ada değişmemiş diye düşünmüştüm.

Yanılmışım. Yirmi yılda değişmemesi mümkün mü bir yerin? Anılarımızdaki gibi kalır mı? Anılarımızdaki görüntüler ne kadar gerçektir, bu da başka bir soru. Burada anlayamadığım tuhaf bir şey var. Ada hem değişmiş hem değişmemiş. Eski; kırık dökük direnirken ya da kendi hâline terk edilip harabeye dönmüşken araya özenti bir bina, çok katlı çirkin bir apartman, uyumsuz bir cam yapı, cami müştemilatı görünümlü şadırvanlar, asırlık çınarları kederle anımsatan, yerini yadırgamış, sararıp solmuş palmiyeler serpiştirilmiş.

Mezarlığın önünden geçerken bir an duruyorum. Babamı hatırlıyorum yine. Gelen misafirleri, hele de sanatla, tarihle ilgili olanları buraya getirir, kendisine çok ilginç gelen bazı mezar taşlarını gösterirdi. Mermere oyulmuş asma yaprakları ve üzüm salkımlarıyla bezenmiş on kadar irili ufaklı mezar vardı bir köşede. Babama göre bağcı bir aileye ait mezarlardı bunlar. Bezemeleri hem çok ilginç hem de gerçekten güzeldi. 19. yüzyılda Ada'da bağcı bir Müslüman ailenin varlığı babama ilginç gelirdi. "Şarapçı olamazlar, belki şarapçı Rum ortakları vardı," der, birinin bu konuyu araştırmasını isterdi. Mezar taşlarının görkemine, bezemelerindeki ince taş işçiliğine, heybetli kavuklara bakılırsa mezarlar gerçekten de eşraftan bir aileye ait olmalıydı. 1920'lere kadar Rum nüfusun mutlak çoğunluk olduğu Ada'da Rumlarla azınlık Türkler birarada yaşarken Ada'nın havası, yaşamı, insanları çok farklıydı herhalde. Rum nüfus Ada'dan ayrıldıktan sonra Karadeniz'den göç başlamış, bağcılık, şarapçılık da bitmiş. Öyle anlatırlardı.

Çocukluğumda mezarlık bakımlı, hoş bir yerdi; hanımelleriyle, güllerle, zakkumlarla bezenmişti. Yer yer zerdali fidanları, erik ağaçları, bazı mezarların başında zeytin ya da iğdeler vardı. Canımız çekse de ağaçlardan meyve koparmaya korkardık. Mezarlıktan toplanan meyvelerin ölüm tadında olacağını düşünürdüm. Şimdi bütün çınarlar, meyve ağaçları kesilmiş; eski mezar taşları sökülüp kapının yanına yığılmış. Bazı mezarların üzerine dikilmiş cılız güller hâlâ direniyor ama insanın içine keder değil huzur salan o güzelim bahçe-mezarlık taş yığınına dönüşmüş. Belki de yakında buradan kaldırılacak. Tam yolun kenarında, balıkçıların ağlarını tamir ettikleri çekek yerinin karşısında böyle değerli bir arsayı ne belediye ne de müteahhitler ölülere terk eder. Aklıma çocukluk günlerimde hiç düşünmediğim, evde konuşulduğunu da duymadığım bir soru takılıyor: Neden Hıristiyan mezarlığı yok köyde? Ölülerini de mi alıp gittiler, yoksa sürülüp tarla mı oldu mezarlıkları?

Çınarların altındaki sıram sıram kahvelere vardığımda içim burkuluyor. Çınar kıyımı asıl burada olmuş. Nasılsa kurtulmuş birkaçı hariç, sahil boyu yeşil bir sur gibi uzanan, Ada'nın simgesi asırlık ulu çınarlar artık yok. Yerlerine dikilen hurma mı muz mu anlayamadığım, gövde boyları beş metreye varan palmiye türü ağaçlar tutmamış, tepelerindeki yapraklar sararmış, boyası atmış pasaklı kadın saçları gibi sarkıyor. Eskiden çınarların yeşil bir dam gibi gölgelendirdiği kahvelerin bazısının üstü branda beziyle, bazısınınki naylon örtülerle örtülmüş. Ön taraflarındaki çarşı yoluna sıradan parke taşlar döşenmiş. Bir de ne işe yarayacaksa, yol kenarındaki kaldırım şerit şerit kırmızı-lacivert-yeşile boyanmış ya da tuhaf bir malzemeyle kaplanmış. Süs olsun diye, hoşluk için yapılmış belki de. Kurumuş uyuz palmiyelerle tam bir zevksizlik örneği. Özenti ama neye özenildiği de belli değil.

İskele meydanında pek bir değişiklik yok. Betonlaşma artmış, o kadar. Babamın, melon şapkasını önünde tutan Atatürk heykelini işaret edip, "Atam şapkasıyla neresini örtüyor? Kim yapmışsa bu heykeli Atatürk'e hakaretten yargılanmalı," dediği heykel yerli yerinde. Kaidesine 23 Nisan'dan, belki de birkaç gün önceki 19 Mayıs'tan kalma solmuş çelenkler dayanmış. Hemen arkada belediye binası ve bir otel. Otel yoktu eskiden.

İskelenin yanındaki banklardan birine oturmuş, başı yemenili şişmanca kadın Sultan Abla olabilir mi? Önce o beni tanıyor. Öyle bir kucaklaşıyoruz ki nefesim kesiliyor. Kucaklaşanlar biz değiliz, eski güzel günlerimize sarılıyoruz, ikimiz de farkındayız bunun. Sultan'ın gözlerinden yaşlar süzülüyor.

"Koca kadın olmuşsun anacığım, çiçeği burnunda genç kızdın, çocuktun bıraktığımda ama bak seni ilk bakışta tanıdım," diyor sevinçle kederin harmanlandığı sesiyle.

Söyleyecek söz bulamıyorum, gülümsüyorum, susuyorum.

"Niye daha önce gelmedin, neden geç kaldın?" diye soruyor sitem edercesine. "Geç kaldın kızcağızım, hepiniz geç kaldınız."

Yemenisinin ucuyla gözlerini siliyor.

Haklı, geç kaldım, hepimiz geç kaldık.

"Eve gidelim, orada konuşuruz," diyorum. Tuhaf bir şekilde, kendimi kasmadan, gizlemeden bir tek Sultan'la açık yüreklilikle konuşabileceğimi düşünüyorum.

Eve, belediye binasının yanına sıralanmış taksilerden biriyle gittik. Eskiden de taksi var mıydı, belki birkaç tane ama hiç hatırlamıyorum. O zamanlar evden köye inmek için patikamsı yoldan yürümeyi ya da denizden tekneyle gitmeyi yeğlerdik. Babam, kendi çocukluğunda resmî dairelere, askeriyeye, jandarmaya ait cipler bir de eşekler dışında Ada'daki ulaşımın bütünüyle denizden sağlandığını anlatırdı.

Yol boyunca fazla konuşmuyoruz. Genç şoförümüz de konuşkan değil. Taksiden inince, "Dursun Reis'in oğlu," diyor Sultan. "Okudu etti, öğretmen oldu. Ataması yapılamadı bir türlü, iş bulamadı, babasının gemisine de gitmedi, araları bozukmuş, geldi burada taksi sürüyor. Eskiden çocuklarımız okurlarsa kurtulurlar, bizi de kurtarırlar sanırdık, şu sıralar okumuşa da iş yok. Bir de fetö metö bir şey çıkardılar, bizim burada bile tutuklanıp götürülenler oldu, sular idaresinde, belediyede işlerinden olanlar var. Kötü zamanlar... Eskiyi arıyoruz, hiçbir şeyin eski keyfi yok, bir de babanın..."

Babanın ölümü, diyemiyor. Sözler boğazında düğümleniyor.

Sultan uyanık kadındı. Orta sondan terkti. "O zamanlar bizim burada lise yoktu, okumak için Bandırma'ya, Tekirdağ'a gitmek gerekiyordu. Çok insan bu yüzden lise, üniversite okuyamadı, Ada'da kaldı. Benim de pek hevesim yoktu okumaya. Şimdi zamanlar değişti, bizim kızı da oğlanı da ne yapıp yapıp okutacağız," diye anlatırdı.

"Senin çocuklar ne oldu? Okutmayı pek isterdin."

"Okudular. Kız İngilizce işletme okudu, oğlan bankacı oldu. İnanmayacaksın, Sevdanur Kanada'da çalışıyor. Bilgisayar işleri yapan bir şirketmiş. Oğlan bedelliye gitti, tez dönecek. Hepsi babanızın sayesinde. Nur içinde yatsın, eğitimlerini, her birşeylerini üstlendi. Sevdanur'un burada kalıp Yazarlarevi'ne müdür olmasını pek istedi ya bizimkinin gözü uzaklarda, yükseklerdeydi. Öyle köye kısılıp kalacak biri değildi. Kızları fazla okutmamak daha mı iyi nedir!"

Babam, adalıların kız-erkek ayrımı da yapmadan çocuklarını okutmak için çırpınmalarına değer verir, elinden geldiğince yardım etmeye çalışırdı. Sosyalizm özünde fırsat eşitliğidir der, "78'li veteranlar" diye adlandırdığı eski arkadaşlarıyla, çocuk hâlimle tam anlamlandıramadığım uzun tartışmalara girişirdi. Şimdi düşünüyorum da, sahip olduğu her şeyi: saygın bir aile, aydın bir çevre, iyi bir eğitim, başarı, şöhret... bunları bedelini ödemesi gereken ayrıcalıklar olarak görüyordu. Burada kurduğu yazarlık atölyesi, Yazarlarevi, okuttuğu öğrenciler, bir çeşit bedeldi. Babasının etkisi, yetiştiği çevre kadar kendi sol kuşağının, 78'li gençliğinin de payı vardı bunda sanırım. "İnsan ne kadar değişip dönüşse özü aynı kalıyor," derdi.

Babası eski tüfeklerdenmiş. Bu sözü ilk duyduğumda çok gülmüştüm. Ne yani, dedem tüfek miydi? Hem de eski! Ada'daki ev yeni yapıldığında güle güle oturun ziyaretine gelmişti. Uzun zamandır uğramadığı Ada'yı bir daha görmek, hâlâ yaşıyorlarsa adalı eski dostlarıyla hasret gidermek istiyordu. O zamanlar 60'ını geçmiş, 70'e merdiven dayamıştı. Hoş bir adamdı, keyif ehliydi. Sonradan öğrendiğime göre 1950'lerde Hukuk Fakültesi'nde ceza hukuku asistanıyken Kore Savaşı'na asker gönderilmesine karşı çıkan bir bildiriye imza attığı için üniversiteden atılmış, tutuklanmış, birkaç yıl hapishanede kalmış. Ada'yı ilk keşfeden yazarlar, sanatçılar, keyif ehli aydınlar kuşağındandı. Burada kısa bir süre pansiyon ya da küçük bir otel işletmişliği de varmış galiba. Babam, çocukluğunda yaz tatillerini geçirdiği Ada sevgisini ondan almıştı. Hatırlıyorum, bize geldiğinde, "Buranın eski havası yok, o eski arkadaşlar, dostlar da kalmamış, bir yere havasını veren taşından toprağından çok insanlardır," demişti dedem. Şimdi gelip görse ne derdi acaba? Daha her yeri göremedim ama bence de eski havası kalmamış Ada'nın.

Eve her zaman kullandığımız veranda kapısından değil, üzerinde "Yazarlarevi – Kuruluş 1997" yazan ana kapıdan girdik. Dün Şair'le geldiğimizde nasıl da fark etmemişim bu levhayı. "Kuruluş 1997" yazdığına göre evimiz, babam bizden ayrıldıktan bir yıl sonra resmen Yazarlarevi olmuş.

Sultan kapıdan içeri girerken kısacık bir dua mırıldandı. "Etrafa şöyle bir bakmak, evi havalandırmak için her geldiğimde içime bir taş oturuyor sanki," dedi.

İçerisi karanlıktı, rutubetli bir serinlik vardı. Ahşap panjurları açarken söyleniyordu:

"Ev bütün kış boş kalınca ne kadar baksan, ne kadar havalandırsan olmuyor, eşyalar, yatak yorgan nem içinde kalıyor. Sözde buranın kayaları nemi çekermiş, tuz bile kuru kalırmış. Hiç inanma, hepsi laf!"

"Bende evi kapadıktan sonra avukatın getirdiği anahtarlar vardı, kilit değiştirildi mi bilmiyorum. Dün eve Yusuf'la geldik, aşağı kapıyı o açtı. Sendeki yedek anahtarı almış, öyle dedi."

"Kilit değiştirildi tabii. Zaten kapılar da değişti. En az otuz yıllık bina, ara sıra tamir görmezse olmaz. Yusuf'a anahtarı ben verdim, temiz çocuktur. Babanı çok severdi, beni ben yapan odur, derdi. Biriniz gelip de sahip çıkana kadar babanın not defterlerini, bilgisayarını bir zarar gelmesin diye Yusuf aldı. Anneni de aramış, ses seda çıkmamış."

"Annem hasta Sultan Abla: Alzheimer. Haberin oldu mu bilmem. Her şeyi unutuyor yavaş yavaş, henüz beni tanıyor ama mesela Cem'le ilgili bir şey hatırlamıyor. Benim bir oğlum var mıydı, diye sordu geçenlerde. Babama, Ada'ya, bu eve ilişkin hiçbir anısı kalmamış gibi. Telefondan arandığında pek anlaşılmıyor, akıllı akıllı konuşuyor önce, sonra hemen unutuyor."

"İnsan hatırlamak istemediği şeyleri çabuk unutur. Bir Ayşe Teyze vardı, tek oğlu denizde gitmişti. Bilirsin, bizim denize hiç güven olmaz, fırtına birden patlar. Ayşe Teyze önce oğlunu unuttu, sanki hiç oğlu olmamıştı. Konuşurduk, eskilerden anlatırdı; anasını danasını, buraya nereden nasıl geldiklerini hep hatırlardı da bir tek oğlunu bilmezdi."

Kepenkler açılınca dün yarı aydınlıkta üstünkörü baktığım odaya ışık doldu. Burası evimizin ana mekânıydı. Yazın hava ısınınca daha serin olan aşağı katı tercih ederdik. Havalar serinleyince ya da akşam serinliği çıkınca, hele de misafir varsa burada oturur, köşedeki açık mutfağın önündeki geniş masada yemek yerdik. Yazları hayatımız bahçede, verandada geçerdi.

Eşyaların üzerine beyaz örtüler atılmıştı. "Tozlanmasın diye örttüm," dedi Sultan. Eşyaların üstünün örtülmesinden çocukluğumdan beri nefret ederim. Terk edilmişlik, ölüm, en hafifinden tatilin bittiği duygusu verir içime. Hele de örtüler beyazsa.

Sultan, odanın önündeki geniş verandaya açılan boydan boya cam kapının panjurlarını açtı. Dışarı çıktım. Ellerimizle diktiğimiz asma çubuğu büyümüş, sapasağlam gelişmiş, buraya kadar tırmanmıştı. Bir aya kalmaz çardağı yemyeşil kaplayacak, devasa bir güneş şemsiyesi olacak, temmuz gelince kızıl-kara salkımlar sarkacak yaprakların arasından. "Adakarası asma üzümü değildir, bak yine de verandayı sardı," derdi babam; bağcılığın, şarapçılığın artık pek yapılmadığına, adakarası üzümünün de yavaş yavaş tükendiğine hayıflanırdı. Bir ara, Ada'nın tükenmiş bitkilerinin, özellikle üzüm türlerinin araştırılıp yeniden yetiştirilmeleri için bir proje yapılmasına, ilgili kuruluşlardan fon alınmasına önayak olmaya heveslenmişti. Ada ahalisinden destek bulamamıştı galiba. Yerel zenginliklerin değerlendirilmemesine hayıflanıyor, halkın ilgisizliğinden yakınıyordu.

Önümde, zeytin ağaçlarının ardında yer yer gümüş grisi, yer yer menevişli mavi uzanan deniz... Yüreğim ezildi, içim acıdı. Güzellik de insanın içini acıtıyor bazen. Başımı çevirip batı yönüne bakmadım, Masa Kayası'nı görmekten korkuyordum.

"Asmayı özenle budadık, bu yıl güzel üzüm verecek," dedi Sultan. Sonra boğuk bir sesle, "Burayı bırakmayın, evi bırakmayın," diye ekledi.

Duymamış gibi yapıp içeri girdim, babamın çalışma odasına yöneldim. Kapı kapalıydı.

"Kilitlidir," dedi. "Evde kapılar kilitlenmezdi, bilirsin bir tek çalışma odasını kilitli tutardı."

"Bu sonradan çıkan bir âdet olmalı, biz çocukken odasına istediğimiz gibi girip çıkardık."

"Ev yazarlarevi olduktan sonra kilitlemeye başladı. Ne de olsa bir sürü tanımadığı insan girip çıkıyordu. Değerli eşya falan yoktu da yazıları, bilgisayarı, kitapları vardı. Bilirsin, defterlerine kitaplarına düşkündü. 'Bütün servetim bunun içinde,' derdi bilgisayarını gösterip."

Elindeki anahtar kümesinden diğerlerinden farklı bir anahtar çıkarıp odanın kapısını açtı. Bir an eşikte durdum, girip girmemekte kararsız kaldım. Odanın günbatımına bakan penceresindeki kepenk kapalıydı, içerisi karanlıktı. Kâğıt, toz, pipo tütünü karışımı bir koku geldi burnuma. Sonra alttan alta, belli belirsiz çok hafif bir başka koku... Köpek burunluyumdur, Süskind'in *Koku* romanının kahramanı gibi gerekli gereksiz, itici, pis ya da hoş, bütün kokuları alırım.

Henüz hazır değildim, o kokuyu duymasam babamın çalışma odasına girmeyecektim belki ama koku diğer kokuları bastırarak burnuma geliyor, beni içeri sürüklüyordu.

Sultan arkamdan hafifçe itekleyerek odaya daldı, pencerenin kepenklerini, sonra da camları açtı.

"Kapalı kalınca böyle kekremsi kekremsi kokuyor işte," dedi.

Babamın köşedeki yazı masasına doğru yürüdüm. Burun deliklerimi titreterek, "Başka bir koku var," dedim, "yasemine benzer, güzel bir koku."

"Ben yasemin kokusu almadım, babanın tütününün kokusu, bir de rutubet kokusu."

"Yasemin," dedim inatla, "biraz da manolya, Diorissimo parfümü gibi, biraz daha uçuk."

"Doriso ne biçim çiçek bilmem, benim burnuma öyle bir koku gelmedi. Belki kurutulmuş bir çiçektir. Hani sen de defterlerinin, kitaplarının arasında kuruturdun çocukken."

Kurutulmuş çiçeğin kokusu yıllarca kalmaz, diye söylendim kendi kendime. Sultan duymadı.

* * *

Bizimkiler; çalıştığı yazlıkçı evlerinden laf taşımadığı, dedikoducu olmadığı için severlerdi Sultan'ı. "Dürüst kadındır," derdi annem, "bir sürü eve girip çıkıyor ama oradan oraya laf taşımaz. Bugüne kadar ağzından kimse hakkında tek kötü söz duymadım." Babama bağlılığını da hesaba katınca, köye ayak bastığım andan itibaren kafamda beliren soruların cevabını, düğümü çözmek için gerekli ayrıntıları ondan alabileceğimi düşünmüştüm. Bu konuda kendiliğinden konuşmaya niyeti yok gibiydi. Kaldırıp kaldıramayacağımı bilmediğinden, beni üzmek istemediğinden belki. Konuya benim girmemi bekliyor da olabilirdi.

"Kaza nasıl oldu Sultan Abla? Masa Kayası, ta ucuna kadar gitmezsen insanın ayağının kayıp aşağı yuvarlanacağı bir yer değildir. Adı üstünde: Düz, geniş bir kayadır. Çocukken bize bile yasaklanmamıştı. Babam içkili miydi ya da ne bileyim, birden başı döndü, fenalaştı mı, ne dersin? Sağlık sorunu var mıydı son zamanlarda?"

"Yazar içiyordu, tamam da gün ortasında içmezdi. Bildiğim sağlık sorunu da yoktu. Tahlillerini neyini yeni yaptırmıştı. 'Sen şöyle şekeri bol bir revani yap da yiyelim, tahlil sonuçlarım geldi, katır gibiymişim!' demişti de, 'Estağfurullah, o nasıl söz,' demiştim. Birden tansiyonu yükseldi de başı mı döndü, orasını bilemeyiz. Kaza öğle saatlerinde olmuş dediler. Benim de anlamadığım, gün ortasında orada ne işi vardı? Bilirsin, günbatımında pek severdi orayı, anneni, sizleri de götürürdü."

Hatırlıyorum; pikniğe gider gibi ufak tefek yiyeceğimizi alır, termosa çay doldurur, güneşi batırmaya giderdik. Babam, buzluktan çıkardığı üzeri buğulanıp terlemiş beyaz şarap şişesini cebine attığı küçük tirbuşonla açar, anneme de bir kadeh koyardı. İlle de soğuk beyaz şarap. "Her saatin içkisi ayrıdır. Rakı uzun sohbetlere yaraşır, güneş batarken beyaz şarap gider," derdi. Sonra da yıllar önce babasının arkadaşlarıyla buraya geldiklerini, kaşar peyniri, ekmek ve zeytinle adakarası üzümlerinden yapılmış yerli şaraptan içtiklerini anlatırdı. "Bazen sohbet hararetli bir tartışmaya dönüşür, güneş battıktan sonra da evde ya da meyhanede sürerdi. Daha çok edebiyat konuşurlardı: dünya yazarları, yerli yazarlar, Milli Eğitim Bakanlığı klasiklerinin kötü çevirileri, Ataç'ın eleştirilerinin nesnel olmadığı, kendisi öyle yazamadığı için sevmediği yazarları yerden yere vurduğu, Tanpınar'ın iki arada bir derede kaldığı, İkinci Yeni şairleri, köy edebiyatı modası... Bu iki konuda anlaşamazlar, tartışmanın kavgaya dönüşmesine ramak kalırdı," der, ardından da, "O tartışmalar bana çok şey kazandırdı," diye eklerdi.

Hatırlıyorum; bazen annem kayalara kadar gitmeye üşenir, "Günbatımı yukarı verandadan da şahane görülüyor, ben evde kalıp akşam için birşeyler hazırlayayım," derdi. Babam da hele yeni bir yazıya, romana başlamışsa, orada saatlerce yalnız oturmayı severdi.

Kafama takılan soruyu Sultan'a soruyorum:

"Oraya yalnız mı gitmiş, yanında kimse var mıymış, bilen var mı?"

"Gören yok ki bilen olsun."

"En iyi sen bilirsin Sultan Abla, o günlerde evde yabancı kimse var mıydı? Bir arkadaşı ya da misafir yazarlardan biri?"

"Ah yavrum! On-on beş günlüğüne bizim adamın köyüne gitmiştik. Ablasının torunu evleniyordu, gitmezsen olmaz! Haberini aldığımda az dövünmedim, kendimi az suçlamadım bırakıp gittiğim için. Sanki burada olsaydım o kaza olmayacaktı, sanki onu koruyabilecektim."

Ağlamaya başlıyor.

"Senin ne suçun var ki Sultan Abla, burada olsaydın da çocuk gibi peşinden koşacak değildin ya! Siz memlekete giderken kimse var mıydı evde? Siz yokken kim yardımcı oluyordu, eve kim bakıyordu?"

"Kimseyi istememişti. Ben çocuk muyum, bir hafta on gün idare edemez miyim kendimi, ayrıca da bir-iki gün sonra İstanbul'a gideceğim, oradan da Almanya'ya geçeceğim kitap fuarı için, dönüşüme siz de gelmiş olursunuz, demişti. Zaten ev bir zamandır eskisi gibi dolup taşmıyordu. Son zamanlarda gençten bir adam vardı. Yazara çizere benzer bir hâli yoktu, yine de bilinmez tabii. Sürekli kalmıyordu, gidip geliyordu. Biz memlekete giderken ortada yoktu. Biz yokken dönüp gelmişse bilemem."

Cesaretimi topluyorum, lafı dolaştırmadan soruyorum:

"Bir hanımdan söz ettiler, sen gördün mü onu, biliyor musun?"

Hanım sözcüğünün tuhaf hatta komik kaçtığının farkındayım, ola ki babam için önemli biridir, babama saygısızlık etmemek, yanlış anlaşılmamak için kadın yerine hanım demeyi tercih ediyorum.

Sultan bir an düşünceli düşünceli susuyor:

"Herkes ağzına geleni söyler, laf kulaktan kulağa yayılırken kedi kaplan olur, serçe kartal."

"Yani?"

"Yani sen her duyduğuna kulak asma. Yıllar boyunca, kadını da erkeği de, artisti de modeli de, tövbe tövbe, o biçimi de geldi gitti bu eve. Son zamanlarda yabancı bir kadın vardı. Ak saçlıydı ama yaşı belli olmayanlardandı. Arka bahçedeki yazar odalarından birinde kalırdı. Az rastlaştık, hiç konuşmadık, nasıl konuşalım, dilimizi bilmezdi ki! Öyle boş boş bakar gülümserdi, dilsiz gibi sanki."

"Siz memlekete giderken burada mıydı?"

"O günlerde görmedim. Bilirsin, kim gelmiş kim gitmiş ilgilenmem, benim işim değildir. Arka bahçedeki odalarda kalanlar kendi odalarını kendileri toparlar, temizlerler. Ben haftada bir girer büyük temizlik yapardım."

"Yazar odalarına son defa temizliğe girdiğinde kimse var mıydı Sultan Abla?"

"Yoktu. Yani ne o kadının odasında ne başka odalarda özel eşya, giysi falan yoktu. Neden sorarsın ki, deşip de yüreğini dağlamak için mi?"

"Bilmiyorum. Buraya gelene kadar babamın ölümüyle ilgili sadece acı vardı içimde. Şimdi karanlık, kötü bir his var. Eski günlere, bu eve, babama dönmenin huzursuzluğudur belki."

"Sen o Engin'le Yusuf'a kulak asma, iyi çocuklardır, babanı da çok severlerdi. Akılları fikirleri yazar olmaktaydı onların. Yani senin benim gibi değil onların yüreğinin acısı, onlar Yazar'dan çok kendi kaderlerinin yasını tutuyorlar. Ölümün kaza olduğuna inanmak istemediler bence. Romanlar yazamadılar ya, şimdi kafalarında kendi romanlarını uyduruyorlar."

"Yanlış anladın Sultan Abla, onlar bana böyle bir şey söylemedi. Kaza olduğundan kuşkuları yok. Daha doğru düzgün konuşamadık bile. İnsanın inanası gelmiyor ölüme. Uzaktayken aklınla kabulleniyorsun, işte ölüm tutanağı, tahkikat sonucu, kesin ölüm nedeni, her şey açık; sonra buraya gelince yüreğin kabullenmiyor."

"Öleni geri getiremedikten sonra bütün bunlar neye yarar ki," diyor içini çekerek.

Bir an önce evden ayrılıp gitmek istediği duygusuna kapılıyorum. Acelesi var gibi.

"Ben biraz daha kalıp babamın yazı masasına, çekmecelerine, kitaplarına bakmak istiyorum. Bazı özel eşyalarını, sevdiği biblolarını, kitapları ayırırım, giderken götürürüm. Sen beni bekleme, anahtarları ver yeter."

"Madem öyle, saat başı minibüs geçer aşağı yoldan, ben kaçırmayayım," diyor. Birkaç anahtar uzatıyor. Bana yeniden sımsıkı sarılıyor. "Ne zaman istersen ara beni, istersen eşyaları toparlamaya yardım ederim. Yarın bana gel, poğaça yaparım, çocukken pek severdin, Yazar da severdi. Canına yandığımın dünyası!"

* * *

Sultan gidince babamın çalışma odasına döndüm. Yıllar önce bıraktığım gibiydi. Dedemin, "Bu masa antika sayılır, altında bir zamanlar ünlü bir İtalyan mobilyacının damgası var: Psalti 1876... Yüksekkaldırım'daki antikacıdan almıştım," diyerek oğluna hediye ettiği yazı masası yine aynı köşedeydi. Babamın öğleden sonraları uzanıp kestirdiği divan da öyle. İki duvarı kaplayan kitap raflarını, raflarda yan yana değil üst üste yığılmış kitapları da hatırlıyorum.

Yazı masasının yanındaki altı kapalı üstü camlı vitrin tarzında dolap o zamanlar yoktu. Hemen dikkatimi çekti. Odanın havasına uymayan, Viktorya dönemi İngiliz stilinde zarif bir mobilyaydı. Kiraz ağacından ahşap gövdesi tozlanmış, camları kirlenmişti. Çift kanatlı camlı bölüm kapalıydı, anahtar sarı pirinç kilidin üzerindeydi. Dolaba yaklaşınca o rutubetli, tozlu yasemin kokusunu yeniden duyar gibi oldum. Anahtara uzanınca kapak kendiliğinden açıldı, kilitli değildi.

Raflarda babamın romanları vardı. En üstte Türkçe romanlar, aşağıdaki iki rafta romanlarının çeşitli dillerdeki çevirileri... Kitaplarının bu kadar çok dile çevrildiğini bilmiyordum. Tanıdık Batı dilleri, Slav alfabesi, Arap harfleri, Çince bir yana, hiç bilmediğim, hangi ülkeye ait olduğunu bile tahmin edemediğim alfabelerle, kapaklarında babamın adını taşıyan dizi dizi kitaplar...

Bizden ayrıldığında birkaç romanı Almancaya, Yunancaya, İngilizceye, Fransızcaya yeni yeni çevrilmeye başlanmıştı. Sonraki yıllardaki seyrek buluşmalarımızdan birinde –ah, şimdi ne kadar pişmanım her seferinde türlü mazeret uydurup buluşmaktan kaçındığıma!– "Otuz sekiz dilde elliden fazla romanım basıldı, bir kısmının hangi ülkede, hangi dilde olduğunu bile bilmiyorum. Edebiyat ajanım, sizin romanları Tamillere sattım, dediğinde, Tamil gerillaları roman mı okuyorlar artık, diye dalga geçtim, kadın Güney Hindistan'da, Sri-Lanka'da 140 milyondan fazla insanın konuştuğu dil, deyince de çok utandım," demişti.

Kızına övünüyordu aslında ve ben eşek, umursamaz bir edayla dinliyordum onu. Kitapların bilmem kaç dile çevrilmiş, bana ne! Kendi çocuklarının, kendi kızının dilini duymadıktan, anlamadıktan sonra!

Baba-kız sohbetinin kolay yürümediğinin ikimiz de farkındaydık. O sırada avukatlık stajımı uluslararası ticaret ve sigortacılık alanında uzmanlaşmış bir avukatlık bürosunda yapıyordum. Yine babama olan tepkim yüzünden belki, o günlerde yeni sayılan, iş olanakları fazla olan uluslararası telif hakları yerine dış ticaret davalarıyla ilgili çalışıyordum. İlgimi çekecek bir konu olduğunu düşündüğünden sözü çevirilere, telif haklarına, uluslararası edebiyat pazarına getirdi.

Uluslararası pazarı bilmem, sen de kendi ülkende bir çoksatar yazarsın, diyecekken vazgeçtim. O iyi bir yazar, hele de son dönem yazdıklarıyla. Üstelik destekçisi olmayan, allanıp pullanıp pazara çıkarılmayan iyi yazarları nasıl canıgönülden desteklediğini de biliyordum. Konuya çok yabancı kalmadığımı göstermek için staj yaptığım büroda duyduğum bir dedikoduyu aktardım:

"Geçende, Fransa merkezli büyük bir yayınevi kendisine önerilen bir romanı beğendiğini, yayımlamayı düşündüklerini bildirmiş. Yazar, hani medyatik diyorlar ya, öyle biri değilmiş, fazla tanınmıyormuş. Biraz araştırmışlar, sonra 'günün koşullarında' yayımlayamayacaklarını bildirmişler. Biraz kurcalayınca nedeni anlaşılmış: İlk değerlendirmede yazarın genç, havalı, alternatif tipli bir kadın olduğunu sanmışlar. Meğerse yazar kendi kabuğuna çekilmiş, yaşlı bir adammış. İnanabiliyor musun!"

"İnanıyorum tabii, benzer örnekler çok. Şunu da yapabilirlerdi; romanın yazarını, büyük felaketler yaşamış, dünyaya küsmüş, onlarca yıldır insanlardan uzak, ücra bir köyde yaşayan tuhaf bir adam olarak tanıtır; yayınevinin yeni keşfi, dünyaya küsüp sığındığı mağarasından çıkarılmış bir edebiyat dehası olarak lanse edebilirlerdi. Böyle şeyler de oldu, olmadı değil ama pek tutmadı, saman alevi gibi kaldı. Bir kitap çıktı, ardından ya ikincisi gelmedi ya da ilgi bulmadı. En kötüsü şu; gerçekten iyi metinler kaynayıp gidiyor bu arada."

Sonra muzip bir gülüşle, "Bizde de var örnekleri," dedi. İlgilendiğim bir konu değildi, kim diye sormadım, o da uzatmadı.

O gün mü konuşmuştuk yoksa bir söyleşisinde mi okudum, "Sanat, edebiyat; piyasanın arz-talep yasasına tabi olmaya başlayınca sadece kendi özgün değerini değil bağımsızlığını da yitiriyor. Günümüzde metin hiçbir şey; reklam, medya, yazarın kendi hikâyesi her şey," dediğini hatırladım.

Babamın, camlı dolabın raflarına dizilmiş kitaplarına bakarken, onun bu kitaplarda yaşadığını, ölüme meydan okumanın böyle bir şey olduğunu düşündüm. Ciltlerden birinin sırtında koyu yeşil fon üzerinde beyaz elyazısı harflerle *Yasemin Kokulu Rüzgâr* yazıyordu: son romanı... Daha kitapçı vitrinlerine çıkmadan imzalı olarak gönderdiği romanlarını hemen okurdum. *Yasemin Kokulu Rüzgâr*'ı göndermemişti. Kitaba ilişkin değerlendirmeler çelişkiliydi. Başkahramanı rüzgâr olan, zamandan mekândan bağımsız, yer yer şiir tarzındaki anlatımını övenler, roman sanatına yeni bir anlayış getirdiğini yazanlar da vardı, konunun ve dilin oturmadığını, iğreti kaldığını düşünenler de.

Son üç-dört yıldır büsbütün kopmuştuk birbirimizden. Biraz romanını göndermediği için alınganlıktan biraz da "şiir gibi" denilen üsluptan hoşlanmayacağım korkusundan, bir de kitabın kapağını çok kiç, rüküş, sıradan bulduğumdan alıp okumamış, hakkında çıkan yazılarla yetinmiştim. Tanıtımlardan anladığım kadarıyla İsfahan'ın sihirli bahçelerinden kopup gelen usul, tatlı bir yelin, çağları aşarak ülkelere, halklara, insanlara uğraya uğraya Kuzey Kutbu'nda ölümüydü anlatılan. Edebiyat çevreleri metaforik bir anlatım olduğunda birleşseler de kendisiyle yapılan bir söyleşide babam bunu reddetmiş, dinlediği bir masalı aktardığını söylemekle yetinmişti.

Kitap karşımdaydı şimdi. Koyu yeşil kapağıyla rafta kıpırdanıyor, beni buradan çıkar, al, oku, diyordu sanki.

Birden bir yel esti, dolabın camlı kapısı kendiliğinden kapandı. Manolya ile yasemin karışımı o koku çevremde dolandı, ürperdim, irkildim, sonra odanın penceresini açık bıraktığımı fark ettim. Adanın birden patlayan sonra birden sönen rüzgârlarını hatırladım. Adalılar, rüzgâr kaçık yaptı derlerdi. Bir keresinde öyle bir kaçık yapmıştı ki açık bıraktığımız pencerenin camı kırılmıştı.

Rahatlayıp kendi kendime gülümsedim, rafa uzanıp

kitabı aldım. Yaseminli manolya ya da manolyalı yasemin kokusu... Aman Allahım! Yoksa bu da bir pazarlama yöntemi mi? Kitaba yasemin kokusu mu sürmüşler! Edebî metnin kendi dışında bir güce ihtiyaç duymamasını savunan babam buna nasıl izin vermiş! Bir söyleşisinde, yazarının kimliğinden ya da edebiyat dışı herhangi bir alandan güç alan bir metnin, edebiyat dışı öğeler üzerinden tanıtımının kabul edilemeyeceğini, kendisinin bunu asla yapmayacağını, bir yazarın yapıtlarından başka tanıtıcısı olmaması gerektiğini söylemiş olan babam da mı pazara teslim olmuş!

Elimdeki kitabı evirip çevirdim. Acı yeşil renkteki kapağında beyaz yasemin yaprakları uçuşuyordu. Kapak tasarımı, ilk çıktığında kitapçı vitrinlerinde, kitap eklerinin tanıtımlarında, yayınevinin verdiği ilanlarda gördüğümde beğenmeyip yadırgadığım kadar kötü değildi aslında. Sıradan aşk romanlarına yakışır havadaydı, bir albenisi de vardı doğrusu. O günlerde çok konuşulan, çoksatar bir kadın yazarın *Aşk* isimli romanının kapağını andırıyordu. Babamın romanları kalınlığıyla ünlüdür, bu diğerlerinden daha inceydi. Kendisinden, daha doğrusu ele aldığı konulardan hoşlanmayan bir köşe yazarı, "Tuğla gibi kitapları kafamıza atıp atıp sol nostalji yapma," diye yazmıştı bir keresinde.

Kitabı kokladım, sayfaları karıştırdım. Hayır, gizemli koku kitaptan gelmiyordu, dolaba sinmişti. Kitapların durduğu vitrinin altındaki kapalı evrak dolabına bakmak için eğildim. Kapağın oymalı ahşap kanatlarına dokundum; kilitliydi, üzerinde anahtar da yoktu. Camlı bölmenin anahtarını denedim, uymuyordu.

Babam anahtara, kilide meraklı biri değildi. Annem, "Eve bir sürü giren çıkan oluyor, hiç değilse değerli eşyalarını bir çekmeceye kilitle," diye uyarır, o da, "Çalınacak değerde bir şeyim yok ki! Kitap taslaklarını, notlarımı, kitaplarımı kim ne yapsın," der, aldırmazdı. Elinin altında olmasını istediği ufak tefek şeyleri: mesela 32 fonksiyonlu gelişkin bir İsviçre çakısı, pipo çakmağı, dedemden kalma bir şişe açacağı, yedek gözlüğü, burun damlası... Bunları yazı masasının küçük çekmecesine koyardı.

Çekmeceyi çektim. Hemen hemen boştu; birkaç anahtar, iki hafıza çubuğu, bir paket yara bandı, boncuklardan örülmüş bir kese –hapishanedeki okurlardan böyle küçük armağanlar gelirdi–, kılıç biçimi antika bir kâğıt açacağı. Cem'le benim bununla oynamamıza izin vermezdi. "Oyuncak değil bu, hem değerli hem de gerçekten keskindir, bir yerinizi yaralarsınız," derdi.

Camlı dolabın anahtarının benzeri çekmecedeydi. Çubukları cebime attım, bulduğum anahtarı kapalı bölmenin kilidine soktum, kapak kolayca açıldı.

Ne bulacağımı ummuştum ki! Kırtasiye malzemesi, bir sürü kâğıt, not defterleri, gazetelerden, dergilerden kesilmiş kupürler, kendisi hakkında, kitapları hakkında yazılmış yazılar, birkaç okul defteri, sayfalarca elyazısı karalama, bir kitap ve... ve işte yasemin kokusunun kaynağı: büyücek bir tül torba içinde kurumuş, çürümüş yaseminler, yasemin kokulu birkaç beyaz sabun, ufacık bir parfüm şişesi. Çamaşırlar güzel koksun diye çekmecelere konan kurutulmuş lavanta torbalarının ya da kokulu sabunların benzerleri.

Parfüm şişeciğini açıp elimin üstüne bir damla sürdüm. Parfümden çok çiçek yağını andıran iç bayıltıcı yoğunlukta bir koku yayıldı çevreye: Yasemin ağırlıklı, manolyayla karışık, çiçek bazlı bir koku.

Babamın kokulara, parfümlere düşkünlüğü yoktu. Bir keresinde, galiba doğum günüydü, annem o zamanlar pek moda olan tütün kokulu bir erkek parfümü armağan etmişti de Cem önce sürünmüş sonra şişeyi kırmış, kendisi de ev de günlerce buram buram kokmuştu.

Bu koku şişesini Sultan getirmiş, babam da o dolaba tıkmıştır herhalde. Ada'nın hanımları böyle şeyleri pek bilirler, zaman zaman biri bir icat çıkarır, yazları sergiledikleri hediyelik eşyalar arasında yeni bir koku, yeni bir tığ işi, denizkabuklarından farklı bir süs belirir. Anlaşılan, lavanta yerine yasemin moda olmuş bir ara. Ya da belki *Yasemin Kokulu Rüzgâr*'dan etkilenen bir okurun hediyesidir.

Kâğıt tomarlarının, defterlerin, kırtasiyenin arasına sıkışmış, oraya yanlışlıkla atılmış gibi duran kitabı alıp baktım. Nikâh, düğün, sünnet davetiyesi, kartvizit, el ilanı, bazen yerel gazete de basan kıyı köşe bir matbaada basıldığı izlenimi veren, amatör işi bir kitap. Bu yüzden kitaplığın raflarında yer bulamamış, buraya atılmıştı anlaşılan. Kapağında çocuksu bir çizim: gözyaşları yanaklarından süzülen bir kadın ve süslü püslü harflerle: *Nâlân'ın Gözyaşları...*

Kitabın ilk sayfasında, kargacık burgacık çocuk yazısıyla, "Büyük yazarımıza," diye bir ithaf, okunmayan bir imza, bir de tarih vardı: 28 Kasım 2011. Arka kapak boştu, sadece en altta, fiyatı 25 lira yazıyordu. Yedi yıl öncesinin fiyatlarıyla böyle bir kitaba 25 lira!

Kitabı bir yana ayırdım. Merak etmiştim; kapağından, adından belli ki bir heveslinin yazıp kendi imkânlarıyla bastırdığı böyle bir kitabı babam neden saklamış olsun! Eskiden de tanınmış, tanınmamış, tanınmak için çabalayan yazarlardan pek çok kitap gelirdi ona. Bazılarını kitaplığına kaldırır, bazılarının imzalı sayfalarını özenle koparıp kitabı tanıdığı sahafa gönderirdi. Bu konuda keyifle anlattığı bir hikâyesi vardı. Ünlü bir İngiliz yazar, bir dostuna yeni çıkan kitabını, "Saygı ve sevgilerimle," diye imzalayıp armağan etmiş. Bir süre sonra kitapçıları dolaşırken, eski kitapların üst üste yığıldığı bir tezgâhta kendi kitabına rastlamış. Bir de ne görsün! Dostuna imzaladığı kitap... Kitabı yarı fiyatına satın alıp ithafı yenilemiş: "Gün geçtikçe artan saygı ve sevgilerimle."

Babam bu hikâyeyi anlatırken güler, "Bundan korktuğumdan kitapların içini değil, kapağa iliştirdiğim kartı imzalıyorum," derdi. Kendisine gönderilen bütün kitaplara en azından bir göz atar, değerli bulursa da okurdu. "Heveskâr işi bunca değersiz şeyle vaktini harcıyorsun," diyen anneme, "Bazen hiç ummadığın güzel bir sürprizle karşılaşabilirsin, insanların yazma tutkusuna, yazı emeğine saygı göstermeye çalışıyorum," cevabını verdiğini hatırlıyorum.

Nâlân'ın Gözyaşları'nı neden saklamıştı ki, hem de kilitli tuttuğu bir çekmecede! Kitabın ne adı ne de özensiz baskısı "güzel sürpriz"lerden biri olduğunu haber veriyordu. Bir sürü kâğıdın, defterin arasına karışıp buraya atıldığı belliydi. Pek de tertipli düzenli biri değildi babam, bizden ayrılıp annemin koruyucu kanatları altından çıktıktan sonra, gerek İstanbul'da gerekse bu evde kendini yardımcılara, temizlikçi kadınlara teslim etmiş, bir bakıma derbederlik özgürlüğüne kavuşmuştu.

Elyazılı tomar tomar kâğıtları çıkarıp kitabın yanına koydum. Sayfalardan birine baktım, acemi bir elyazısıyla haiku'lara benzer birkaç satır veya kupleler...

Babamın, kendine özgü bir lüks olmasıyla övündüğü Moleskine defterlere aldığı küçük notlar ve arkadaşlarına yazdığı az sayıda mektup dışında hikâyelerini, romanlarını elyazısıyla yazma alışkanlığı yoktu. Bunca yıl sonra da daktilodan, bilgisayardan vazgeçip elyazısına döndüğünü hiç sanmam. Bir zamanlar yazım atölyesine devam eden yazarlık heveslisi gençlerle yaptıkları çalışmalardan kalmış olmalıydı. Engin'e, Yusuf'a sorabilirdim.

Kitabı, *Yasemin Kokulu Rüzgâr*'ı, elyazılı kâğıtları, birkaç defteri, iki hafıza çubuğunu, bir de küçük parfüm şişesini sırt çantama koydum. Dolabı yeniden kilitledim, anahtarını da çantama, Sultan'dan aldığım öteki anahtarların yanına attım.

Hiçbir ağır iş yapmadığım halde kendimi yorgun hissediyordum. Kafamın içinde on tilki dolaşıyor, onunun da kuyruğu birbirine dolanıyordu. Dönüp biraz dinlensem iyi olacaktı. Geldiğimiz taksinin şoförü kartını vermiş, ne zaman isterseniz almaya gelirim demişti ama biraz yürümek istiyordum. Aşağı yola indim, bir süre yürüdükten sonra üstüme tuhaf bir bitkinlik çöktü, Çınarlı'dan gelen minibüsü görünce durdurup bindim. Yolcular köy meydanında indikten sonra şoför beni Şair'in Yeri'ne kadar getirdi. Yazarlarevi'nin arkasındaki misafir yazar odalarına göz atmadığımı araçtan inince hatırladım. Bir daha dönmeye gerek yok, yarın uğrar bakarım... Zaten dinlenmeye, düşünmeye ihtiyacım vardı.

* * *

İçim geçmiş, uyumuşum. Ne zamandır uykusuzluktan şikâyet eden ben böyle bebek gibi uyuyabilirmişim demek ki, hem de bu kadar gerginken! Ada'nın kekik, çam, deniz ve yosun kokan havasının etkisi ya da başa çıkamayacağımdan korktuğum birşeyleri erteleme çabası... Günde on sekiz saat uyuyan birini tanımıştım, çözemediği, çözemeyeceğini de bildiği sorunların ağır baskısı altındaydı. "İki seçeneğim var, ya intihar ya uyku, uykuda da ölüm huzuru vardır," demişti.

Odamın kapısını kilitlememişim. Gül odaya elinde bilgisayar çantası ve büyücek bir naylon torbayla girdiğinde uyandım. Beni gördüğünde şaşırdı, eli ayağı dolaştı, özür üstüne özür diledi.

"Döndüğünü görmedim abla, bahçenin orada mutfakta işe dalmışım da."

"İyi ki geldin, yoksa gündüzü geceye karıştıracaktım," dedim öylece, üstümü falan çıkarmadan uzandığım yataktan kalkarken.

"Bunlar sizinmiş, Yusuf, götür odasına koy, dedi. Kusura bakma abla, rahatsız ettim. Ha, bir de Engin uğradı, Zeytinciler'in oğlu Çınarlılı öğretmen Engin. Buralardaymış. Gelince beni aramasını söyle, dedi. Çay, kahve, bir şey getireyim mi sana?"

"Sağolasın Gül, iyi ettin, adaçayı varsa içerim, hele de limonlu olursa."

Anılarla, çağrışımlarla yüklü adaçayı! Küçükken kokusundan nefret ederdim, tıpkı kişnişin kokusuna dayanamadığım gibi. Büyüdükçe adaçayına alıştım, hatta sevmeye başladım. Bir ara kuşburnu ile adaçayı altın günlerini yaşamış, bitkisel çaylar arasında baş tacı edilmişti. Yaşlanmayı geciktirdiği, cildi güzelleştirdiği, iltihaplara iyi geldiği, kalbi, beyni güçlendirdiği, daha neler neler yazılıp söyleniyordu. Benim için anlamı farklıydı, çocukluğumun mutlu Ada günlerini hatırlatıyordu. Bahçemiz kendiliğinden bitmiş adaçayı doluydu. Annem bardak bardak içerdi, herhalde faydaları yüzünden. Yaz mevsimi sona erip tatil bitince kurutmak üzere öbek öbek adaçayı götürürdük eve.

Gül, babamın bilgisayarını odadaki küçük masanın üstüne koymuş, naylon torbayı masanın hemen yanına, yere bırakmıştı. O anda ne bilgisayarı ne de torbayı açmaya niyetim vardı. İçimdeki huzursuzluk meraktan değil gerçeğe ulaşma ihtiyacındandı. Bunun için henüz erken olduğunu, anlamsız kuşkuları, kuruntuları gerçeklerden ayırmak için ihtiyacım olan duygu dinginliğine, düşünce berraklığına sahip olmadığımı hissediyordum. Evi toplamaya, satışa çıkarıp çıkarmayacağımıza karar vermeye gelmişken, laf arasında söylenmiş bir sözün, anlamsız bir cümlenin, insanların kendilerini ilginç göstermek için büründükleri "biliyorum ama söyleyemem" havasının, heyecanlı olay kıtlığı çeken küçük yerlerin bire bin katan dedikoduculuğunun, bir de şu köpek burnumun *Koku* romanını anımsatmasının vardırdığı yere bakın!

Gül, elinde küçük bir tepsiyle geldi. Büyük fincan limonlu adaçayı ve kurabiyeler... Tepsiyi odanın önünde verandadaki küçük masaya koydu.

"Kurabiyeci teyzenin kurabiyeleri mi yoksa Gül?"

"Bunlar benim kurabiyelerim, Kurabiyeci Fatma Teyze artık çok yaşlandı. Kızı evlenip uzaklara gitti, oğlanlar fırını kapattılar. Onun acıbadem kurabiyeleri meşhurdu ama şimdilerde badem pek çıkmıyor, çıksa da çok pahalı. Bir acıbademi altı-yedi liraya satsan yazlıkçılara bile fazla geliyor."

Birden aklıma nereden geldiyse, "Sultan'la Yazarlarevi'ne gittik, babamın çalışma odasında küçük bir şişede güzel bir koku buldum, sana göstereyim. Bir kokla bakalım, Ada'da mı yapılıyor merak ettim, eskiden bura kadınları böyle bademyağı, gülyağı falan çıkarır küçücük şişelerde satarlardı, annem bademyağına pek meraklıydı, cilde iyi geldiğini söylerdi," dedim.

İçeri girip çantamdan küçük parfüm şişesini çıkardım, Gül'e koklattım. Burun deliklerini titrete titrete kokladı, "Güzelmiş," dedi, "o beyaz saçlı kadın iskelenin yanında tezgâh açan Otçu Hanife'ye böyle kokular, bitki çayları getirirdi. Ondan da kekikti, naneydi neyindi, kokulu otlar alırdı. Bu kokuyu bilemedim abla, onun olabilir. En iyisi Hanife'ye sormalı. Bilse bilse o bilir."

Bir de Otçu Hanife çıktı şimdi!

"Nerede bulabilirim onu?" Gül'ün kuşkulanıp telaşlanmaması için hemen ekledim: "Koku pek hoşuma gitti, Diorissimo diye buna benzer bir parfüm vardı, çok severdim. Şimdi öyle pahalandı ki kıyıp alamıyorum. Varsa buradan alırım, diye düşündüm."

"Daha tezgâh açmamıştır. Bilirsin, burada mevsim okullar tatil olunca, haziranda başlar. Misafirler, yazlıkçılar o zaman gelir. Yine de sorarım. Hadi ben kaçayım artık, mutfakta biraz işim var."

Gül gittikten sonra yüzümü ağır ağır alçalmaya başlayan güneşe verdim. Uzaklardan, belki de bir tekneden bugünlerde her yerde duyulan moda bir şarkı duyuluyordu. Çocukluğumda buradaki kahvelerde, meyhanelerde, balıkçı teknelerinde ya arabesk ya da Rumca şarkılar çalardı. Ağnadın mı Resul'ün asma çardaklı meyhanesinde arabesk yerine klasik Türk müziğinin ağır parçaları ile rembetikolar dinlenirdi. Resul rakıya en iyi giden şarkıları seçmesini bilir, öyle sıradan moda şarkılara yüz vermez, derdi babam. İlk rakımı orada tatmıştım, hiç sevmediğim anason kokusunu bastırmak için kadehime limon sıkmıştım da alay konusu olmuştum. Artık ne o meyhane ne Resul ne rakıya limon sıkan küçük kız ne de babam var. Yüzümü okşayan güneş, çakılları usul usul yalayan deniz, karşı adalar ve asırlık zeytinler yok oluşa meydan okuyor şimdilik ama daha ne kadar dayanacaklar, hiç de uzak olmadığı söylenen küresel ısınmaya, iklim felaketine...

Bir an Engin'i aramayı düşündüm, sonra vazgeçtim. Onunla yeniden konuşmadan önce kafamı toplamam, evden topladığım kâğıtları, tuhaf kitabı, hafıza çubuklarını gözden geçirmem, Şair'in teslim ettiği bilgisayara, babamın not defterlerine, daha ne varsa onlara bakmam gerekiyordu. Buna cesaret etmeliydim. Otçu Hanife'yi görüp görmeyeceğime daha sonra karar vermek en doğrusu olacaktı. Akşam yemeğini buraya, odanın verandasına getirtirdim. İçimden bir his ben onu aramadan Şair'in konuşmaya gelmeyeceğini söylüyordu. Engin'in de telefonla rahatsız etmeyeceğini biliyordum. İkisi de ince insanlardı, ısrarcı davranarak rahatsız etmekten çekinirlerdi. Bir de babamı hatırlamaktan, içlerinde yazarlık ateşinin yandığı, başka bir gelecek hayal ettikleri o eski güzel günleri buruk bir hüzünle anmaktan hoşlansalar da kazayla ilgili konuşmaktan huzursuz olduklarını hissediyordum.

Orada, uzandığım şezlongda, güneşin ufka doğru ağır ağır inişini, gökyüzünün, denizin, karşı adaların renkten renge girişini seyrederek biraz daha kaldım. Birazdan ufuk kızıllaşacak, sarıdan turuncuya, turuncudan kızıla, sonra erguvaniye, sonra da gri-mora boyanacak, güneş kaybolacak. "Güneş yıkandı, dişlerini fırçaladı, uykuya gidiyor," derdi Cem küçücükken. Ertesi sabah güneşin neden yattığı yerden değil de tam karşıdan kalktığına bir türlü akıl erdiremezdi. "Yaramazlık yapmış, uyanınca evden uzağa gitmiş, annesi kızacak," derdim. Annesi kim, diye sorduğunda, "Güneşin annesi Allah'tır," dediğimi; annemin, "Çocuğa neden saçma sapan şeyler öğretiyorsun? Dünyanın güneşin etrafında döndüğünü söyle, işin aslını anlat," diye kızdığını hatırlıyorum. Babam ise aksine, "Böylesi daha şiirli, daha güzel oluyor, işin aslını nasıl olsa öğrenecek, çocuğun hayal dünyasının gelişmesinde ne zarar var!" diyerek karşı çıkmıştı anneme.

Gül, akşam yemeğini hazırlamak için mutfaktadır herhalde. Yan yana sıralanan odalardan birinin önüne daha şezlonglar ve masa çıkarılmış. Demek ki bugün gelenler olmuş. Telefonuma Şair'in Yeri olarak kaydettiğim numarayı tuşladım, tahmin ettiğim gibi mutfakta çalışmakta olan Gül açtı:

"Gülcüğüm, ben bu akşam biraz çalışmak istiyorum, yemeğimi buraya getirir misin, yanında da bir duble rakı lütfen."

"Hangisinden abla, Yusuf'unkinden mi Yeni Rakı mı?"

"Yusuf'unkinden olsun," dedim pek anlarmışım gibi, "buzun da varsa pek güzel olur."

Yusuf'un gönderdiği bilgisayarı açmaya, dosyalara girmeye, not defterlerini karıştırmaya cesaretim yoktu. Onlar babama aitti, birileriyle paylaşmak istemeyebilirdi, hatta kızıyla bile. Özeline girilmesini, mektuplarının, notlarının okunmasını sevmezdi. Çalışma odasını en güvendiği kişi olan annemin toplamasından hoşlanmaz, annem de bu kurala saygı gösterirdi. Ardında bıraktıklarını merakla, hoyratça karıştırırsam onun mahremine girmiş, anısına saygısızlık etmiş olacaktım. Şair'in; mahremiyetmiş, anıymış, kişiye özelmiş hiç aldırmadan hepsini çoktan okuduğunu düşünüp kızdım.

Ufuk altın sarısından kızıla dönüyordu yavaş yavaş. Denizin mavisi turuncuyla hareleniyordu. Günün en güzel saatleri; babamın vakti kerahet diyerek kadehine içkisini doldurduğu, yaşadığı ânın tadını yudum yudum çıkardığı saatler...

O anda, Ada'ya ayak bastığımdan beri içinde debelendiğim kuşkularla, kaygılarla, belirsiz korkularla dolu huzursuz ruh hâlimin saçmalığını düşündüm. Tekneden iner inmez İskele Market'in önünde Şair'e rastlamasaydım, Engin'le konuşmasaydım, Gül'le tanışmasaydım gidip eve bir göz atacak, emlak komisyonculuğu da yapan serbest muhasebeciden satmaya karar verirsek aşağı yukarı kaça gideceğini öğrenecek, Sultan Abla'yla hesap kesip babamın birkaç parça özel eşyasını toparlayıp dönecektim. Şimdi ne yapıyorum? Babamın ölümünün nedenini nasılını araştırmaya, dedektif gibi iz sürmeye çalışıyorum. Ölümün kaza sonucu olduğuna kuşku bırakmayan her çeşit rapor, tutanak, belge varken yazarlık hevesleri içlerinde küllenmiş, dünyaya açılmayı hayal ederken köye sıkışıp kalmış iki adamın boş konuşmalarına, imalarına, köy kadınlarının dedikodularına kapılıp saçmalıyorum.

Sağduyum merakıma galip gelseydi, bu bahsi kapatıp hiç uzatmadan evime, işime, kendi dünyamın sıradan, dingin, huzurlu ortamına dönmeye karar verseydim, hemen ertesi gün kimseye haber vermeden buradan ayrılıp işime gücüme dönseydim her şey başka türlü olacaktı. Yapamadım.

* * *

Kitap, babamın çalışma odasındaki kilitli dolaptan toplayıp getirdiğim defterlerin, elyazılı kâğıtların, diğer ıvır zıvırın arasında duruyordu. Yusuf'un Gül'le gönderdiği bilgisayar, içinde ne olduğunu bilmediğim naylon torba da masanın üstündeydi.

Gül rakıyla birlikte beyazpeynir, kavun, söğüş domates, karides getirmiş, "Günbatımını kaçırmak istemezsin abla diye düşündüm, balığı daha sonra getiririm," diyerek küçük tepsiyi balkondaki masaya koyup gitmişti.

Burada günbatımı her zaman güzeldir, bazı günler insanın kendini bir başka âlemde, bir masalın ortasında hissedip gerçeklikten kopacağı kadar büyüleyici olur. Yine öyle bir günbatımı. Alev alev yanan güneşin önünden erguvana boyanmış kuşlar geçiyor süzülerek. "Kadrolu kuşlar bunlar, maaşlarını Turizm Bakanlığı'ndan alıyorlar," derdi babam. Gerçekten de hep bu saatlerde, güneş kızıla boyanan ufukta yavaş yavaş kaybolurken geçip giderlerdi.

Gül buzu unutmamış. Kadehteki rakıya buzlu su ekliyorum, batan güneşe doğru kaldırıyorum, kadeh koyu somon rengini alıyor. İçerde babamın sırları –neden sır olsun ki!– anıları masanın üstüne yayılmış duruyor. Burada onları karıştırmak, bakmak, okumak için kalmıştım, günbatımında denize karşı rakı içmek için değil. İçkici de değilimdir üstelik. Ama şimdi elim, yüreğim varmıyor babamdan kalanları didiklemeye. Oyalanıyorum, vakit kazanıyorum.

Nâlân'ın Gözyaşları...

Nedense aklım o abuk sabuk kitaba takılıyor. Ne işi vardı babamın dolabında? Üstelik de kilitli bölümde! Babamın oraya koyduğu nereden belli, belki de Sultan odayı toplarken tıkmıştır öteki kâğıtların, defterlerin arasına. Yarın Sultan'a sormalı, poğaça yemeye eve çağırmıştı, gider biraz konuşurum.

Gül'ün getirdiği tepsideki mezeleri acele etmeden, günbatımının tadını çıkara çıkara yedim. "Balık getirme, ben bunlarla doydum, erkenden yatıp dinleneceğim," diye telefon ettim mutfaktaki Gül'e. Hemen önümde uzanan çakıllı plaj, günbatımı renklerine bürünmüştü. Odanın balkonundan iki basamak inip çakılların üzerinde yürüdüm. Art arda birkaç küçük tekne geçti, amatörlerin olmalı. Büyük balıkçı motorları sabaha karşı açılır denize. Eskiden öyleydi, babam birkaç defa heves etmiş, tanıdık balıkçılardan birinin teknesiyle sabahın köründe balığa çıkmıştı. Galiba bir romanında yazdı da bunu. Hemingway olamadım ki *İhtiyar Balıkçı*'yı yazayım, ben olsa olsa İsmail'in teknesinin acemi tayfasını yazarım, demişti bir sohbet sırasında.

Çakıllara oturup gözlerimi kapadım. Güneş ufukta kaybolmuş, gökyüzü eflatun eflatun harelenmiş, hava serinlemeye başlamıştı. Ürperdim. Ne de olsa mayıs, güneş çekilince geceleri biraz serinler hava. Uzaktan gelen hanımeli, yasemin, iğde kokusu; incecikten bir türkü, usul usul birşeyler anlatan genç bir kadın sesi, dost bir köpek havlaması, denizden geçen motorların patapatı... Huzuru, dinginliği, mutluluğu çağrıştıran renkler, kokular, sesler, bir de son zamanlarda pek sık içmediğim rakının hafif esrikliği.

Odama döndüm. Balkon kapısını kapayıp ışığı yaktım. Yine *Nâlân'ın Gözyaşları*'na takıldı gözüm. Saçma; babamı çağrıştırabilecek, kafama takılan soruları aydınlatabilecek son nesne bu döküntü kitaptı, biliyordum. Yine de kapağının ilkelliğinden tut da perişan dizgisine, derbeder sayfa düzenine, kötü baskısına kadar her hâliyle önemsiz, değersiz bu kitapta beni çeken bir şey vardı. Elime alıp ilk sayfadaki ithafı yeniden okudum. Kargacık burgacık, acemi bir yazıyla: "Büyük yazarımıza - 28 Kasım 2011."

Anımsama, çağrışım, sezgi. Hatırlamak istersiniz, kendinizi zorlarsınız, tam neyi hatırlamak istediğinizi bilmezsiniz, sisler içinde birşeyler kıpırdanır beyninizde. Beyinde mi? Unutmanın ve hatırlamanın merkezi neresidir? Belki tırnak uçlarından saçlara, yürekten kaslara kadar bedenin her uzvu, her zerresi...

Metronun İstiklal çıkışının yanındaki duvara dayanmış ya da duvar dibine oturmuş, kâğıt mendil, sigara, çakmak, tükenmezkalem satmaya çalışan, bazen neye yaradığını, kimlerin neden satın aldığını kendi kendime sorduğum ıvır zıvırcılar vardır. Kimileri yıllardır oradadır, kimileri, özellikle de çocuk yaştakiler sürekli değişir.

Bürom Tünel'e yakın. 4. Levent'ten Tünel'e arabayla gitmek, hele de iş saatlerinde tam bir işkence, bir de park sorunu... Bu yüzden metroyu kullanıyorum. Tünel çıkışındaki satıcılarla tanış oldum artık. Sarı benizli, zayıf, yaşlı adam mesela; ara sıra, "Oğlumu üniversitede okutmak için bir yardım!" diye mırıldanarak yıllardır kâğıt mendil satar. Her defasında alırım. Bir keresinde, "Oğlun artık üniversiteyi bitirmiş olmalı," demiştim de hiç beklemediğim bir hazırcevaplıkla, "Şimdi de küçüğü başladı," cevabını almıştım. Çiçek satan Çingene kızları –çoğunlukla solgun kırmızı güller–, çiklet, çakmak, kâğıt mendil satan Suriyeli çocuklar sürekli değişir, onları pek tanımam.

Yedi-sekiz yıl önceydi. Metro çıkışının yanındaki duvara yaslanmış ince uzun, Doğulu tipli bir delikanlı dikkatimi çekmişti. Daha önce hiç görmemiştim onu. "Ben yazdım, benim romanım, gerçek hayat hikâyesi, yazarın imzasıyla sadece 25 lira!" diye bağırıyor, elindeki kitabı gelip geçenlere doğru sallıyordu. Ayaklarının dibinde kalın naylon kaplı karton bir kutu vardı. İçi kitap doluydu. İnce ince çiseleyen yağmurdan korumak için kutuyu mavi çöp torbasına sarmıştı.

Tam önünden geçerken bir an durakladım, malını satabilmesi mümkün değildi. Kim alır ki senin yazdığın romanı, hem de 25 liraya! Sonra acıdım, kısacık bir an bana doğru salladığı kitabı alıp almamakta kararsız kaldım. Romanın kapağında, başını ellerinin arasına almış, kaldırıma çökmüş bir çocuk resmi vardı galiba. İlkel, kötü bir çizim, perişan bir baskı. *Aliço'nun Kaderi* veya *Ali Çocuğun Kaderi*, buna benzer bir şeydi adı hatırladığım kadarıyla. Almaktan vazgeçtim, hızla uzaklaştım.

Akşamüstü bürodan çıktığımda, her zaman yaptığım gibi İstiklal Caddesi'nde vitrinlere bakarak yürüyüp metroya Taksim'den binmek yerine Tünel'e yöneldim. Gün boyu dosyalara gömülmüş çalışırken vicdanım boş durmamış, sessiz sedasız kendi ödevini yapmıştı anlaşılan. Kendime kızıyordum, ne saçma sapan şeylere vermiyorum ki 25 lira! Roman yazmak sana mı kalmış büyüklenmesi de cabası. "Kim bilir keşfedilmemiş, kıyıda köşede kalmış ne yazarlar vardır, biraz şans, biraz da işini bilme meselesi," derdi babam.

Kolejdeyken Charles Dickens konulu okul ödevime yardım ederken, ilk yazdıklarını yayımlatmakta büyük güçlük çeken Dickens'ın işini bilenin önde gideni olduğunu anlatmıştı. Satış garantisi görmediği için nazlanan yayınevine, yazdığı romanı her ay fasikül fasikül yayımlamalarını önermiş. Ciltli, pahalı bir kitap yerine herkesin birkaç şiline alabileceği bu fasiküllerin peynir ekmek gibi satılacağını söylemiş. Her fasikülün sonunda hikâyeyi öyle heyecanlı yerinde bırakıyormuş ki okurlar yeni bölümleri merakla bekliyorlarmış. Televizyon dizileri gibi mi yani? demiştim. Evet, tam da öyle. Ayrıca bu kadarla da kalmamış, fasiküllerin yayımı bittiğinde, roman ciltli güzel bir kitap olarak da basılmış, paralı, meraklı okurlar o kitabı da almışlar.

Yazarı, yazarlığı yücelttiğimden midir nedir, Dickens'ın "işini bilmesi" hoşuma gitmemişti, yakıştıramamıştım. "Benim romanım, ben yazdım, yazarından roman!" diye bağıra çığıra kitap satan genç çocuğun işini bilmediği söylenemezdi. Şansı da yaver giderse bakarsınız o da yırtar!

Romancı genç yerinde değildi. Tramvay durağına, Tünel girişine, karşı kaldırıma göz attım; yoktu. Sonraki günlerde de bir daha gelmedi oraya, belki tezgâhı başka bir yerde açmıştı.

Nâlân'ın Gözyaşları... Belleğin ve bilincin duvarlarını zorlayan o adsız, tanımsız, şekilsiz dürtü; sonra duvardaki incecik çatlaktan sızan belli belirsiz ışık, küçük bir aydınlanma ânı. *Aliço'nun Kaderi*'nin kapak düzenlemesinin benzeri mi?

Belleğin oyunu mu gerçek mi? Zorlama bir imge mi bir aydınlanma ânı mı? Bir süredir çalışanı olmaktan çıkıp ortağı olduğum avukatlık bürosunun sahibi yaşlı meslektaşım, stajyerler biçime dalıp davanın özünü kaçırdıkları zaman, "Zarfa değil mazrufa bakın," derdi. Ben de kitap kapaklarına dalıp içeriği ıskalıyorum, neyin peşinde olduğumu da unutuyorum galiba.

Nâlân'ın Gözyaşları'nın ilk sayfasındaki ithafı bir kez daha okuyorum: "Büyük yazarımıza, 28 Kasım 2011." Altında okunaksız bir imza. Yazarın adı kitabın kapağında yok, içeride, künye sayfasında A. Doğan adı okunuyor. *Aliço'nun* ya da *Ali Çocuğun Kaderi*'nin yazarı kimdi? Kitabı almamıştım ki bileyim.

"Benim romanım. Yazarından imzalı. 25 lira!" diye bağıra çağıra kitap satmaya çalışan çocuğa ne zaman rastlamıştım? 2010 sonu muydu 2011 başı mı? Yağmur çiseliyordu. Rutubetli, kötü bir havaydı. Kış günleriydi. Babama yazılan ithaf 2011 Kasım'ı olduğuna göre arada en az bir yıl var. Bir yılda yeni bir roman mı yazmış yazsatçı romancımız?

Ben de hikâye uydurmaya başladım artık. *Nâlân'ın Gözyaşları*'nı babamın nereden aldığı, yazarın kitabı nerede imzaladığı hakkında en küçük bir fikrim yok. Genç romancı, babamın edebiyatçı arkadaşlarıyla sık sık gittiği Asmalımescit'teki meyhanelerden birine uğramış, romanını orada imzalamış da olabilir. Çiçekçiler, taze badem, taze ceviz, piyango bileti satanlar, kazı kazancılar –meşhur Karakovan balı diye bal satan bir adama bile rastlamıştık bir keresinde– masa masa dolaşırlar. O çocuk da kitabını pazarlamaya gelmiştir belki, neden olmasın!

İki kitabı neden birbirine bağlıyorum, neden ikisinin de aynı yazara ait olduğunu düşünüyorum! Kapaklarının benzerliğinden, ilkel çizimlerinden mi? Üstelik diğerinin kapağını birkaç saniyeden fazla görmemiştim, tam hatırlamıyorum bile.

* * *

Bir kadın gördüm. Ulu bir dağın tepesinde, ıssız, sessiz duruyordu. Yüzünü yağmura vermişti. Yağmur muydu, ırmakların, gözelerin suyu muydu, kan mıydı, gözyaşı mıydı yağan, bilemedim.

Bir oğlancık gördüm: Kanlı bir denizin kıyısında kumlara uzanmış yatıyordu. Dalgalar usul usul yıkıyordu ayacıklarını. Tekmil hareketsizdi, sessizdi, lâldi. Ölü müydü uykuda mı, bilemedim.

Bir adam gördüm: Sırtında bir bıçak, elinde bir bıçak vardı. Kanıyordu. Sûr kan, kızıl kan. Katil miydi kurban mıydı, bilemedim.

Yarılan denizler gördüm, patlayan dağlar gördüm, yanan ormanlar, yıkık şehirler, çökmüş damlar, ören yerleri gördüm. Alev alev kaçan hazal sürüleri, yerlere serpilmiş çocuk ölüleri, başsız cesetlere sarılmış ağlayan analar, deşilmiş taşsız mezarlar gördüm. Karabasan mı gerçek mi, bilemedim.

Mağlup askerler gördüm, cansız, dermansız, silahsız. Galip ordular gördüm; mağrur, acımasız, imansız. Hangisi benim ordum, hangisi benim erim? Mağlup muydum galip miydim, bilemedim.

Dörtnala kızıl atlılar, hoplayıp zıplayan mavi yunuslar, süzüm süzüm turnalar, kıvrım kıvrım yılanlar geçti. Kan akan sular, çiçeğe durmuş kırlar, yanık tarlalar, yemyeşil yaylalar, ılık yeller, soğuk rüzgârlar geçti. Nereden gelip nereye giderler, bilemedim.

Soyundum, yundum yıkandım, ıssız dağın tepesinde, yağmurun altında çırılçıplak durup yaralarıma baktım. Yağmur damlalarından gözyaşları, gözyaşlarından yağmur damlaları yaptım; damlaları giyindim, çıplaklığımı örttüm. Gözyaşlarıyla mı, yağmur damlalarıyla mı, bilemedim.

Yağmur kan kırmızı yağıyor, gül kırmızı yağıyor. Goniya sûre...

Yağmura sarınıyor, yağmurla giyiniyor. Kan ağlıyor, gül ağlıyor, nâr oluyor, gül oluyor, lâl oluyor, nâlân oluyor.

Kör kuyunun dibine bir lâl damla düşüyor. Taş hücrenin yarasından kızıl kan sızıyor. Goniya sûre...

Çocuğun mezarına bir damla düşüyor. Dayê, Dayê... Mezarın üstünde bir gül açıyor, Dayê, Dayê.

Sayfaları hızı hızlı, atlaya atlaya çeviriyorum. Daha düzgün bir Türkçeyle, yazım kurallarına uygun, uzatmaların, inceltmelerin unutulmadığı bu ilk bölümden sonra metin yer yer tamamlanmamış kopuk cümlelerle, çocukluğumuzda konuşmaya çalıştığımız kuşdiline benzer tekerlemelerle, tuhaf dualarla, ayetlerle, türkü sözleriyle, iki-üç dizelik şiirlerle akıp gidiyor.

Konu mu? Konu yok, belki de var. Atlamadan, aceleye getirmeden daha dikkatli okumalı. Anladığım kadarıyla, yağmur damlalarına karışan gözyaşı damlası dünyayı dolaşıyor. Dünya dar geliyor, göğe yükseliyor. Yıldızlara sızıyor, yıldıza gömülü bir çocuğun gözünden damlıyor.

Böyle birşeyler işte...

Deli saçması mı, dâhi bir şairin mısraları mı, bir şizofrenin sayıklamaları mı? Karar vermesi zor. Çevirdiğim sayfaların hiçbirinde kitaba adını veren Nâlân yok. Besbelli kapağa sonradan iliştirilmiş bir ad. Kitabın amatör işi, ilkel çizimli kapağı; *Ferhat ile Şirin, Tahir ile Zühre* gibi eski aşk masallarının Anadolu'da işportalarda satılan yaygın baskılarının kapaklarını andırıyor. Babam bunları toplardı. Sonradan sahaflığa başlamış bir gençlik arkadaşı bunların çeşitli baskılarını buldukça babama getirirdi. "Kitaplığın rafları *Ferhat ile Şirin, Leyla ile Mecnun, Yusuf ile Züleyha*'larla doldu, hep aynı hikâye değil mi, neden bunlar?" diye sorduğumuzda, "Hikâye aynı hikâye ama anlatımlar farklı, duyguları farklı, kapakların da ne kadar farklı olduğuna dikkat et," demişti babam. "Bu da benim hobim olsun," diye eklemişti.

Çocukluğumdan hatırladığım kadarıyla, sevgililerin birbirlerine kavuşamadıkları bu acıklı aşk hikâyelerinin Türkçe, Kürtçe, Arapça baskıları vardı babamın koleksiyonunda. Kapakları da hem birbirine benzer hem de çok farklıydı gerçekten. Arkadaki manzara; kimisinde karlı dağlar, kimisinde portakal, limon bahçeleri, kimisinde selvili mezarlıklar, kimisinde masmavi gökyüzünde uçan turnalar; ön planda bir kadın bir erkek: kimisi şalvarlı, cepkenli, kimisi setre pantol, kimisi çoban, kimisi dilenci kılıklı; kadınların kimisi peçeli, örtülü, kimisi açık, kimisi neredeyse çıplak, kimisi siyah saçlı, kimisi buğday tarlaları gibi sarı...

Babamın; yazma heveslisi, edebiyat tutkunu gençleriyle benim de katılıp kulak misafiri olduğum sohbetlerinden birinde, "İster sözlü, ister yazılı edebiyatın bin yıllar boyunca ana teması hep tutkudur, aşktır, her türüyle, her biçimiyle aşk. Nesnesi, öznesi değişse de konu hep aynı kalır," dediğini hatırlıyorum. "Tutku, aşk ve iktidar," diye de eklemişti. Çocuktum, tam anlamamıştım. Sonraları, en beğenilen romanını tekrar okurken kavradım; iktidar tutkusunun insanın kimliğini, vicdanını, en güzel duyguları, aşkı, sevgiyi, dostluğu nasıl kemirdiğini Doğu'da geçen bir aşk hikâyesi üzerinden siyasi bir atmosferde anlatıyordu o romanda.

Aşk hikâyelerini, halklara mal olmuş aşk destanlarını toplamasının amacı da buydu herhalde. *Nâlân'ın Gözyaşları*'nı da bu türden bir kitap sanmış, okumak üzere ayırmıştı besbelli.

Peki neden benzer kitaplar arasında değil de dolabın kilitli bölmesinde?

İnsanın içine kuşku düştü mü nasıl da pimpirikli oluyor, pireyi nasıl deve yapıyor, neler geliyor aklına! Paranoya böyle mi başlar? Eyvah! Kitabı oraya babamın koyduğu ne malum? Sultan yazı masasının üstünde bulmuş, öteki kâğıtlarla, defterlerle birlikte oraya tıkıp kilitlemiş olamaz mı? Yarın ona sormalıyım.

Odadaki masanın üzerinde evden toplayıp getirdiğim elyazılı kâğıtlar, not defterleri duruyor. Kâğıtlara karalanmış satırlar... Bu saçma sapan kitabı karıştırırken de şiir mi özdeyiş mi anlayamadığım benzer satırlar görmüştüm. "Bir damla düştü toprağa / Canlar doğrulup kalktı / bir kızıl damla daha / çiçek kan rengi açtı / Mavi bir kelebek kondu gelinciğe..." Böyle bir şeydi; hani şu, "Sepet sepet yumurta, sakın beni unutma" türünden... Haiku denen Japon işi dizelerin kerametini hiç anlamamışımdır, tadına varamamışımdır.

Masanın üstündeki dağınık kâğıt tomarının arasından bir sayfa çekip alıyorum. Siyah tükenmezkalemle yazılmış satırlar... Not desem not değil, aforizma desem o da değil. Şiir dizeleri, bitmeyen cümleler, birkaç satırlık küçük hikâyecikler, resim çizercesine ayrıntılı betimlemeler... Yazım hatalarıyla dolu kötü bir Türkçe. Gelişigüzel bir sayfa daha çekiyorum: Çocukların defterlerine kenar süsü yaparken çizdiklerine benzer yıldızlarla, çiçeklerle ayrılmış dizeler. Kâğıt tomarının en altından çektiğim yaprakta, "Yedi kat göğe çıktım, yıldızları gördüm, kör oldum. Yedi kat yere indim, kıyameti gördüm, lâl oldum," yazısı...

Yazıyı *Nâlân'ın Gözyaşları*'nın ilk sayfasına karalanmış "Büyük yazarımıza" ithafıyla karşılaştırıyorum. Alakası yok! Yine de elimdeki kitapla hafifçe sararmış kötü cins müsvedde kâğıtlarındaki satırlar arasında bir bağlantı var gibi geliyor bana. Tekrarlanan bazı sözcükler, o tuhaf anlatım tarzı: Bir kadın gördüm, bir çocuk gördüm, bir ordu gördüm, bir mezar gördüm...

Kitabı şöyle bir karıştırmakla yetinmeyip daha dikkatli okumalıyım, kâğıtlara karalanmış satırlarla karşılaştırmalıyım. İki gündür kafam da duygularım da öylesine allak bullak ki saçma sapan düşüncelere kapılıyorum, belki bütün bunları ben uyduruyorum.

İçime yumru gibi bir sıkıntı çöküyor. Bu yazı, kâğıt, anı, kuşku, soru tomarıyla boğuşarak odada kalmaya dayanamayacağım. Dışarı fırlıyorum.

Mevsim henüz tam başlamamış ama zeytin ağaçlarının altındaki masaların bazıları dolu. Havada, Ada'yla özdeşleştirdiğim balık tava, zeytinyağı küspesi, rakı, yosun kokusu var. Yusuf yarı açık mutfakta, mangalın başında birşeyler kızartıyor. Gül bir yandan masalara servis yapıyor, bir yandan ayağının altında dolanan kedileri kovalıyor. Boş masalardan birine oturuyorum. Beni görünce şaşırıyor, "İyi misin abla, odanda kalacağını söylemiştin, hayrola," diyor. "Erken yatmaya niyetliydim ama uyku tutmadı, sen bana limonlu bir adaçayı getirir misin Gül?"

Yanımdaki odada kalan çift öndeki masada biralarını yudumluyorlar. Küçük kızlarını uyutmuş, baş başa, mayıs akşamının tadını çıkarıyorlar. Büyük zeytin ağacının altındaki masada Adalı oldukları her hallerinden belli beş erkek sıkı sohbete dalmış. Kadınlı erkekli bir başka masada erkekler takım elbiseli, kravatlı. "Bu resmî giyimli beyler de kim?" diye soruyorum Gül'e adaçayımı getirdiğinde. "Kaymakam beyin misafirleri," diyor. Ada erkânının kendi yerlerini seçmesinden gururlandığı belli.

Etrafa bakarak çayımı yudumlarken içimin ferahladığını, nedenini tam keşfedemediğim kaygılarımın dağıldığını hissediyorum. İnsanlar arasında olmak iyi geliyor. Ne gereği var gereksiz sorunlar yaratmanın? Hayat kendi rutininde sürüyor işte. Gece biraz serin ama rüzgârsız. Laciverdî gökyüzü pırıl pırıl yıldız kaynıyor. Adanın doğusundan bakıldığında yıldızların neden daha parlak göründüğünü çocukken de merak ederdim. "Çok basit, çünkü bu taraf daha ışıksız da ondan," demişti babam.

Yıldızlara dalmış, Yusuf'un masanın önünde durduğunu görmemişim.

"Güzel bir gece ama biraz fazla durgun, dönmeye niyetliyseniz, haberiniz olsun, yarın fırtına çıkacak," diyor.

Yine sizlibizli mi olduk diyecekken vazgeçiyorum. Nasıl isterse öyle hitap etsin, bana ne!

"Ulaş Kaptan'ın teknesi eskiden bora fırtına dinlemez kış yaz sefere devam ederdi," diyorum.

Aslında dolaylı yoldan, bir süre daha kalıp kalmayacağımı sorduğunu biliyorum. Birkaç gün daha kalmaya karar vermişsem, hâlâ birşeylerin peşinde olduğumu düşünüyordur. Yarın öbür gün toparlanıp gidersem konu kapanacak.

"Fırtına bitene kadar kalacağım mecburen. Dün bir bugün iki, daha Engin'le de Sultan'la da seninle de doğru düzgün konuşamadık, Ada da pek güzel bu mevsim, doyamadım."

"Buna gerçekten sevindim, evi ne yapacağınız konusunda doğru karar vermek için de biraz düşünmek, sorup soruşturmak gerek."

"Mesele sadece ev değil. Kafamda hâlâ çözemediğim sorular var babamın ölümüyle ilgili."

Huzursuzlanacağını sanmıştım. Bu konuyu konuşmaktan kaçınıyor, bir şey biliyor da susuyor gibi gelmişti. Babamın bilgisayarının, telefonunun, bazı notlarının, taslaklarının kendisinde olduğunu anneme bildirdiğini söylemişti ama istese, yeterince ısrarlı olsa bana ulaşabilirdi. Bütün bunlarda bir bit yeniği vardı.

"Birkaç gün kalın Ceren, konuşalım, dertleşelim. Engin'le de buluşalım. Hem siz rahatlayın hem de biz. Hakikat arındırır derler, konuşmak hepimize iyi gelir."

Sesinin tonu, sözleri öylesine dostça ki aptalca kuşkularım için kendime kızıyorum.

"Tamam Şair," diyorum gülümseyerek, "konuşmaya gerçekten ihtiyacım var."

Odaya dönünce, önce bilgisayarı açmaya niyetlendim, sonra vazgeçtim. Not defterlerine, elyazılı kâğıtlara da bakmadım. Telefonun şarjı bitmişti, neyse ki benimkiyle aynı markaydı, şarj aletim uyuyordu. Aleti prize taktım. Ekran açıldı, hiçbir sinyal çıkmadı. Kurcaladım: gelen aramalar, giden aramalar, mesajlar, WhatsApp, rehber, hepsini denedim. Elektriğe bağlı olduğu için telefon çalışıyordu ama bütün fonksiyonlar boştu, sadece şarj sinyali yanıyordu. Kendi numaramı tuşladım, bekledim, telefonum çaldı. Ekranda babamın numarası belirdi. Alet çalışıyordu, veriler silinmiş ya da kendiliğinden boşalmıştı.

* * *

Sabaha karşı dalgaların sesiyle uyandım. Dışarıda kıyamet kopuyordu. Şair haklıydı, fırtına ortalığı kasıp kavuruyordu.

Adanın sayılı fırtınaları vardır, içdeniz olmasına bakıp da Marmara'yı tekin saymamak gerek, fırtına bazen birden patlar. Kaç küçük teknenin açıkta alabora olduğunu görmüş, çaresiz kalmıştık. Bir keresinde köy pazarına kavun karpuz getiren bir tekne batmıştı evin tam karşısında, üstelik geceydi, karanlıktı. Kurtarmaya gidenler zor ulaşmışlardı yanına, ertesi sabah teknedeki iki köylünün boğulduğunu, sadece motorcunun kurtulduğunu öğrenmiştik. Cem'le Ada fırtınaları takvimi bile yapmıştık zamanında. Takvimin şaşmamasına, rüzgârın fırtınanın olsa olsa birkaç gün aksamasına hep şaşırmışımdır.

Mayıs sonlarında olduğumuza göre filizkıran fırtınası bu. Ada'nın batısını, bizim evin oraları daha fazla vurur, bu taraflar biraz alt iklim gibidir, bahçelerde mimozalar, mandalina ağaçları bile yetişir.

Yarı açık bıraktığım pencereyi kapayıp yeniden yattım, sabah uyandığımda fırtınanın şiddeti azalmıştı ama hava hâlâ serindi. Gül kahvaltıyı odaya getirdi. "Yusuf birazdan gelecek, köyde evlerin damları uçmuş, limandaki kahvelerde de hasar varmış, bakmaya gitti," dedi.

Engin'i aradım; fırtına yüzünden dönemediğimi, başka işi yoksa bugün köyde görüşebileceğimizi söyledim. "Burada da bayağı bir hasar var, birkaç balıkçı arkadaşın tekneleri hasar görmüş, yardım edip hemen gelirim," dedi.

Yusuf'un da bize katılacağını söylesem mi acaba? Aralarında anlamlandıramadığım bir soğukluk, en azından bir uzaklık olduğunu hissediyordum. Yine de söylememek olmazdı.

"Şair de bizimle olacak, evi ne yapacağımızı birlikte konuşalım istedim. Bir de şu kafama takılan soru işaretleri... Siz ikinizden başka güvenebileceğim, danışacağım kimse yok bu konularda."

Kafama takılan soru işaretlerinin neler olduğunu hemen anladı.

"Herkes kendi yasını kendisi yaşadı, paylaşmadık bile," dedi. "Nedense korktuk bundan. Yazar'a en yakın olanlar, bizler, en suskun kalanlar olduk."

"Neden sence?"

"Suçluluk duygusu. Yazar'ı yalnız bıraktığımız, yeterince koruyamadığımız, kendimizden uzaklaştırdığımız, derdi nedir anlamaya çalışmadığımız için."

"Öğleden sonra gel, hava müsait olursa burada bahçede, olmadı başka bir yerde konuşuruz."

Sonra Sultan'ı aradım.

"İşe gitmiyorsan poğaçaları fırına koy Sultan Abla, bir saate kalmaz sendeyim."

Fırtına olmasa köye yürürdüm, bu havada gözüm kesmedi. Gül taksi çağırdı. Genç taksi şoförü, "Havamız hep böyle değildir, yarın fırtına diner, rüzgâr düşer, yine pırıl pırıl olur," dedi kötü hava adına özür dilercesine. Beni turist sanmıştı.

"Çocukluğum Ada'da geçti, bu havaları iyi bilirim," dedim. "Yirmi yıldan fazla oldu uğramayalı, on beş yaşıma kadar burada büyüdüm."

"Memur çocuğu muydunuz?"

"Yazar'ın kızıyım."

Söyler söylemez pişman oldum. Ne gerek vardı gevezeliğe! Çocuğun umurundaydı sanki!

Arabayı iki yanı zeytinlik yolun kenarına çekti:

"Hangi yazar, geçen yıl denizde boğulan mı?"

"Babam geçen sonbahar Masa Kayası'ndan düşüp hayatını kaybetti. Boğulan dediğiniz oysa?"

Kendini toparladı. "Affedersiniz, bilmiyordum, başınız sağolsun."

Arabayı yeniden çalıştırırken, "Yazarlarevi denilen o evin sahibiydi değil mi?" dedi. "Babam daha iyi tanırdı. Ben de birkaç defa taksiyle evden almıştım onu. Herkes çok üzüldü."

"En son ne zaman görmüştünüz?"

"Kazadan iki-üç hafta önceydi yanlış hatırlamıyorsam. Kendisi binmedi taksiye. Yaşlıca bir kadınla gençten bir adamı bindirdi. Kapıda durmuş arkalarından bakarken gördüm en son defa."

Heyecanımı gizlemeye, renk vermemeye çalıştım.

"Herhalde arkadaşlarıydı ya da bir akraba, belki de teyzemdi. İskeleye mi götürmüştünüz?"

"Araba vapuru iskelesine götürdüm, Erdek feribotuna."

"İkisi de mi bindiler araba vapuruna?"

"Bilemem. Müşteriye çağırdılar, bırakıp döndüm, beklemedim. Yazık oldu. Benim fazla merakım yoktur okumaya, babanız önemli bir yazarmış. Adalılar onunla gurur duyarlardı, babam da öyle. Yazık oldu."

"Evet, çok yazık oldu. Görünmez kaza işte. İskele Meydanı'na varmadan Liman kahvesinin oralarda ineyim ben."

Paranın üstünü verirken durakladı, "Benim anlamadığım, oradan nasıl düştüğü," dedi. "Masa Kayası'nın en ucuna gitmezsen, orada ayağın sürçmezse, biri itmedikçe kolay kolay aşağı düşülmez. Belki başı dönmüştür, belki..."

Paranın üstünü aldım. Belki şu, belki bu; gitti işte, deyip yürüdüm. Fena halde canım sıkılmıştı. Belki, belki, belki ne? Kim bilir neler söylenmiş, ne dedikodular yapılmıştır babamın arkasından. Çok içiyordu, sarhoştu demişlerdir en azından. O, ardından böyle abuk sabuk konuşulmasını hiç hak etmiyordu.

Eskiden daha çok balıkçıların, çarşı esnafının takıldığı salaş Liman Kahvesi yerinde yok. Ada mermeri döşenmiş geniş sahil yolu özentisi uğruna o güzelim salaş kahveler kaldırılmış. Nasılsa kurtulmuş birkaç çınar ağacının altına gelişigüzel atılmış plastik sandalyelerde, bir de belediyenin iskelenin karşısına yerleştirdiği banklarda oturanların hiçbirini tanımıyorum.

Sultan'ın evi, hatırladığım kadarıyla Tekel bayisinin yanından çıkan yokuştaydı. İki katlı; altı taş üstü ahşap, eski Ada evlerinden. Bayi, Şen Köşe miydi Mavi Köşe miydi, köşeli bir şeydi işte.

Köşede küçük bir dükkân var ama hatırladığım Tekel bayisi değil, vitrininden görüldüğü kadarıyla peynir, süt, taze yumurta, zeytin, bal satan bir yer. Bunca yıl her şey yerli yerinde duracak değil ya! Hele de resmen içki yasağı olmasa bile Tekel ürünlerinin, alkollü içkilerin sergilenmesinin, görünür yerlerde bulundurulmasının yasaklandığı bu dönemde...

Yokuşu, sokağın iki yanındaki evlere baka baka, yavaş yavaş çıkıyorum. Evler hiç tanıdık gelmiyor. Çocukluğumdan hatırladığım iki katlı, yarı ahşap yarı taş ya da beyaz badanalı evlerin yerine dört-beş katlı çirkin binalar dikilmiş.

Aptal kafam! Sultan'a adres sormayı düşünemedim. Her şeyin hep bıraktığım gibi kalacağı yanılgısı. Sultan'ı cep telefonumdan arıyorum.

"Hay Allah! Söylemeyi unutmuşum, oradan çoktan taşındık, Eski Pazar Meydanı'nın oradayız şimdi. Eczaneyi geç, nalburu da geç, aralıktan sap, oradaki sarı apartman, ikinci kat."

Eski Pazar Meydanı dediği, eskiden pazarın kurul duğu meydandı herhalde. Ortasında ulu bir çınar, altında çeşme, köşede de eskiden haftada üç gün film gösterildiği anlatılan, depo gibi de kullanılan hangar gibi bir barakanın olduğu köy meydanı. Çınar neyse ki ağaç katliamından kurtulmuş. Köşedeki büyük baraka bir zincir marketin şubesi olmuş, küçük meydan araba parkına dönmüş. Arabaların arasından çeşmeyi zar zor seçiyorum. Eczaneyi görünce seviniyorum, nalburun yanındaki aralıktan sapınca, sarı boyalı, çok katlı apartman çıkıyor karşıma. Yanılmamışım, ikinci kata çıkarken burnuma çalınan poğaça kokusu Sultan'ın kartviziti gibi.

Demli çay, kurabiye, poğaça, yemenisinin ucuyla sildiği birkaç damla gözyaşı, sıkıntılı suskunluk, havadan sudan birkaç söz:

"Öteki evin işi zordu, eski ev daha masraflı oluyor, müteahhide verdik, buradan daire aldık. Burası kaloriferli, yeri de iyi."

"Pazar nerede kuruluyor şimdi?"

"Aşağıda, sahildeki otoparkın orada."

"Burası da açık otoparka dönmüş. Her yer araba doldu, nerede Ada'nın o eski hâli!"

Hayıflanmalar...

"Sultan Abla," diyorum, "kafam karmakarışık. Buraya gelirken her şey daha kolay görünüyordu. Babamı kaybetmenin acısı kabuk bağlamaya bile başlamıştı. Cem zaten buralardan tamamen koptu, ilgilenmek istemiyor. Ne yaparsan yap, dedi. Evi satılığa çıkarmaya niyetliydim. Bizi terk edip gittiğinden beri babama da eve de küskündüm zaten, daha doğrusu öyle olduğumu sanıyordum. Ada'ya gelir gelmez her şey değişti, ne huzurum kaldı ne kararlılığım."

"Babanı çok severdin sen kızcağızım. Ağır geldi, biliyorum, yine de küsme. Ne babana ne eve ne Ada'ya. Bazen kader insanları olmadık yerlere sürükler. Belki ev, Ada'nın o kayalık yanında değil de öte yanında olsaydı, belki Yazarlarevi'ne o kadar gelen giden olmasaydı..."

"Halam amcam olsaydı," diye söyleniyorum öfkeyle. "Sultan Abla! Babam öldü, kayalardan aşağı yuvarlandı. Bunun kaza olduğundan hiçbirimizin kuşkusu yoktu: kaza tutanakları, otopsi raporu, yer incelemesi sonuçları, köy halkının aktardıkları, uzmanların değerlendirmeleri, her şey apaçıktı. Sonra buraya geldim, eve gittim, birkaç kişiyle konuştum, kafam karıştı, neden bilmem, içime kurt düştü."

"Yüreğini bulandırma, onun bunun söylediklerine aldırma. Kaza olmayıp da ne olacak! Burayı bilirsin, avuç içi kadar yerde kimsenin gözünden bir şey kaçmaz, şüpheli bir durum olsaydı bilirdik, duyardık, konuşulurdu."

"Sen duymamışsın, duymamış gibi yapıyorsun belki de beni üzmemek için. Ama konuşulduğu besbelli. Seslendirilenlerden değil sessizliklerden anlıyorum. Seni üzmek istemiyorum, sorguya çekmek gibi anlama, senin de sustuğun şeyler olduğunu hissediyorum. Mesela o yaşlıca kadın, oğlu ya da her nesiyse o adam... Babamın kazası sırasında burada değilmişsiniz, tamam da daha önce onları gördüğünü kendin söyledin."

"Evet söyledim. Babana çok gelen giden olurdu; kimdir, nedir ben hiçbiriyle fazla ilgilenmedim. Sen hele poğaçalarını ye, gevşe biraz. Kuşku kemirir insanı, hasta eder, gerçeği karartır. Köyde bir adam vardı, karısından kuşkulanır, kiminle mesajlaşmış diye kadının cep telefonunu kurcalar, peşini kovalardı. Oğlunun kendinden olup olmadığından bile kuşkuya düşmüştü. Bir gün duyduk ki karısını bıçaklamış. Kadın masumdu, herkes biliyordu bunu, oğlan da hınk demiş babasının burnundan düşmüştü. Kadın öldü, adamı da önce hapishaneye sonra akıl hastanesine kapattılar."

Hatırını kırmamak için bir poğaça aldım, gerçekten güzeldi. Kurabiyeler de pastane fırınından yeni çıkmış gibiydi. Gençliğinde de iyi yemek yapardı Sultan, böreği çöreği pek güzel olurdu, şimdi tam profesyonel olmuş.

"Gücenme Sultan Abla, belki saçmalıyorum, hoş gör. Şairin Yeri'nden köye gelirken bu havada yürümeyeyim diye taksiye bindim. Şoför genç bir adamdı. Neredensin, kimlerdensin muhabbeti yaparken Yazar'ın kızı olduğumu anlayınca kendisinin babamı iyi tanımadığını, birkaç defa rastladığını, ölümünden bir süre önce de Yazarlarevi'nden iki müşteri alıp feribot iskelesine bıraktığını söyledi."

"Misafirler giderken hep taksi çağırırdı baban. Araba kullanmayı sevmezdi, bilirsin. Son yıllarda arabası bile yoktu. Kim bilir kimlermiş onlar!"

"Senin de söylediğin yaşlıca kadınla oğlu ya da her nesiyse, bir erkek."

"Taktın onlara kafayı sen kızcağızım. Biz memlekete gitmezden önce kadın evin arkasındaki misafir odalarında kalıyordu, o sırada öteki adam yoktu, ben görmedim. Pek ortalarda dolaşmazlardı zaten. Söylemiştim sana, kaza sırasında burada değildik. Sonra çok dövündüm kendi kendime, sanki babanı bırakıp gitmeseydik bunlar olmayacaktı."

"Evet, bunu da söylemiştin. Yanlış hatırladığın ya da söylemediğin şeyler var Sultan Abla, o kadın hakkında... Daha önce, biz memlekete gitmek için ayrıldığımızda Yazarlarevi'nde kimse yoktu demiştin, şimdi kadın evin arkasındaki misafir odalarında kalıyordu, diyorsun."

"Sen neden böyle kuruntulu olmuşsun ki Ceren kızım. Haberi alıp da apar topar döndüğümüzde benim aklım başımda mı kaldı sanıyorsun sen! Her şeyi karıştırıyorum. Biz memlekete gitmeden önce orada kalıyordu, dedim. Memlekete giderken odası boştu. Kimse yoktu orada. Takmışsın sen bu kadına ama sandığın gibi değil."

"Bir şey sanmıyorum ki!"

"Yani Yazar'la ilişkisi öyle bir şey değildi, demek istedim. Babana yazılarında yardım ediyordu galiba. Çalışma odasında bazen onun mırıl mırıl birşeyler okuduğunu duyardım. Evde değil arkadaki misafir yazar odalarından birinde kalıyordu. Orada kâğıtlara birşeyler karalardı. 'Ne' dersen, hiç bakmadım, bana ne! Sürekli kalmazdı zaten, birkaç ay kalır sonra uzun süre görünmez olurdu. Son defasında epeyce uzun kalmıştı."

"Sultan Ablaaa! Mahkemede olsaydık yalan ifade verdin diye hâkim sana çıkışırdı. Kadın konuşmazdı, Türkçe bilmiyordu demiştin dün, şimdi çalışma odasında birşeyler okuduğunu duyduğunu söylüyorsun."

Bu sözler ağzımdan çıkar çıkmaz yanlış yaptığımı anladım. Sultan artık daha dikkatli olacak, açık vermemeye gayret edecekti. Esrarengiz kadınla ilgili sakladığı bir şey vardı, belki çok önemsiz bir şey ama vardı.

"Sen de avukat olmuşsun ya sıkıştır bakalım Sultan Ablanı. Türkçe bilmiyordu demedim, benimle konuşmazdı demek istedim. Köye de az inerdi, kimseyle sohbet ettiğini duymadım. Bir tek Otçu Hanife'ye uğrardı ara sıra. Eve çeşitli otlarla, kokularla dönerdi."

Davaları izlerken dikkatimi çekmiştir. Sanığın ya da tanığın gizlemeye çalıştığı bir şey varsa teferruata daha fazla dalar, daha çok konuşur, işi laf kalabalığına getirmeye çalışır.

"Aldırma Sultan Abla," dedim, "konuşuyormuş konuşmuyormuş bana ne. Ben kadının değil babamın peşindeyim."

Sonra lafı değiştirdim. Annemin durumundan, Cem'in Amerika'da kaldığından, onun çocuklarından söz ettik. Sultan kızıyla övünüyordu. O yabancı diyarlarda yolunu şaşırmamış, ezilmemiş, kendini göstermişti. İşi çok iyiydi, hırslıydı, gözü hep daha yükseklerdeydi, memlekete dönmeye niyeti yoktu. Baban olmasaydı iyi okullarda okuyamaz, oralara gidemezdi, diyordu.

Ev konusunda karar verip vermediğimi sordu. Daha birkaç gün buradayım, bakacağım, dedim.

"Gitmeden haber ver bana; sele zeytini, biber salçası, adaçayı, kekik neyin, birşeyler vereyim, biraz da poğaça yaparım annen için, eskiden pek severdi."

"Tabii Sultan Abla, sana uğramadan gider miyim!"

Meydandan aşağı inen yoldan iskeleye yürüdüm. Yokuşun köşesindeki dükkânında Manav Ahmet, yine biriyle tartışıyordu. Yaşlanmıştı ama huysuzluğu değişmemişti. "Manav Ahmet herkese surat asar, bir tek benimle arası iyidir," diye övünürdü annem. "İyi adamdır aslında ama Laz'dur daa! Kafasının tası çabuk atar," derdi babam.

İskelenin hemen yanındaki sahil kahvesinde, çay ocağının yanında korunaklı bir yere oturdum. Koruk suyu çıkmamıştı daha, limonlu adaçayı söyledim. Kahve kalabalık değildi, bir masada iddialı bir tavla oyunu vardı. Bir başka masada dört kişi okey oynuyordu. Kafamın içinde dolaşan tilkileri kuyrukları birbirine dolanmadan sıraya dizmeye çalıştım. Birinci tilki: Babama imzalanmış *Nâlân'ın Gözyaşları* kitabı; ikinci tilki: üzerlerinde elyazısıyla yazılmış mısralar, satırlar, şiir veya şarkı sözleri olan müsveddeler; üçüncü tilki: yaşı belirsiz bir kadınla genç bir adam; dördüncü tilki: yaseminin baskın olduğu bir koku... Ve birden, nereden çıktığını, kafamın içine nasıl girdiğini anlayamadığım beşinci bir tilki: babamın *Yasemin Kokulu Rüzgâr* romanı.

Bazen kafanızda dağınık düşünceler uçuşur; tıpkı karışık rüyalardaki gibi çeşitli sesler, görüntüler, renkler, tanıdık tanımadık insanlar birbirine karışır. Bütünleyemezsiniz, cisimleştiremezsiniz, yine de bir şey, bir ilişki, bir anlam vardır, hissedersiniz. Kuyrukları birbirine dolanan beş tilkinin ilişkisini henüz çözemiyordum. Her bir tilkinin izinden, etrafı koklaya koklaya yürümem gerektiğini biliyordum.

Sultan

Ben Yazar'ı çok sevdim. Babam gibi, ağam gibiydi. Onlardan da iyiydi. Bize yaptığı iyilikleri nasıl unuturuz! Sedanur'u okutan, dünyanın bir ucunda, gavur memleketinde iş bulup yükselmesine vesile olan da, haylaz oğlumuza destek olup okulu bitirmesini sağlayan da oydu.

Hanım da iyiydi, hiç emretmezdi. "Sana zahmet, yapar mısın Sultan, ne zaman istersen o zaman yap, acelesi yok, rica etsem şu işin ucundan tutar mısın," derdi hep... O kadar çalıştım, bir kez incinmedim o evde. Okumuş yazmış insanlar başka oluyor, insanın da emeğin de kıymetini biliyorlar.

Ayrıldıklarında ev bir süre kapalı kaldı. Ödemeleri hiç aksatmadan yaptılar. Biz de sanki varlarmış gibi canla başla baktık bahçeye de eve de. Yazar bir süre sonra Ada'ya döndüğünde benim adamla beni karşısına aldı, "Biz ayrıldık, İstanbul'daki evden çıktım, artık daha çok burada kalacağım. Tabii çocuklar da karım da gelirler istedikleri zaman," dedi. Çalışmaya devam edip etmeyeceğimizi sordu. "Siz oldukça devam ederiz," dedik. Neden ayrıldınız, ne oldu diye sormadık. Sorulur mu hiç! Hele Yazar'a hiç sorulmaz, saygısızlık olur.

Ben bu ayrılma işinden bir şey anlamadım. Başkasından duysam inanmazdım, dedikodu der geçerdim. Nasıl severlerdi birbirlerini, karıkoca nasıl bağlıydılar birbirlerine. Sevgilerini göstermekten de çekinmezlerdi. Bizler çekiniriz, içimiz ne kadar kaynasa öyle başkalarının yanında sarılıp koklaşmayız; ayıp sayılır. Aslına bakarsan neden ayıp olsun ki, öyle yetiştirilmişiz işte!

Duyduğumda çok ağladım, ayrılan benmişim gibi. Yüreğime soğuk bir boşluk oturdu. Hani alıştığınız güzel bir şey, tıkırında giden bir düzen vardır, bozulduğunda eziklik, eksiklik duyarsınız, değerli bir eşyanızı kaybetmiş gibi olursunuz. O ev, hanımla, çocuklarla, ikisinin arkadaşlarıyla, dostlarıyla güzeldi. Artık yuva olmaktan çıkacak, ıssızlaşacaktı.

Ne yalan söyleyeyim, Allah biliyor ya, ilk aklıma gelen Yazar'ın başka bir kadına tutulduğu oldu. Böyledir bu işler, erkek kısmı bir yaşa gelince, biti biraz kanlanınca ilk iş karıyı bırakır. Başka kadın getirirse artık burada çalışmam diye kavlettim kendi kendime. Benim adam kızdı, sana ne bundan, sen işine bakarsın, dedi. Erkek değil mi işte...

Yazar'ın günahına girmişim; ne başka kadın vardı ne de eskisinden farklı bir hayatı. Yine gelip giden konuklar oluyordu, yine sofralar kuruluyor, yenip içiliyor, konuşuluyor, tartışılıyordu. Eskisi kadar sık olmasa da köyün okumaya yazmaya meraklı gençleri yine geliyor, Yazar'la atölye mi ne dedikleri saatler süren toplantılar yapıyorlardı. Her zamanki gibi onlara kurabiye, poğaça hazır ediyordum. Her şey eski düzenindeydi sanki, yine de bir şey eksikti. Ne eksikti dersen söyleyemem ama ben hissediyordum. Ev artık aile evi değildi, Yazarlarevi olmuştu. Yazarların gelip kaldığı pansiyon, tatil evi, çalışma yeri gibi bir şey. Zamanla gelen giden yabancılar çoğaldı. Yazarların hele de yabancıların bazılarını bizim Yazar da tanımıyordu.

Hanımla Ceren, bir daha buralara gelmediler. Küçük oğlan yaz tatillerinde geldi, babasıyla keyfini çıkardı

Ada'nın. Ve işte yıllar yıllar sonra Ceren burada. Babasının dirisine gelmemişti. Yazar'ın kendilerini bırakmasını hazmedememişti, kalbi kırıktı. Ölümüne gelmesi kısmetmiş.

Evin arkasına sıra odalar yapılırken benim adam da inşaatta çalıştı. Zaten bahçeye, zeytinliğe de biz bakıyorduk. Ne de olsa mermer işinden daha kolaydır inşaat işi. Önce odaların ne işe yarayacağını anlamamış, "Hayvancılık içinse eve çok yakın, koku yapar, pislik olur," diye itiraz edecek olmuş. Yazar gülmüş, "Hayvanlar için değil insanlar için," demiş. O zaman öğrendik ki evi yazarlara açacakmış, yazarlar gelip burada çalışacaklarmış.

İnşaat bittiğinde misafir odaları pek güzel oldu gerçekten. Küçük duşu, tuvaleti, mutfak köşesi, fırını, buzdolabı, gerekli bütün eşyasıyla bizim derme çatma motellere, apartlara beş basan; her birinin önünde çardaklı verandası olan odacıklar...

Bu yeni düzende işim arttı. Eskiden misafirler geldiğinde hanımla birlikte çalışır, yemek işini paylaşırdık. "Yanına birini bul, konuk yazarlar geldiğinde yetişemezsin, yorulursun," dedi Yazar, her zamanki anlayışlı hâliyle. Sürekli birini bulmadım, gelen giden fazla olduğunda teyze kızım gündeliğe geldi, kimse olmadığında her zamanki gibi ben idare ettim.

İşte şimdi, olaydan bunca ay sonra, tam yaralarımız kabuk tutmaya başlamışken Ceren çıkageldi. Hiç arayıp sormamıştı bu zamana kadar. Besbelli küskündü babasına. Yazar'ı ondan fazla seven olmamıştır bana göre. Küskünlüğünü anlamak gerek. İnsan en fazla sevdiğine küser. Tamam da bu kadarı olur mu, ölüm küskünlüğü silip götürmez mi?

Ceren'i görünce yüreğim hop etti. Hem sevinçten hem de kaygıdan. Kafası karışıktı, hemen anladım. Eve gitmiş, Yusuf'la, Engin'le konuşmuş, ondan bundan birşeyler duymuştu anlaşılan. Şu küçücük adada böyle bir olay olur da insanlar konuşmaz mı! Bu fetö metö işinden beri insanlar zaten tedirgin. Herkes birbirinden kuşkulanıyor. İlk başlarda herkes korktu, komşular komşulara selam vermez oldu. Şimdi biraz düzeliyor, yine de eskisi gibi değil. Yazar'ın ölümünün bu konularla ne ilişkisi var? Hiç. Demem o ki yürekler bulanık, âleme laf lazım.

Ceren mi bizim kafamızı karıştırdı biz mi onunkini? Soru soruyu doğuruyor, tilkinin kuyruğunu aklına getiriyor. Ceren'in soruları hepimizin sorusuydu, kuşkuları hepimizin, bütün sevenlerinin kuşkusuydu. Olayın kaza olduğuna kendimizi inandırmıştık. İntiharı ona yakıştıramazdık, cinayeti düşünmek bile korkunçtu, zaten kim öldürmek istesin ki Yazar'ı! Onu koruyamadığımız için suçluluk duygusundan kurtulamazdık. Kaza diye düşünmek hem Yazar için hem de onu gerçekten seven sayanlar için en iyisiydi.

Ben, benim adam, Çınarlılı Engin, Şair'in Yeri'ni işleten Yusuf, Allah sizi inandırsın kendi aramızda da bu konuyu enine boyuna konuşmadık. Yusuf; Yazar'ın bilgisayarını, notlarını, defterlerini kendisine ulaştırmam için bana ne zaman verdiğini sordu bir defa. Biz köye gitmeden birkaç gün önceydi, ölümünden olsun olsun iki hafta kadar önce. O gün pazara uğrayıp eve öyle geçecektim. Bilgisayarı yanımda dolandırmayayım, ne de olsa emanet sayılır, bir zarar olmasın diye iş kıyafetlerimi, şalvarımı, terliklerimi koyduğum girişteki dolabın rafına yerleştirdim. Ne acelesi var! Yusuf'un da bilgisayarın da bir yere kaçacağı yok ya! Yusuf sorunca lafı uzatmadım, "Pazarın kurulduğu gündü," dedim. Çarşamba olmuş, perşembe olmuş ne fark eder! O günlerde evde kimlerin kaldığını sordu. Kimse yoktu, dedim. O genç adamı söylemedim. Bilmem ki neden söylemedim? Sanki söylesem işler karışacak, olmadık kuşkular doğacak, işin ucu durup dururken Yazar'a dokunacak gibime geldi. Engin ne bir şey söyledi ne de bir şey sordu. O zaten konuşkan değildir, hele de son zamanlarda iyice tuhaflaştı.

Kadını hiçbiri sormadı. Yazar'ın kırığı mıydı değil miydi, düşünmekten bile ar ettiler, öyle bir saygıları vardı. Sorsalar ne diyecektim? Beyin arkadaşı, dostu olsa evde kalırdı, aralarında öyle bir ilişki olsa hemen sezerdim. Biz kadınlar böyle şeyleri anlarız. Üstelik bekâr adam, istediğiyle... Kadıncağız arkadaki yazar odalarından birinde kalıyordu, yemekleri ben hazırlıyordum her zamanki gibi, o çoğunlukla kendi odasında ya da iyi havalarda odasının önündeki verandada yiyordu. Pek bir şey yediği de yoktu zaten. Üflesen uçacak zaif naif biriydi; kısacık beyaz saçlarını, yüzündeki derin çizgileri görmesen çocuk sanırdın. Hem de erkek çocuk.

Ceren kadına takmış. Dün bir bugün iki Ada'ya geleli. Yusuf'un karısı yetiştirmiş hemen. Kızın da kabahati yok, o söylemese bir başkasından duyardı. Çok az köye indiği, ortalarda görünmediği, denize, kahvelere inmediği halde herkes pek meraklıydı o kadına. Yabancıydı, buraların insanına benzemiyordu. Bizim insanlar yabancıdan korkarlar, kendilerine benzemeyenden kuşkulanırlar. Önceleri sürekli kalmıyordu, gidip geliyordu. Sonra uzun kalmaya başladı.

Başta Yazar'ın onu ev hizmeti için getirdiğini düşünüp alınmış, üzülmüştüm. Ben yetmiyor muydum, işimden memnun değil miydi yani! Hâlimden anlamış olmalı ki, "Bana yazı işlerinde, kitaplar için yardım ediyor, sekreter gibi," dedi. Pek öyle okuryazar görünmüyordu, yine de bilinmez tabii. Meraklı görünmemek, rahatsız etmemek için, onlar çalışma odasına kapanıp çalışırlarken oralarda dolanmazdım. Yukarı katta çok işim de olmazdı zaten. Bir gün, ütülediğim çarşafları, gömlekleri beyin yatak odasındaki dolaba yerleştirmek için yukarı çıktığımda kapının önünden geçerken şarkı nakaratı gibi bir ses duydum. Bilmediğim bir dildeydi; kuş cıvıltısı gibi, ninni gibi, zaman zaman da ninelerimizin ölülere yaktıkları ağıtlar gibiydi. Sıcak bir yaz günüydü, hatırlıyorum. Odanın kapısı yarı açıktı. Kadın yazı masasının biraz uzağında oturmuş, ince sesiyle mırıl mırıl birşeyler söylüyor, Yazar masasının başında bir deftere not alıyordu. Ses cihazı da vardı galiba, bir cızırtı duymuştum, pek emin değilim bundan, bana öyle gelmiştir belki. İkisinin de arkası kapıya dönüktü, beni görmüyorlardı. Bir an durdum, sonra sessizce uzaklaştım. Gizli kapaklı, uygunsuz hiçbir şey yoktu, çalışıyorlardı besbelli, yine de görmemem gereken bir şey görmüş, duymamam gereken bir şey duymuş gibi oldum nedense. Ertesi gün kadını gördüğümde merakıma yenilip hiç yapmadığım bir şey yaptım, "Ne çalışıyorsunuz öyle Yazar'la?" diye sordum. "Bizim tarafların şiirlerini, türkülerini söylüyorum ona," dedi. Ne taraflar sizin taraf, nerelisin, diye sormadım.

Ceren'e yalan söyledim, bizim dilimizi konuşmuyordu, dedim. Pek de güzel konuşuyordu oysa. Biz çok az konuşmuştuk, oğlu mu akrabası mı nesi, o gençten adamla bir başka dilden konuştuklarını duymuştum birkaç kez. Dilsiz değildi, suskundu, yabancıydı. Biz köye giderken kadın çoktan ayrılmıştı Ada'dan. Odasını boşaltmış, hem de tertemiz yapmıştı. Otçu Hanife'den kokulu otlar almış giderken. Millet bunun bile dedikodusunu yaptı, büyücüydü diyen de oldu, Yazar'ı zehirlediğini söyleyen de. Ağızlar torba değil ki bağlayasın. Benim üzüldüğüm, Ceren'in yüreğini bulandırmaları, kızın içine kuşku salmaları. Bir de Yazar'ın hatırasına zarar gelsin istemiyorum. Abuk sabuk konuşan olursa ölü adam kendini savunamaz ki!

* * *

Ceren'in geldiğini benim adam da öğrenmiş. Akşam ocaklardan döndüğünde konuşup konuşmadığımızı sordu.

"Öğle vakti buradaydı," dedim, "genç, güzel bir hanım olmuş, avukat çıkmış maşallah."

"Evi ne yapacakmış? Yani diyorum ki satacaklarsa yabancıya gitmesin. Satıp savalım, kredi miredi bulalım da biz alalım. Zaten emeğimiz var orada."

"Adam öldü gitti, malına konmak da bize mi düştü? Ben o evi istemem. Uğursuzluk var o evde. Kimseye hayır getirmedi. O kadar özendiler, yaptırdılar, dayadılar döşediler, huzur içinde yaşamak nasip olmadı. Birkaç yıl çalgı çigan, gelen giden, sonra aile dağıldı, şimdi de ölüler evi oldu."

"Kaç ölü var ki!" dedi benimki dalga geçerek.

"Bazı ölümler çok olur, ölen sanki bir kişi değilmiş gibi," dedim, sonra kendi sözüme şaştım.

"Vay be! Kitap gibi konuştun. Ne büyük söz o öyle... Oraya gide gele sen de yazar olmuşsun hanım!"

Ağzınızdan bir söz çıkar. Diliniz sürçmüştür ola ki. Bazen üstünde bile durmazsınız, unutur gidersiniz, bazen de kafanızın içinde burgu gibi dolanır o dil sürçmesi söz.

Kadınla beraber gelen, kadın gittikten sonra da evde kalan genç adam geldi aklıma. O ne zaman ayrılmıştı buradan? Biz köye giderken burada mıydı? Odası boşalmamıştı, bir ara görür gibi olmuştum. Ne desem yalan. Ne zaman gitmiş, kimse bilmiyor ama kaza günü yokmuş. Polis en çok onu sormuş. Eh, akla gelir tabii. Bize de sordular döndüğümüzde. Kimdir, nedir, bilmiyorduk ki. Yazar'a her türlü insan gelirdi, yerlisi yabancısı, Türk'ü gâvuru, kayıtlısı kayıtsızı. Kimseden kuşkulanılmazdı. Adamız bu konuda sağlamdır. Polis, jandarma rahattır burada, fazla vaka olmaz, ufak tefek anlaşmazlıklar, komşu kavgaları, gençlerin dalaşları, çocuk işi hırsızlıklar. Sulardan surlarla çevrilidir adamız.

Kaza biz köye gittikten kaç gün sonra olmuş? Yazar yine seyahate çıkacaktı biz izne giderken. Döndüğümüzde o da gelmiş olur, diye hesaplamıştık. Haberini aldığımızda acele döndük. Hesaplarsam; o da seyahatten taze dönmüş olmalı. Birkaç gün geç gelseymiş ya da biz birkaç gün erken dönseymişiz... Belki de... belki de ne? Allah'ın yazdığı kaderi bozacak hâlimiz yoktu ya! Yine de bilmem ki, engelleyebilirdik belki.

Geldiğimizde o adam ortalarda yoktu, olay sırasında buradaysa bile demek ki o arada yok olmuş. Kazadan önce mi sonra mı, kimse bilmiyor.

Köydekiler olayın iyi soruşturulmadığını söylüyor. Nereden düştüğüne bakılırsa kaza olduğu besbelli. Bedeninde de hiçbir darp izi, kuşku uyandıracak bir şey yokmuş. Kayalardan düşmekten yara bere, başını çarpmış, beyninde kanama olmuş...

Okullar açıldığı, yaz sonu olduğu için artık saatte bir karşılıklı işleyen Çınarlı minibüslerindekiler de kimseyi görmemişler Masa Kayası'nın oralarda. Ben en çok Yazar'ı baba gibi seven Engin'le Yusuf'un bu işin üstüne fazla gitmemelerine şaştım. Kuruntu yapacak bir şey yok demek ki, olsa peşini bırakmazlardı.

Ceren'i ne dürtüyorsa, soru sorup duruyor, beni de huzursuz ediyor. Oysa ben bu işi bitirmiştim kafamda. Esnemek gibi bir duygu bu. Hani karşınızdaki esnedi mi siz de esnersiniz ya, biri soru sordu mu sizin de kafanıza olmadık sorular üşüşüyor.

Kadının; oğlu mu, nesiyse artık, onunla birlikte ilk gelişi epeyce bir zaman önceydi. Sedanur'un gurbete çıktığı yıldı. Beş yıl olmuştur. Yazar'la kadın, birlikte ne iş yapıyorlarsa artık, çalışma odasına saatlerce kapanır çalışırlardı. Sonra uzun zaman ne kadın ne de oğlu göründü. İkisini de unuttuk. Evin geleni gideni de çoktu zaten o dönemde. Birkaç yıl sonra, aaa... o da ne! Bir de baktık ki kadınla ne zamandır ortada görünmeyen karabatak adam yine çıkagelmişler. Ne yapıyor, ne çalışıyorlarsa, Yazar'la kadın yine işe koyuldular. Kadın, mır mır birşeyler söyler, Yazar teybe kaydeder, bir yandan da not alır. Şöyle bir baktım, sıkıntı yok, işler yolunda, kim bilir ne yapıyorlarsa, çalışıyorlar işte... Bir gece, üçü verandada oturmuş, birlikte yemek yiyorlardı. Sen geç kalma Sultan, biz sofrayı toplarız, dedi yazar. Tam gitmeye hazırlanıyordum, bir ara sesleri yükseldi. Yazar'la adam tartışıyorlardı. Öyle üst perdeden, bağıra çağıra değil ama dostça bir konuşmadan farklıydı sesleri. Kadının sesi çıkmıyordu, suskundu. O hep öyleydi zaten; hayal gibi, gölge gibi, uzaktan duyulan bir şarkı gibi...

Yazar'ın, "Derdim para değil, içine etmişim paranın, bunu biliyorsun, önemli olan..." dediğini duydum. Önemli olanın ne olduğunu duyamadım. "Artık böyle sürdüremeyiz," dedi adam. "Sürdürmeyeceğiz zaten," dedi Yazar. "Ben de tükendim," gibi bir şey söyledi kadın alçak sesle. Bundan emin değilim, tam anlayamadım. Tükendim mi dedi tükettik mi dedi yoksa ben mi uydurdum. Herhalde çok çalışmaktan yorulduğunu söylüyordu, oğlu da –her nesiyse– ücretinin, neyin ücretiyse artık yükseltilmesini istiyordu herhalde. Bu kadarını dinleyip duyduğuma bile utandım. Bana ne! Anladığım işler değil zaten. Ne halleri varsa görsünler... Yazar kimsenin hakkını yiyenlerden değildi, emeğin hakkını gani gani verirdi. Bizi âbat etti. Bir yamukluk varsa ondan kaynaklanmıyordur.

Şimdi düşünüyorum da, "Böyle sürdüremeyiz," dedikten sonra da aylarca sürdürdüler işte. Kazadan kısa süre öncesine kadar, kadın da o genç adam da Yazarlarevi'ndeydiler.

Ceren gelip de babasının ölümünü kurcalama hevesine kapılana kadar hiç aklıma gelmemişti bunlar. Zaten kimseye de anlatmadım, benim adama bile. Bilmek değil; –nereden bilebiliriz, hiçbirimiz bir şey bilmiyoruz– sevdiğiniz birinin başına böyle bir şey gelirse insan yakıştıramıyor, pireleniyor, olmadık şeyler geliyor aklına. Sonra sular duruluyor, sakinleşiyorsunuz, unutuyorsunuz. Tam unutmaya yüz tutmuştuk, kafamızdan yüreğimizden atmıştık bütün soruları, Ceren geldi.

Ona da kızıyorum. Sen yirmi yılı aşkın buraya uğrama, babanla ilgilenme, cenazeyi almaya bile gelme, üstelik avukat olmuşsun, soruşturmaya falan katılma, sonra da bizleri sıkıştır babama ne oldu diye. Ağzımdan laf almak için uğraştığını anlamadım mı ben! Ne öğrenecek ki benden! Yazar'ın bilgisayarını neyini bana teslim edip Yusuf'a vermemi istediğini de söylemedim. Neden peki? Ne var da neyi saklıyoruz sahi?

Kazadan sonra evi kapatmak için etrafı derleyip toplarken Yazar'ın çalıştığı masanın yanına yığılmış deste deste kâğıtlar, defterler, birkaç da kitap gördüm. Tümünü alıp kitaplığın altındaki dolaba tıktım, dolabı da kilitledim. Ceren, koku koku diye tutturdu ya, buram buram yasemin kokusunu ben de duydum o dolapta. Ne önemi var ki bütün bunların. Savcı, polis, İstanbul'dan gelen avukat sorduğunda bir şey söylemedim. Sakladığımdan değil, Yazar'ın ölümüyle ilgisi olmadığından... Bir tek, sadece bir tek şey var kafamı kurcalayan: Arka tarafta, misafirlerin kaldığı sıra odaların birinde, genç adamın kaldığı odada, çamurlu ayak izleri vardı. İzne gitmeden önce oraları temizlemiştim oysa.

Kazadan bir gün önce, sabahın geç saatlerine kadar çok yağmur yağmış. Yazar'ın bu yüzden ayağı kaymış, dengesini kaybedip düşmüş olabilir, demişlerdi. Olabilir tabii. Ama sıra odalardaki çamurlu ayak izleri Yazar'a ait değildi, bundan eminim. Sorguladıklarında o ayak izlerinden de hiç söz etmedim, işler karışmasın diye. Keşke söyleseydim...

Huzurumu kaçırdığı için kızdımsa da Ceren'e, pek özlemişim, görünce anladım ne kadar özlediğimi. Keşke evi satmasa. Bunca insanın emeği, anısı var o evde. Hele o yazarlık heveslisi gençler. Nasıl da akıp gidiyor zaman! En gençleri kırkını çoktan geçti, elliye yol alıyor. Ne büyük hayalleri vardı onların. Bazen çalışırlarken, konuşurlarken duyardım, bazen de Yazar anlatırdı: Biraz şans, biraz destekle geleceğin parlak yazarları çıkacak bunların arasından diye. Şansları mı yoktu, sebat etmediler mi, gerekli desteği sağlayamadılar mı... olamadılar işte. Şair dedikleri Yusuf pansiyonculuk, meyhanecilik yapıyor, Engin bir tuhaf oldu. Bir genç daha vardı, onu da çok överdi Yazar, o denizcilik okudu, uzak deniz kaptanlığına soyundu; kimisi de Ada'dan kaçtı. Yine de bilinmez, bakarsın yarın, Yazar gibi ünlü bir yazar çıkar adamızdan. Dedem, "Eskiden ne kadar okumuş adam varsa yazları bizim buraya gelirdi, yok Bodrum, yok Çeşme, o fanfinfon yerler bilinmezdi," diye anlatırdı. O zamanlar şimdinin sosyetik yazlıkları, turizm beldeleri, lüks sahil siteleri yokmuş; denizi, bağı bahçeyi, rakıyı, sohbeti, ille de sessizliği, dinginliği seven İstanbullular, Ankaralılar yazları bizim buraya gelirlermiş. Yazar'ın babası da öyle gelenlerden biriymiş. Dayımgillerin evinde kalmışlar bir yaz.

Yazarlı günleri düşünürken içim cız ediyor. Güzel günlerdi. Yılbeyıl her şey daha kötüye gidiyor. İnsanlar da eski insanlar değil.

"Haklısın, ev yabancıya gitmesin, satılacaksa Yusuf ya da Yazar'ın 'benim çocuklar' dediklerinden biri alsa bari," dedim benim adama.

Yasemin Kokulu Rüzgâr

Kısa, sıkıntılı, ürkek sessizlikler. Ötekinin sözünü kollayan, uyanık suskunluklar, esler.

Şair, Engin, ben, Şair'in Yeri'nde bahçede oturmuş top çeviriyoruz. Bir araya gelmek iyi bir fikir miydi? Ben istemiştim de şimdi pek emin değilim.

"Zeytinler çiçekten meyveye geçiyor, ilaç attırdın mı?" diye soruyor Engin başımızın üstündeki zeytin dallarına bakarak. "Yaptırmadım," diyor Şair, "zaten ben işletmeciyim, burası bana ait değil. Bizim tepedeki zeytinlik için budamacı Orhan'la konuştum, oraya o bakıyor."

Hepimiz de zeytin muhabbeti için toplanmadığımızın farkındayız, konunun etrafında dolanıp duruyoruz.

"Sizin de canınızı sıktığımı biliyorum da kafama takılan bir şey var," diyorum bu kaçak güreşe son vermek için. "Kaza nasıl oldu, anlayamıyorum. Babamın kayalıktan denize yuvarlandığı açık, burada bir sorun yok. Benim anlayamadığım, güpegündüz, tutanaklara göre öğle vakti, saat 13.00-13.30 sularında Masa Kayası gibi düz, geniş bir yerden nasıl düşmüş aşağı? Çok yağmur yağmış, kayalar kayganmış, bu yüzden olabilir belki ama çocuk değil, koca adam, üstelik yürüyüşe çıktığında, oralarda gezindiğinde eskiden de mutlaka spor ayakkabı giyerdi. Öyle kolay kolay kaymaz o ayakkabılar. Kendini attı desek kayalıklardan denize atlamak intihar için başvuracağı son yöntemdi. İntiharın insanın tek özgürlüğü olduğuna inanırdı, yazmıştı bunu defalarca. İyi de benim bildiğim babam, şu veya bu nedenle bu işe niyet etse, arkadaşlarıyla güzelce yiyip içip dünyanın, insanın halleri üzerine sohbet edip, hadi uykum geldi, yarın görüşürüz diyerek odasına çekilir, güçlü bir uyuşturucu ya da birkaç damla zehir alır, uyurdu."

"İntihar ettiğini ben de hiç düşünmedim," diyor Engin. "İntihar için bir nedeni yoktu. Evet, yaşı altmışı geçmişti ama dinçti. Hâlâ tanınan, önemsenen bir yazardı. Son zamanlarda epeyce münzevileşmişti, bizleri aramaz olmuştu, gelen gideni azalmıştı. Bu kendi tercihiydi, belki yazmak için yalnızlığa ihtiyacı vardı, kim bilir."

"Bize göre öyle de belki bu kadarı yetmiyordu ona. O kadar yakın olduğumuz, sevdiğimiz Yazar'ı insan olarak ne kadar tanıdık biz? Onunla değil, kendimizle meşguldük. Bize uzattığı ipe tutunup yazarlık hayallerimizi gerçekleştirmeye odaklanmıştık. Belki tükendiğini hissediyordu. Hayatını anlamlandıran, yaşamaya değer kılan yazmaktı, yazınsal yaratıcılıktı. Defalarca söylemişti bunu bizlere. Anlamı yitirdiği, istediği gibi yazamaz olduğu duygusuna kapıldıysa..."

Anlamı yitirmekle kastettiği neydi Şair'in? Ada'ya geldiğim ilk gece de rakıyı çabuk içip kafayı bulduğunda, artık yazamıyordu gibisinden birşeyler söylemiş, canımı sıkmıştı. Bu defa, hazır Engin de varken konuyu deşmeye, Şair'le hesaplaşmaya niyetliyim. Bir yandan da, neyin hesaplaşması diye kendimi didikliyorum. Babamın tükendiğini, artık yazamaz olduğunu kabullenemiyorum bir türlü. Peki ya öyleyse!

"Anlamı yitirmek derken ne demek istediğini pek anlamadım. Siz ikiniz babamın yazar yanını, edebiyata bakışını, tarzını en iyi bilenlersiniz. İkinizi ayrı yere koyardı, biraz destek, biraz şansla bu çocuklar iyi yerlere gelebilirler, derdi."

"Ben başka bir şey söylemek istemiştim. Yazmak, sayfalar doldurmak demek değil ki. Kendi yazdıklarına da eleştirel bakabilen biriydi o. Çok az yazarda bulunan bir yetenek. Yazdıkları artık onu tatmin etmiyordu sanırım. Bir farklılık, bir arayış peşindeydi."

"Destek ve şans, dedin ya; Yazar böyle söylemişse de ne şansımız ne de desteğimiz oldu bizim," diyor Engin.

Babamın çevresindeki gençlerle çok ilgilendiğini, onların yazma ateşini –bu onun deyişiydi– körüklediğini, Adalı gençlerle iyi bir edebiyat çevresi oluşturmayı kendisine misyon edindiğini biliyordum. Engin'in sözlerinde canımı sıkan bir kadirbilmezlik vardı.

"Babam sizleri hep desteklerdi. Bizden ayrılıp buraya çekildikten sonra da sürmüştür desteği sanırım."

"Yanlış anlama, tabii ki destekledi. Yazdığımız şeyleri yayımlatma açısından söyledim. O konuda..."

"O konuda biz de ondan bir şey talep etmedik. Hikâyelerimizi, şiirlerimizi yayımlatmaya yardım et, demedik."

"Nasıl diyebilirdik ki! 'Yazarcılık oynamak', yazarlık sıfatına bürünüp, medyada görünüp yazar diye meşhur olmak isteyenlerle 'yazar kumaşına sahip olanlar, yaşamak için yazanlar' arasına öyle bir ayrım koyardı ki hiçbirimizin dili varmazdı şu yazdıklarımı bastırabilir miyiz demeye."

"Ondan da böyle bir teklif gelmedi. Bir defasında, küçük hikâyelerim epeyce birikti, sizce basılabilecek düzeydeler mi diye sormuştum, hatırlıyorum. 'Olgunlaşmamış meyveyi masaya koymamalı,' demişti Yazar. Yayımlanmasını teşvik eden bir hâli yoktu."

"Bu da onun edebiyata verdiği değerle ilgiliydi. Olgunlaşmamış, belli bir edebî değeri tutturamamış metinlerin ortaya çıkmasına aracılık etmek istemiyordu."

Ben orada yokmuşum gibi kendi aralarında konuşuyorlar, babamı didikliyorlardı. Engin açık açık söylemese de alttan alta yazar kıskançlığından söz eder gibiydi. Şair ise babamdan yanaydı, onu aklamaya çalışıyordu sanki.

Öfkeleniyorum. Babam hiç de böyle biri değildi. Genç yazarlar için elinden geleni yapardı. Bunlar, başarısızlıklarının, sınırlı yeteneklerinin, yırtamamış olmanın, dünyaya açılacakken bu Ada'ya tıkılıp kalmanın ezikliğini babama yüklemeye çalışıyorlardı.

"Babamı yargılamak için değil, hayatını nasıl kaybettiğini, kazanın nasıl olduğunu anlamak için konuşuyoruz," diyorum soğuk bir sesle. "Bana yardımcı olmanızı istiyorum. İçinizden geçirip de dile getiremediğiniz ne varsa, ne biliyorsanız söyleyin. Bir sonuca varamasak bile hepimiz için sağaltıcı olur açıksözlülük."

Sessizlik oluyor. Çaylarımızı karıştırır gibi yapıyoruz. Akşama hazırlanmak için köyden eli kolu dolu gelen Gül'e uzaktan el sallıyoruz.

"Fırtına epeyce filiz kırmış, baksanıza körpe dallar, sürgünler yerlerde uçuşup duruyor," diyor Şair.

"Yazar'ın bilgisayarıyla not defterleri, telefonu sendeymiş. Onlar incelense belki içimizi rahatlatacak bir ipucu bulunurdu," diyor Engin.

Sesinde, bunu kendisine neden söylemediğini sorgulayan bir serzeniş var sanki.

"Olaydan sonra, güvenilmez birilerinin eline geçmesin, dağılıp gitmesin diye önemli gördüğüm notlarını, defterlerini, bilgisayarını saklamıştım. Aileden kimse gelip toplamamıştı, yayıncısı da ilgilenmedi. Her şey sahipsiz kalmıştı. Hepsini Ceren'e verdim dün."

Başımı sallayarak onaylıyorum.

"Sen bakabildin mi Ceren?"

"Her şeye bakamadım, bilgisayarı açmadım, sadece telefonu inceledim. Şarjı bitmişti, doldurdum ama telefon tümüyle boşaltılmış; ne rehber ne WhatsApp ne başka fonksiyonlar; hepsi silinmişti."

Bunları söylerken Şair'in yüzüne bakıyorum, gözlerini arıyorum. O, akşam için balık getiren çocuğu izliyor. "Bir dakika şununla hesap göreyim, hemen geliyorum," deyip masadan kalkıyor.

"Telefonu kim temizlemiştir sence Engin?"

Şair telefonu bahçede bulduğunu söylemişti. Orada ne kadar zaman kaldıysa, hele de yağmur yağmışsa şarjının bütünüyle boşalmış, aletin bozulmuş olması doğaldı. Bunları Engin'e söylemiyorum.

"Belki Yazar'ın kendisi, belki Yusuf, belki de başka biri," diyor Engin.

"Çok aydınlatıcı oldun, teşekkür ederim!"

İkimiz de gülüyoruz.

Bu duygumun hiçbir temeli yoktu, nedense Engin'e babamı savunur, destekler görünen Şair'den daha fazla güveniyordum. Onun ağzından laf almaya çalışmak, bildiğim bir şeyi saklamak hiç de hoş değildi. Doğruyu söylemeye karar verdim.

"Şair telefonu olaydan sonra bahçede taflanların arasında bulmuş, öyle söyledi. Sence babam telefonunu kaybetse bunun farkına varmaz mıydı?"

"Yazar elektronik aletlere meraklı değildi. Kendine bu konuda 'teknoloji özürlü bir dinozor' derdi hatırlarsan. Telefonunu her an yanında gezdirdiğini hiç sanmam. Çok zaman önce kaybetmemişse farkına bile varmamış olabilir."

"Haklısın. Hep sormak istediğim bir şey daha var. Babam; yani şeyi, yani bedeni demek istiyorum, tam nerede bulunmuş? Masa Kayası diye bilinen mevkinin altında diye yazıyordu tutanakta. Oralarda deniz dalgalıdır, nasıl sürüklenmeden kalmış denizde?"

"Ben de merak ettim, sonradan tekneyle denizden gidip baktım. Bilirsin, orası barınaklı, küçük bir koydur. Tam o noktada, deniz seviyesinde küçük sivri kayacıklar vardır. Yel batıdan estiğinde, parçalanan ağlar, açıktan gelen naylon torbalar, ne varsa takılır oralara. Hiç hatırlamıyorum o günlerde havanın nasıl olduğunu; yağmur olduğuna göre rüzgâr batıdan esiyordu demek ki. Bu durumda, kayalara takılıp kalması, açığa sürüklenmemesi doğal."

Birden susuyor, bu ayrıntıların beni üzeceğini düşünmüştür.

"Cezacı değilim, bu türden davalara bakmasam da ne de olsa meslektenim, epeyce vaka izledim, merak etme, etkilenip perişan olmam," diyorum.

Şair, balıkları getiren çocukla hesap görüp masaya dönüyor. Neden söz ettiğimizi anlamıştır.

"Benim hatırladığım kadarıyla, bulunduğu günden önce yani olay günü, kısa süren şiddetli bir sağanak yağış olmuştu. Sen de hatırlarsın o sabahı Engin. Hani birlikte..."

Birden susuyor, boğazını temizler gibi öksürüyor, sonra bana bakıp kendini topluyor.

"Bilirsin, burada yaz sonunda hava günlük güneşlikken birden ortalık altüst olur, sağanak yapar, sonra geçer. Soruşturma sırasında Masa Kayası çevresinde hiçbir iz bulunmamasını da bu yağışa bağladılar zaten."

"Ne iz bulacaklardı ki?"

"Yalnız mıydı orada, başka biri var mıydı mesela? Mutlaka insan olması da gerekmez; bir köpek ya da herkesi bizar eden başıboş bırakılan sığırlar olabilir. Herkesin bağına bahçesine giren o Allah'ın belası hayvanların kimisi boğa kadar güçlü. Ama hiçbir iz yokmuş."

"Zaten soruşturma bu yönde geliştirilmedi. Yazar saygın bir kişiydi, canına kasteden düşmanları yoktu. Hırsızlık, soygun desen, Ada'da böyle şeyler olmaz. Evin kapıları açıktı, çöp bile alınmamıştı, cüzdanına, banka kartlarına dokunulmamıştı. Yazarlarevi'ne gelen yabancı misafirler de yoktu o sıralarda. Olsa bilirdik. Sultan'a da sordum, o da öyle söyledi."

"Ya o kadınla oğlu veya nesiyse işte? Varlıklarından herkesin haberdar olup da kimsenin haklarında bir şey bilmediği, görüp de görmediği, bir var bir yok o iki kişi?"

Suskunluk...

"Yardımcıya benziyorlardı. Evet, kadın biraz tuhaftı, değişik bir hâli vardı. Köy halkı Yazar'ın evine değişik kişilerin, böyle tiplerin gelip gitmesine alışıktı, ilgilenmezlerdi."

"Hanginiz *Kırmızı Pazartesi*'yi hatırlatmıştı?"

"Ben," diyor Engin, "lafın gelişiydi, özel bir amacım yoktu."

Bir an sezgilerimle, kuşkularımla, garip çağrışımlarla ördüğüm ağdan onlara söz etmeyi, babamın çalışma odasındaki kilitli dolapta bulduğum "Büyük yazarımıza" ithaflı *Nâlân'ın Gözyaşları*'nı, müsvedde kâğıtlarına kötü bir elyazısıyla düşülmüş şiir dizelerini, tuhaf cümleleri, tekerlemeye benzer satırları anlatmayı düşünüyorum. Sonra vazgeçiyorum, anlatacaklarımın hiçbir anlamı yok, kafamdakiler henüz kelimelere dökülebilecek aydınlığa kavuşmadı.

"Düşünüyorum da," diyor Şair masaya otururken, "bana kızma, alınma Ceren, demin de söylemeye çalıştığım gibi, Yazar'ın sıkıntısı belki de artık yazamamaktı ya da istediği gibi yazamamak. Son romanları beklendiği kadar satmamıştı. Yayıneviyle de sorunları olduğunu duymuştum."

"En son yayımlanan romanı eleştirmenlerin çoğu tarafından beğenilmişti. Gazetelerdeki, dergilerdeki tanıtım yazılarında 'büyülü gerçekçilikten sonra şiirli gerçekçiliği edebiyata soktuğu' gibi yorumlar okumuştum," diyorum.

"Ağır eleştirenler, '*Hanımeli* dergisi tefrikası' diye yazanlar da oldu *Yasemin Kokulu Rüzgâr* için. Eleştirmenler, bir yazarı şu veya bu nedenle yıpratmaya niyet ettiklerinde acımasız olurlar. Kişisel bir sorun da olabilir siyasi bir düşmanlık da. Yazar bundan söz ederdi: 'Önce göklere çıkarır, orada taht kurarlar, sonra devran döner, yerin dibine batırırlar. Bakarsınız değersiz bir yazar yeni keşif diye lanse edilir, hak etmediği bir yere taşınır, sonra unutulur gider. Bundan sadece artık hayatta olmayan kült yazarlarla belli çevrelerde siyasi dokunulmazlık elde etmiş olanlar muaftır,' derdi."

"İyi bildiği yayın dünyasından söz ederken, 'Bir yazar eskidiğinde, ki klasikler hariç çok az yazar eskimekten kurtulabilir, yayınevleri okurun doygunluğuna, bıkkınlığına karşı taze kan peşine düşerler. Üslubunu, tarzını ne kadar yenilesen eski ilgiyi kolay kolay yakalayamazsın,' demişti bir keresinde. Eski okurlar sevdikleri yazardan alıştıkları konuları, alıştıkları anlatımı beklerler. Yepyeni bir anlatımla karşılaşınca metin ne kadar iyi olursa olsun, sıradan okur bocalar, yabancılaşır. *Yasemin Kokulu Rüzgâr*, Yazar'ın eski okurları için yadırgatıcıydı. Benim için bile güç oldu metni özümsemek."

"Hiç böyle düşünmemiştim Engin. Sen epeyce düşünmüşsün bu konu üzerinde."

"Söylediklerimin çoğu babanın fikirlerine dayanıyor. Bizler ondan, edebiyat kadar edebiyat dünyasına dair de çok şey öğrendik. Yayıncılık dünya ölçeğinde bir endüstri koluna dönüştüğünden beri edebî ürünün metalaştığını mesela... 'Yazarı da edebiyatı da öğüten bir çark var. Yayıncıdan telif ajansına, eleştirmenden o baş belası kitap eklerindeki köşelere kurulmuş fetvacılara, tanıtım, reklam şirketlerinden dağıtımcıya, kitapçıya kadar hepsi o çarkın dişlileri,' derdi. Ben iyi bir yazar olamadım, hatta yazar bile olamadım ama babandan öğrendiklerimle edebiyat üzerine, günümüzde yazarlık üzerine çok düşündüm."

"Dur bir dakika," diyorum, sonra hemen susuyorum.

"Ne vardı?"

"Hiiiç, aklıma bir şey gelmişti ama önemi yok. Sizler *Yasemin Kokulu Rüzgâr*'ı okudunuz mu? Ben sadece tanıtımlarını bir de babamla yapılan birkaç kısa söyleşiyi okudum."

"Ben okudum," diyor Engin. Şair bir şey söylemiyor.

"Nasıl buldun?"

"Konusu da dili de ilginç ama söylediğim gibi yadırgatıcı, Yazar'a yabancı."

"Nasıl yabancı?"

"Yazar'ın bildiğimiz dilinden farklı. Güneyden kopup gelen, doğunun kokularını getiren, geçtiği her yerde insanlığın acılarını sarıp sarmalayan rüzgâr metaforu muhteşem. Tamam da Yazar bu hikâyeyi çok farklı bir dille, farklı bir kurguyla anlatırdı eskiden. Neyse, bana aldırma, ben de sıradan okur gibi alışkanlıklarımın esiriyim belki."

Engin'i dinlerken, bütün dünyayı dolaşan yasemin kokulu rüzgârla bütün dünyayı dolaşan bir damla gözyaşı, Nâlân'ın gözyaşları kafamda birbirine karışıyor.

Birden kendimi çok yorgun hissediyorum. Yusuf susuyor. Engin de susmuş, fazla konuşmuş olmanın mahcubiyetiyle sandalyesinde kaykılıp bakışlarını geceki fırtınadan sonra dupduru, lekesiz bir maviliğe bürünmüş gökyüzüne çevirmiş.

"Sizleri yordum," diyorum, "belki saçmalıyorum ama babamın böyle ölüp gitmesini hazmedemiyorum, onunla gereği kadar ilgilenmemiş, ölümünü bile fazla araştırmamış olmanın pişmanlığını, suçluluk duygusunu atamıyorum içimden. Buraya gelene kadar böyle sorular yoktu kafamda, kederliysem de huzursuz değildim. Buraya gelince... hanginiz 'olay mahalli' demişti, olay mahalline gelince altüst oldum. Beni anlayın, kusura bakmayın. Bunları siz ikinizden başka kiminle konuşabilirdim ki!"

Anlayışlı, dost bakışları içimi ısıtıyor. "İstanbul'daki işlerimi ayarladım, iki gün daha kalabileceğim. Yine konuşuruz, buraya evi satılığa çıkarmak niyetiyle gelmiştim, şimdi Yazarlarevi'ni ne yapacağıma karar veremiyorum. Birlikte düşünelim. Şimdi biraz kendimle baş başa kalıp kedi gibi yaralarımı yalayayım, bırakın," diyorum.

Fırtına dinmiş, rüzgâr hâlâ sert esiyor, deniz dalgalı. Odama gidip babamın bilgisayarını, Şair'in getirdiği not defterlerini, evden topladığım kâğıtları, defterleri incelemek yerine kafamı biraz dağıtmak için sahilde çakıllara basa basa yürümek istiyorum.

Sahile çarpan dalgaların sesi rüzgârda sallanan iğde ve zeytin ağaçlarının hışırtısına karışıyor. Birinin peşim sıra geldiğini duymamışım.

Şair cebinden çıkardığı hafıza çubuğunu uzatırken, "Bu bende kalmış, Yazar'ın bilgisayarını temizlerken dosyalarını koruyabilmek için çubuğa kaydetmiştim," diyor.

"Nedir bu?"

"Üzerinde çalıştığı son romanı olmalı. Taslak hâlinde, belli ki yarım kalmış."

Babamın bilgisayarına dokunamamıştım o zamana kadar. Elim de yüreğim de kapağını açmaya varmamıştı. Yusuf dosyaları çubuğa kaydedip bilgisayarı temizlediğini söylemişti. Soruşturmayı yürüten ekibin evde arama yaparken bulup incelediği, avukatımıza teslim edilen bilgisayardan Yusuf'un haberi yoktu, ona ben söylemiştim. Kendisinde ikinci bir bilgisayar olduğunu da ben yeni öğrenmiştim. Bilgisayarı ne zaman temizlemiş, önemli dosyaları ne zaman hafıza çubuğuna kaydetmiş? Kazadan hemen sonra, babam henüz bulunmamışken, evde inceleme yapılmamışken mi? Bu olamaz, tümüyle anlamsız.

Üzerinde adli inceleme yapılan bilgisayar bize iletilmiş olduğuna göre Yusuf'un verileri korumak, başkalarının eline geçmesini engellemek için ikinci –ve esas– bilgisayarı olaydan önce almış olması gerekir ki eğer gizlice almadıysa, bu ancak babamın onayıyla mümkün. Bu nokta tam bir açıklık kazanmadan fazla yol alamayacağımı biliyorum.

Babam yeni bir roman yazıyorsa notlar almıştır. Çalışma yöntemi böyleydi. Bir yandan yazar, bir yandan defterine not alırdı. Çeşitli söyleşilerde, röportajlarda klasik "Nasıl yazarsınız?" sorusuna verdiği cevapta, "Ne söylemek, okura neyi aktarmak istediğimi romana başlarken bilirim. Zaten içimde beni dürten, yazmaya zorlayan bir konu, söylemem gereken bir söz yoksa yazamam. Bir de hikâyenin geçtiği zamanı ve mekânı bilirim, bunun ötesinde roman kendi kendini yazar, kahramanlar benden bağımsızlaşır, beni sürüklerler, sonu bile onlar tayin eder. Roman yazmanın heyecanlı, keyifli yanı da budur zaten," derdi.

Gerçekten böyle miydi yoksa kendine böyle bir yazar kimliği, böyle bir tarz mı yakıştırmıştı, bilmiyorum. Şimdi düşünüyorum da, mış gibi yapmayı kişiliğinin parçası hâline getirmiş, kendi imajını inşa etmiş biri miydi babam?

"Buna rağmen kurgularınız çok sağlam, boşluğa düşmüyorsunuz, olaylar ve kişiler inandırıcı şekilde birbirlerine bağlanıyor," sorusuna verdiği cevabı da hatırlıyorum: "Bazı postmodern yazarlar aksini iddia etseler de kurgu, romanın belkemiğidir. Kurguyu yakalamak, belkemiğini sağlam tutmak için bazen sayfalarca yazıyı feda ettiğim olur, bir de sürekli not alırım, kendime ya da kahramanlarıma dik durmalarını, hayatın akışını çarpıtıp saçmalamamalarını hatırlatmak için," demişti.

Saçma, yersiz, kuruntu da olsa kurtulamadığım kuşkularımı gidermekte bu yarım kalmış roman taslağı kadar, eğer varsa notları da önemliydi. Bu işi bitirmek, göğsümün ortasına çöreklenmiş kuşku yılanından kurtulmak için ertelemeden işe koyulmalıydım. Çubuğu kendi laptop'uma taktım. Babamın bilgisayarıyla çalışmaya hâlâ cesaret edemiyordum nedense.

Bir Roman Taslağı

"Yazarlarevi Cinayeti." Roman taslağının başlığı buydu. Hemen altına babam şu notu düşmüştü:

(DİKKAT! Romanın adını iyi düşün. İlgi çekici, okutucu bir başlık ama yanlış anlaşılabilir, gerçek bir cinayet bekler okur. Polisiye roman çağrışımı yapar.)

I. Bölüm
Ormanın Kuytusunda

Edebiyat ajansım aracılığıyla gelen davet mektubunda, yazarlarevinin merkezden 42 kilometre uzakta, ormanın içinde olduğu özellikle belirtiliyordu. Ajansım daveti kabul etmemin yazarlarevinin prestiji açısından olduğu kadar kitaplarımın satışı açısından da önemli olduğunu hatırlatıyordu. Aslında bir yazarlarevinin sunduğu olanaklara ihtiyacı olmayan tanınmış yazarların misafir kadrolarında bulunmasının o yazarevi için önemli olduğunu ajansımdan öğrenmiştim. Karşılıklı bir çıkar ilişkisi.

Bir süredir kendime bile itiraftan çekindiğim yoğun bir yazma krizi içindeydim. Kafamdaki romana bir türlü başlayamıyordum. Kafamda gerçekten bir roman var mıydı, bu da başka bir sorun. Edebî yaratıcılık kafa değil yürek işidir, esin yürekten gelir, beyinde şekillenir. Benim yüreğim ıssızdı.

Erken gelen kışın bu soğuk günlerinde sıcak odamdan, başına oturursam –bir türlü oturamıyordum– birşeyler karalayabileceğimi sandığım çalışma masamdan, gündelik yaşamın miskin alışkanlıklarından ayrılmaya hiç niyetim yoktu aslında. Çağrı bugüne kadar yolumun düşmediği egzotik bir ülkeden, biz kışa girerken yazı yaşayan güney bölgesinden, en azından ılık bir Akdeniz ülkesinden gelseydi belki kıpırdanırdım ama karım beni terk edip gittiğinden beri iyice miskinleşmiştim. Beni oraya buraya sürükleyen, ite kaka toplum hayatına sokan, görünür olmamı sağlayan oydu. Sonunda usanmıştı kadın, haksızdı diyemem. Gençliklerinde parlak olan erkekler yaşlanınca sünepeleşiyorlar mı ne! Ya da gençliklerindeki ışığa, şana şöhrete kapılmış kadınlar eşlerinin yaşlılıklarına dayanamıyorlar belki de.

Yazarlarevinin ormanın içinde olduğunun özellikle belirtilmesi bir uyarı mıydı yoksa çekiciliğini artırmak için miydi? Yazarlara çalışabilmeleri, eserlerini sakin ortamlarda, huzur içinde yazabilmeleri için olanak tanıyan bu türden mekânların denize, göle, suya yakın olanları revaçtadır. Ben suya doymuşum, göl kenarındaki yazlığıma bile kaç yıldır gitmedim. Orman çekici geldi birden, hiç niyetim yokken daveti kabul ettim.

Edebiyata düşkün zenginlerin ya da vakıfların bağışlarıyla yaşayan, kimi zaman yerel yönetimlerden, kültür dairelerinden de destek gören yazarevlerine çoğunlukla genç yazarlar başvurur. Benim gibiler ise yazarevinin önemini vurgulamak, bizde kimler kimler kaldı diyerek mekânın değerini artırmak için davet edilir. Gençlere fırsat sunulması, imkânların onlar için kullanılması gerektiğine inanırım, bu yüzden böyle davetleri nazikçe reddederim. Bu defa evet dedim, ormanın çekiciliği yüzünden mi kaderime yürümek için mi, bilmiyorum.

Beni havaalanından almaya gelen siyah Mercedes arabanın şoförü pek konuşkan değildi. Arka koltuğa değil, izin isteyerek yanına oturdum. Bu davranışım hoşuna gitti sanırım. Burnundan kıl aldırmayan kibirli yazarlardan olmadığımı anlamıştı herhalde. Dilini konuşabildiğimi belli etmek için kaç saatlik yolumuz olduğunu sordum. En az bir saatlik yolumuz olduğunu söyledi, Neyse ki henüz kar yok, yoksa daha fazla sürerdi, dedi. Küresel ısınmadan, mevsimlerin şaştığından, kuraklıktan söz etmeye çalıştım. Tepki vermedi.

Bir saatlik yolculuk bu suskun adamla nasıl geçer!

Çevre yolundan ayrılıp bir yan yola saptık. Aralık ayıydı, günler kısaydı, orman yoluna girdiğimizde ortalık kararmaya başlamıştı. Ulu çamlar, ara ara karaağaçlar, yer yer meşeler seçiliyordu. "Güzel bir orman," dedim. "Baharda çok daha güzel olur," dedi kısaca. "Avlanılıyor mu burada?" diye sordum, yine sırf sessizliği aşabilmek için. "Ava meraklı mısınız? Beyefendi yani köşkün sahibi meraklıdır," dedi. Bu defa konuyla ilgilendiğini fark ettim. Fırsatı kaçırmamalı, bu kanaldan yürümeliydim. Avdan da avlananlardan da hoşlanmadığımı söyleyecek değildim ya. "Ben pek beceremem, kimileri meraklıdır, İngiliz soyluları pek severler av partilerini," dedim.

Ormanın içindeki yazarlarevi köklü, saygın bir vakfa aitti. Şoförün, köşkün sahibi beyefendi dediği adam vakıftaki üst düzey bir yöneticiydi herhalde.

"O beyefendi burada mı kalıyor?"

"Hayır, ara sıra uğrar, işlerin yolunda gidip gitmediğine bakar, bir de sizin gibi önemsedikleri ünlü yazarlar geldiğinde onları karşılamak için gelir. Şimdi köşkte sizi bekliyor."

"Başka yazar var mı bu sırada?"

"Genç bir kadın yazar var. Norveç mi Danimarka mı, kuzeyden bir yerden."

Konu yazarlarevi olunca abus suratlı, suskun şoförümün dili çözülüyordu. Vardır böyleleri, kendilerini hizmet ettikleri kişiyle, kurumla özdeşleştirirler.

Fırsatı kaçırmadım. "Yazar hanım daha kalacak mı yoksa yakında ayrılıyor mu?"

"İki ayı daha var. Kitabını bitirmeden gitmeyecekmiş, bana öyle söylendi." Sonra beni rahatlatmak için ekledi: "Köşk büyüktür, göreceksiniz. Aynı dönemde dört yazar birbirlerini hiç rahatsız etmeden, hepsi kendi dairelerinde kalabilirler. Buna göre düzenlenmiştir."

"Şehir içinde, merkezde olsa önemli değil de ormanın ortasında, böyle ücra bir yerde yapayalnız kalmak yerine bir meslektaşla birlikte olmayı, ara sıra iki laf etmeyi tercih ederim," dedim. Bu doğruydu.

Sonra yine suskunluk. Laf bitmiş, yol bitmemişti.

Bu giriş bölümünden sonra şöyle bir not:

(Vakıf yöneticisi ve yabancı kadın yazarla karşılaşma bölümü. Şoförün "köşkün sahibi" dediği adam vakfı kuran ailenin üçüncü kuşağından, gençten biri. Edebiyata meraklı, geveze ama boş değil. Kuzey edebiyatı ile eski Arap edebiyatı üzerine bir konuşma konuyu derinleştirmeye yardımcı olabilir. –Ortak dil İngilizce– Burada, coğrafya ve dil, edebiyatın da kaderidir konusunu derinleştirebilirsin. Didaktik ve sıkıcı olmadan...)

Ve metin devam ediyor:

Geceki konuşma içimde yazma isteği uyandırmıştı. Son kitabımın üstünden üç yıl geçmişti, üstelik roman değil anı-günlük karışımı bir metin. Satışı umduğumdan iyi gitmişti. Romana gelince tık yok, o can sıkıcı "Tezgâhta yeni bir şey var mı üstat?" sorusuna kaçamak cevaplar veriyordum. Ne tezgâhta ne bilgisayarda ne de bende yeni bir şey vardı.

Neden, "Tezgâhı kapattım, yazmıyorum artık, tamam," diyemeyiz ki! Yazarlıkta belli bir yere gelmişsin işte, önemli ödüller almışsın, söyleyecek sözün varsa söylemişsin. İtiraf et: Mermilerini tüketmişsin. Peki neden kahrolup durursun yazamıyorum diye? Üstelik kendini zorlayarak yazdığından ne hayır gelir! En büyük yazarların son dönemlerinde yazdıkları arasında kaçı gerçekten okunmaya değer, kaçı külliyatlarına değer katıyor? Saygı gereği açık açık konuşulmaz, kötü eleştiriler yazılmaz, "Okumayı denedim, başaramadım; birkaç sayfa sonra bıraktım elimden," diye fısıldandığını hepimiz duymuşuzdur.

Yazma ateşin sönmüştür ama okurların alkışlarıyla sağladığın doyumdan kolay vazgeçemezsin. Yazını besleyen kaynak kurumuş, sözün tükenmiştir, bilirsin de kabullenemezsin. Kimse okumasa da yaşamak için yazmak tutkusuna sahip olanlar, Márquez gibi yazmak için yaşayanlar son nefeslerine kadar çabalarlar, tezgâhı kapatmazlar. Kimileri de benim gibi usanırlar yazmaktan, tükenirler, zorlanırlar.

Dün gece yemekte, "Yeni eserinizi burada bitireceğinizi umarız," dendiğinde, "Burada başlayacağım," cevabını verirken kendimi mi kandırıyordum onları mı? Belki yeni bir başlangıç, yeni bir edebiyat dili yakalamak, insana ait eski sözleri o yeni dille söylemek... Mümkün mü? İçinde duymadığın ödünç dille yazılır mı?

Kuzeyin edebiyat dilinden söz ederken Norveçli

kadın yazar, "O soğuk, puslu hava, buram buram yalnızlık, suskunluk, sadelik, en alevli aşkı bile buzdan bir zarfa koyan, duyguları donuklaştıran dil Kuzey edebiyatına hastır. Ne kadar gayret etsek kurtulamayız o dilden. Aylarca süren karanlığın, sonra yine aylarca süren donuk aydınlığın dilidir bizimki. Akdeniz'in, Doğu'nun duygu dilini konuşmayı beceremeyiz, o dille yazmaya kalkışsak yapay olur," demişti şarabını yudumlarken.

Knut Hamsun'dan, Ibsen'den girmiş, Latin Amerika edebiyatının büyülü gerçekçiliğinden geçerek Ingmar Bergman'dan çıkmıştık. Ufuk açıcı, keyifli bir sohbetti.

Sabah ormanda küçük bir gezintiye çıktım. Hava soğuktu, temizdi, çürümüş ot, kuru yaprak, reçine kokuyordu. Ormanın sık ağaç dokusu aralık ayının geç gelen sabahına geçit vermiyor, karanlık bir türlü dağılmıyordu. Evden ormanın içlerine uzanan patika çamurluydu, havada eli kulağında kar kokusu vardı. Yarı aydınlıkta ağaçların arasından bir tavşanın geçtiğini görür gibi oldum. Ormanın dili de bir başka, diye düşündüm.

Yazma krizini burada, yepyeni bir ortamda atlatabilirdim, söylenecek yeni bir söz bulabilirdim, neden olmasın?

Köşke döndüğümde, –nedense yazarlarevi demek tuhaf geliyor– ev sahibimiz genç adam beni bekliyordu. Siyah Mercedes'le suskun şoför kapının önünde hazırdı.

"Sizinle vedalaşmak için dönüşünüzü bekledim, dün geceki sohbetimize doyamadım," dedi. Sonra mahcup bir edayla, sadece benim duyabileceğim alçak bir sesle, "Sizin yanınızda haddime düşmediğini biliyorum, ben de birşeyler karalıyorum, bir göz atabilseniz ne kadar sevinirdim," diye fısıldadı.

En nefret ettiğim iş! Hayranlardan, okurlardan, genç yazarlardan metinler gelir. Okuyup değerlendirmemi isterler. Eskiden üşenmez uğraşırdım, en azından başından sonundan şöyle bir bakardım. Çoğunlukla ilk birkaç sayfa işe yarayıp yaramayacağı hakkında bir fikir verir. Artık metin postayla gelmişse zarfı, internetten gelmişse dosyayı hiç açmadan çöpe gönderiyorum.

"Memnuniyetle," dedim ikiyüzlü bir gülümsemeyle. Adamın misafiriyim ne de olsa; değer vermiş, saymış, beni buraya getirmek için masraf etmiş, nasıl kırarım!

Elimi dostça sıktı. "Bu hafta çok doluyum, Allahın belası ticaret işleri, bir de vakfın genel kurul toplantısı var. Gelecek hafta tekrar geleceğim. Dosyamı getirme cesaretini bulamasam bile lütfederseniz güzel sohbetinizden, edebiyat konusundaki görüşlerinizden, birikiminizden yararlanırım."

Sonra ağdalı, resmî üslubundan kendisi rahatsız olup şaka yapmaya çalıştı: "İşadamları böyledir işte, kâr görmedikleri yere yatırım yapmazlar. Konuklarımızdan da maddi değil manevi katkı payı bekleriz."

Bu defa da kabalık yaptığını fark edip kızardı. Nedense bu patavatsız halinden hoşlandım. "Memnuniyetle okurum yazdıklarınızı, katkı payımı öderim, borçlu kalmak istemem," dedim içtenlikle gülerek. Kapıda durup arabaya binerken el salladım.

Kafam karışıyor. Babamın durup dururken, hem de yeni bir tarz, yeni bir dil yakaladığı, kendini yenilediği değerlendirmeleri yapılan *Yasemin Kokulu Rüzgâr*'dan sonra polisiye türünden bir romana çalışmasına anlam veremiyorum. "Yazarlarevi Cinayeti" başlığında kararsız olduğu, bir dizi soru işaretinden bir de başlığın hemen altındaki nottan belli olsa da ilk tercihinin bu başlık olduğu anlaşılıyor. Okuduğum birkaç bölümde, romanın kahramanı yazar babamın ağzından konuşuyor sanki. Bir yazarlarevi var, adaya değil de ormanın derinliklerine yerleştirilmiş.

Anladığım kadarıyla kahramanımız yaşlanmış, yazma ateşini yitirmiş. –Bu da babamın tabiridir.– Tanınmış yazar olmanın doyumuna erişmiş, kanıksamış, bıkmış, en önemlisi artık yazamıyor, yaratma krizi yaşıyor.

Şair'in, ilk geldiğim gün canımı sıkan sözlerini, daha birkaç saat önce Engin'in söylediklerini anımsıyorum. Açık konuşmasa da babamın artık yazamadığını hissettirmişti. Babamın notlarına bakmam gerekiyor. Başka bir tasarısı, başka bir taslağı var mı acaba? Yoksa otobiyografik bir romanla yazarlığa veda etmek niyetinde miydi? Yazma konusundaki düşüncelerini, edebiyat ve yayın dünyasında olup bitenleri, kırk yıllık birikimini, deneyimini romanlaştıracağı bir metin olabilir mi? Yıllar önce Ada'nın edebiyata tutkun, yazarlığa hevesli gençleriyle başlattığı çalışmanın romanlaştırılması mı?

Neden cinayet? Mecazi anlamda kullanıldığı kesin, edebiyatın katledilmesine gönderme yapıyor belki. Sağlıklı bir değerlendirme için biraz daha okumam gerek.

Bu bölüm de taslak hâlinde. Eskiden beri böyle mi çalışırdı bilmiyorum. Çocuktum, ünlü yazar olması, ilgi görmesi, okurlarının övgüleri beni ilgilendiriyordu; ne yazdığıyla, nasıl yazdığıyla ilgili değildim itiraf etmem gerekirse.

Okumayı sürdürüyorum.

Norveçli kadın yazarla ormanda gezinti. (Kadının adı olmalı mı yoksa kahramanların hiçbirinin adı olmamalı mı?)

Havaalanından köşke gelirken şoförün mevsim ortalamalarına göre oldukça ılıman geçtiğini söylediği aralık ayı, dün geceden beri gerçek kimliğine kavuştu. Hava soğudu, ilk kar düştü.

Norveçli yazarla kahvaltıda karşılaştık. Zaten ikimizden başka konuk yoktu. "Memleketin havasına kavuşuyorum nihayet, oysa bu havalardan kaçmıştım," dedi donuk bir gülümsemeyle.

Köşkün ormana açılan penceresinden dışarı baktım. Ağaçların dalları beyazlaşıyordu, kar tutmaya başlamıştı. "Orman birazdan masal âlemine dönecek," dedim, "ben orman adamı değilim, biraz hava değişimi iyi geliyor."

İyi geliyor mu gerçekten? Bilmiyorum, bir an yazma isteği duymuştum, sonra hemen külleniverdi. Yazmaya değer bir şey, söyleyecek sözüm kaldı mı?

"İsterseniz ormanda küçük bir yürüyüş yapalım," diyor. "Geçen gece İbn Haldun'a atıfla (İngilizce veya Latince söylesin bu adı), 'Dil insanın ülkesidir,' demiştiniz, İngilizcenin ve Anglosakson edebiyat dünyasının edebiyat pazarındaki mutlak hâkimiyetini eleştirmiştiniz. Konuyu sürdürebiliriz."

Çıktık, ormanın derinliklerine dalan patikalardan birine saptık. Kar yumuşacık, lapa lapa yağıyordu.

Yürüdükçe karaağaçlarla meşeler seyrekleşti, çamlar yoğunlaştı, usul ama yoğun yağan kar çam dallarına tutunmaya başladı.

"Benim yazı dilim bu havanın, karın, ormanın, alacakaranlığın dili," dedi.

Ondan hiçbir şey okumadığımı itiraf etmek zorunda kaldım. Dilini bilmiyordum zaten.

"İngilizceye, Dancaya çevrildi ilk romanım. Norveç'te gördüğü ilgiyi görmedi oralarda. Çünkü roman dilini yitirdi, kurudu, kanıksanmış bir Kuzey efsanesine dönüştü."

"Arapça ya da Farsça bir şiir çevirisi gibi. Sözcüklerin hepsi doğrudur, yerindedir, nedense asla aynı çağrışımları yapmaz, aynı duyguları yaratmaz."

"Dil sözcüklerden çok duygularla konuşulur da ondan. Tek tek ülkelerin dillerini kastetmiyorum, Doğu-

Batı ya da Kuzey-Güney de demiyorum. Duygusal coğrafyalardan söz etmek istiyorum. Hangi duygusal coğrafyaya, hangi kültürel çevreye aitseniz onun dilini kullanırsınız. Taklit edilemez bir şeydir bu."

"Edebiyat dili üzerine düşünmüşsünüz."

"Evet, biraz da zorunluluktan. İngilizce gibi bir dünya dilinde yazmıyorsanız anadiliniz birkaç milyon kişinin konuştuğu bir dilse, dil konusu sizi zorlar."

"Ben ortalama bir yerdeyim, Doğu-Batı duygu coğrafyasının ortasında. Hiçbirine tam ait olamadan, bir ayağım birinde diğer ayağım ötekinde... Bunun da sıkıntıları var."

"İnternetten sitenize baktım. Son romanınızda çok farklı bir şiir dili kullandığınız, kendi çizginizin dışında bir metinle okurun karşısına çıktığınız yazılıydı."

"Doğru; okur için de benim için de ilginç bir deneme oldu. Beğenilse de ben pek memnun değilim. Nasıl söyleyeyim, ödünç alınmış bir dildi sanki, biraz zorlamaydı. Hani demin dediniz ya..."

Bu sözleri söyler söylemez pişman oldum, yanlış anlamasın diye acele açıklamaya çalıştım.

"Ödünç dememin anlamı, yaşadığım coğrafyada çok farklı edebî gelenekler, sizin deyişinizle farklı duygusal diller vardır. Bunlardan birini denemek istedim."

"Bir yazar sizin kadar ustalaşınca, ünlenince artık yanlış anlaşılma kaygısı taşımaz, tabii ki deneyebilir."

Haklı olduğunu düşünüp hem ferahladım hem de içimde tuhaf bir huzursuzluk duydum.

Babamın roman taslağında sözünü ettiği tuhaf huzursuzluk şimdi benim içime çörekleniyor. Bir yandan merak, öte yandan nedenini bilmediğim bir tedirginlik. Filmin en korkunç ânını görmemek için gözünü kapamak gibi bir duygu.

İmleci hızlıca aşağı kaydırdım, ekranda sayfalar birbirini izliyordu. Yer yer durup baktığımda bazı sayfalarda soru işaretleri, kırmızıyla yazılmış notlar, ara başlıklar var. Evet, oldukça ham bir roman taslağı; üzerinde çalışırken yarım kaldığı besbelli. Vaz mı geçmişti yazmaktan ya da ölümüyle mi yarım kalmıştı?

Kırmızıyla işaretlediği bir bölüm ilgimi çekiyor:

Suç ne zaman suç olur? Düşünüldüğünde, planlandığında mı eyleme dönüştüğünde, işlendiğinde mi? Raskolnikov cinayeti tüm ayrıntılarıyla tasarladığı aşamada suçlu sayılabilir mi? Yasalara göre hayır, vicdana göre evet. Suça niyet etmek, niyet etmekle kalmayıp planlamak, yolun yarısını aşmaktır. Ne var ki suç, kişinin öz yargısının dava dosyalarında kalır, açığa çıkmaz. İnsanın kendi kendini mahkûm etmesi yasalar önünde mahkûmiyetten çok daha ağırdır.

Orman gezintilerimizden birinde, lekesiz beyazlığın büyüsüne kapılıp yazarlarevinden epeyce uzaklaşmıştık. Birden kendimizi keskin bir uçurumun kenarında bulduk. Aşağıdaki derin vadide köpüre köpüre akan nehrin sesi önce dik yamaçtaki kayalara çarparak yankılanıyor, sonra kar örtüsüne gömülüp yumuşuyordu. Kar altındaki ormanda yolumuzu yitirmeyelim diye elimize tutuşturdukları elle çizilmiş basit haritada bir nehir görülüyordu. Vadinin bu kadar derin, yamaçların kayalık olduğu işaretlenmemişti. Nehrin iki yanında uzanan bembeyaz orman görüntünün etkileyiciliğini artırıyordu.

Uçurumun kenarına doğru yürüdü. Ben yerimde kaldım, bir adım daha atamazdım. "Nehir muhteşem görünüyor, gelip görmelisiniz," dedi. "Lütfen dönün, vertigom var, sizi orada görmek bile beni dehşete düşürüyor," dedim kısık bir sesle. Uslu uslu geldi yanıma,

"Merak etmeyin, ben fiyortlar ülkesindenim, çocukluğum böyle uçurum kenarlarında geçti," dedi gülümseyerek. Beline sarılıp kendime çektim. Yanakları, burnu donmuştu soğuktan ama dudakları sıcaktı. Ne zamandır unuttuğum duygular: şehvetin yakıcılığı, gemleyemediğim, gemlemek de istemediğim cinsel arzu, hemen orada, karların üstünde sevişme ihtiyacı...

Kendini usulca çekti, Nordik desenli yün eldivenli eliyle yanağımı okşadı. Hakkı olmayan bir şey için tutturan şımarık bir çocuğu kırmadan reddetmeye çalışır gibiydi. Dönüşsüz bir noktaya gelmiştim, pes etmedim, direndim, daha sıkı sarıldım. Birlikte yere, karlara düştük. Sonra... Sonrası rezillik. Korkmuştu, teslim olmuştu, pantolonunu sıyırmama direnmemişti, dehşet içindeydi, dondurucu soğukta, karın üstünde üşüyordu.

Ben, alçak tecavüzcü, ben iktidarsız bunak, ben işi bitik adam, tecavüzü bile başaramadım. Üstünden kalkıp birkaç adım uzaklaştım. Bedenine, giysilerine, kalın anorağına bulaşmış karları silkelediğini gördüm. Karın üstüne düşmüş yün beresini alıp başına geçirdiğini gördüm. Karda düşe kalka yürüdüğünü gördüm. Yün atkısı elimde kalmıştı ve elimi yakıyordu. Bir an uçurumun kenarına gidip aşağıya bakmak, her şeyi bitirmek geçti aklımdan, yapamadım, karın üstüne çöküp öylece kaldım.

Bu paragrafların hemen arkasına şöyle bir not düşülmüş:

Bu tecavüz meselesini yazarın iç dünyasını, ruhsal sorunlarını biraz daha işleyip sonraki bölüme taşımak iyi olur. Ya da büsbütün vaz mı geçmeli? Vazgeçersem, yazarın tükenmişliği ile cinayet fikrine kadar varan yazamama paniğini nasıl anlatabilirim?

Kafam allak bullak. Ne biçim bir metin bu! Ne anlatmak istemiş babam? Okuduğum bölümler, taslak hâlinde de olsa yazmak üzerine, yazar kimliği, edebî dil, yazın sorunları üzerine bir roman izlenimi vermişti. Roman taslağındaki yazarın yazma bunalımı, yazamadığı için Norveçli genç kadın yazarı kıskanması, onun diline öykünmesi, vakıf yöneticisi hevesli yazarla edebiyat tartışmaları çerçevesinde bir kurgu beklerken bu bölüme anlam veremiyorum.

Ödünç dil, intihal, taciz, tecavüz, cinayet... Nasıl konular, nasıl göndermeler bunlar? Bunlar babamın konuları değil, nereye varmak, ne anlatmak istemiş olabilir? Üstelik tamamlanmamış, karmakarışık, çok ham bir metin, taslak bile sayılmaz.

Vakıf yöneticisi amatör yazarla yarım kalmış bir diyalog dikkatimi çekiyor:

"Sizce bu yazdıklarım yayımlanmaya değer mi?" "Kesinlikle değer, itiraf edeyim ki benim yazdıklarımdan daha saf, daha yetkin bir edebiyat sizinki. Üstelik özgün de bir diliniz var." "Bunu sizden duymak çok önemli. Sizin eserlerinizden daha iyi olduğuna katılmam mümkün değilse de bana cesaret verdiniz."

Bir an düşündüm. Konuşmayı burada sonlandırabilirdim. Sonlandırmadım, cevabını bir türlü veremediğim soruyu yöneltmekten kendimi alamadım: "Neden yazmanın doyumuyla, keyfiyle yetinmeyip yayımlamak istiyorsunuz?" Anlamsız görünen bir soruydu ama o anladı. "Çünkü sesim beni aşsın, başkalarına ulaşsın, başkalarında yankılansın istiyorum. Kaç kişinin duyacağı, kaç kişinin okuyacağı önemli değil. Çok okunma, ünlü olma peşinde değilim. Yazdıklarımı severek okuyan, anlayan tek bir kişi bile olsa, kendimi artık yalnız hissetmeyeceğim, ruhsal yalnızlığıma iyi gelecek." Hiç böyle düşünmemiştim. Yazmanın anlamı belki de budur. Bu duyguyu hiç duymadım ben. Yüz binlerce okurum oldu, yalnızlığım hiç azalmadı.

Sonra kırmızıyla işaretlenmiş, yarım kalmış bir cümle:

Yazının icadından bu yana milyonlarca metin, milyonlarca kitap arasında kaybolmak, kendini değersiz saymak, vazgeçme isteği.

Adı belki de "Yazarlarevi Cinayeti" olacak roman babamın kendi yazarlığını acımasızca değerlendirdiği bir metin, yazarlık kariyerinin özeti miydi yoksa bir itirafname mi? Neyin itirafı? Tecavüzün, düşüşün mü, yazamaz olmanın, tükenmişliğin, ödünç alınmış dilin mi?

Sinirlerim bozuk, saçmalıyorum. Araya giren bir not daha:

(Vakıf yöneticisinin edebiyat tutkusu işlenecek. Bunlar da benim karalamalarım diyerek yazara verdiği metinler kıskandıracak kadar güzel. Yazar bunu ona itiraf etmeyecek, yazma krizini aşmak için yararlanacak. Esinlenme ile intihalin sınırlarını tartış. Norveçli kadın yazarla ilişkisi: derin utanç, yıkım. Yeniden ele almak gerek. Cinayet fikrini uçurumun kenarındaki sahneye bağla. Cinayet intihara dönüşebilir mi?)

"Yazarlarevi Cinayeti" başlığını koymayı düşündüğü romana ne zaman başlamış? Hangi tarihe kadar yazmış? Bilgisayarın belleği taranabilse son kaydın hangi tarihte, hangi saatte yapıldığı bulunabilir, oysa elimde sadece çubuktaki kayıt var. Şair bilgisayarı temizlediğini söylemişti. Pis herif! Sana ne! Ne işine! Başkalarının eline geçmesin diyeymiş. Geçse ne olur, devlet sırrı değil ya!

Şair'i aramadan önce bu tuhaf roman taslağını sonuna kadar okumalı, düşünmeli, sakinleşmeliydim. Bu metni okuyup okumadığını, ne düşündüğünü öğrenmeliydim. Önsezilerim, benden bir şey saklamaya çalıştığını söylüyordu.

Bilgisayarımı kapattım. Babam romanlarını yazarken notlar alırdı. Bir dolu not defteri vardı. Bazılarını çalışma odasındaki dolapta bulmuştum, bazılarını da Şair getirmişti. Göğsümün ortasına çöken ağırlığı geçirecek ilacın reçetesi o defterlerin birinde olabilirdi.

* * *

Çalışma odasındaki dolapta bulduğum defterlerden birini karıştırıyorum. Babamın elyazısını tanırım, evet onun notları ama bambaşka bir konuda. Bir edebiyat dergisine yazacağı makaleyle ilgili olduğu, parantez içinde derginin adını yazmasından anlaşılıyor. Anladığım kadarıyla bir edebî metni okurun, yazarın, eleştirmenin alımlama farkıyla ilgili düşünceler bunlar. Bu konuya önem verirdi: "Ben yazıyorum bayram haftası, okur anlıyor mangal tahtası, eleştirmen yorumluyor düğün pastası." Bunu şikâyet ederek değil keyifle söylerdi. Defterde başka konularda notlar da var, hiçbiri bu romanla ilgili değil.

Bir başka defter. Şöyle bir karıştırıyorum, gündelik hayatla, yapması gerekenlerle ilgili bellek notları: "İki yabancı konuk yazar Palatia'ya antik heykelleri görmeye götürülecek. Engin ya da Yusuf'u aramayı unutma." "Mermer koyundaki eski mermer fabrikası kalıntıları için belgeselci ara." "Asmalı meyhanenin telefonu." "Zeytinler için Orhan'ı ara (budama)." "Yunanistan'dan gelecek yazarlar grubu için belediyeyle konuşulacak." "Sultan'a poğaça siparişi." "Yayınevinden isteyeceğim kitaplar." ... Çoğunda tarih yok. Ismarlamayı düşündüğü kitapların listesine bakınca 2010, 2011 yıllarına ait olduklarını çıkarıyorum. İskele Market'e sipariş listeleri, yurtdışı gezi tarihleri, büyük harflerle UNUTMA yazılmış kitap fuarı, konferans, TV'lerde canlı yayın tarihleri, adresler, e-postalar...

Babam aklına bir cümle ya da yapacağı bir iş geldiğinde, epeyce savruk şekilde küçük kâğıtlara ya da defterlere yazardı. Çeşitli yayınevlerinden, bankalardan, derneklerden gelen onlarca takvimli ajandayı kullanmaz; eşine dostuna, Ada'daki öğrencilere dağıtırdı. Önemli tarihleri, randevularını, telefon numaralarını, adresleri yazdığı küçük kâğıtlar bazen oraya buraya dağılır, bir kitabın sayfaları arasında kalır, kaybolurdu. Bu yüzden unuttuğu toplantılar, gerektiğinde arayıp bulamadığı adresler, söz verip yetiştiremediği yazılar, söyleşiler olduğunu hatırlıyorum. Düzenli biri değildi. Annem sevgili kocasını bu konuda eleştirir, hatta bazen önemli randevuları, seyahat tarihlerini, yayıneviyle yazışmaları onun yerine sağlam bir yere kaydederdi. Bir defasında bu konuda fena tartışmışlardı. Evden ayrılıp yalnız yaşamaya başladıktan sonra randevularını, yapacağı işleri, önemli tarihleri daha dikkatle kaydetmeye başlamış anlaşılan.

Defteri karıştırıyorum. Kurşunkalemle alınmış bir not: "Ceren'i ara, nöroloğun adresini, telefonunu ver." Tarih yok. Belleğimi zorluyorum, hayır, beni böyle bir konuda aradığını hatırlamıyorum. Belki annemin durumunu öğrenmiş, kaygılanmıştı, belki başka bir şey içindi, belki de önce niyetlenmiş, sonra aramaktan vazgeçmişti. Başka bir sayfada biraz farklı bir yazıyla, yine kurşunkalemle yazılmış uzunca bir paragraf:

Kyoto'nun kiraz çiçekleri... Bunun dilini kurabilmek. Sözcüklerin yetersizliği, duygu aktarımının kısıtlılığı, kısırlığı, erişememe duygusu. Kyoto'nun çiçeğe durmuş kiraz ağaçları ormanı, hayır orman değil denizi. Hayır başka bir şey. Anlatamıyorum. Bir yolu olmalı, bir dili olmalı. Japonca konuşmak değil, Japon olmak da yetmez. Denizi anlatmak gibi, tasviri aşarak, içe yansımasıyla, suyu teninde duyarak, dalgaların arasında kaybolarak... Yazıya dökerek değil, yazarlık için değil. Sadece şiirin, derin şiirin ulaşabileceği dille. Şair değilim, hiç denemedim, şiir damarım yok benim. Kyoto'nun kiraz çiçeklerini yazmak harcım değil. Yaseminlerin kokusunu yazmak? O da değil. Kiraz çiçeklerinin, yaseminlerin, denizlerin dilini konuşabilmek için yazar olmamak gerek. Hele de yazarcılık oynamamak.

Japonya'ya ne zaman gitmişti? 2001 veya 2002. Bana çok zarif bir geyşa biblosu bir de inanılmaz güzellikte bir gravür getirmişti: uçuk pembe kiraz baharları. Nereye koydum, ne yaptım, hiç hatırlamıyorum. Kendime kızıyorum, kızmanın da ötesinde, çaresiz bir pişmanlık duygusu yayılıyor içime. Onu bu kadar etkilemiş olan, yazarlığıyla hesaplaşmasına, kendisini yetersiz görmesine neden olan kiraz çiçeklerini önemsemedim, değerini bilemedim, babamı anlamaya hiç çabalamadım. Dil arayışının daha o zamanlar başladığını, giderek saplantıya dönüştüğünü fark etmedim bile. Onu ne kadar sevdiğimi de fark etmediğim gibi. Artık çok geç; sevgi pişmanlığa, pişmanlık suçluluğa evriliyor.

Koyu karanlıkta yakılan bir kibritin minicik ışığı çakıyor beynimde, sonra hemen sönüyor. Kurşunkalemle yazılmış satırları bir kez daha okuyorum: "... yaseminlerin kokusunu yazmak..." Çakılan bir kibritin saniyelik ışığında beliren aydınlık: *Yasemin Kokulu Rüzgâr.*

Bu son romanında aradığı dili yakalayabilmiş miydi? Bilgisayardaki roman taslağında Norveçli kadın yazarla yaşlı yazarın ormanda dolaşırlarkenki konuşmalarından bir cümle: "Ödünç alınmış bir dil, sanki zorlama."

Defteri biraz daha karıştırdım. Sultan'a ödenecek paradan Ada'ya uğrayan teknelerin yaz tarifesine kadar bir sürü sıradan not. Bir de İstanbul'da, Çeliktepe'de bir matbaa adresi.

Bir kibrit daha çakıyor beynimde? Minicik kıvılcımların üst üste çakıp beynin bir köşeciğini aydınlatması...

Çeliktepe'deki adresin *Nâlân'ın Gözyaşları*'nın basıldığı matbaanın adresi olduğunu kitaba bakmaya bile gerek kalmadan biliyorum. Duygularımla, sezgilerimle, iç gözlerimle biliyorum.

* * *

Engin'i aradım. Ayrılalı birkaç saat olmuşken akşam vakti neden aradığıma şaşırmıştır.

"Köyde misin?"

"Evet, döndüm, bizim köydeyim."

"İskelede bekle, minibüs varsa minibüse, olmadı taksiye atlayıp hemen geliyorum."

"Ben gelip alırım seni."

"Gerek yok, kendim gelirim."

Taksi çağırmak istememiştim, Yusuf görüp de nereye gittiğimi sorarsa ona ayıp olurdu. Şair'in Yeri'nden mezarlığa kadar hızlıca yürüdüm. Minibüsü yolda yakaladım. Evin önünden geçerken, Masa Kayası'nı görmemek için deniz tarafına değil tepelere doğru baktım. Bu noktadan evin sadece çatısı görünüyordu, bina zeytin ağaçlarının ve fıstık çamlarının arasında kaybolmuştu.

Bir yeri arar gibi dikkatle baktığımı gören yanımda oturan yaşlıca adam, "Orada bir yazarın evi vardı, yazık oldu, kapandı kaldı," dedi.

"Yabancıyım, bilmiyorum, zeytinliğe tırmanan basamakları görünce nereye çıkıyor diye baktım."

"Yazarın evi mi yazarlarevi mi, öyle derlerdi. Adamcağız aha şu kayalardan aşağı yuvarlanmış. Şimdi etrafını çevirdiler başkaları da düşmesin diye. Masa gibi dümdüz olduğundan Masa Kayası diye bilinir. Gençliğimizde şarabı rakıyı alır mangal yapmaya giderdik."

"Daha önce de düşen olmuş muydu?"

"Ben duymadım, belki eskiden olmuştur. Biri itmese öyle kolay kolay düşülecek yer değildir."

"Kaza mıymış?"

"Öyle dediler. Belki de içkiliydi, kim bilir. Bu yazar takımı çok içer zaten. Akşama doğru günbatımında orada oturmayı severmiş rahmetli."

Tam, kaza öğle üzeri olmuş, diyecekken kendimi tuttum, sustum.

Günün son ışıklarıydı. Gökyüzü yer yer pembe, yer yer erguvanî çizgilerle yarılmıştı. Uzakta, ufukla deniz donuk sarı renkteydi. Hatırlıyorum, fırtına sonrası böyle olur, ertesi gün hava pırıl pırıl açar, kıpkızıl batar güneş.

Minibüsten inip iskeleye yürüdüm. Eskiden balıkçı teknelerinin, gezi motorlarının, sandalların yanaştığı, çocukların üzerinden denize atladığı derme çatma ahşap iskelenin yerine, araba yüklü, tır yüklü büyük teknelere uygun yeni bir iskele yapılmış.

Engin iskelenin önündeki gölgelik banklardan birine oturmuş bekliyordu. Sahil boyunca uzanan yolun kenarına dizilmiş kebapçı mı, çay bahçesi mi, kahvehane mi belli olmayan pejmürde görünüşlü, sevimsiz yerlerin önünden yürüdük.

"Buralara ne olmuş böyle! Boydan boya kumsal değil miydi burası! Bizim taraf rüzgâr tuttuğunda gelir buradan denize girerdik, yanlış mı hatırlıyorum?"

"Doğru hatırlıyorsun. Sahile dolgu yapıldı, iğdeler kesildi, yol açıldı, asfalt döküldü, yol boyunca da bu ucube binalar sıralandı. Sadece Akdeniz sahillerinde, Fransız şehirlerinde olacak değil ya, bizim de promönadımız var artık!"

"Lahmacun, kebap kokulu bir promönad," dedim küçümseyen bir edayla.

"Şu ileride tek bir balık lokantası kaldı, rakı da veriyor tesettürlü bardakta. Bizim köye gelen tatilciler çevre illerden, orta alt sınıftan, daha çok esnaf takımı, küçük memur falandır. Arz talep meselesi; kola, ayran, lahmacun, kebap daha iyi gidiyor, hem de daha hesaplı."

Balık lokantası dediği yeri hatırlar gibi oldum. Asmayla örtülü çardağından salkım salkım üzümler sarkan iki katlı salaş bir yerdi. İlk katı meyhane, üstü balıkçının eviydi. Babam çok severdi burayı.

Hava biraz serindi, dışarıya, çardağın altına oturduk. Kırmızı mavi kareli muşamba örtüler değişmemişti. Yirmi beş yılda paralanmış da olsalar, aynıları alınıp örtülmüştü masaların üstüne. Annemin, bunlar sağlığa zararlı, dediği melamin tabaklar da aynıydı sanki. Asmanın gövdesi kalınlaşmış, kökler birbirine sarılmış, çardağı yemyeşil kaplamıştı. Salkımlar çiçeklerini dökmüş, mercimek kadar üzümler yeni belirmişti.

"Buraların eski hâlini hatırlatan bir şeyin kalmış olması güzel," dedim.

"Sahibini hatırlıyor musun? Balıkçıyı... O çoktan sizlere ömür. Oğlu yoktu, kızları dışarıdan evlendiler. Dükkânı başkası devraldı ama bozmadı, olduğu gibi korudu. Kebapçılar, çay bahçeleri yazın dolup taşıyor, burası da hâlâ iyi işliyor. Herkes dönerci, ayrancı değil."

"Devralan köyden biri mi?"

"Adalı değil, dışardan yazlıkçı gelip buraya yerleşenlerden. İstanbul adalarından birinde meyhane işletirmiş eskiden, sonra işleri bozulmuş. Köyden biri olsa burası da kebapçı olurdu. Asmayı söker, evi yıkar, birkaç kat çıkardı. Burası Laz köyüdür, bizimkilerin gözü karadır, parayı severler, asmaya çardağa aldırmazlar. Bir zamanların takacıları armatör oldular, köyün içlerinde kapısı altın yaldızlı konaklar yaptırdılar. Tabii kendi çapında..."

İğneli sözleri, küçümseyici tonu hoşuma gitmemişti. Belki haklı ama kendisi de bu köyün çocuğu değil mi nihayetinde!

"Köy halkından hoşlanmıyorsun galiba?"

"Eskiden buraların havası da insanı da farklıydı. Basit insanlardık, iyi insanlardık, babanın deyimiyle 'masumiyet çağı'ydı. Kavga gürültü olurdu, bilirsin, Laz'ın kafası çabuk atar, bir o kadar da severdi millet birbirini. Babanın buralara gelip bizleri topladığı, Yazarlarevi'ni kurduğu günler altın çağımızdı. Ne kadar gençtik, ne kadar hesapsız, ne kadar saftık. Okuma hırsımızı, edebiyat tutkumuzu, yazarlık hevesimizi hatırlıyorum. Yırtmak istiyorduk, yırtmanın yolunu okumakta yazmakta görüyorduk. Şimdiki gençler böyle şeyleri küçümsüyorlar, üşütüklük ya da özenti sayıyorlar. Şimdilerde yükselmenin, yırtmanın yolu; ya bir cemaate, tarikata gireceksin ya da bir ucundan iktidara yaklaşacaksın. Akıntıya karşı yüzmeye, çocuklarla, gençlerle birşeyler yapmaya çalışıyorum da, pek yürümüyor."

"Sadece bura değil, tüm dünya böyle," dedim. "Yine de pırıl pırıl gençler var. Sen de söyledin ya, babam kendi gençlik yılları için 'umut ve masumiyet çağı' derdi. Her kuşak geçmişe özlem duyuyor."

Balık, salata, midye tava, karides güveç ısmarladı. İki tesettürlü bardak, bir de büyük soğuk su istedi. Rakı içesim yoktu. Şu iki günde neredeyse bir yıllık rakımı içtim sayılır, yine de ses etmedim. Ben onunla konuşmaya gelmiştim, asıl onun biriyle konuşmaya ihtiyacı olduğunu hissettim.

"Köy halkından hoşlanmıyorsun, dedin ya, haklısın. Ada'yı seviyorum, buralardan kopamıyorum, kalkıp gitmeye cesaretim yok. Asıl mesele, insanlardan hoşlanmıyorum."

"Hep mi böyleydi, canını sıkacak bir şey mi oldu?"

"Belki de insanlar hep böyleydi de ben farkında değildim. Kafadar arkadaşlarla, Yazar'ın varlığıyla, edebiyat sohbetlerimizle, gelecek umutlarımızla, tutkularımızla kendimize bir dünya yaratmıştık. Hani paralel evrenler deniyor ya, öyle bir şey. O zamanlar Ada'ya gelip giden insanlar, çoğu solcu, halkçı yazarlar, sanatçılar da farklıydı sanki. Buralara başka bir hava, farklı bir yaşam kültürü getirmişlerdi. Bura halkıyla kaynaştıklarını söyleyemem, Adalı birkaç balıkçıyla sıkı dost olurlar, Ada eşrafıyla yer içerler ama daha çok kendi çevrelerinde kalırlardı. Yine de farklı bir hayat tarzı olabileceğini göstermişlerdi, en azından okuryazar, aydın kişi olmanın önemini belletmişlerdi. Şimdi görüyorsun işte..."

"Sadece buraya özgü değil, her yerde aynı değer kaybı, aynı avamlaşma yaşanıyor. Lümpen dili, mafya tarzı revaçta."

"Haklısın, kaçacak yer yok, durdurun dünyayı inecek var desem, inecek yer de yok."

Ne söyleyeceğimi bilemedim. "Neden bu kadar kötümsersin Engin?" dedim.

"Kötümserlik değil bıkkınlık. Sürüngenlik duygusu. Üniversiteye giriş sınavlarında puanım yüksekti, başka bölümlere de girebilirdim, edebiyatı seçtim. Bunda, önce lisedeki öğretmenimizin sonra babanın payı büyüktür. Öğretmen çıktıktan sonra Doğu'ya atanmayı da kendim istedim. Tam bir gençlik idealizmiydi. Aslında salaklıkmış. Oralara gidince ne Türkiye'yi ne dünyayı ne de insanlarımızı tanıdığımı anladım. Üstelik savaşın en kötü dönemleriydi."

"Hangi savaş?"

"O yıllarda buralardan görülmeyen, bilinmeyen, bizi ilgilendirmeyen savaş."

"Kürt meselesi mi diyorsun?"

"İstersen öyle adlandır. Orada, doğunun da doğusunda yeni açılmış bir lisede öğretmenlik yaparken benim için sorun Kürt değil insan sorunuydu, insanların acılarıydı, çektikleriydi, gördükleri zulümdü, ezilmişlikleri, çaresizlikleriydi. Geleceksiz, umarsız çocukların hâliydi. Onlara bakınca, oralarda değil de burada doğmuş olmak ayrıcalık gibi görünüyordu. İnsan böyle bir ayrıcalıktan utanç duyuyor. Karşılığını verememekten de..."

Koyu renk kola bardaklarında, "tesettürlü" dediği rakı, salata, peynir, karides geldi. Balıkları ızgaraya daha sonra koymalarını söyledi. Neler konuşmaya gelmiştim, neler dinliyordum.

"Anlıyorum," dedim, "peki bunun köydeki insanlarla ne ilgisi var?"

"İlgisi şu ki, dünyanın bu Ada'dan, İstanbul'da üniversite muhitinden, bir de okumaktan yazmaktan ibaret olmadığını Doğu'da öğretmenlik yaparken öğrendim. İnsanlara, çocuklara, gençlere yardım etmeye çalışırken örgüte yardım yataklıktan tutuklandım, sonunda beraat ettim ama iki yıldan fazla hapis yattım, meslekten atıldım, hiçbir yerde tutunamadım, buraya dönmek zorunda kaldım. İlgisi şu ki, köydekilerin gözünde Zeytinciler'in oğlu okumuş yazmış Engin değil terörden yatmış Engin'dim artık; ilişkiler de öyle yürüdü."

Doğu'da öğretmenlik yaparken PKK'li diye tutuklandığını kimden duymuştum? Şair'den mi, Sultan'dan mı? Duymuştum da önemsememiştim. Önüne gelenin şu veya bu örgütten tutuklanmasına, hüküm giymesine alışmıştık, kanıksamıştık. Hele de örgüt davalarına giren cezacı arkadaşlar için bu gözaltılar, tutuklamalar kendi deyimleriyle "vaka-i adiye" idi.

"Küçük yerlerde insanlar daha kuşkucu, daha dar kafalı oluyor, kendi gibi olmayanı, yabancıyı ötekileştirme kendini korumanın bir yolu gibi algılanıyor. Bir de tabii öyle bir algı operasyonu, öyle bir suçlama, şeytanlaştırma, dışlama politikası yürütülüyor ki köydekilerin tavırlarına hiç şaşmadım. Kendini kuşatılmış, yalnız hissetmeni anlıyorum. Bu anlamda hepimiz yalnızız."

Konuşmak istediğim konuya dönmek için sabırsızlanıyordum.

"Ne garip! Hiç aklımıza gelir miydi bunca yıl sonra burada, asmalı meyhanede oturup bunları konuşacağımız," dedim. "Ben çok az geldim buraya. O zamanlar çocuktum, biliyorsun, meyhanelik yaşta değildim. Babam pek severdi burayı, arkadaşlarını ya Resul'ün meyhanesine ya da buraya getirirdi. Birlikte son gelişimizde, 'Deden de severdi burayı, ilk rakımı burada içirmişti bana, o zamanlar araba yolu yoktu, tekneyle gelirdik,' demişti."

"Yazar'a ve yitik zamanlara içelim," dedi kola bardağını kaldırarak. "Proust, kayıp zamanın peşinden giderek o ölümsüz eseri yarattı, bizler geçen yılların ardından ah vah etmekle yetiniyoruz. Baban için geldiğini, babanı konuşmak istediğini biliyorum. Ben de zorlandığım için deminden beri lafı dolandırıp duruyorum."

"Babama ne oldu Engin? Ölümü konusunda sen ne düşünüyorsun, neydi onu ölüme sürükleyen? Haklısın, lafı dolandırmayalım artık. Söylenmeyen söz içerde çürür, insanı hasta eder."

"Kaza olduğuna inanmıyor musun?"

"Sen inanıyor musun?"

Cevap vermiyor, susuyor, benimki de soru değildi, kuşkularıma destek bulma arayışıydı zaten.

"Buraya gelene kadar inanıyordum, içimde kuşku yoktu. Her şey açıktı, belgeliydi: polis araştırması, otopsi raporu, emniyetin tutanakları, avukatımızın anlattıkları... Ada'ya geldiğimde, Şair'le birlikte eve gittiğimizde, sonra sizlerle konuştuğumda kafama bir bit girdi. Neden diye sorma, bilmiyorum. Bir söz, bir bakış, bir suskunluk, bir kâğıt parçası, bir not, bir kitap, küçücük, anlamsız bir ayrıntı; kafayı taktığın zaman hepsi anlam kazanıyor. Kazaydı diyemiyorum artık. Kaza bile olsa tuhaf bir kaza."

"Masa Kayası'ndan düştüğü kesin. Başka bir yerden getirilip orada denize bırakılmış olamaz. Bunların hepsi araştırıldı. Soru, dengesini yitirip mi düştüğü yoksa birinin mi ittiği. Olay ânında orada başka birinin bulunduğuna dair bir ize rastlanmadı, yine de... Bunları konuşmak bana da senin kadar ağır geliyor inan, Şair'le bile uzun uzun konuşmadık."

"Eğer kaza olduğuna kesinlikle inansaydınız huzursuzluk duymazdınız, yasını tutar, eski güzel günleri özlemle, hüzünle, birlikte anardınız. Neydi senin, sizin kafanıza takılan Engin?"

Çatalıyla tabağındaki balığı didikliyor. İkircimli olduğunu hissediyorum. Ya geçiştirecek ya da konuşacak. Geçiştirecek olursa konu benim için de kapanacak, bir süre kuşkularımla, kaygılarımla yaşayacak, sonra da düşünmemeye çalışıp unutacağım. Belki de bütün bunlar babamla zamanında yeterince ilgilenmemiş, ondan kopmuş, onu reddetmiş olmaktan duyduğum pişmanlığın huzursuz ruh hâlinden ibarettir. Yaşarken ilgiyi, sevgiyi esirgediğim, küstüğüm, reddettiğim babama, ölümünün ardından geç kalmış bir özür...

"Benim kafama ilk takılan, kazanın meydana geldiği öğle vaktinde orada ne işi olduğuydu. Bilirsin; günbatımında ya evin verandasından ya da o kayalardan batan güneşi seyretmek, güneşe kadeh kaldırmak Yazar'ın yaşamının parçasıydı. 'Güneşe tapanları anlıyorum,' derdi."

"Biliyorum, kaç kez yazmıştı o anları romanlarında. Haklısın, sonradan huy değiştirmediyse gündüz saatlerinde oralara gitmezdi. Çoğunlukla odasında çalışır ya da arkadaşları varsa onlarla vakit geçirirdi. Peki kazanın öğle saatlerinde olduğundan emin miyiz?"

"Tutanaklarda öyle yazıyor. Ayrıca İskele Market'ten

siparişlerini getiren çocuk, öğleden sonra eve iki kez uğradığını, ikisinde de evde kimsenin olmadığını, malzemeyi kapıya bıraktığını söylüyor. İçme suyu da istemişmiş; ertesi gün suyu da diğer şeyleri de kapının önünde buldular zaten."

"O zaman intihar etmiş olamaz. İntihar edecek adam su falan ısmarlamaz. Babamı tanıdığım kadarıyla intihar edecek biri değildi. Biliyor musun, babamda vertigo vardı. Masa Kayası'ndan başka kayalara tırmandığını, yüksekten denize atladığını hiç hatırlamıyorum. Masa Kayası geniş bir platform gibidir, en kenarına gidip aşağıya bakmazsan uçurumu hissetmezsin. Bir keresinde ailecek İtalya'ya gitmiştik, hepimiz Pisa Kulesi'ne tırmandık, o aşağıda kaldı. Bize bakmak bile başını döndürüyordu."

"O zaman?"

Aklıma gelen sözcük o kadar kötü, o kadar ürkütücüydü ki, söyleyemedim, yutkundum. Başını tabağına eğmişti, yüzüme bakmıyordu. Onun hâlâ yakışıklı olduğunu düşündüm. Çocukluktan genç kızlığa geçtiğim yıllarda ne kadar beğenirdim Engin'i. Doğrusunu söylemek gerekirse babamla yaptıkları edebiyat sohbetlerine, yazım atölyelerine Engin'i görmek için katılırdım çoğu kez. Evet, bütün yıpranmışlığına, boşvermiş görünümüne rağmen Engin hâlâ yakışıklı bir adam... Bir yerde, en kritik anlarda insanın kendisini huzursuz eden konuya odaklanmamak için farklı şeyler düşündüğünü okumuştum. Öyle bir andaydım şimdi. Babamın ölümü yerine Engin'in yakışıklılığını düşünüyordum.

"O zaman, orada bir başkası vardı."

Sustum, cinayet sözcüğünü telaffuz edememiştim.

"Hiçbir iz, hiçbir kanıt yok."

"Bir şeyin kanıt olup olmadığı, ne aradığına, hangi izi sürdüğüne bağlıdır. Cezacı değilim, kriminal olaylarla doğrudan ilgilenmem ama ne de olsa hukukçuyum. Hukukçu olmaya da gerek yok, insan bir konuya hem kafası hem de yüreğiyle yoğunlaşınca sezgileriyle bir iz yakalıyor. Şair'in babamın bilgisayarında bulduğu bir roman taslağı var."

"Bundan hiç söz etmemişti bana. Bir roman taslağı varsa bana da söylemeliydi."

Sesinde şaşkınlığı da aşan bir şey vardı. Kızgınlık mı alınganlık mı güvensizlik mi...

"Bugün Şair'in Yeri'nde buluştuk ya, biraz yalnız kalıp kedi gibi yaralarımı yalayayım diye masadan kalktıktan sonra sahilde yürüdüm. Arkamdan gelip yetişti. Bu bende kalmış, bilgisayarla, telefonla birlikte vermeyi unutmuşum, dedi. Daha önce babamın telefonunu, bilgisayarını, bazı not defterlerini getirmişti, demek vermediği bir şey daha varmış. Buraya gelmeden önce taslağın bir bölümünü okudum, bazı defterlerdeki notlara da baktım. İnanmayacaksın: Yazmakta olduğu romanın adı ne dersin! 'Yazarlarevi Cinayeti'... Kesin bir ad değil, soru işaretleri, bir de 'tekrar düşün' diye not koymuş tasarladığı başlığın yanına."

Engin'in konuşmasını, bir şey söylemesini bekledim, orta parmağını su bardağının kenarında dolandırıp duruyor, önüne bakıyordu. Masadaki sessizlik o kadar uzun ve ağırdı ki dayanamadım.

"Başka bir şey daha var. *Nâlân'ın Gözyaşları* diye bir roman hatırlıyor musun? Kötü bir matbaada basılmış, hevesli işi bir metin, babama imzalanmış, çalışma odasındaki dolabın kilitli gözünde buldum."

"Alakası ne?"

"İlginç bir dili var. Edebiyat şaheseri olduğunu söyleyemem. Yer yer çok itici, komiğe kaçan düzeyde melodramatik, yer yer şiir gibi, yer yer destansı. Tuhaf ama ilginç bir metin. Bir gözyaşı dünyayı dolaşıyor. Tümünü okuyamadım, dünyayı dolaşan yasemin kokulu rüzgârı hatırlamadan da edemedim."

Bu defa şaşırmış görünmüyordu.

"Baskı tarihi var mıydı, Nâlân'ın mı kiminse o gözyaşının?"

"Büyük yazarımıza, diye bir ithaf, altında da 28 Kasım 2011 tarihi vardı."

"*Yasemin Kokulu Rüzgâr*'dan önce yani..."

"Öyle anlaşılıyor."

O anda aynı şeyi mi düşündük? Galiba evet ama ikimiz de sustuk.

Güneş batmış, uzaklarda, karşı sahilde uzanan tepeler eflatundan mora dönmüş, deniz lacivert, gri, mor gece rengini almaya başlamıştı. Küçük bir balıkçı motoru geçti, günün bittiğinin habercisi bir dizi kuş ağır ağır kararan gökyüzünde beyaz bir çizgi bırakarak uçup gitti.

"Zaman anıları da kuşkuları da bulanıklaştırıyor, acıları törpülüyor. Sadeçe hatırlamak istediklerinizi hatırlıyorsunuz. Acı gibi kuşkular da külleniyor, olaya ilişkin düşüncelerinizi, sorularınızı anlamsız bulmaya başlıyorsunuz, defteri kapatıyorsunuz," dedi.

Sesinde burukluk vardı.

"Sonra ben gelip saçma sapan kuşkularla, sorularla huzurunuzu bozuyorum değil mi?"

"Yazar'ın ölümüyle ilgili herkes gibi benim de Şair'in de sorularımız vardı, kesin cevaplarımız yoktu. Hâlâ da yok. Bizi huzursuz eden, kuşkuya yol açan şeyler ipucu bile sayılamayacak rastlantılardan, bir sözden, bir karşılaşmadan, dayanaksız tahminlerden ibaretti. Belki de bu yüzden konuyu birbirimizle uzun uzadıya konuşmaktan, deşmekten kaçınıyorduk. Yüreğe düşen kuşku bir kez söze dökülürse artık kaçınamazsın, izi sürüp sonuna kadar gideceksin."

"Yani?"

"Ya işin ucu bırakılacak, ki bence doğrusu bu, ya da elinde, elimizde ne varsa: Yazar'ın not defterleri, bilgisayar çıktıları, kitapları, sözleri, yorumları, söyleşileri, röportajları, tanıklıklar, bir de hatırımızda kalan her şey... Hepsini inceden inceye gözden geçireceğiz. Kendimizce bir sonuca varacağız. Peki, ne işe yarayacak bu? Neyi değiştirecek? Hele de vardığımız sonuç canımızı sıkacaksa..."

"Neden korkuyorsun ki, ben sadece babamın neden, nasıl öldüğünü bilmek istiyorum. Canım yeterince sıkılıyor zaten. Gerçek, kuşkudan iyidir her zaman."

"Korkmak değil, Yazar'ın adına, anısına, eserine saygısızlık etmekten çekinmek diyelim istersen. Daha da önemlisi; saydığımız, sevdiğimiz kişinin saklı yüzünü görüp inşa ettiğimiz anıtın kutsallığından kuşkuya düşmek..."

Kola kılıflı rakı kadehimi kaldırdım. "Senin çekindiğin şeyden ben yüz misli çekinirim, neden saygısızlık yapmış olalım ki, kuşkuya düşmemizi gerektirecek bir neden göremiyorum ben," dedim.

Nâlân'ın Gözyaşları ile *Yasemin Kokulu Rüzgâr* bir süre aramızda birbirlerini kovalayarak dolandılar. Sonra sessizce kadehlerimizi tokuşturduk, neyin şerefine içtiğimizi bilemeden.

Engin beni Şair'in Yeri'ne bıraktığında epeyi geç olmuştu. Yunus'la Gül masaları topluyorlardı. Açıklama yapma ihtiyacı duydum. "Engin'le asmalı meyhanede oturduk. Değişmeyen bir tek orası kalmış," dedim.

Engin'le buluşmamdan rahatsız mı olmuştu, bana mı öyle geldi.

"Ben de nerelerde olduğunu merak ediyordum, Engin aklıma gelmemişti, öğleden sonra burada beraberdik ya..."

"Çok kalmayacağım, dönmem gerekiyor, belki de bir daha buluşmaya vaktim olmaz, Engin'e ayıp olur diye düşündüm. Başına epeyce şey gelmiş, tutuklanmış falan.

Köye döndüğünde pek de iyi kabul görmemiş anlaşılan. Kendini yalnız hissediyor, ihtiyacı vardı konuşmaya."

"Doğru, hepimiz kendi işimize gücümüze daldık, birbirimize pek faydamız olmuyor. Düşüncelerimiz, ilgilerimiz, hayattan beklediklerimiz farklılaştı."

Bir an içimden, "Babamın genç yazarlar grubunda en çok siz ikiniz birbirinize yakındınız," demek geçti ama lafı uzatmak istemedim. Odama gidip roman taslağını bir daha okumak, not defterlerini daha ayrıntılı incelemek, mümkün olursa kafamı toplayıp düşüncelerimi düzene koymak istiyordum. Yarın görüşürüz, iyi geceler deyip odama yürüdüm.

Engin

Yazının, Yazar'ın, insanların masumiyetini henüz yitirmediği, Ada'nın Ada olduğu günlerdi. Balık boldu, adatavşanları vurula vurula tükenmemişti. Deniz pırıl pırıldı, kumsallar renk renk, çeşit çeşit denizkabuklarıyla dolu, mermer plajları bembeyazdı. İstanbul postasını yapan geminin iskeleye yanaşmasının olay olduğu, karşıdan gelen posta motorunun mektup var mı, gazete getirdi mi diye heyecanla beklendiği, "Lüferin bol, kedilerinse tombul olduğu" zamanlardı.

Katırtırnakları, adaçayı, adının agave olduğunu çok sonra öğrendiğim, 70-80 yıllık ömürlerinde bir kez çiçek açan, sonra da kuruyup ölen aloe vera familyasından dev kaktüsler, rüzgârda dökülen kehribar rengi olgun meyvelerini kova kova toplayıp marmelat yapmaları için annelerimize götürdüğümüz kayısı ağaçları, sahile kadar inen dutlar, ballı incirler, kıpkızıl çiçekli narlar. İğde kokuları, çiçek kokuları, kasımda zeytinler toplanınca yağhaneden gelen prina kokusu, tatillerde çalıştığımız sardalye atölyesinin kokusu, sahile çekilmiş balık ağlarının kokusu, yamaçlardaki ağılların gübre kokusu. Kokuların dili, rüzgârların dili, denizin dili, insanların dili...

Hep uzaklardaydı aklımız, uzakları özlerdik. Uzaklar özgürlük demekti, bir ömürden onlarca yaşam çıkarmak demekti. Dünyanın neresinde olursa olsun Ada insanlarının uzaklar hayalinin kara insanlarından daha büyük, daha tutkulu olduğunu o zamanlar bilmezdim, sonraları öğrendim. Gençliklerinde uzak denizleri, uzak ülkeleri dolaşmış, büyük gemilerde miçoluk, tayfalık yapmış, hepsi "kaptan" diye anılan denizcilere hayrandık en çok. Her seferinde dinleyicilere göre biraz değiştirilip bire bin katarak anlattıkları maceralarını, uzak ülkeleri, uzak denizleri ağzımız açık dinlerdik. Okyanuslar ötesinin hayaliyle denizcilik okullarına yazılan arkadaşlarımız oldu.

Hiçbirimiz uzak denizlere, uzak ülkelere açılamadık, hayal ettiğimiz uzakların vaat ettiği özgürlüğe kavuşamadık. Ama... gençliğimize dar gelen kafeslerimizden, içinde dolanıp durduğumuz akvaryumdan çıkıp hayallerimize açılmanın bir başka yolu vardı. Önce edebiyat öğretmenimiz sonra Yazar, sadece mekânda değil zamanda da hiçbir denizcinin, hiçbir gezginin gidemeyeceği kadar uzaklara gidebilmenin, yerkürenin, dünyanın, yabancı ülkelerin, insanın derinliklerine dalabilmenin sırrını öğrettiler, kafesin kilidini kırmanın, akvaryumdan dışarı sıçramanın, suyun dışında da nefes alabilmenin yolunu gösterdiler: kitaplar...

Küçükken masalcı ninemden dinlediğim masallarda Kafdağı'nın ardında sihirli bir ülke, o ülkenin zalim kralının kuleye kapattığı çok güzel bir prenses vardı. Güzel prenses Kafdağı'nı aşıp onu kurtarmaya gelecek yiğit prensi sabırla beklerdi. Bizim Keldağ'ı Kafdağı'nın yerine koyar, güzel prensesin orada beni beklediğini düşünürdüm. Hele biraz büyü, o zaman gidersin, derdi ninem. İlkokula gidip de okuma öğrendiğimde, öğretmenimizin üst sınıftaki kızının masal kitaplarını ödünç alıp okumaya başladım: *Üç Elma Bey'in Hikâyesi*, *Külkedisi*, *Pinokyo* ile başlayan serüven *Gulliver'in Seyahatleri*, *Kü-*

çük Geyik Bambi, İki Yıl Okul Tatili, David Copperfield, sonra Jules Verne'lerle ve tabii *Pardayanlar*'la, Kemalettin Tuğcu'larla sürdü.

Öteki kardeşlerim okumaya meraklı değillerdi. Bir ağabeyim marangoza çırak girdi, Ada'nın en iyi marangozu oldu, önce köydekilerin, Ada'da ev yaptıran yazlıkçıların marangozluk işlerini yaparken ustalaşınca bir ortak bulup İstanbul'a taşıdı işini. Öteki ağabeyim zar zor okudu liseye kadar, askerlik dönüşü zeytinliğe, bağa bahçeye sahip çıktı. Babam, "Okumak bu çocuğun içinde var, onu okutacağım," derdi benim için. Evet, içimde vardı; sadece okumak değil yazmak da.

Lise ikideyken edebiyat öğretmenimizin teşvikiyle girdiğim bölge liseleri arası hikâye yarışmasında ikincilik kazanmıştım. Yusuf'la aynı sınıftaydık, o da öğretmenimizin abone olduğu, yeni sayılarını bizle de paylaştığı bir dergiye hepimizden habersiz bir şiirini göndermiş, şiir yayımlanmıştı. Gençlikte böyle şeyler insanın hevesini körüklüyor, cesaretlendiriyor. Onun şiiri yayımlanmasaydı, benim hikâyem dereceye girmeseydi belki de hiç uğraşmayacaktık yazıp çizmekle. O zaman da Yazar'la tanışmayacak, yakınlaşmayacaktık.

Yazmak nedir, yazmaya yatkınlık Allah vergisi midir yoksa okumaya düşkünlüğün, yazarlara hayranlığın sonucu bir özenti midir diye çok düşündüm sonraları. Köyde bir kuşbaz vardı. Nasıl bir tutkuyla bağlıydı güvercinlerine. İşi gücü bırakmıştı, varsa yoksa kuşları. İçinden gelen, gemleyemediği bir tutkuydu. Bir defasında bu iptilanın ne zaman başladığını sormuştum, "Çocukluğumdan beri, kendimi bildim bileli, ilk kuşu gördüm göreli," demişti. Yazmak da böyle bir şey bence.

Yazar'la bu konuyu konuştuğumuzda, "Müzik yeteneği, resim yeteneği gibi yazma yeteneğinin de doğuştan geldiğini düşünüyorum ama sırf yetenekle yazar olunmaz, yetenek yok da sadece yazarlık özentisi varsa o zaman da kötü yazar olunur," demişti. "Yazabilmek, hele de iyi yazar olmak kişiye bağışlanmış bir ayrıcalıktır, çarçur etmemek, iyi kullanmak, hakkını vermek gerekir," diye de eklemişti.

Yazar nasıl bir yazardı? Hangi kategoriye giriyordu?

Bazen kendi edebiyatı hakkında acımasız olabiliyordu. Dikkat etmiştim; bir romanı çoksatarlar listesine girdiği, eleştirmenlerden övgüler aldığı, kendinden hoşnut olduğu zamanlarda alçakgönüllü özeleştiri tonu yükselirdi: "Ben, Sait Faik'in sözüyle 'yazmasa delirecek' yazarlardan değilim. Kitaplığı birkaç kuşaktan kalan değerli kitaplardan oluşan, edebiyata değer verilen, okuryazar bir ailede yetişmiş olmamın avantajına sahiptim. Elim kalem tutuyordu. Biraz da rastlantılar beni yazarlığa sürükledi, sonra da bedenime oturan yazarlık giysisinden hoşnut kalıp çıkarmaya kıyamadım, bir-iki roman derken giderek ustalaştım. Ustalaşmanın da sorunları var," demişti bir gün. "Ne gibi sorunlar?" diye sorduğumda verdiği cevabı sonraları çok düşündüm: "İş rutine biniyor, heyecan azalıyor, sağlam bir kurgu yapıyorsun ama anlatının pırıltısı, renkleri soluyor. Biraz ünlenince hoşuna gidiyor, yazmanın doyumu egonun doyumuna dönüşüyor."

Çocukluğu, gençliği, o zamana kadarki hayatı hakkında fazla konuşmazdı. Zamanında babasının solcu diye –komünist derlermiş o yıllarda– üniversitedeki işinden atıldığını, çeviriler yaparak hayatını kazandığını, çocukluğunda yazları ailecek bizim Ada'ya gelip kaldıklarını, o yıllarda bizim buralara sık uğrayan yazarlarla, aydınlarla aile dostu olduklarını öğrenmiştik. Bir de gençliğinde devrimci bir örgüte üye olduğu için tutuklandığını, birkaç yıl hapis yattığını, tahliyesinden sonra bu işlerden vazgeçip roman yazmaya başladığını bizim buradaki devrimci abilerden duymuştuk.

Çocukluğunuzda, gençliğinizde birşeyler yazar mıydınız, diye sormuştum bir keresinde. "Edebî bir şey yazmazdım, yazmaya epeyce geç yaşta, ilk romanımla başladım," demişti. Atölye çalışmalarımızda, "Eninde sonunda hepimiz kendimizi yazarız. Kendi yaşadıklarımızı, bildiğimiz çevreyi, tanıdığımız insanları, duyguları anlatırız. Yazarlık bunları kendimizden çıkarıp, harman edip başka insanların hikâyelerine dönüştürmektir. Tekil bireyden insanlığa, yerelden evrensele gitmek denen de budur," dediğini hatırlıyorum. Şair'le kendi aramızda konuşmuştuk bunu. Yazar'ın romanlarında anlattığı olaylar, mekânlar, insanlar ona hiç uymuyordu, onun hikâyesi değildi. Yine de başarılıydı. Nasıl oluyordu bu?

Artık bazı şeyleri biliyorum. Bilmediklerimi de seziyorum. Yine de pek çok boşluk var Yazar'ın hikâyesinde. Tıpkı ölümündeki boşluklar, kişiliğindeki çelişkiler, Ceren'in peşine düştüğü soru işaretleri gibi.

En iyi tanıdığımızı sandığımız insanlar hakkındaki bilgilerimiz bile körün fil tarifi gibidir. Kişinin neresine dokunduysak, neresini algımıza sunduysa, neyi göstermek istediyse o kadar. Yazar'ı ne kadar tanıyoruz? Hangi Yazar? Ceren'in babası mı, Sultan'ın Yazar abisi mi, yazarlık atölyesindeki gençlerin hem edebiyatına hem kişiliğine hayran olduğumuz adam mı? Belki de hepsi. İnsan karmaşık bir yaratık; tek benliği, tek yüzü yok. Bazen, öyle bir yüzümüzü keşfeder, benliğimizin öyle bir yanıyla karşılaşırız ki kendimiz bile şaşırıp kalırız.

Mesela ben, kendimi ne kadar tanıyorum? İnsanlar beni nasıl, ne kadar tanıyor? Hangi ben, daha da ötesi hangi olay, hangi duygular içinde ne zamanki ben? Bir zamanlar yazmasa delirecek gibi olan, tutkuyla yazar olmak isteyen Engin mi, o tutkuyu ülkenin en uzak köşelerine götürmek için yanıp tutuşan Promete Engin mi, kanatları kırılmış, vazgeçmiş, yaşamla baş edememiş, kös

kös deliğine dönmüş Engin mi? İnsanlara ışık olmak, meşale olmak için yola çıkan Engin mi, içten içe haksız olduğunu bilen, kendi başarısızlıklarını ötekilere yükleyip insanlardan uzaklaşan Engin mi? Ceren'in yirmi yıl önce tanıdığı ben mi şimdi karşılaştığı ben mi?

İnsan kendini bile tanımazken başkasını nasıl tanır? Yazar'ı gerçekten tanımış mıydık ya da hangi Yazar'ı tanımıştık?

Aslında Ceren, Yazar'ın nasıl öldüğünden çok babasının gerçek kimliğinin peşinde. Yaşarken yitirdiği babasını ölümünden sonra bulmaya, onu tanımaya, yakınlık kurmaya çalışıyor. Boşuna çaba mı? Cesur bir çaba demek daha doğru çünkü nereye varacağı, ne bulacağı belirsiz. Anahtarların bende, Yusuf'ta, Sultan'da, daha kim varsa Yazar'ı tanıyan, onlarda olduğunu sanıyor. Herkeste paslı bir anahtar var, kimsede maymuncuk yok.

* * *

Şair, Ceren'in Ada'ya geldiğini haber verdiğinde bir an onunla karşılaşmak isteyip istemediğimde kararsız kaldım. Biraz çekik, kocaman gözleri olan, çocukluktan genç kızlığa geçme çağında, sessiz sakin bir kızdı. Bakışlarımız karşılaştığında gözlerini kaçırır, yanakları al al olur, önüne bakmaya başlardı. Uyanık geçinen Şair ile okuma grubumuzdan Halil, "Ceren sana kesik, farkında değil misin?" demişlerdi bir gün. O zamana kadar farkında değildim, onlar aklıma sokunca bende de çekingenlik başladı, kıza mesafeli durur oldum.

Yazar'ın ölümü araya girmeseydi yirmi-yirmi beş yıl sonra yeniden buluşmak, gençlik günlerimizi hatırlamak hoş olurdu. "Yazarlarevi'ni satmayı düşünüyor, ufak tefek bazı eşyaları toplamaya, ne yapacağına karar vermeye gelmiş," dedi Şair. Gel gör diye ısrarcı olmadı, "Bizim burada kalıyor," dedi sadece.

İçime bir huzursuzluk yapıştı. Sadece babasının ölümünü kurcalamasından, hoşuna gitmeyecek, üstelik de kesin olmayan, kuşkulu sonuçlara ulaşmasından korktuğumdan değil, bu hâlimle beni yadırgayacağını düşündüğümden.

Kendim de köydekiler de zamanla alışmıştık hâlime. Kimileri kötü şeyler yaşadığımı, olanları sindiremeyip tuhaflaştığımı düşünüyor; kimisi, örgüt dağa kaçırmış, zor kurtulmuş diyor, kimisi PKK'li olmuş, bu yüzden öğretmenlikten atılmış, hapis yatmış diye anlatıyor, kimisi de o Yazar denilen adam kanına girdi çocuğun, ona özendi, çakma entel takılıyor, diye konuşuyordu.

Kendime dışarıdan baktığımda tuhafım gerçekten. Geniş kenarlı hasır şapkam, kara şalvarım, Şile bezi bol gömleklerim, boynuma doladığım çevresi oyalı yemenimle yadırgatıcı, biraz da özenti bir görünümüm var. Neden böyle giyindiğimi, neden elden gayrı davrandığımı bilmiyorum. Sıra dışı bir kimliğe bürünmek insana koruyucu bir zırh kazandırıyor da ondan belki. Belki de yadırgatmak için, bütün yenilgilerimin öcünü bu sıradan insanlardan almak için. Belki köydekilerin sessiz kınamalarını, uzaklaşmalarını, yabancılaşmalarını, meraklı turistlerin, yazlıkçıların, Ada'ya ara sıra uğrayan yabancıların ilgileriyle dengelemek için...

On yıl kadar önceydi, edebiyat fakültesinden, Ege' nin bir sahil kasabasına yerleşmiş eski bir arkadaşımın ısrarına dayanamayıp onu görmeye gitmiştim. "Bizim buranın sanat-edebiyat festivali başlıyor, hem yereldeki edebiyatçılar hem de tanınmış yazarlar, şairler katılıyor, belki ilgini çeker," demişti arkadaşım.

İlginç panellerin, heyecanlı tartışmaların yapıldığı iyi düzenlenmiş bir etkinlikti. Yerel yazarlardan, onların heyecanlarından, yıllar önce bizim edebiyat atölyemizdeki hâlimizi hatırlatan edebiyat tutkularından, kendi aralarındaki ateşli edebiyat tartışmalarından, yazıyı, yazarlığı ciddiye almalarından etkilenmiştim. Asıl dikkatimi çeken, festivalin bütün yükünü yüklenmiş, dışarıdan gelen konukları karşılamaktan oturumları düzenlemeye kadar her şeyle ilgilenen orta yaşlı bir adam olmuştu. Giyimi, hali tavrı tuhaftı, ayrıksıydı. Herkesle, her şeyle ilgileniyor, yardımcı oluyordu ama kapalı bir kutu gibiydi. Arkadaşım, "O olmasa bu festival de olmaz. Buraya yıllar önce gelip yerleşmiş, kimse geçmişini bilmiyor," demişti. Ketum bir adamdı; fazla konuşmadan iş yapanlardandı. Ailesi yoktu, yalnızdı. Uzak bir ülkede yaşayan bir oğlu olduğu söyleniyordu. Hâli vakti yerindeydi herhalde, varını yoğunu bu işe yatırmıştı. Kasabaya yakın bir köyde iki köy evi almış, birini kitaplık, birini de "şiir-yazın evi" yapmıştı. Festivale gelen konuklara, yazarlara o evleri göstermek için çırpınıyor, yapılan işleri, etkinlikleri tanıtmak için suskunluğunu bozuyor, heyecanla anlatıyor da anlatıyordu. Yıllardır köyün adıyla bir edebiyat dergisi çıkarıyormuş tek başına. Bizlere derginin son sayılarını armağan ederken, "Bu yayında çok emek var, çok değerli yazarlar, şairler var, peki kaçınız haberdarsınız," demişti. Sesinde sitemden çok keder vardı. "Kendisi de şiir yazar, hem de iyi şiirler, yazdıklarını dergisinden başka yerde yayımlamaz, belki biryerlere gönderip de reddedilmeyi onuruna yediremiyor belki de yayımlamayı yazmak kadar önemsemiyor," demişti arkadaşım.

Sonraki günlerde, armağan ettiği dergileri karıştırırken kendimi biraz ona benzettim, acıdım: ona değil kendime. Tanınmış bir yazar, büyük şair olmayı istemiş de olamamış mıydı? Olamadığı için mi edebiyat tutkusunu bu yollarla tatmin ediyordu? Öyle veya böyle, bir bakıma amacına ulaşmış, hayatına bir anlam kazandırmıştı.

Ya ben? Köyün okumuş yazmış, parlak delikanlısı, Yazar'a göre geleceğin edebiyatçısı Engin'den havalı bir *loser* yaratmayı başarmıştım. Kime hava atıyorsam! Kendim de farkında olmadan, o Ege kasabasında tanıdığım sıra dışı edebiyat mesenini taklit ediyordum galiba. O, edebiyatı hayatının merkezine koyup iç huzura kavuşmuş görünüyordu; tanınmış yazar, ünlü şair olamamış –belki de olmak istememiş– ne gam! Ben öf pöf etmekten başka ne yapıyorum!

Ne zaman yazmak üzerine, yazarlık üzerine, kendi yazma serüvenim üzerine düşünmeye dalsam –ki sık yapmamaya çalışıyorum bunu, çünkü keder veriyor– aynı replik takılır dilime: "İrina Nikolayevna'yı alıp götürün buradan. Konstantin Gavriloviç vurdu kendini..." Çehov'un *Martı*'sının son cümlesi, son çığlığı...

Neden vurur gencecik yazar Konstantin Gavriloviç kendini? Hayır; aşk acısından değil, taptığı annesinin ilgisizliğinden, yazarlığını küçümsemesinden değil. Yazar olarak kendini kabul ettirememekten, yazdıklarının kendi çevresinde bile yok sayılmasından, anlaşılmamasından, en çok da edebiyatta vasatı, geleneği reddedip yeniyi ararken kendi yeteneksizliğini hissetmesinden... Konstantin Gavriloviç, annesinin âşığı ünlü yazar Trigorin'den nefret eder, onu küçümser, değersiz bulur. Oysa aslında içten içe onun yerinde olmayı ister. Trigorin'i çevreleyen hayranlık halesini, kadınları çeken cazibesini, şöhretini kıskanır.

İtiraf etmesi güç; bilinçaltımın derinliklerinde kendimi Konstantin Gavriloviç'le, Yazar'ı da Trigorin'le mi özdeşleştiriyorum? Bu yüzden mi *Martı*'yı defalarca okudum? Trigorin'in kendi şöhretinden şikâyet ettiği; yazmasa hiç olacağını bildiğini, bu yüzden kendini yazmaya mecbur hissettiğini söylediği, sürekli olarak ne yazacağını, duygularını sözcüklere nasıl dökeceğini, okuru nasıl memnun edeceğini, ününü nasıl koruyacağını düşünmek yüzünden hayatı ıskaladığından yakındığı, yazmanın işkenceye dönüştüğünü anlattığı bölüm neredeyse ezberimde. Trigorin kendini değerlendirirken samimidir, acımasızdır: "Eser basılıp çıktı mı gönlümce olmadığını, yazmakla hata ettiğimi anlıyorum hemen; ve kızıyorum kendime, bir suç işlemişim sanki. Okurun, 'evet pek hoş, çok yetenekli fakat Tolstoy nerede, bu nerede!' ya da, 'Güzel ama Turgenyev'in *Babalar ve Oğullar*'ı daha iyi!' dediğini düşündükçe kahroluyorum."

Bizim Yazar'ın da açıkça itiraf etmese de yazdıklarından kuşkuya düştüğünü, kendisini vasat bulduğunu, aşmak için yeni arayışlar içinde olduğunu seziyordum. Şöyle veya böyle, hazin sonunu hazırlayan bu arayıştı.

Konstantin Gavriloviç kendini vurdu! Ben vurmadım, vazgeçtim.

Yıllar önce, yazım atölyesi çalışmalarında babasının parlak öğrencisini hayran hayran dinleyen Ceren'e şimdi bu yenik hâlimle görünmekten çekiniyordum.

Yine de ertesi sabah soluğu Şair'in Yeri'nde aldım, Ceren'i görür görmez de o eski güzel günlerin rüzgârına kapıldım. Tabii ki değişmişti, kendine güvenli genç bir kadın olmuştu. Nasıl cesaret ettim bilmiyorum, yerimden kalkıp ona sarıldım, o da bana sarıldı. İkimiz de yirmi yıl öncesine sarılıyorduk aslında, gençliğimizin umut dolu mutlu günlerine, o günlerimizi varlığıyla aydınlatan Yazar'a sarılıyorduk.

Kendimi tutamadım, "Neden daha önce gelmedin, neden geç kaldın?" dedim, böyle bir şey söylemeye hakkım olmadığını bile bile. Yazar'ın sağlığında aile ona kırgındı, terk edilmişliğin eziklığinden kurtulamamışlardı diyelim hadi, ama Yazar'ın ölümünden sonraki ilgisizliklerini ne anladım ne de hak verdim. Cenazeyi almaya bile gelmemişler, avukatlarını göndermişlerdi. Bir de Yazar'ın sadece yayımcısı değil yakın dostu olan yayınevi sahibi vardı. Annenin rahatsızlığını, oğlanın uzaklara yerleşip buralarla ilişkisini kestiğini, Ceren'in yalnızlığını, geçmişle yüzleşme korkusunu bilmiyordum.

Evi toplamak, kapatmak, mümkünse satmak için gelmediğini hemen anladım. Bunları bir vekâletle halledebilirdi. O babasını aramaya gelmişti. Şair'le, benimle, Sultan'la, bir ipucu elde edebileceğini sandığı herkesle ilişki kurmak istemesinin nedeni buydu.

Durup dururken *Kırmızı Pazartesi*'yi hatırlatmam zevzeklikti. Üstelik pek de alakası yoktu yaşananlarla. Herkesin bildiği, beklediği bir ölüm değildi söz konusu olan. Yazar'ın ölümünü ya da öldürülmesini kimse beklemiyor, aklından bile geçirmiyordu. Şair de ben de sözlerimizle, tavırlarımızla kızı rahatlatacağımıza kuşkularını derinleştiriyorduk. Neden yapıyorduk bunu, kötücüllükten mi yoksa daha fazla incinmesin diye mi? Korumaya çalıştığımız Ceren miydi Yazar'ın anısı mı? Yoksa kendimiz, kendi vicdanımız mı?

Ceren'in Şair'e mesafeli olduğunu, onun birşeyler sakladığını düşündüğünü, beni daha saf, daha yakın bulduğunu hissettim. Yusuf'un, Yazar'ın bilgisayarının, bazı not defterlerinin, telefonunun kendisinde olduğunu bana söylememiş olmasına da anlam veremedim. O günden sonra konuyu kendi aramızda konuşmaktan kaçınıyorduk; kapansın, küllensin, yaşananlar geride kalsın istiyorduk. Şair'le eski yakınlığımız tavsamışsa da ilişkimiz güven aşınmasına uğramamıştı. Birbirimize karşı açıktık, yine de Yazar'ın ölümü konusunda kaygılarımızı, sezgilerimizi paylaşmaktan çekinmiştik. Ceren gelip de kurduğumuz hassas dengeyi sarsmasaydı yaşam kendi yatağında akıp gidecekti: Yusuf, Şair'in Yeri'ni işletmeyi sürdürecek, ben tuğla tuğla ördüğüm küçük kitaplığı geliştirmeye, okumaya yazmaya meraklı çocuklar bulup onlarla vakit geçirmeye devam edecektim. Belki yalnızlık canıma tak edecek, geç de olsa evlenip çoluk çocuğa karışacaktım. Büyük hayallerimizin yerini alan küçük uğraşlarımızla yaşayıp gidecektik.

* * *

Yaşamın kendi yatağında huzurlu, sakin, güvenli akıp gitmesi için "üç maymun"u oynamak gerektiğini ben Doğu'da öğretmenlik yaparken öğrendim. Görüyorsanız, duyuyorsanız, hele de konuşuyorsanız sulh sükûn bulmanız zordur. Oralarda gördüğüm, duyduğum şeyler vicdanımı uyarırken suskunluğum beni suçlu kıldı. O suça dayanamadım, suskunluğumu yazarak, konuşarak değil insanı sevip koruyarak bozdum. Çocuk yaşta bir öğrencim kanlar içinde kapıma dayandığında içeri aldım, doktor buldum, sakladım. Dağdaki oğullarının peşinde devlet kapısına dayanan yaşlı ana babalar için dilekçe yazdım. Evlatlarının tanınmaz haldeki cesetlerini vahşi hayvanlar parçalamasın diye çırpınan, bir mezar yeri peşinde koşan ailelerin yanında durdum. Sadece anlaşabilmek için değil, kucaklayabilmek, dayanışmak için dillerini birazcık da olsa öğrenmeye, dilsizlerin dili, suskunların sesi olmaya çalıştım. Sonunda kendimi mahpusta buldum. Dışarısı arafsa içerisi cehennemdi. Üç maymun yasası içeride de geçerliydi. Üç maymunun mutluluğun üç şartı değil insanın kendini inkârının üç şartı olduğunu bedel ödeyerek öğrendim. Pişman mıyım? Hayır. Tek pişmanlığım yaşadıklarımı yazmamış olmak. Neden yazmadım, işte bunu bilmiyorum. Belki Yazar'ın, en mükemmel metni yakalamadıkça ortaya çıkmayın komutu içime işlediği, "ortaya çıkmaya" cesaret edemediğim için. Belki de yaşananları yaşandığı gibi anlatmaya gücümün, cesaretimin yetmeyeceğini bildiğim için.

Yazar'ın ölümü konusunda sadece benim değil, hepimizin; Yusuf'un, Sultan'ın, köy halkının üç maymun olmaya çalışmamız kendi huzurumuzu korumak için miydi Yazar'ı korumak için mi?

Şimdi daha sakin, daha berrak düşünebiliyorum. Kendimizi farkında olmadan Yazar'la özdeşleştirmiştik. Yazar'ın ünüyle, değeriyle zenginleşiyorduk. Sultan, Yazar'ın evini kendisine teslim ettiği, güvendiği, Yazarlarevi'ni çekip çeviren kadın olmanın gururuyla; Şair'le ben onun önem verdiği, umut ışığı gördüğü, güvendiği genç dostları olmakla değer katıyorduk kendimize. Ada halkı bile onun gibi ünlü, saygın birinin kendi köylerini tercih etmiş olmasıyla övünüyordu içten içe.

Sevip saydığımız kişinin ölümünü engelleyememiştik. Özellikle de Yazar'ı ölüme götüren süreçte onun kimliğine, kişiliğine, onuruna, eserlerine dokunacak en küçük bir pürüz, bir gölge varsa ortaya çıkmasın, bilinmesin derdindeydik. Köyde dillendirilen, çok içiyordu, kafası dumanlıyken kayıp düşmüştür dedikodularını duymaya bile tahammülümüz yoktu. Sorgulamamak, düşünmemek, unutmak huzurumuzu korumanın bir yoluydu.

Kim olduğunu bilmediğimiz, merak etsek de ne sormaya ne de öğrenmeye cesaret ettiğimiz o kadınla birlikte dolanan genç adam Ada'dan sessizce çekip gitmek yerine neden Yusuf'la, benimle konuşmak istemişti?

Yazar'ın Masa Kayası'nın altında, denizde bulunmasından bir gün önceydi. Yusuf aradı, acele gel, konuşmamız gerek, dedi. Minibüsü beklemedim, taksiye atlayıp Şair'in Yeri'ne gittim.

Öğleye doğruydu, saat on bir buçuk, olsun olsun on iki. Gece bastıran yağmur sabaha kadar yağmış, havayı serinletmişti. Ada fazla yağmur almaz, hele de güney tarafına pek yağmur düşmez. Ama her yıl tam da bu mevsimde böyle tufan gibi bir yağmur yağar. Kayalık tepelerden inen sular, poroz denilen kayalardan süzülen ufalanmış, kumlaşmış tortuları sürükleyerek denize varır, bir de bakarsınız kayalık koylarda kumsal plajlar oluşmuş. Bir keresinde öyle bir sel basmıştı ki yollar yarılmış, dere yataklarındaki evleri su basmış, park edilmiş arabalar denize sürüklenmişti. Adanın afet bölgesi ilan edilmesi bile konuşulmuştu.

Sonraki günlerde belleğimin uzak köşelerine itmeye çalıştığım ama başaramadığım buluşma... Hâlâ dün gibi aklımda.

"Arabayla gidelim, adam zeytinlikte bekliyor, geceki yağmur bu tarafı kötü vurdu, zeytinlik yolu çamurdur," diyor Yusuf.

Doblo'suna biniyoruz. Tuhaf bir hâli var. Motoru çalıştırana kadar konuşmuyor, ben de bir şey sormuyorum. Böyle esrarengiz havalardan hoşlanmam. Şair biraz poz kesmeyi sever. Kim, diye sormuyorum. Belki kadastrocular gelmiştir. Bugünlerde Ada'da kadastro çalışmaları yapılıyor, tapular değişiyor, herkes birbirine girmiş durumda.

Kısa bir sessizlik, sonra, "Yazarlarevi'nde kalan kadının yanındaki genç adam," diyor.

Uzun zamandır Yazarlarevi'ne uğramamış, Yazar'ı da görmemiştim. Kısacık, kül düşmüş gri-beyaz saçlı, kızıl gelincik motifleriyle bezenmiş siyah entarili kadınla oğlu olduğu sanılan adamı duymuştum. Laf kıtlığı çekilen köyümüzde böyle dedikodu olur da duyulmaz mı! Kadına Otçu Hanife'den birşeyler alırken rastlamıştım bir kez. Yazar'ın evine yerli yabancı bir sürü insan gelip giderdi, ilgilenmemiştim.

"Ne istiyormuş?"

"Ben de bilmiyorum, 'Söyleyecek bir şeyim var, ortalık yerde görünmeyeyim,' dedi, ben de yukarıdaki zeytinliğe gelmesini söyledim."

"Söyleyecek bir şeyi varsa neden köyde, Çınaraltı

kahvesinde ya da balıkçı kahvesinde buluşmuyoruz? Hiç hoşuma gitmedi."

"Benim de ama öyle dedi işte."

"Tersleseydin."

"Tersleyemezdim, ola ki Yazar göndermiştir, köyde bizimle görülmesinde sakınca olan önemli bir şeydir belki."

Arabadan inip zeytinliğin içine doğru yürürken, "Yazar bizi görmek istese kendisi arardı. Bu esrarengiz tavırlar hiç hoşuma gitmedi," diyorum sıkıntılı bir sesle.

Adam derme çatma küçük kulübenin önündeki kütüğün üstüne oturmuş. Onu böyle yakından ilk kez görüyorum. Şair'in de daha önce tanışıp görüştüğünü sanmıyorum. Olsa anlatırdı.

Çok genç değil, otuzlarında olmalı. Yıllar önce hapishanede tanıştığım Vartolu bir delikanlıyı anımsatıyor. Kılığı kıyafeti, oturuşu kalkışı, tarzı, konuşması Yazar'ın arkadaşı olabileceğini düşündürmüyor. Olsa olsa işlerine koşan, eve bahçeye nezaret eden bir çalışanıdır.

Kendini tanıtmaya gerek görmüyor. Ada'da herkes her şeyi bilir nasıl olsa, o da öğrenmiş bunu.

"Bağışlayın, rahatsız etmek istemezdim. Belki yanlış yapıyorum ama birine söylemem lazım," diyor.

Şiveli ve kötü konuşacağını düşünmüştüm nedense. Önyargı işte! Konuşması düzgün.

Kulübenin önündeki derme çatma tahta kerevete oturuyoruz. Yağmurdan ıslanmış. Aldırmıyoruz. Biz oturunca o da kütüğe ilişiyor yeniden.

Susuyoruz, bekliyoruz. Ne söyleyecek? Niye Şair'le ben? Ne alakası var bizimle? Bir kötü niyet, bir tuzak, Yazar'ı alet ettiği bir dalavere mi?

"Bana inanmayabilirsiniz, birşeyler çevirdiğimi düşüneceksiniz. Yine de söylemem gerek: Hayatım tehlikede," diyor bir nefeste.

Yüzünü inceliyorum. Riya yok, oyun yok, gözlerini kaçırmıyor. Şair'den medet umuyorum, boşuna; o, sıkıntılı durumlarda çocukluğundan beri yaptığı gibi uzaklara bakıyor.

"Nasıl bir tehlike? Bilirsek yardım edebiliriz belki," diyorum.

"Yazar'la ilgili bir konu." Sonra söylemeye dili varmıyormuşçasına, sözcükleri yutarak fısıldıyor: "Benden kurtulmaya çalışıyor. Bilinmesini istemediği şeyler var. İnan olsun benden tek söz çıkmaz, çıkmayacak. Ama o buna güvenmiyor."

"Hangi konuda?" diye soruyor Şair. "Özel hayatıyla mı ilgili, neyle ilgili?"

"Yazdıklarıyla."

"Ne demek yazdıklarıyla? Gizli saklı ne var ki yazdıklarında? Ne anlatmak istiyorsun, dilinin altında ne var?"

"Artık o yazmıyor. Yani demek istiyorum ki yazdıkları başkasının sözleri, dili başkasının dili."

Şair yerinden kalkıp adamı omuzlarından tutup sallıyor.

"Sen ne diyorsun be adam!" diye bağırıyor bir yandan.

Onun birden patlayan öfkesini bilirim, tehlikelidir. Araya giriyorum:

"Dur hele bir dinleyelim, anlayalım."

"Bilin diye söylüyorum. Yazar son romanını kendisi yazmadı, yani sadece kendi eseri değil."

"Ne saçmalıyorsun sen! Kendi eseri değil ne demek! Sen yazdın da Yazar senin eserinin üstüne mi yattı!"

"Ben işin içinde yokum. Tabii ki metni o yazdı ama Bewran'ın diliyle, sesiyle, şiiriyle, okuduğu kilamlarla."

Adamın annesi sanılan kadın, Doğu'da geçirdiğim günlerde duyduğum adlara benzeyen bir ad, kilamlar, Yazar'ın sözleri: "Yeni bir edebiyat dili kurmalıyım, vasatı aşmalıyım..."

Birden genç adamın ne demek istediğini anlar gibi oluyorum. "Ne istiyorsun?" diye soruyorum sakin bir sesle. İlk aklıma gelen para peşinde olduğu.

"Anlaşmamız vardı," diyor, "anlaşmayı bozan ben olmam, olsam da kimse bana inanmaz. Koca Yazar var karşımda, herkes onun tarafını tutar. Ama o da borcunu ödemeli. Bir de başıma bir iş geldiğini duyarsanız bilin diye..."

Bunca gürültü bir alacak meselesi için mi? Yazar kimsenin emeğini karşılıksız bırakmaz, parada pulda gözü olmadığını herkes bilir. "Biz" derken kimi kastediyor? Anası olduğu söylenen kadını mı? Yazar'ın ne borcu olabilir onlara?

"Ne borcu, kaç para?" diye soruyorum budala gibi.

"Para değil, Bewran'dan aldıklarının karşılığı. Parayla ölçülemeyecek olanlar."

Bewran dediği o kadın olmalı. Onunla bir ilişkisi mi vardı Yazar'ın? Aklıma gelmemiş değildi. Her seferinde kendimden utanıp kovaladığım pis bir kuşku...

Birden öfkeleniyorum. "Yazar ne yapsın senin sümüklü Bewran'ını," diye bağırıyorum. Kendi sesimi duyunca hem Yazar'a hem de tanımadığım kadına hakaret etmişçesine utanıyorum.

"Anladığınız gibi değil," diyor. "O anlamda değil ama yazdıkları Bewran'a ait. Bewran'ın dili, sesi, duygusu..."

"Elimden bir kaza çıkmadan siktir git," diye kükrüyor Şair. Adama bir tokat aşk etmeye niyetlenirken kolunu tutup engelliyorum. Korkuyorum; üzerinde bıçak, falçata, bir şey olabilir.

"Jandarmayı çağırmadan çek git buradan, seni düzenbaz şantajcı seni..."

"Zaten birazdan ayrılıyorum lanetli adanızdan. Biraz düşünürseniz haklı olduğumu anlayacaksınız. Jandarma, polis çağırmak işe yaramaz. İş buraya varırsa konuşurum, bu da kimsenin işine gelmez."

"Konuş, konuş be adam! İçinde ne varsa kus!" diye bağırıyor Yusuf.

"İçimde değil elimde bir şey var abiler! Çok değerli bir şey. Yazar bunu biliyor."

Bu defa adamı Yusuf'un elinden güç kurtarıyorum. Bir yandan telefonumdan jandarmanın numarasını tuşlarken, "Çabuk bas git buradan!" diye bağırıyorum.

Düştüğü yerden kalkmaya çalışırken, "Polisi, jandarmayı işe karıştırmamanızı tavsiye ederim," diyor. Üstünü başını silkeliyor ve hiçbir şey söylemeden, acele de etmeden zeytinlerin arasından aşağı doğru yürüyor.

Şair'le birbirimize bakıyoruz.

"Sen bir şey anladın mı?"

"Hayır. Yazar'la görülmemiş bir hesabı var anlaşılan."

"Neden bize anlattı?"

"Hiçbir şey anlatmadı. Bence gerçekten korkuyor, neden korktuğunu bilmiyorum ama kendisini güvence altına almaya çabalıyor."

Yazar'ın cansız bedeni bir gün sonra Masa Kayası burnunun altında, denizde bulundu. O küçük koy derindir, barınaklıdır, mevsiminde kırlangıç, mezgit, tekir gibi dip balıklarının sığınağıdır. Eskiden balık kaynardı oralarda, şimdilerde deniz yoksullaştı, yine de meraklılar şanslarını denemeyi severler. Emekli olunca Ada'ya yerleşen bir fen müdürü ağabeyimiz vardı, balığa meraklıdır. Avlanmak için küçük sandalıyla koya girdiğinde, denizde bir ceset olduğunu görüp haber vermiş jandarmaya.

Soruşturma sırasında, Yazarlarevi'nde kalan gençten bir adamdan söz edildiğini öğrenen polis, jandarma, köylüler, her yanı didik didik aradılar ama izine rastlanmadı.

Biz de adamla karşılaşmamızı, olup bitenleri kimseye anlatmadık, birbirimizle bile uzun uzun konuşmadık. Huzursuzduk, bu işte bir bit yeniği olduğunu hissediyorduk. Yazar öldüğüne göre artık ona zarar veremezdi.

Veremez miydi? Öldükten sonra da zarar verilebilir insanlara. Adamın söylediklerini sezgilerimizle birleştirince bunu kavrıyorduk. Yine de sustuk, işi kurcalamadık. Korumak istediğimiz tanımadığımız o herif değil Yazar'dı aslında.

Konforumuzu bozmaktan mı, Yazar'ın anısına gölge düşmesinden mi, durup dururken kendimizi pis bir olayın içinde bulmaktan mı korkuyorduk, bilmiyorum!

Unutmak istedik ve unuttuk. Ceren gelene kadar...

S.'nin Hikâyeleri, J.'nin Şarkıları

Engin'in söylediği gibi elimde, aklımda, belleğimde ne varsa verilerin tümünün dökümünü yapıp gözden geçirmeliyim. Önce, tıpkı bir dava dosyası hazırlar gibi bütün verileri sistematik şekilde sıraya dizmeliyim. Eldeki veriler, birbiriyle bağlantılı ipuçları, tamamlanması gerekli boşluklar, olasılıkların sıralanması, tahminlerin güçlü delillerle doğrulanması. Sadece kendime saklayacağım şeyleri de ayırmalıyım; kendimize saklayacağımız şeyler her zaman vardır.

Önce ne aradığım konusunda netleşmeliyim. Babam kayalıklardan yuvarlanıp düştü, Masa Kayası'nın hemen altında denizde bulundu. Sularda sürüklenmemişti, tişörtü, pantolonu oradaki taşlara, sivri kayalara takılmıştı. Düşmekten doğan sıyrıklar, yaralar vardı bedeninde ama ölüm nedeni başını çarpmış olması yani beyin hasarıydı. Tutanaklara geçmiş bulgular bunlardı.

İhtimaller: Ayağı kayıp, dengesini kaybedip düşmüş olabilir; yani kaza. Kendini atmış olabilir; yani intihar. Biri itmiş olabilir, yani...

Üzerinde çalıştığı roman için düşündüğü ad olmasa, en düşük olasılık sonuncusu. Peki, kim, neden öldürmek istesin ki babamı? Ayrıca bir boğuşma ya da dışarıdan bir darbe izi yok. Ada'da birini öldürüp ortadan yok olmak da pek olası değil. Hemen o gün olmasa da bir süre sonra jandarma ya da köylüler kuşkulandıkları birini bulurlar. Burası kapalı bir toplumdur, dışardan gelip gidenler de hem polisin, jandarmanın hem de halkın kontrolü altındadır.

Tıkandığım noktada Yusuf'un, Engin'in, Sultan'ın, Ada'dan birinin işime yaramayacağını hissetmiştim. En iyisi, ipuçlarını roman taslağında, bir de babamın notlarında aramaktı.

Saatin ilerlemesine, gece yarısının yaklaşmasına aldırmadan roman taslağını okumaya kaldığım yerden devam ediyorum.

Şoförün "köşkün sahibi beyefendi" dediği vakıf yöneticisi, ayrılırken söz verdiği gibi koltuğunda kendi eseriyle geldi. Adamcağıza haksızlık etmeyeyim, alçakgönüllü sevimliliğiyle "hevesli işi karalamalarım" diyordu yazdıklarına.

Karlı bir gündü. Norveçli yazar ortalıkta görünmüyordu, kahvaltıda da yoktu. Yazmakta olduğu romana gömülmüş, odasında çalışıyordu herhalde.

Vakıf yöneticisi genç adamla gürül gürül yanan şöminenin karşısında konyaklarımızı yudumlarken daha çok "sesle sözün, edebiyatla müziğin birbirleriyle kucaklaşması" dediği şiirden söz ettik.

"Şiirle roman yazmak isterdim, edebiyatın başlangıcı şiirdir, sözlü edebiyat şiire dayanır, trubadur ezgilerini de hatırlayın," dedi.

"Operanın bile artık yaşlı başlı seçkinlerden, bir de konservatuvarların şan bölümlerinin öğrencilerden başkasına hitap etmediği bir çağda günümüz okurunun asla dayanamayacağı bir tarz olurdu bu," dedim. "Bizim sözlü edebiyat geleneğimizde de şiir öndedir, özellikle halk masalları, aşk hikâyeleri, kahramanlık destanları manzumdur. Ama günümüzde geçerli bir tarz olabileceğini düşünmüyorum. Düz yazı bile yaygınlığını yitiriyor. Twitter'dan sonra, artık 140 karakterlik romanlara alışın demişti biri."

"Doğru, yine de yazar olarak denemeye değmez mi? Sadece basılsın, çok okunsun diye mi yazar insan? Yazma eyleminin kendisi değil midir asıl önemli olan, insanı tatmin eden, mutlu eden? Kendi kendine şarkı söylemekten duyulan haz gibi..."

"Belki de haklısınız, hiç bu açıdan bakmamıştım," dedim konuyu kapatmak için.

(Not: Sahnede bir silah varsa sırası geldiğinde patlamalıdır, diyen Çehov'du değil mi? Bazı yeni yazarların kurgu fukarası metinlerinde hiç takmadıkları bu ilke bana göre vazgeçilmezdir. Hikâyenin ilerlemesine ya da kahramanların karakterlerinin derinleştirilmesine yardımcı olmayan bir cümle, bir ayrıntı, bir konuşma, geveze bir metin doğurur. Edebiyat âşığı vakıf yöneticisinin yazma tutkusundan, yazdığı şeylerden söz etmişsen silahı patlatmalısın.)

Bir süre sonra yazar kadın da bize katıldı. "Gece uykumun arasında aklıma mısra tadında cümleler geldi, aradığım dili bulmuştum sanki, hemen kalktım yazmaya oturdum," dedi.

"Bazen böyle olur," dedim. "Üşenip de yarın yazarım diye uykuya dalarsanız ertesi sabah hepsi uçar gider."

"Mısra tadında cümleler, dediniz, biz de şiir dilinden söz ediyorduk siz gelmeden hemen önce. Yayımlamayı hiç düşünmediğim karalamalarımda tam da bunu deniyorum," dedi genç beyefendi.

"Geçen gün sizinle orman yürüyüşünde konuşmuştuk metnin dilini bulabilme meselesini. Son romanınızda eski yazdıklarınızdan farklı bir dil denediğinizi okudum sitenize girdiğimde. Bunu söylemiştim size. Márquez'in büyülü gerçekçiliğinden sonra şiirli gerçekçilik diye yazmış bir eleştirmen. Ne yazık ki bu eseriniz henüz çevrilmemiş."

"Çevrilse de aynı tadı vermez sanırım. Şiirin tercüme edilebilir olmadığını düşünüyorum."

"Zaten o dili ödünç aldığınızı, pek de memnun kalmadığınızı söylemiştiniz."

Acele düzelttim. "Ödünç alma deyimini, bir başka halkın duygu diline öykünmek anlamında kullanmıştım."

"Ne ilginç," dedi ev sahibimiz. "Bunu hiç düşünmemiştim. Ben de kendi naçizane satırlarımı okuduğumda istediklerimi yapamadığımı hissediyorum. Düzyazı duygularını şiir diliyle yazmaya çalışıyorum, galiba olmuyor."

Bu ödünç alma meselesini neden ortaya atmıştım ki! Zevzeklik işte. Lafı değiştirmek için konuyla dilin uyumundan söz etmeye başladım: "Aslında başka bir halkın, başka bir kimliğin hikâyesini yazıyordum. Konu o halkın edebiyatını, duygu dilini, deyiş tarzını çağırıyordu, bunu denedim, hepsi bu kadar."

(DİKKAT! Bu bölüm, yazarın kadın yazara tecavüz girişiminden önceye gelmeli. Tecavüz anlatının pik noktası. Sonrasında kendisiyle kıyıcı bir hesaplaşmaya girişecek. Cinayet fikri, kadına yaptığından duyduğu utanç yüzünden mi yoksa son romanının dilinin ödünç dil, bir çeşit intihal olduğunu kendi ağzıyla itiraf etmesi yüzünden mi doğacak?)

Ne garip bir metin! Babamın övündüğü, eleştirmenlerin, edebiyatçıların da kabul ettikleri olay örgüsü bütünlüğüne, kurgu sağlamlığına sahip değil. Ya üzerinde çalışacaktı da vakti olmadı ya da yazmaktan vazgeçmiş, silmeye de kıyamamış...

Bu hâliyle satır satır okumanın anlamı yok. "Ctrlend" tuşlarına basıp metnin sonuna geliyorum. En sona kırmızı harflerle düştüğü notta, "Anlatıcıyı üçüncü şahıs dene, 'ben' anlatımı otobiyografi çağrışımı yapıyor," yazmış. Altındaki satırda da, "Cinayet fikir düzeyinde kalmalı. Yazarlarevinin yöneticisinin avcılık merakının ve duvarda asılı silahların ilham ettiği bir fikir. Düşünecek ama yapmayacak. Cinayet yerine intihar da işlenebilir. Belki daha gerçekçi, daha iyi olur."

Bu notun hemen üstünde, yarım kalmış roman taslağının son iki ekran sayfasında, romanın kahramanı yaşlı yazar, Norveçli yazarla "yaşayarak yazmak" konusunu tartışıyor. "Sadece bir kuşak Amerikalı yazar değil, sadece Hemingway, Jack London, İstrati değil; Malaparte'yi, Kazancakis'i, Conrad'ı, nicelerini düşünün, zaman zaman savaş muhabirliğinin, röportajcılığın sınırlarını zorlarlar. Hatta Charles Dickens, Oscar Wilde da yazdıklarının önemli bölümünü yaşamışlardır," diyor yazar. "Ama Marcel Proust, James Joyce, Dostoyevski de var," diye itiraz ediyor yazar kadın. "Evet, onlar da kendi yaşadıkları toplumun büyük gözlemcileridir. Kahramanlarını çok iyi tanırlar, onların maceralarını kendi içlerinde yaşarlar. Ortak nokta: yaşayarak yazmak, YAŞANANI YAZMAK."

Babam edebiyat konusundaki, yazı dili, yazarlık, yazar psikolojisi üzerine düşüncelerini roman biçiminde aktarmak istemiş anladığım kadarıyla. Okutucu olması, sıradan okurun ilgisini çekmesi için de bir çeşit polisiye kurgusu düşünmüş anlaşılan. Cinayet her zaman okutucu bir temadır. Asıl önemli olan cinayet ile intihar arasında kararsız kalmış olması.

Roman taslağını okurken duyduğum huzursuzluk, bu bölümlerdeki notlarla biraz dağıldı. Babam kendini yazmıyor, romandaki yazar tümüyle kurgu bir karakter, otobiyografik bir metin söz konusu değil. Babamın yapmak istediği edebiyat üzerine düşünmek ve düşündürmek. Yine de kafama takılan sorular var: yazma krizi yaşayan, artık yazamayan bir yazar, ödünç alınan dil meselesi, yazar kadına tecavüz olayı, bir de kurguya nasıl dahil edeceğine karar verememiş olduğu cinayet ya da intihar fikri. Hem başlığın yanına düştüğü notta hem de en sondaki notlarında romanın adının sorun olduğu anlaşılıyor. Yazma tutkunu vakıf yöneticisi karakteri, metindeki notta sözü geçen "Çehov'un silahı" olmalı. Okuduğum bölümlerde silahın nasıl patlayacağının, adamın hikâyenin neresinde belirleyici rol oynayacağının ipucu yok. Daha önemlisi, silahın tetiğini kimin çekeceğinin de.

Roman taslağının arasına serpiştirilmiş bu türden düşünceler dışında not aldığı bir defter de vardır mutlaka; öyle çalışırdı, hatırlıyorum. Daha iyi bakmalıyım. İnceleyebildiğim kadarıyla Şair'in getirdiği defterlerde böyle şeyler yoktu. Çalışma odasındaki kilitli dolapta bulduğum şu tuhaf *Nâlân'ın Gözyaşları* kitabına, bir de dağınık kâğıtlar arasındaki defterlere göz atmalıyım.

Oradan toplayıp getirdiğim malzeme arasında biri ince diğeri kalınca iki defter vardı. Hâlâ sırt çantamda duran defterleri çıkarırken yaseminle manolya karışımı kokuyu duydum. Anahtarını yazı masasının çekmecesinde bulup açtığım kilitli dolaba sinmiş olan, artık uçmuş, dağılmış, hafiflemiş ama inatçı varlığı silinmeyen koku...

İlk sayfasına, babamın elyazısıyla sayfanın altından yukarı doğru çaprazlama "80'li yıllar / Hapishaneden romancılığa" yazılı kalınca defter, tarihi belli olmayan eski bir gazete kâğıdıyla kaplıydı. İlk bakışta bakkalların veresiye defteri gibi duruyordu. Bir sürü dağınık kâğıdın, kırtasiyenin, defterlerin arasında özel olarak dikkatimi çekmemişti.

Babamın günlük tuttuğunu bilmiyordum. Annem biliyor muydu acaba? Hangi tarihe kadar sürdürmüş bu işi? Her sabah düzenli spor yapan, sıkı bir programla günde şu kadar saat çalışan, günlük tutmayı ömür boyu sürdürebilecek disiplinli biri değildi. Böyleleriyle alay bile ederdi.

Defteri karıştırıyorum. Tam bir günlük sayılmaz. Bazen günü gününe, bazen sonradan yazılmış notlar, kısa yorumlar, düşünceler... Tamamlayıp düzenleyerek 80'li yıllar, 90'lı yıllar, 2000'li yıllar başlıklarıyla yayımlamaya niyetlenmiş olabilir.

Defterin sayfalarını hızlıca çeviriyorum. Önce son sayfaya, daha doğrusu son tarihe bakıyorum: 31 Temmuz 2012. "J. geldi. Çalışmaya, daha doğrusu birbirimize alışmaya başladık. Fena gitmiyor. Güçlükler var ama aşabileceğimi sanıyorum." Sonra birkaç boş sayfa ve defter bitiyor.

Son sayfadan bir önceki sayfadaki notun tarihi neredeyse altı ay öncesine ait: 24 Şubat 2012. "S. ne istediğimi anladı. Ona güvenebilirim. Artık eski hikâyelere ihtiyacım yok, yeni bir dile, yeni sese ihtiyacım var."

Sayfayı dikkatle inceliyorum. 24 Şubat tarihli nottan sonra 31 Temmuz'a yani yazdığı son satıra kadarki yapraklar koparılmış. Bu sayfaları neden koparmış? Ya da kendisi mi koparmış?

Defterin en başına dönüyorum: 12 Şubat 1980

Doğum günümü bu soğuk, nemli, karanlık koğuşta kutlamak varmış. Dün görüş günüydü. Babamla karım gelmişler ama battaniye direnişimiz yüzünden görüşler iptal edilmiş. Getirdikleri battaniyeleri de bize vermediler zaten. Yere serili incecik şilteler koğuşu basan suları emmiş, sırılsıklam. Soğuk ciğerlerimize işliyor. Davutpaşa rahattır demişlerdi, nah rahat!

18 Şubat: Kızım üç aylık oldu. Doğumda bulunmak için hastaneye gitmem büyük hataydı. İzlemişler, tavşan gibi enselendim. Örgüte hesap vermek zor olacak,

neyse ki ötmedim. Ötsem de bildiğim ne vardı ki! Sıradan neferin gerillaya heveslenmesi. Neyse ki karımla ilgili bir şey sormadılar. O uzun zamandır işin dışında kalmıştı zaten. Asıl hata bu dönemde evlenip çocuk yapmaktı. Hataysa da güzel bir hata!

1 Nisan: Şaka yapacak hâlimiz yok. Koşullar kötüleşiyor. Dün koğuşa attıkları iki genç belli ki ağır işkence görmüşler. Biri çocuk yaşta. Dışarıda neler olup bitiyor merak ediyoruz ama konuşacak halleri yoktu haber alamadık. Koğuş aramalarını sıkılaştırdılar, zulamı değiştirdim.

Evde o günlerden pek bahsedilmezdi. Annemle babamın yaşamlarının hatırlamak istemedikleri bir kesitiydi sanki. Belki de bize yansıtmak istemiyorlardı. Onuncu doğum günümü kutlarken, "Seni doğduğun anda ilk çığlığını atarken gördüm, sonra da iki buçuk yaşındayken. Annen bayramda açık görüşe getirmişti, miniciktin, pembe bir elbisen vardı, yeni yeni konuşmaya başlamıştın. Açık görüşteki tutuklulara bakmış, 'Baba kim?' diye sormuştun da gülmüştük," demişti.

Sonra bana sarılıp, "Yıllar geçiyor, her şey değişiyor, yeni bir hayat başlıyor. Ne kadar farklı bir yerdeyiz şimdi. Annenin sevgisi, direnci olmasaydı bugünlere gelemezdim," demişti. Anneme de sarılmış, tutkuyla, aşkla öpmüştü onu. Hatırlıyorum; Cem bizi kıskandığından masanın üstündeki yaş günü pastamı devirmiş, çikolatalı sos örtüye bulaşmıştı.

Dolaptan alıp çantama koymasaydım büyük ihtimalle çöpe atılacak bu defterin sayfaları arasında bir yaşam var. Hatıra defterleri, günlükler, eski fotoğraflar, insanlar yok olup gittikten, her şey yitirildikten sonra hüzünlenmekten, hayıflanmaktan başka ne işe yarar!

Bu defter beni kederlendiriyor, biraz da ürkütüyor. Babamın tanımadığım, bilmediğim farklı bir yüzünü görme korkusu mu mahremiyetine girmenin suçluluk duygusu mu? Sayfaları hızla atlayarak bizi bırakıp gittiği günlere bakıyorum. Terk edilmişlik burukluğuyla kararan o günlere...

"17 Şubat 1997: Yeni Hayat" başlığını atmış. Evden 96'nın Kasım ayında ayrılmıştı. İlk kez o yıl doğum günümü birlikte kutlayamamıştık. İçinde bütün aksesuvarıyla çok şık, çok pahalı bir makyaj çantası göndermişti armağan olarak. İliştirdiği notta, "Artık bir genç kız olan Ceren'ime," yazılıydı. Önce olduğu gibi çöpe atmayı düşünmüştüm, sonra kıyamadım, en yakın arkadaşıma armağan ettim. "Yeni Hayat" başlığı, içten içe kıskandığını, rakip gördüğünü düşündüğüm ünlü yazarın romanına atıf mıydı yoksa kendisinin yeni bir hayata başladığını mı ima ediyordu? Belki ikisi birden.

Kış soğuk geçecek, şimdilik Ada'ya dönmekten vazgeçtim. Sadece soğuk yüzünden değil; şömine var, kuzine var, soğuğun çaresi bulunur. Asıl sorun özlediğimi sandığım, üretken olacağımı umduğum mutlak yalnızlığa dayanamayacağımı hissetmek. Çoğunlukla yabancı yazarların, gazetecilerin kaldığı Cihangir'deki bu pansiyon otelde kışı geçirebilirim. Kendimi tanıma babında kendime bir soru: Neden Cihangir? Görmek ve görülmek için değilse neden? Camia içinde bulunmak için mi? Hani bunu reddediyordum! En iyisi fazla oyalanmadan çekip gitmek. Pitigrilli'nin bir romanında, *Sarışın Bebek* miydi, adam çiğnediği çikleti duvardaki dünya haritasına atar, gideceği yeri belirlemek için. Böyle fantezileri olan biri değilim. Aklımdaki iki yerden biri Kerela, diğeri lemurları görmek için Madagaskar. Kerela bugünlerdeki ruh hâlime iyi gelebilir. Hemen yarın seyahat şirketiyle konuşmalı...

Kerela'dan attığı kartları hatırlıyorum. "Rüyada mıyım cennette mi? Hindistan'da olmadığım kesin. Burası bambaşka bir âlem. Bu dönemde bana iyi geliyor."

Haritada Kerela'yı aramış, ansiklopedilerde, kitaplarda bölgeyle ilgili ne buldumsa okumuştum. Babamla birlikte geziyordum aklımca. Yıllar sonra Hindistan turu yaparken Kerela'ya gittim. Üstelik kendimi tutamayıp babama arkasında sadece, "Kerela'dayım," yazan bir kart bile attım oradan. Hatırlamak neye yarar, paylaşamayacak olduktan sonra...

Uzunca sürmüş Güney Hindistan gezisinden bir dizi ilginç izlenim; sonradan hatırlamak, belki de yazmak üzere düşülmüş notlar:

Kerela eyaletinde iktidarda komünistler var. İngilizce seyahat rehberine göre okuryazarlık oranı yüzde 92; sağlık hizmetleri ücretsiz. Her tarafa asılmış pankartlarda Lenin, Stalin, Mao yan yana görülüyor. İdeolojik ayrımlar umurlarında değil anlaşılan. Seçim dönemiymiş...

Ezana benzer bir ses duyunca sordum, burada bir Müslüman azınlık varmış, kaldığım lüks tesisin yakınındaki ahşap kuleli, dört yanı açık hangar gibi yapı camiymiş. Merak edip gittim. Kadınlar göbeklerini, kollarını açıkta bırakan sarilerle dolaşıyorlar etrafta, üstelik Ramazan ayıymış. Din nasıl da bulunduğu yere göre şekilleniyor!

Kaldığım yer inanılmayacak kadar güzel, bakımlı, tek bir plastik eşya yok; her şey doğal malzemeden. Pek iddialı bir turistik tesis. Mimarisi de çok ilginç: WC ve yıkanma mekânının üstü bütünüyle açık, suyu sürekli akan ahşap bir yalağın etrafı nilüfere benzer çiçeklerle çevrili. Dev hindistancevizi ağaçları tavan vazifesi görüyor. İnsan işini görürken ağaçların üstüne tünemiş biri var mı kuşkusuyla ister istemez yukarı bakıyor. Deniz de harika: Uçsuz bucaksız uzanan bembeyaz bir kumsal ve Hint Okyanusu. Gelgelelim sabahın erken saatlerinde otelin personelinin ilk işi, gece kumsalda yatan halkın hemen oracığa kondurduğu marifetlerini toplayıp kumsalı temizlemek. Pislik algısı burada çok farklı. Bok içinde bir cennet desem çok mu kaba düşer!

Notlarına bakılırsa Sri Lanka'ya da gitmiş o gezide:

Borneo'ya geçmedim, hayvanlarla işim yok ama Tamil gerillalarıyla röportaj yapmak isterdim. Bir süre buralarda kalmayı düşünebilirim, buranın hikâyeleri S.'nin hikâyelerinden aşağı kalmaz. Filipinler'de olup bitenler bize çok yabancı değil. Bunu düşünmeliyim. Yayınevi maddi imkân yaratır mı? Sorulacak.

Aradıklarım bunlar değil, yine de gözüm kayıyor. Endonezya'ya gitmiş. Bali'nin Hollywood filmlerindeki gibi balayı adası olmadığını, büyük bir kültürel çeşitlilik ve renklilik gösterdiğini, masalımsı inançlarını, her gün, her an rastlanan rengârenk ayin resmigeçitlerini, muhteşem Hindu tapınaklarını not etmiş. "İyi ve kötünün birliği, her ikisinin de ayrılmaz bir bütünün parçası olduğu, yaşamın bu birlikten doğduğu ve sürdüğü inancı. Diyalektik materyalizmin tez-antitez-sentez kavramıyla ilişki kurulabilir mi?" diye yazıyor.

Yayınevinden iyi bir avans almış ki o yılı gezilerle geçirmiş. Romanlarının sadece Batı dillerine değil Çinceye, Urducaya, Hintçeye, Malayam diline çevrildiği düşünülürse maddi sorun yaşamamıştır. O yıllarda artık epeyce ünlü bir yazardı.

1997 Temmuz'unda, "Nihayet Yazarlarevi" notu düşülmüş.

Aldıklarımı ödemem gerekiyordu. Yazarak kazandıklarımı yazıya, edebiyata geri vermeliyim. Gerekli işlemler, hazırlıklar tamamlandı, ilk konuk yazarlar ağustosta gelecek. Bizim çocuklara da yerli yabancı yazarlarla tanışma imkânı doğacak. Galiba mutluyum. İçimde yeniden yazma isteği duyuyorum. Bu verimsizlik artık bitmeli.

Bu konu hoşuma gitmiyor. Yazarlarevi babamla aramıza giren kötü kadın gibi. Evin bunda hiçbir suçu yok, biliyorum, yine de bizden uzaklaşmasına neden olan bir yer, bir sığınak orası. Bir de yazamaz olma duygusu, yazarların zaman zaman tutulduğu yaratıcılık kriziyle başa çıkamama boğuntusu takılıyor kafama. "Yazarlarevi Cinayeti" taslağındaki yaşlı yazar da aynı sorunu yaşıyordu.

Yazamaz mı olmuştu gerçekten? 2000 başlarından itibaren sürekli birşeyler yayımlamıştı. Aralarında roman var mıydı, emin değilim.

Yeniden defterin ilk sayfalarına dönüyorum.

15 Mayıs 1980: Sadu koğuşa ilk geldiğinde gevezeliği canımı sıkmıştı. Çok işkence görmüştü besbelli, yüzü gözü dağılmıştı, çapraz askıya alınmaktan, kendi dediğine göre kollarında kas yırtılmaları var. Yine de ah vah etmiyor, işkenceleri anlatmıyor. Çok genç, en fazla 18-19 yaşında. Doğuluymuş. Bende Zazalık da Kürtlük de var, belki Ermenilik de vardır, bizim oralarda halklar karışıktır, diyor. Bana dışarıdan getirdikleri yatağı ona verdim, koğuştaki yarı saman yarı kum dolu şilteler yaralarını büsbütün acıtır.

18 Mayıs: Sadu müthiş bir anlatıcı. Ötekiler ondan pek hoşlanmıyorlar. Tanımadığım, adını duymadığım bir fraksiyondan. Polis diyenler bile çıktı koğuşta. Ama hikâyelerini anlatmaya başlayınca çevresini alıyorlar hemen. Ne de olsa Marksizm-Lenınizm derslerinden daha eğlenceli. Bu kadar hikâyeyi nereden buluyorsun, diye sordum. "Aile geleneği gibi bir şey, bizim oralarda köy köy dolaşan hikâye anlatıcıları vardır, halam da bizim köyde ünlüydü. Bir de kendi yaşadıklarım," dedi. Bütün anlatıcılar gibi biraz uyduruyor bence. Bu kadar genç yaşta ne yaşamış olabilir ki! Sonra düşündüm de, kendisi olmasa da ailesi, halkı yaşamış, o da onların parçası.

7 Temmuz 1980: Sadu'nun hikâyelerini not etmeye başladım. "Baban eskinin yazarlarındanmış, hem de komünistmiş. Armut dibine düşer derler. Gün gelir sen de yazarsın belki," dedi. "Kitaplar, yazarlar arasında büyüdüm, çocukluğumda okumaya yazmaya meraklıydım, devrimcilik oynamaya başlayınca, sonra da üniversitede asistan olunca edebiyatı tümden bıraktım," diyemedim. Neden olmasın? Burada daha ne kadar kalacağım belli değil, vakit çok, yapacak fazla iş yok.

Defterin yapraklarını, kafamda yarattığım hikâyenin akışına göre karıştırıyorum.

30 Aralık 1983: Tahliye. Faşist generaller, yılbaşını evinde geçirsin dediler herhalde! Babam bütün çevresini, tanıdığı ne kadar omzu kalabalık varsa hepsini seferber etmiş olmalı. İçeride kalanları düşündükçe içim burkuluyor, kendimi suçlu hissediyorum, utanıyorum. Sadu'yla kucaklaşıyoruz. "Benim buradan sağ çıkıp çıkmayacağım belli olmaz, hikâyelerimi yazacağına söz ver," diyor. "Ne diyorsun sen lan! Tiyatroyu bırak, sağ

çıkmamak da ne demek!" diyorum. Gülüyor, "Ben 3K'yim Tavariş," diyor. "Kürt, Kızılbaş, Komünist." Koğuşun demir kapısı arkamdan kapanıyor. Bu özgürlükte ihanet tadı var.

Üç yaşındaydım. O yaşta hatırlanmaz, uyduruyorsun deseler de babamın eve gelişini hayal meyal hatırlıyorum. Kötü kokuyordu. Sarı benizli, zayıf bir adamdı. Önce anneme sarılmış, sonra bana yönelmişti. Kaçıp odadaki divanın altına saklandım. Belki de haklılar, belki sonradan ben yazdım o eve dönüş sahnesini. Olayları bilmem ama duygularım gerçek.

Sonraki sayfalardan birinde:

> Roman yayımlandı, heyecanlıyım. Kimseye çaktırmadan, tanınmaktan korkarak birkaç büyük kitapçı dolaştım. Vitrine çıkmamıştı, çekine çekine sorduğumda son çıkanlar rafını işaret ettiler. Orada en aşağıda duruyordu, iki tane birden satın aldım. Birkaç arkadaşa söyleyeyim de istesinler, talep kitapçının da ilgisini çeker, öne çıkarır belki.

İlk romanı ne zaman çıkmıştı? 1985 sonuydu galiba. Henüz okuma bilmiyordum, sadece büyük harfleri söküyordum. Cem ise bir yaşını yeni bitirmişti, emekliyordu. Geç yürümüştü zaten. Kitaplar eve geldiğinde aile içinde küçük bir kutlama yapılmıştı. Annem çok mutluydu. Şimdi yerini buldun, yapman gereken şey buydu, gibi birşeyler söylemişti hatırladığım kadarıyla. Senin sabrın, desteğin, bana inancın olmasaydı bu kitap çıkmazdı, demişti babam. Yıllar sonra, gençlerle Ada'daki yazarlık sohbetlerinden birinde, "Yazdıklarımız yaşadıklarımızla derinleşir, zenginleşir," demişti, "aşklar da acılar da hatta zindan, işkence bile insanı zenginleştirir, derinleştirir..."

Romanının ilgi görmesi dönemin siyasi havasına da bağlıydı sanıyorum. Edebiyatı da kültürel yaşamı da ezip geçen 12 Eylül Darbesi'nden üç yıl sonra yapılan genel seçimlerde generallerin adayı kazanamamıştı. Faşist cunta yönetimi ağır ağır çözülüyor, yetersiz de olsa kısmi bir sivilleşme havası yayılmaya başlıyordu. Roman böyle bir döneme rastlamış, ilgi görmüştü.

Kitabın gördüğü ilgi, kısa sürede birkaç baskı yapması, ilk romanın devamı gibi olan ikincisinin çoksatarlar listelerinde başa çıkması, daha sonra önemli ödüller, çeviriler... Bunları biraz büyüdüğümde, sonraki yıllarda okuduklarımla, duyduklarımla, birlikte gittiğimiz kitap fuarlarındaki konuşmalardan, hakkında çıkan yazılardan, yaptığı söyleşilerden öğrendim. Gitgide düzelen maddi durumumuz da kazandığı başarının kanıtıydı. "Artık bu ülkede telif gelirleriyle yaşamak, hem de iyi yaşamak mümkün," diyordu. Annem, "Senin durumun özel, pek çokları telif geliriyle bir fincan kahve içebilse şükreder. Sen hak ediyorsun ama çoksatar yazarların çoğu pazarlama ürünü," dediğinde de alçakgönüllülükle kabulleniyordu.

Annem babama hem âşıktı hem de hayran, yine de sözünü esirgemez, eleştirmekten geri durmazdı. Kadınların sevdiği erkeği koruma duygusu: Önce ben eleştireyim de başkalarına söz düşmesin... Aralarında geçen bir konuşmayı şimdi daha iyi anlamlandırabiliyorum. Yeni bir romanı çıkmış, iyi bir tanıtım kampanyasıyla kısa sürede çoksatarlar listesine girmişti. Eleştiriler genelde olumluydu, sadece bir eleştirmen romanı "yol kazası" olarak nitelemişti. "Bu son romanında hikâyelerini tükettiği görülüyor. Duygular da olaylar da tekrarlanıyor. Üstelik siyasal atmosfer, toplumsal talep de yazarın yelkenlerini şişirmiyor artık. Edebî dilin ve tadın gerilediği, belgesele teğet geçen, bu türün önündeki didaktiklik tuzağına düşen bir metin," diye yazmıştı.

Babam kızmıştı. "Bu ülkede doğru dürüst eleştirmen yok, metne değil yazarına göre tutum alıyor herkes. Bu herif öteden beri bana düşmandır. Milattan önceki fraksiyon kavgalarında çakılıp kalmış. Mao'cuydu o, edebiyatla medebiyatla ilgisi yoktu o zamanlar. Şimdi başımıza edebiyat eleştirmeni kesildi. Anlattıklarım tekrarmış! Hikâyeler binlerce yıldır hep aynıdır: insanın trajik kaderi, toplum-birey çatışması, hayata bir anlam verebilme çabası. Halt etmiş! Ne hikâyem tükendi ne dilim geriledi."

"Bence de iyi bir roman ama öncekilerle aynı düz çizgide gelişiyor, ben de hikâyenin biraz kalıpçı olduğunu düşünüyorum," demişti annem.

Babamın cevap vermediğini, öfkelenip odadan çıktığını hatırlıyorum.

Evden ayrılıp gittikten sonra, yılın büyük bölümünü Ada'daki Yazarlarevi'nde geçirmeye başlamıştı. İstanbul'a bir toplantı veya yayıneviyle görüşmek, sağlık kontrollerini yaptırmak için geliyordu. Yurtdışı gezileri, uluslararası toplantılar, kitap fuarları dışında, 2000'lerin başından itibaren artık çoğunlukla Ada'da kalıyordu. Yazmayı sürdürdüğünü biliyorum, o dönemde yazdıkları nasıl karşılanmıştı bilmiyorum. Onunla en az ilgilendiğim, baba figürünü bilinçli olarak hayatımdan çıkarmaya çabaladığım yıllardı.

Defteri karıştırmayı sürdürüyorum: 7 Ağustos, 2006 tarihli not ilginç.

Anne babalarının yazarıymışım! Halt etmişsiniz siz! Bir daha da şu şımarık veletlerin para zoruna okudukları özel okullara gidersem! Eski kuşak okurlar birer birer tükendikçe satışlar azalıyor mu? 30 yıllık yayınevimin başına getirdikleri burnundan kıl aldırmayan havalı genç adam, "Marka oldunuz, kitap değil marka satıyoruz ama yeni kuşaklar markalardan da çabuk usanıyor," deme küstahlığını gösterdi de verebildiğim tek cevap, "O zaman soyunup televizyonda çıplak şov yapayım, ilgi çeker," demek oldu. Bugünlerde manken kızların, şarkıcıların, dizi oyuncularının "eserler"i moda. Ajansımla konuşacağım. Yeni bir yayınevine geçebilirim. Elimi öpene giderim.

14 Eylül: Edebiyat ajansımın yöneticisi, daha iyi koşullar sağlayacak bir yayınevi bulmanın sandığım kadar kolay olmayacağını söylüyor. Yayın dünyası da kitap pazarı da hızla değişiyor, diyor. Beş yüz bin liralık, hatta söylendiğine göre bir milyon liralık yazar transferleri haberlerinin doğru olmadığını, yazarı parlatıp, piyasa değerini yükseltip sürümden kazanmak için çıkarıldığını iddia ediyor. Bu türden reklam istemem tabii, zaten ihtiyacım da yok.

11 Ekim 2006: Yeni okura ulaşmak için yeni bir okur kuşağının yetişmesi gerek. Adadaki gençlerden başlanabilir. Eskilerin hepsi koca adam oldu, dağıldılar. Hayat gailesi... Hevesliden yazara dönüşemedi hiçbiri. Yeterli desteği veremedim mi yoksa yazar hamurundan değiller miydi? Yine de gençlerle denemek gerek. Neyi denemek? Onları yazar yapmak benim işim mi? İçlerindeki ateş yeterince canlıysa bir yolunu bulurlar.

12 Ekim'de yazılıp silinmiş iki satır... Neden silinmiş?

15 Kasım 2006: Sadu dönmüş. Yayınevi kanalıyla bana ulaştı. İletişim bilgilerimi kimseye vermemelerini tembihlemiştim. Çok eski arkadaşım olduğunu söylemiştir. Yalan da değil. Askerlik arkadaşlığı gibi hapishane arkadaşlığı da kolay unutulmaz. Hele de bizim aramızdaki ilişki. Ne kadar ertelesem boşuna, buluşacağız.

Ne isteyeceğini bilmiyorum. Yazdıklarımı okudu mu merak ediyorum.

Yazar kimdir, hikâyeyi anlatan mı kaleme alan mı?

23 Kasım: 3K ile buluşma. Haksızlık yapmışım, romanların bazılarını okumuş, daha doğrusu göz gezdirmiş. "Bilirsin, okumam yazmam zayıftır, anlatıcılığım iyidir, ne hikâyelerim var, anlatsam yazmaya doyamazsın," dedi. Fazla ilgilenmiş görünmedim. Ben tahliye olduktan sonra Diyarbakır'a nakledilmiş. "Köpek Jo'ya selam durmadım, İstiklal Marşı'nın tamamını da ezbere okuyamadım, bok da yedim kıçıma cop da, bok çukuruna da atıldım," diye anlatıyor. Yaşlanmış, delikanlı Sadu'nun saçı sakalı ağarmaya başlamış. 90'da kısmi afla çıkmış, ver elini Avustralya! "Sülaleden birileri işçi olarak gitmişti, yabancılık çekmedim, iş bile kurdum orada: döner işi. Kapış gidiyordu Allah seni inandırsın, biraz para bile yaptım. Elim kalem tutsa, hayatımı kendim yazsam senden ünlü olurdum," dedi.

"Hayatım ne roman" klişesinin Saducası. Hayatı romanlaştırmak: biyografiden, otobiyografiden romana geçişin püf noktaları. Başkalarının hikâyelerini yazmanın güçlüğü –ya da haksızlığı–.

Sadu'ya, birlikte Ada'ya gitmeyi önerdim. Kış aylarında ev boş kalıyor, yazarlar bahar aylarını, yaz mevsimini tercih ediyorlar hâliyle. Ben Ada'nın kış hâlini de seviyorum ama mutlak yalnızlığa tahammülüm yok. Şu tembelliği üstümden atsam, çalışabilsem sıkılmam...

Bazen insanın kafasında nereden geldiği belirsiz bir ışık çakar, ânında sönüp kaybolan belli belirsiz bir ışık. Peşinden ne kadar koşsanız, bilince çıkarmak için ne kadar uğraşsanız boşuna, beyninizin bir köşesine saklanıverir, geride kaynağını bulamamanın huzursuzluğu kalır.

Anladığım kadarıyla 3K ya da S. rumuzlu kişi 80'lerin başında askerî hapishanede yatarkenki koğuş arkadaşı Sadu. Kürtçe bir isim değilse Sadullah'ın kısaltılmışı herhalde.

Yazarlarevi'ne birlikte gitmişler mi? Sayfaları hızla çeviriyorum.

31 Aralık: Yılbaşını Ada'da geçirme fikrine sıcak bakmadı. Bizim oralara uzanacağım, dedi. "Bizim oralar şöyle, bizim oralar böyle." Hep aynı Sadu. Bu kış kıyamette sizin oralarda kıçın donar, dedim. Donmuş kıç iyidir, cop sokarlarken daha az hissedersin, dedi her zamanki kekremsi mizahıyla. Bunlar artık kimsenin okumak istemediği geride kalmış hikâyeler. Benim de yazasım yok zaten.

20 Ocak 2007: Dün Hrant'ı vurdular. Hikâye bu işte! Bir gün yazarını bulacaktır. Aslında bana düşer yazmak. Keşke yapabilsem ama bu hâlimle beni aşar. Bırakmalı mıyım? Devam etmek kadar bırakmak da cesaret istiyor.

2007'den sonra defterde tarihsiz notlar, bana bir anlam ifade etmeyen satırlar var. Yazmayı düşündüğü bir makale ya da kim bilir, belki bir roman için çalakalem alınmış hatırlatma notları:

Ünlü tenor kendi performansından hoşnut değil. Sesini ağır ağır yitirdiğini biliyor. Başkaları da farkında mı? Gelecek yılın turne sözleşmeleri, Skala'da Radames olmak, CD kayıt teklifleri... Yol ayrımında.

Yitirilen ses geri gelmez ama dil bulunur. Bulunur mu?

Artık sana yarayacak yeni hikâyelerim yok, diyor S. Bizim oralarda bile yeni hikâyeler kalmadı, diyor. Artık dil zamanı, ses zamanı, diyor. Bizim oraların hikâyelerini kendi dilleriyle, o toprakların duygularıyla anlatan genç yazarlar var artık, diyor. Son zamanlarda pek okumuyorum, hele de bu edebiyatı hiç izlemedim. Ne yazmak ne de okumak geliyor içimden.

Anlatacak hikâye, söylenecek şarkı kalmadı mı susmalı. Tenor susmaya cesaret etmeli. Neden yapamıyor?

"Tezgâhta ne var üstat?" sorusunu ilk soranın boğazına sarılacağım, şart olsun! Bilmem ne gazetesinden şu tıfıl edebiyat eki yazarının saçma sapan sorularına neden cevap veriyorum? "Bir süredir yazmıyorsunuz, yeni bir atılıma hazırlandığınızı düşünüyorum." Sen düşün! Kendine güvenli, sır verir gibi bir sesle: "Evet yeni bir hazırlığım var." Hangi hazırlıkmış o? Bokun yeni hazırlığı!

Kadınlar işe yaramıyor. Olağanüstü bir kadınla bile yatsan aşk daha iyi anlatılamıyor. Aşkı anlatmak için aşkı yaşamak, âşık olmak gerek. Hikâyeyi ödünç alsan da anlattıklarının duygusunu yaşamamışsan olmuyor. Bütün bunları şimdi, iyi kötü tanınmış bir yazar olduktan sonra düşünmeye başlamam tuhaf. "Zaferlerden değil yenilgilerden öğreniriz," klişe vecizesinin doğru bir yanı var; harıl harıl yazıp alkış toplarken düşünmediğim konular yazamaz olunca kafamı kurcalıyor.

Hikâyeler tükenmez. Mesele bu değil, tükenen insanın hikâyesi değil, mesele yazarın tükenmesi. Trajedi son insana kadar sürecek. Tükenen, yazarın anlatım gücü. Bana yepyeni bir dil, yepyeni bir anlatım, müziğin söze dönüşmesi gerek.

Olmuyorsa zorlama. Mecbur musun? Tenorun sesi kısılmışsa sahneye çıkıp rezil olmaya ne gerek var! Şandan şöhretten, hayranlar halesinden kopamamak... Sustuğu anda unutuluş cehennemine gömülmek. Göze alınamayan bu işte. Tenor detone olmuş kısık sesiyle söylemeyi sürdürdükçe opera salonunun boşaldığının farkında değil mi?

Yeni bir dil, yeni bir ses...

Kahramanı ünlü bir tenor olan romanı var mıydı babamın? Hatırlamıyorum. Niyetlenip yazamamış olabilir. Sesini kaybeden tenor belli ki bir mecaz, sözünü kaybeden yazarın mecazı. Notlarından belli; yazma sıkıntısı var, kendinden hoşnut değil. Dertleşecek kimsesi olmayan yalnız bir insanın kendi kendisiyle konuşmaları gibi. Bu yüzden; kim ne der, yazarlık ünüme şanıma halel gelir mi diye düşünmeden kendini pervasızca açık etmekten çekinmemiş. Engin'le Şair buna benzer birşeyler söylemişlerdi de kızmıştım. Kendisiyle konuşur, tartışır gibi yazdığı bu dağınık notlar tükendiğini hisseden yazarın sadece bunalımını değil arayışını da yansıtıyor. Çıkış yolunu yeni bir anlatımda, yeni bir dilde arıyor. İster istemez "Yazarlarevi Cinayeti" taslağını düşünüyorum.

Babam sıkıntılarını dışa vuran biri değildi. Fırtınaları kendi limanında yaşar, çevreye yansıtmazdı. Sorulduğunda hep çok iyiydi o. "Ölüm döşeğindeyken nasılsın diye sorsalar çok iyiyim diye inlersin sen," derdi annem. Bu hâline biraz da üzülür, hatta alınırdı. İnsan derdini sıkıntısını sevdiğiyle paylaşmaz mı! O bunalımlı döneminde babam kendini çok yalnız hissetmiş olmalı. Aslında evcimen bir adamdı, ünlendikten sonra da havalara girmemiş, dışarı hayatını ailesine tercih etmemişti. Bizi bırakıp gittiğinde, "Babanıza kızmamalıyız, anlayış göstermeliyiz. Sorunları var, onları aşmayı deniyor. Yazarlığını besleyecek kaynaklara, yeniliklere ihtiyacı var, rutin ev hayatı yaratıcılığın düşmanıdır," demişti annem. O zaman da katılmamıştım anneme, yazabilmek için bizlerden kurtulması gerektiğini aklım almamıştı, bir başka kadın olduğunu düşünmüştüm. Şimdi, başka bir kadın, yeni bir aşk olsa bile, bunun neden değil sonuç olduğunu, içindeki boşluğu dolduramadığını, bunalımını aşmasına yardımcı olamadığını biliyorum. Neydi peki?

2007'den sonra neler yayımlamış? İnternette arıyorum. 2009'da bir roman çevirisi yapmış: *İskenderiye Dörtlüsü*'nün ikinci kitabı *Balthazar*. Hayret! Çeviri nankör iştir, yazmaktan daha zordur, derdi. Gençliğinde biraz para kazanmak için çeviri yaptığını anlatmıştı. Dört ciltlik kitabın çevirisine girişmesi de ayrı bir soru işareti. Bu romanı çok sevdiğini, Durrell'ın rölativite teorisini romana uygulamakla çığır açtığını söylediğini biliyorum, yine de çeviri işine girişmesine anlam veremiyorum. Zaten arkası da gelmemiş bu çeviri macerasının. 2010'da gezi notlarını derlemiş. 2011'de *Zamanın Kanı ya da Alternatif Tarih* yayımlanmış. Yarı fantastik yarı belgesel türde bir kitap, klasik bir roman değil. Kitap hakkında yazılanları okumuştum. Tarz olarak *Demir Ökçe*'yle paralellik kuruluyordu. Genç bir eleştirmenin, açıkça "intihal" demeye cesaret edemese de bunu sezdirdiğini hatırlıyorum.

2012'de *Genç Yazar Adayına Mektuplar*'ı var.

Bak, bu kitaptan haberim yoktu. İnternetteki özetine bakıyorum: Kendi yazarlık serüveninden süzdüğü, genç yazarlara yol gösterici düşünceler. Yazarlık anıları, edebiyat çevrelerinde, yayın dünyasında yaşananlar, yazar olmaya niyetlenenleri bekleyen tuzaklar ve fırsatlar, yazma tutkusu ile yazar kimliğine bürünme, yazar olup tanınma hevesinin çelişkisi...

Bu konular, Ada'daki gençlerle, bazen benim de katıldığım toplantılarda da konuşulur, tartışılırdı. Ders notu gibi toparlamış anlaşılan. "Artık yazamaz olmuş, son kullanma tarihi geçmiş yazarlar ya edebiyat jürilerine başkan olurlar ya da yazarlık dersi verirler," derdi küçümseyerek. Jüri üyeliği yaptığını sanmıyorum, yazar adaylarına ders notları varmış demek ki...

2014'te *Yasemin Kokulu Rüzgâr*'a kadar başka bir yayını yok.

Bilgisayarı kapattığımda, defterleri karıştırmayı bıraktığımda şafak sökmek üzereydi. Yatıp uyudum.

* * *

Sabah ola, hayır ola, derdi anneannem. Güneşli, güzel bir mayıs sabahı. Saate bakıyorum, 11'i geçiyor. Deniz pırıl pırıl, karşıdaki adalar yaklaşmış sanki, elimi uzatsam tutacağım. Rüzgârın yönüne, ışığın durumuna göre böyle olur; karşı adalar bazen uzaklaşır, bazen yaklaşır. "Deniz; usul usul, dalga dalga kıpırdanan elmas işlemeli gümüşi örtüyle kaplanmış yine." Gençlerle edebiyat atölyesindeki söyleşilerinden birinde, galiba Engin'in, belki de Şair'in yazdığı benzer bir cümleyi, "Şairanelikten kaçının. Şairanelik şiirin de iyi edebiyatın da düşmanıdır," diye eleştirdiğini hatırlıyorum babamın. Denizi seyrederken, şu karşımda gördüğüm olağanüstü güzellik, bu ışık, bu renk, bu devinim nasıl anlatılabilir "şairane" olmadan diye düşünüyorum.

Huzurluyum, dinginim, oysa dün içim kapkaranlıktı, kaygılıydım, tedirgindim. Dünden bu yana değişen nedir? Sorular hâlâ cevapsızken bu gevşeme, bu rahatlama neden?

Bahçedeki ayva ağacının altındaki masaya oturuyorum. Ayvalar çiçeklerini dökmüş bile. "Ayva çiçek açmış yaz mı gelecek, gönül bu sevdadan vaz mı geçecek," diye mırıldanıyorum. Gül, apaydınlık gülüşü, telaşlı hâliyle hemen koşturuyor. "Geç kalınca merak ettim abla, şükür uyandın," diyor. Çay getiriyor, yanında limon. Çayı limonlu içtiğimi hemen öğrendi. Kahvaltı sofrasını donatıyor, ekmekler kızarmış. Hangi şairdi, kahvaltının mutlulukla ilişkisi var diyen? Mutlu günlerimizde, verandada denize karşı kahvaltıya oturduğumuzda babam bu dizeyi tekrarlardı. Hatırlamak içimi karartmıyor, aksine iyi geliyor.

Vaz mı geçiyorum? Çözümü konuyu kapatmakta, unutmakta aramanın rahatlığı mı? Her şey apaçıkken neden normalde aramayız sorularımızın cevabını? Babamın başı döndü, kayanın üstü zaten kaygandı, ayağı kayıp düştü. Ne de olsa 60'ını çoktan geçmiş bir adam, tansiyonu düşmüş ya da çıkmıştır. Tansiyonu ya da başka bir sağlık sorunu var mıydı? Babamın sağlığıyla ilgili hiçbir şey bilmemenin, hiç ilgilenmemiş olmanın suçluluk duygusu... Kazadan başka ihtimal yok. Zabıtlara, kayıtlara böyle geçti. Adaya gelene kadar da hiç kuşkulanmadım, kimse kuşkulanmadı. Üç gündür kendime de başkalarına da işkence edip duruyorum boş yere.

Mis gibi tereyağını kızarmış ekmeğe sürüyorum, üzerine ince bir dilim de sepet peyniri. Çayın demi yerinde, fırından sabah çıkmış açma, çatal, çörek. Yıllardır değişmeyen Ada geleneği. Böyle kahvaltılara alışık değilim, bu gidişle burada kilo alacağım.

Yusuf yok mu diye sormaya kalmıyor, elinde torbalarla köyden dönüyor. Hatırlıyorum, bugün perşembe, pazar kurulmuştur, taze sebze gelmiştir.

Neden buraya yerleşmiyorum? Bu soruyu kendime ilk kez sorduğumu fark edip şaşırıyorum. Aklımın ucundan bile geçmeyecek bir şey. Masmavi deniz, zeytin ağaçları, ayva çiçekleri, iğdelerin kokusu, usul, ılık yel, bacağıma sürünen sırnaşık tekir kedi, taptaze açmaların lezzeti bu kadar mı baştan çıkarıcı! Şehrin boğucu havası, ekonomik kriz, ülkenin üstüne çöken karanlık, şiddetin gücü, insanların inanılmaz hoyratlığı, kötücüllüğü, hapishanelere tıkılan bunca suçsuz günahsız iyi insan, arkadaşlarım, pırıl pırıl aydınlar, yazarlar, gençler, birer birer sönen umut ışıkları... Tamam ama Ada başka bir gezegende, başka bir ülkede değil ki! Nereye gitsek, nereye sığınsak "bu ülke hep arkamızdan gelecek."

Yusuf elinde gazeteyle masaya geliyor.

"Kitap eki var diye aldım, ne bu gazete ne de kitap eki eskisi gibi. Alışkanlık işte, alışkanlığımı kaybetmek istemiyorum, belki bakmak istersiniz," diyor.

"Şu sizi bizi bırakalım artık Şair," diyorum içimde açan bahar çiçeklerinden ona da küçük bir demet sunarak. "Burada böyle denize karşı otururken ne düşündüm biliyor musun? Evi elden çıkarmayalım, koruyalım diyorum, ne dersin? Hiç değilse bir süre."

Hani "yüzü aydınlandı" denir ya, bunun edebî bir deyiş, bir mecaz olmadığını Şair'in yüzüne bakınca anlıyorum. Geldiğimden beri konuşurken gözlerini kaçırıyordu benden, şimdi pırıl pırıl, apaydınlık bakıyor gözlerimin içine. Dostça göz göze gelişin sıcaklığı içime yayılıyor.

"Korumakla da kalmayalım, Yazar'ı orada yaşatalım, başlattığı işi sürdürelim," diyor. "Zamanlar değişti, insanlar değişti, gençlerin ilgileri değişti, bizler de değiştik, hayata yenildik, uzaklaştık ama edebiyatın gücü azalmadı. Vermezsen alamazsın, ekmezsen biçemezsin, derdi baban. Gençlere edebiyat adına, yazı adına ne veriyoruz ki ne isteyelim!"

"Bütün gece sabaha kadar çubuğa kaydettiğin roman taslağını bir de çalışma odasındaki dolapta bulduğum günlüklerini okudum. Günlük diyorsam da öyle sürekli, günü gününe yazılmış şeyler değil, zaman zaman alınmış notlar. Yine de bazı şeyleri birbirine eklediğimde..."

"Vazgeçmiyorsun."

"Evi korumaya niyetlendim diye vazgeçtiğimi mi düşünmüştün? Tam da vazgeçmediğim için eve kıyamıyorum. Bazı şeyleri birbirine eklediğimde cevaplara ulaşamasam da doğru sorulara yaklaştığımı hissediyorum. Belki de mesleki deformasyon yüzünden, meseleyi aydınlatamadığım, çuvalladığım noktada vazgeçenlerden değilim. Daha ayrıntılı, daha derin araştırınca bulursun."

"Doğru soru ya da sorular neydi Ceren?"

"Babamın notlarından, yazdıklarından, hatırladıklarımdan çıkardığım anahtar sözcükler ya da durumlar: yazma-yaratma krizi, yeni dil arayışı, ödünç dil, Sadu diye birinin hikâyeleri, roman taslağındaki cinayet konusu. Bunlara *Nâlân'ın Gözyaşları*'nı bir de yasemin kokusunu ekle."

Bakışları değişiyor. Yüzüne öyle bir soru işareti yayılıyor ki, sözlerimden tedirgin olduğunu fark ediyorum. Mimikler yalan söylese de gözler yalan söylemez. Zayıf ânından istifade, üsteliyorum:

"Günlüklerindeki sayfaları sen mi kopardın Yusuf?"

"Günlüklerini hiç görmedim ki sayfalarını koparayım."

"Peki, *Nâlân'ın Gözyaşları*? Bu sana bir şey hatırlatıyor mu?"

Sol elinin orta parmağıyla alnını ovuşturuyor.

"Dur bakıyım! Evet. Galiba altı-yedi yıl önceydi, hatırını sormaya uğramıştım, soğuk bir gündü, kasım ya da aralık, içerde oturmuştuk, sıkıntılıydı. Bilirsin, sıkıntılı olduğu zamanlar sürekli konuşur, karşısındakine söz bırakmaz, kendi kendini sorguya çeker gibidir. Öyle konuşuyordu yine. Derdi yeni bir dil, yeni bir anlatım biçimi yakalamaktı. Şiirle anlatmak, şiiri nesre çevirmek ya da nesri şiire çevirmek gibi birşeyler söylüyordu. O sırada

Nâlân'ın mı kiminse gözyaşlarından söz etmişti. 'Hiç ummadığın ilkel bir metin o dili içgüdüsel olarak yakalıyor,' demişti."

Heyecanlanıyorum.

"Bu bir kitap," diyorum. "Hani ucuz romanlar vardır ya da halk hikâyeleri, destanlar. Çoğunlukla taşra matbaalarında basılır, kapaklarındaki ilkel çizimler hep birbirine benzer. Halk bunları sever, okuru vardır ki satılır, telifi melifi yoktur, yeni yeni baskılar çıkar, hikâye hep aynıdır. Hatırlarsan babam halk hikâyelerine, destanlara meraklıydı. *Nâlân'ın Gözyaşları* da böyle bir kitap, tam okumadım, biraz karıştırdım. İlginç olan, 'Büyük yazarımıza' diye babama imzalanmış."

"Bu kitabı nereden buldun?"

"Çalışma odasındaki kitap dolabının altındaki kilitli bölmedeydi. Not defterleri, günlük satırlar karaladığı bir defter, daha bir sürü dağınık kâğıtla birlikte. Kâğıtlarda elyazısıyla notlar, mısralar, dörtlükler, Türkçenin yanında bilmediğim bir dilde saçma sapan yazılar vardı. Babamın yazısı değildi, üstelik bir sürü yazım hatası... Bir de yoğun bir yasemin kokusu."

"Ne dedin sen?"

"Yasemin kokusu dedim."

Yine şaşkın şaşkın yüzüme bakıyor.

"Ne alakası var, anlamadım."

"Ben de anlamadım, birkaç eksik taşı bulabilirsem galiba anlayacağım. Ve de eksik taşlardan bazılarının sende olduğunu düşünüyorum Şair."

Oh, işte! *Dixi et salvavi animam meam*! Söyledim ve kurtuldum. Söylemeseydim yerimizde sayacaktık, söylenmemiş söz, sorulmamış soru, neşter vurulmamış cerahatli yara gibi kanımızı zehirleyecekti.

"Bende ne varsa sana aktardım."

"Elinde ne varsa verdin. İnanıyorum sana. Ya aklından geçenler, babamın ölümüyle ilgili kafanda yazdığın hikâye, soruların, kuşkuların? Onları paylaşmadın."

Öyle bir hikâye yok, aklımdan geçen özel bir şey yok, demiyor, "Hikâyeme güvenmiyorum," diyor. "Yazar, hikâyene güvenmiyorsan paylaşmaya kalkışma, üzerinde düşün, derdi."

"Birlikte düşünelim. Kendi hikâyemi tamamlayabilmek için sana da Engin'e de ihtiyacım var."

* * *

Dönmeden önce Yazarlarevi'ne çilingirle birlikte son bir kez uğradım. Ana kapı başta bütün kapıların kilitlerini değiştirttim.

"İyi ediyorsunuz, Ada eski Ada değil artık, Suriyelisinden Afgan'ına herkes geliyor, hele yazın restoranların aşçısı garsonu ya Siirtlidir ya Silvanlı Kürt," dedi çilingir.

"Kötülük gelecekse Türk'ten de gelir Kürt'ten de Suriyeliden de," dedim siyaseten doğruluğu elden bırakmamak için. Adamın tavrı hoşuma gitmemişti.

"Haklısınız," dedi geri adım atarak. "Bir keresinde, anahtarlar içeride kapının üstünde mi unutulmuştu, ne olmuştu, beni çağırmışlardı kapıyı açtırmak için. Evin sahibi babanızdı değil mi? Rahmetli. Bu arada başınız sağolsun, ecel işte; görülmez kaza diyoruz da pek de görülmez değildi. O kayalar geniştir, yayvan mayvandır ama insanın ayağı kaymayagörsün. Şimdi kayaların oraya tel çevirdiler. Akılları başlarına geç geldi."

"Babam mıydı kapıda kalan?"

"Hayır, o değildi, uzaktan da olsa Yazar'ı tanırdım, hayır, başka biriydi, misafirlerinden biri olmalı. Evin onarımıyla da ilgileniyordu galiba. İyi bir adamdı, kapıyla uğraşırken laflamıştık biraz. Diyeceğim o ki, adamı aşağıda, köyde gördüğümde Kürt işçilerle kendi dillerinden konuşuyordu. Babanızın arkadaşı olduğuna göre güvenilmez, kötü biri değildir. Haklısınız, kötünün Kürdü Türkü olmaz. İşte biz böyle yetiştirilmişiz, yabandan korkarız, kendi milletimiz pirüpakmış gibi."

İnsan bir konuya takılmışsa o konuyu düşünmediğini sandığında bile hiç farkına varmadan beyninde bir yerlerde sorular dolanıp duruyor. Başıma sık gelen bir şeydir, gece çözemediğim bir problemle yatarım, sabah kalktığımda çözümü bulurum.

Geveze çilingir konuşup dururken Sadu diye mırıldandım kendi kendime. Kürt işçilerle konuşan adam, babamın Sadu'suydu. Hiçbir somut bilgiye dayanmıyordu bu çıkarım, sezgiden ibaretti ama emindim. Babamın notlarında da vardı zaten. Kışın, yılbaşında gelmese de sonradan gelmişti besbelli.

"Babamın her milletten arkadaşları vardı," dedim. "Bu eve yetmiş iki milletten yazarlar, dostlar, arkadaşlar gelmiştir. O beyi, hani işçilerle konuşanı ne zaman görmüştünüz, yakında mı?"

"Geçen yıldı, kazadan birkaç hafta önceydi. Sanırım bu evdeki bazı onarımlar için konuşuyordu o işçilerle. İnsanlarla kendi dilleriyle konuşuldu mu güven doğar, yakınlık kurulur, 10'a yaparız derlerse 5'e yaparlar işi."

Vakit kazanmak, biraz daha konuşmak için, hiç gereği yokken, "Arkadaki sıra odaların kilitlerini de değiştirelim hazır sizi bulmuşken," dedim.

Çilingir orada uğraşırken yukarı, babamın çalışma odasına çıktım. Rutubet, küf ve yasemin kokusu hafiflemişti, yine de belli belirsiz duyuluyordu. Odadaki kitap dolaplarının kapaklarını, yazı masasının çekmecelerini açtım. Hayır, bir şey aramak için değil, babamın anısına sinmiş bütün kokular, hele de yaseminle manolya karışımı o koku uçup gitsin diye. Sonra telefonla Sultan'ı aradım. "Evin bütün kilitlerini değiştiriyorum, gelebilirsen gel de yeni anahtarları al, hem beraber etrafı toplayalım biraz," dedim.

Sultan etekleri zil çalarak geldiğinde çilingir işini bitirmiş, gitmeye hazırlanıyordu. Elinde ince bir eşarp vardı. Bunu odalardan birinde buldum, dedi birşeyler ima eden hafif bir ses tonuyla. Babama gelip giden kadınlardan birine ait olduğunu sanmıştı herhalde. Sağolun, bu Sultan'ın başörtüsü, odayı temizlerken düşürmüş olmalı, dedim. Eşarbı Sultan'a uzattım, yüzüme tuhaf tuhaf baktı ama beni bozmadı.

Adam gidince eşarbı Sultan'dan aldım:

"Babamla ilgili dedikodu çıkmasın diye öyle söyledim Sultan Abla. Kim bilir kimden kalmıştır. Sen arka odaları temizlememiş miydin?"

"Temizlemiştim ama o günlerde aklım hiç başımda değildi, görmemişim zahir."

Eşarp ipektendi, koyu yeşil zemin üzerine serpme beyaz çiçeklerle bezeliydi. Kokladım; hayır, yasemin kokmuyordu, toprak ve rutubet kokusu sinmişti. Bir his, bir anımsama: *Yasemin Kokulu Rüzgâr* romanının kapağı: Yeşil zemin üzerinde bembeyaz yaseminler...

"Babamdan sonra evin kilidini değiştirirken arkadaki odaların kilitleri de değişmiş miydi Sultan Abla?"

Bir an durdu düşündü.

"Yok, değiştirmedik. Odalar boştu, kıymetli bir şey yoktu hiçbirinde. Bir de nasıl olsa gelir, gerekeni yaparsınız diye sizi bekledik."

"Senden başka kimde anahtar olabilir? Değişmediğine göre, eski anahtarlar demek istiyorum."

"Bunu bilmem işte. Burada kalanlardan biri anahtarı yanında götürmüşse..."

Rahat değildi, sorguya çekilen birinin tedirginliği vardı üzerinde. Böyle sıkıştırdığım için kendime kızdım. "İnsan unutuyor bazen," dedim Sultan Abla'yı rahatlatmak için. "Ben de bir keresinde kaldığım lüks otelin anahtarını teslim etmeyi unutmuştum, önemli değil."

Oysa önemliydi, hem de çok önemli.

Evi aşağıdan yukarı gözden geçirdik. Sultan eşyalar toz olmasın diye koltukların, masaların üzerine yeniden yaydı örtüleri. Babamın çalışma odası dahil bütün oda kapılarını açtık ki hava dolaşımı sağlansın. Yatak odasındaki giysi dolabına bakmaya cesaret edemiyordum, babamın giysileri vardı o dolapta.

"Benim içim götürmüyor Sultan Abla, hazır sen buradayken gel şu dolaba da bir bakalım. İçindeki giysilerin hepsini al götür, ihtiyacı olanlara verirsin."

Dolapta fazla bir şey yoktu. Çamaşırlar, tişörtler, birkaç gömlek, eski blucin pantolonlar, darmadağın duran kalın, kışlık kazaklar, biri Polar markalı iki mont, bir tüvit ceket, bir gri takım elbise; sıradan giysiler...

Annem, babamın pantolon ceplerini, ceket ceplerini sık sık yoklardı. "Her şeyi cebine doldurma; hele eşofmanının, blucininin cebinde kâğıt mendil kaldı mı makineye atınca parçalanıp bütün çamaşırlara yapışıyor, temizleyene kadar canımız çıkıyor," derdi. Pantolon cebinde kalmış kâğıt paraların radyatörlerin üstünde kurutulduğunu, mürekkebi dağılmış yazıları zar zor okumaya çalıştığını hatırlıyorum.

"Şu ceketlerin, pantolonların ceplerine bakalım Sultan Abla, içlerinde bir şey kalmasın."

Tek tek baktık, cepler boştu; ne bir kâğıt parçası ne kâğıt mendil ne para; hepsi temizlemeden yeni gelmiş gibiydi.

"Sen bunları temizlemiş miydin Sultan Abla?"

"Yok, hiç aklıma gelmedi, elim de varmadı zaten."

"Allah Allah! Babam huy değiştirmiş demek ki... Her neyse, hepsini al götür."

Odanın kapısındaki iki küçük çengele asılı eski yün

hırkaya, bir de çocukluğumdan beri tanıdığım yeşil-mavi ekose robdöşambrına gözüm takıldı. Sevdiği, alıştığı giysileri paralanana kadar giymek âdetiydi. Onlara kıyamadım nedense, babamla o kadar özdeşleşmişlerdi ki anılarımda...

Asılı oldukları çengele uzandım. "Şunları da ben alayım," dedim. İki parçayı koluma atarken gevşek örgülü hırkanın cebindeki şişliği fark ettim. Topaklanmış bir kâğıt mendil ve üzerinde bir telefon numarası olan küçük bir kâğıt parçası.

İkisini de alıp pantolonumun cebine yerleştirdim. Sonra bütün kapıları dikkatle kilitledik. Yedek anahtarları Sultan'a verdim. Yoldan geçen minibüse el kol sallayıp koşarak yetiştik.

Matbaada

Sokağa ters yönden girmiş olmam bir yana, navigatöre göre doğru yoldayım. Arabayı ilk bulduğum yere park edip adresi yürüyerek aramaya karar veriyorum. Burası oto tamircilerinin, demirci atölyelerinin –hâlâ böyle demirciler var demek–, dönercilerle lahmacuncuların sıralandığı; üst üste yığılmış oto lastikleriyle hurdaların, karton yığınlarıyla çöplerin, ferforje kapı profilleriyle pet şişe yığınlarının yan yana, barış içinde durduğu toprak zeminli, dar bir sokak.

Ağır ağır yol almaya çalışırken camı açıp arabanın hemen yanında biten irikıyım, gençten bir adama, burada bir matbaa olup olmadığını soruyorum.

"Tersten girmişsin abla, işin zor."

"Matbaa," diye yineliyorum.

"Biraz ötede, Ferah Han'ın içinde bir matbaa var. İyisi mi sen arabayı buraya benim dükkânın önüne çapraz park et, oralarda hiç duramazsın. Çok kalacak mısın?"

"Çok kalmam, on-on beş dakika."

"Tamam o zaman, sen yine de anahtarı üstünde bırak, gerekirse çekerim. Merak etme, aklına kötü bir şey gelmesin."

Aklıma kötü şeyler geliyor tabii ama renk vermiyorum. Başka çarem de yok zaten.

Sokağın bir yanı kazılmış; bitmeyen altyapı çalışmaları. Yer yer makine yağı, zift, talaş bulaşmış yolda çamurlu su birikintilerine basmadan yürümeye çalışıyorum. Hanın, daha doğrusu pasajın girişi, adına inat hiç ferahlık vaat etmiyor; köfte kokularının benzin kokusuna karıştığı, havasız, loş bir yer. Uzun koridorun sonunda Düzgün Matbaa tabelasını seçebiliyorum.

Beni buraya babamın yün hırkasının cebinde bulduğum telefon numarası getirdi. 0212'li bir numaraydı. Şair'in Yeri'ne döner dönmez cep telefonumdan aradım.

"Buyurun, Düzgün Matbaa..."

Beynimin içinde bir şimşek çaktı denir ya, işte tam öyle bir şey: "Sadu matbaayı bulacak" veya "Sadu matbaayı arıyor." Babamın notlarında mı günlüklerinde mi okumuştum yoksa yıllar önce annemle konuşurlarken mi duymuştum?

"Numaranızı bir arkadaşımdan aldım. Bir baskı işimiz vardı, epeyce büyük bir iş. Adresinizi alabilirsem gelip konuşmak isterim."

"Kitap mıydı?"

"Hayır, çok sayıda broşür."

"Tamam, yaparız ama şu sıra biraz doluyuz. Aceleniz varsa..."

"Çok acelem yok, yine de tabii belli bir zamana yetişmesi gerekir."

"Ne zaman gelirsiniz?"

"İki gün sonra gelebilirim."

"Büyük bir işse patron buradayken gelseniz daha iyi olur."

Adresi verdi; iki gün sonra, öğle üzeri diye anlaştık.

Ertesi gün öğle üzeri Tekirdağ'a giden kooperatif teknesiyle Ada'dan ayrıldım. Şair'e, bürodan telefon ettiklerini, bir müvekkilin duruşmasında mutlaka bulunmam gerektiğini, işlerimi yoluna koyar koymaz döneceğimi söylemiştim. Yalan değildi ama yoluna koymam gereken iş neydi, kendim de tam bilmiyordum.

Matbaanın kapısında bir an duruyorum. Büyücek bir işten, çok sayıda broşürden söz etmiştim. Patrona ne diyeceğim şimdi? Avukat olduğumu, davasına baktığım bir arkadaşın adına geldiğimi söyleyebilirim. Kendisi neden gelmedi? Çünkü şu sırada yurtdışında ve iş epeyce acele... Her neyse, biraz oluruna bırakmak daha iyi olacak. Yalanı ne kadar ilerletirsem, ne kadar ince hesap yaparsam o kadar karışır işler.

Hanın iki yanına dizilmiş işyerlerinin kimisinin demir kepenkleri yarıya kadar inik, kimisinin ardına kadar açık. Düzgün Matbaa, pasajın sonunda, tam karşıda. Koridora bakan geniş demir kapı kapalı. Zili çalıyorum.

Karanlık, gürültülü, havasız bir yer beklemiştim. Yıllar önce küçücük bir kızken babamla birlikte gittiğimiz matbaa gibi. "İki dakika uğrayıp kapaktaki düzeltiyi kendi gözümle göreyim, sonra istediğin yere gideriz, o miki filmine de yetişebiliriz," demişti. İkinci sınıftaydım, yarıyıl tatilindeydik, babamla olmaktan mutluydum, nereye gideceğimizin hiç önemi yoktu. O matbaanın en çok kokusu –benzinle kükürt karışımı bir koku– bir de yerlere atılmış kâğıtları, çöpleri, sigara izmaritlerini elindeki uzun saplı faraşa toplamaya çalışan küçük bir işçi çocuk kalmış belleğimde.

Burası derli toplu, geniş, aydınlık bir yer. İçerideki aydınlatma dışında arka taraftaki sokağa açılan pencerelerden gelen ışıkla da aydınlanıyor. Ne işe yaradıklarını kestiremediğim dört veya beş tezgâh ya da makine mekâna düzenli şekilde yerleştirilmiş. Bir masanın üstünde bilgisayar var; ofset baskı aleti olduğunu sonradan öğreneceğim makinenin başında iki adam çalışıyor. Arkasındaki tuhaf alete matbaa giyotini deniyormuş. Yine sonradan, birinin kalıp pozlama, diğerinin katlama makinesi olduğunu öğreneceğim iki makine daha var. Mekânın en dibinde arka sokağa açılan bir kapı olduğunu fark ediyorum.

Giriş kapısının hemen yanında köşeye yığılmış kitapları karton kutulara yerleştirmeye çalışan genç, "Buyurun, kimi aramıştınız?" diyor.

"Bir baskı işi için patronla görüşmek istiyordum. İki gün önce telefonla aramıştım, bugün burada olacağını söylemişlerdi."

"Hoş geldiniz, kim diyelim?"

Bu semtte; bu iç karartıcı, perişan görünümlü, kırık dökük handa, plazalardaki şirket ofislerinde duymaya alışık olduğumuz "kim diyelim efendim" üslubu iğreti duruyor. Bir an başka bir ad vermeyi düşünüyorum, sonra başına avukat sıfatını eklemeyi ihmal etmeden Ceren, diyorum: Avukat Ceren. Soyadımı söylemiyorum. Ceren'i soyadım sanmış da olabilir.

Yan tarafta, kitapların, dergilerin, kolilerin üst üste yığıldığı duvarın dibindeki cam profille ayrılmış odacığa doğru seğirtiyor. Bölmenin kapısında durup içeri sesleniyor: Avukat hanım geldi, seni görmek istiyor patron!

Önce arkasından yürümeyi düşünüyorum ama buyur edilmediğime göre yerimde kalmak daha doğru olacak. Patron makamından çıkıyor, bana doğru geliyor.

Bu Sadu... Onu hiç tanımadığım, bir resmini bile görmediğim halde o olduğundan eminim. Üstelik kafamda babamın Sadu'sunu kavruk, kaba saba, kara sarı benizli bir adam olarak resmetmiş olduğum halde içimden inatçı bir ses, bu o, bu o, diye tekrarlıyor. Onu, hapishane günlerinden bu yana zaman durmuşçasına on sekiz-yirmi yaşlarında genç bir adam suretinde düşünmüşüm nedense. Karşımdaki adam ellilerinde, uzunca boylu, yapılı biri. Üç-dört günlük sakalı –son zamanlarda moda olduğu için mi yoksa tıraş olmadığından mı?– kolları sıvalı kareli gömleği, eprimiş fitilli kadife pantolonuyla beklediğimden farklı bir tip.

"Buyurun avukat hanım, ben Sadullah Düzgün, ne emrediyordunuz?"

Babamın yün hırkasının cebinde bulduğum telefon numarasının beni bir yere götüreceğini hissetmiştim. O yerin bir matbaa olduğunu telefon eder etmez öğrenmiştim. Bunda şaşılacak bir yan yoktu, ama Sadu'ya ulaşacağım aklıma gelmemişti. Bilinçaltında düşünüp pişirmişim demek ki, görür görmez tanıdım.

İki yoldan biri: ya bir hikâye uyduracağım, bu işi kapatıp gideceğim ya da kimliğimi açıklayacak, neyin peşinde olduğumu itiraf edip yardım isteyeceğim. Biraz zaman kazanmaya, karşımdakini ölçmeye biçmeye çalışıyorum.

"Patron sizsiniz demek ki!"

"Patronluk bizden ırak. Bizim çocuklar patron deyince müessesenin daha bir ciddiye alınacağını düşünüyorlar. Biraz da kafa buluyorlar galiba. Burada ayakta durmayın. Gürültü de çok, içeriye, benim kovuğuma geçelim."

İçtenlikli, rahat tavrı, genizden gelen tok sesindeki Doğulu vurgusu, yüzünün bir yanında kulağıyla kaşı arasındaki derin çizgiyle –babam, günlüklerinde ağır işkence gördüğünü, koğuşa attıklarında yüzünün gözünün kurumuş kan içinde olduğunu yazıyordu– kuşku yok; babamın Sadu'su.

Kendime daha fazla düşünme payı ayırıp da dolambaçlı yollara sapmamak için hemen soyadımı söylüyorum, "Yazar'ın kızıyım," diyorum.

Yüzünden bir gölge geçiyor, gözlerini kısıp yüzüme bakıyor. Kuşku değil keder, şaşkınlık değil dostça bir bakış var gözlerinde. Genç çırağa, bize iki çay, diye seslenirken sesindeki babacan tını içimi rahatlatıyor. "Buyur, biraz oturalım," diyor, sıkmak için tuttuğu elimi bırakmadan.

Şimdi, küçük bir yazı masasının önündeki yayları bozulmuş, yer yer dikişleri patlamış eski püskü siyah maroken koltuklarda karşı karşıya oturuyoruz. Yazıhane olarak kullandığı küçük bölmeye sigara kokusu sinmiş. "Şu meretten bir türlü kurtulamadım," diyor sigara paketini bana doğru uzatırken. "Teşekkür ederim, kullanmıyorum," diyorum. Rahatsız olup olmayacağımı sormadan bir sigara yakıyor.

Karşılıklı susuyoruz. Konuşması gereken benim ama ne diyeceğimi bilemiyorum.

"Babanla bir-iki yıl aynı koğuşta kalmıştık, seni açık görüşe getirmişlerdi bir keresinde, miniciktin. İşe bak! Neredeyse kırk yıl olmuş, dur tam hesaplayayım, tam 36 yıl."

Babamın günlüğünde okuduğum satırları hatırlıyorum.

"Babama hikâyeler anlatan 3K Sadu sizdiniz değil mi?"

"Evet, vakit geçirmek için, kafalarımızı dağıtmak için bizim oraların hikâyelerini, insanların başından geçenleri anlatırdım. Keyifle dinler, bazen de not alırdı. Okumuş yazmış adamdı, benim gibi değildi. İşkence faslı bir yana, inanmazsın, Davutpaşa Askerî'de geçirdiğimiz günlere özlem duyduğum bile oldu sonraları."

Üzerinden birkaç yaşam, birkaç ülke, birkaç ölüm geçmiş, onlarca yıla dalıp giden sesinden cesaret alıyorum.

"Sizi görmek, babamın ölümüyle ilgili konuşmak istedim," diyorum.

Kendisine nasıl ulaştığımı, ne öğrenmek istediğimi sormuyor.

"Konuşmak iyi gelir, yüreği hafifletir," diyor.

"Evet, haklısınız. Yüreğimi hafifletebilmem için bilmem, öğrenmem gereken şeyler var. Babamı hem kırk yıl öncesinden tanıyorsunuz hem de son görenlerden birisiniz. Düşündüm ki... düşündüm ki belki kazayı aydınlatacak birşeyler anlatabilirsiniz."

Şaşırıyor. Şaşkınlığını yuzunden okuyorum.

"Senden daha fazla ne bilebilirim kızım? Kazayı haber aldığımda burada değildim, memleketteydim. Cenazesine zor yetiştim. İnsan inanmakta zorluk çekiyor, anlıyorum. Ama kazanın olduğu yeri düşününce görünmeyen değil görünen kazaydı. Son zamanlarda denge bozukluğundan, ara sıra yoklayan baş dönmelerinden şikâyet ediyordu. Bir de biraz fazla içiyordu galiba. Sıkıntısı vardı, yüreği daralıyordu anlaşılan."

"Sıkıntısı nedendi?"

"Şimdi ne desem yalan olur. Sık görüşmüyorduk. Ada'da bir-iki gün beraber olduk. Sürekli yazıyor, çalışıyordu ama kendinden pek memnun değil gibi gelmişti bana. Bunu çok içmesinden anladım. İnsan ya keyiften ya kederden içer. Babanın, sıkıntısını defetmek için içtiğini düşünmüştüm. Bunca ay geçti, neredeyse yıl olacak. Acılar küllenir yavaş yavaş. Senin yüreğini tırmalayan nedir Ceren kızım?"

"Ada'ya gittim."

"Adadakiler mi bulandırdılar senin yüreğini? Dedikodu falan mı duydun?"

"Kimseden bir şey duymadım. Aksine suskunlukları, bilip de söyleyemedikleri, huzursuzlukları, konuyu kapatmak istemeleri... Böyle şeyler işte."

"Kurmuşsun sen kızım. Kuşku düştü mü yüreğe, insanda huzur kalmaz, bilirim. Kendini kemireceğine böyle, acını yaşamaya çalış. Acı sonuna kadar yaşanmazsa tükenmez. Bizde acıyı tüketmek için ağıtlar yakılır, Hızır çağrılır, doğan güneşe karşı niyaz edilir, yüreğin sesi dışarıya vurulur ki yürek hafiflesin."

Bir sigara daha yakmaya niyetlenmişken birden vazgeçiyor. "Burası pek kasvetli, fena duman altı olduk, seni de zehirleyeceğim, istersen çıkalım, dışarıda bir yerde otururuz," diyor.

* * *

Çıkalım dediğinde, "Araba var, biraz arkadaki oto tamirci mi lastikçi mi bilmem, onların hemen önüne park ettim, anahtarı da bıraktım," dedim. "Merak etme, bu sokaktaki esnaf bizdendir," dedi. Siz kimsiniz diye soramadım.

Matbaada çalışanlara işle ilgili birkaç şey söyledi. "Son tashihler geç geldi, siz yine de uygulayın," dediğini duydum. Sonra birlikte çıktık. Sokağa ters taraftan girmişsin, dedi arabaya vardığımızda. Yarım saat önce, yazarın kızıyım dedikten sonra sizden sene geçmişti hemen. Kaba saba değildi, saklamaya çalışmadığı, hatta besbelli gurur duyduğu kırsal kimliği –dağ adamı dememiş miydi kendine– öne çıkıyordu zaman zaman.

Benden anahtarı alan adam orada, dükkânın hemen önüne attığı tahta taburede oturuyordu. Bir arkadaşımın kızı, diye tanıttı beni. Anahtarı teslim alırken Kürtçeye benzettiğim dilde birkaç cümle ettiler.

"Bu sokaktakilerin çoğu bizim Dersim tarafındandır," dedi. "Köfteci de öyledir hanın sahibi de. Döndükten sonra matbaayı devraldığım arkadaş da aslen Dersimli, Tuncelili biriydi."

Nereden döndükten sonra, diye sormadım. Babamın günlüklerinden biliyordum. Uzun yıllar Avustralya mı Yeni Zelanda mı, uzak biryerlerde yaşamıştı. Bunun yerine, "Babamla en son ne zaman görüştüğünüzü söylemiştiniz?" diye sordum.

Bir kontrol sorusu olduğunu hemen anladı, biraz önce konuşmuştuk.

"Biraz önce söylemiştim ya," dedi. "Kazadan iki-üç hafta kadar önceydi. Baban bir edebiyat festivaline mi kitap fuarına mı neyse, öyle bir yere katılmak için yurtdışına, galiba Macaristan'a gidecekti. Adadaki ev onarıma girecekmiş, izolasyon, dış boya falan yapılacakmış. Bu işlerden biraz anlarım, benden işçilere göz kulak olmamı istedi. İnşaat işlerini hiç sevmezdi, huzursuz olurdu. Onarımın kendisi yokken bitmesini istiyordu. O zaman görüştük en son. Şimdi sokağın sonuna kadar ağır ağır gidip sağa dön. Allah vere de karşıdan bir kamyonet falan gelmesin. Buralar karmakarışık yerler, ikide bir orayı burayı kazıyorlar, yol büsbütün daralıyor. Çağırdığında iyi ki gitmişim. Babanla eski günleri yâd etmiştik, güzel de içmiştik. Sonra o Ada'dan ayrıldı, ben de inşaata daldım. Karşıdan gelen kamyonete ışık yak, geri gitsin. Yanından geçerken özür dilersin, hepsinin öfkesi burnundadır bunların. Neyse işte, böyle olacağı aklımıza gelir miydi? Görünmez kaza mı desem görünen kaza mı desem, bilemiyorum."

Geri gitmeye mecbur ettiğim kamyonetin yanından geçerken pencereyi açıp özür diledim. Doğru yola çıkana kadar ses etmedim. Sonra, "Neden görünen kaza dediniz?" diye sordum. Saygısızca üsteliyordum çünkü aradığım anahtarın Sadu'da olabileceğini hissediyordum.

"Kazaydı; iyi bir soruşturma yapıldığını biliyorum. Baban önemli bir adamdı, ünlü bir yazardı, en küçük kuşku olsa dosyayı kapatmazlardı. Avukatları da, sizler de, yayınevi de kapattırmazdınız zaten. Sen kendin de hukukçusun, bu işleri benden iyi bilirsin. Ben kaza olduğundan kuşkuya düşmedim. Görünen kaza dememin nedeni, olayın geçtiği mevki: O kayalıklar kazayı davet eder. Benim anlamadığım, seni neyin huzursuz ettiği Ceren. Ne oldu da bunca zaman sonra içine kurt düştü?"

"Ada'ya, Yazarlarevi'ne gittim, babamın, 'benim yazar çocuklarım' dediği gençlerle konuştum. Artık genç değiller tabii, eskiden tanıyorum onları, bazı toplantılarına ben de katılırdım. Onlarla, bir de eve bakan Sultan Abla'yla konuşurken tuhaf bir duyguya kapıldım. Kaza olmayabilir diye düşündüm."

Ne olabilir başka diye sormasını bekleyerek sustum. Sormadı, izin isteyip bir sigara yaktı.

"İnsan olay yerine dönünce böyle olur. Birden her şey farklı görünmeye başlar. Bildiğim kadarıyla babanla ilişkiniz kopuktu, birbirinize yakın değildiniz."

"Evet, bu da kafama takılan, huzursuzluk veren konulardan biri, üstelik düzeltmek için çok geç. Bir de... bir de kısaca anlatması zor, başka şeyler var. Evi toplarken bulduğum bazı notlar, kitaplar, bilgisayarında tamamlanmamış bir roman taslağı, en önemlisi de günlükler."

"Günlükler mi?"

İlk kez sesinde, telaşlı diyemem ama meraklı bir tını hissettim.

"Evet, günlükler... Kısa notlar desem daha doğru olur. Babamın her zaman kullandığı ince defterlerden değil, kalınca bir defter. Hapishane günlerinde başlamış. Günbegün yazmamış, yıllar boyunca, bazen uzun aralıklarla, çok atlayarak notlar almış."

"Son günlerine kadar sürdürmüş mü yazmayı?"

"Benim elimdeki defter 2012 ortalarında bitiyor. Bazen iki tarih arasına haftalar, aylar giriyor. Bazı sayfalarda tarih yok, bazı sayfalar da yırtılmış, koparılmış. Yani düzenli bir günce sayılmaz. Başka defterler varsa bilmem."

"Hapishane günlerinde başlamış ha? Sürekli birşeyler yazardı ama günlük tuttuğunu bilmiyordum."

"Sizi nasıl bulduğumu sanıyordunuz?"

"Merak etmedim desem yalan olur."

"Günlüklerdeki hikâye anlatıcısı Sadu, bir de 'Sadu matbaayı araştırıyor', 'S. yılbaşında gelmeyi reddetti' gibi notlar eski hırkasının cebinde bulduğum telefon numarasıyla birleşince bir deneyeyim dedim... İşte buluştuk."

O kadar sevimli, o kadar içten güldü ki ona güvenebileceğimi hissettim. "Kaza değildi," dedim, "bir sürü ayrıntıyı, söylenen söylenmeyen her şeyi birleştirince, kaza olmadığı şıkkı ağır basıyor. Anahtarın sizde olabileceğini düşünüyorum. En azından anahtarı bulmama yardımcı olabileceğinizi."

"Seni rahatlatmak için elimden geleni yaparım ama bende ne anahtar ne de maymuncuk var. Yıllar önce babanı tanımış olmaktan, hapishanedeki güç günleri paylaşmış, uzun uzun konuşmuş olmaktan başka bir şeyim yok anlatacak."

"Matbaa," dedim, "matbaanızda basılan kitaplar..."

"Yazar'ın kitapları bizde basılmıyor. Ben matbaayı devralmadan önce de burada basılmazdı. Eskiden davetiye, kartvizit, küçük el ilanları, bazen de sol örgütlerin propaganda broşürlerini basan küçük bir işyeriymiş. Devrimci takılan bir yer, anlarsın ya. Gurbetten dönüşte biraz param vardı; dönercilik mi, kebapçılık mı yapayım derken bir tanıdık burayı devretmek istediğini söyledi, ben de bu işe girdim. Babanla da konuşmuştuk o zamanlar. Tabii matbaayı yeniledim, artık bu işler çok gelişti, epeyce yatırım yaptım."

Matbaasının tarihi beni hiç ilgilendirmiyordu. Takıntılı kafamda kurduğum senaryoların peşindeydim. Tepkisini ölçmek için gelişigüzel salladım:

"Babamınkileri değil ama kitaplar da basmışsınız bildiğim kadarıyla. Künyelerinde Düzgün Matbaası yazmıyorsa da adres burası."

Yüksek sesle güldü, "Matbaanın ticaret siciline kayıtlı resmî adı Düzgün değil, ben devralınca tabelayı Düzgün Matbaası diye yazdırdım. Sen dedektif olmuşsun avukat hanım kızım!"

Hâli tavrı o kadar sevecendi ki kızmadım, ben de güldüm.

"Bizim meslekte bazen dedektiflik de yapmak gerekiyor."

"Yakaladığın ipuçları neler?"

"Sizin bastığınızı düşündüğüm bazı kitaplar."

"Kitap da basıyoruz dergi de. Büyük yayınevleri bize gelmez. Daha çok amatör işi şeyler, kitaplarını kendileri bastıran heveskâr yazarların şiir kitapları falan, bir de çocuk kitapları. İnanmazsın, asıl gelirimiz çocuk kitaplarından, resimli çocuk dergilerinden."

"*Aliço'nun* veya *Ali Çocuğun Kaderi* başlıklı bir kitap hatırlıyor musunuz? Epeyce eski, yedi-sekiz yıl önce olmalı."

"Nasıl hatırlayayım ki! Zaten bastığımız şeylerin içeriğine ben hiç bakmam. Sakıncası var mı ya da kaça mal olacak; böyle şeylerle muhasebecimiz, ustabaşımız ilgilenir. Ustabaşı dediğime bakma, matbaanın çekip çevireni..."

Bir yandan araba kullanırken konuşmak istemiyordum. Büroda, bir müvekkilimle randevum vardı, önceden gidip hazırlanmam gerekiyordu. Üstüme birden çöken yorgunluk da cabası.

"Bir saate kadar büroda olmam gerekiyor," dedim. "Daha uzun konuşmak, biraz dertleşmek için buluşabilir miyiz? Sizin aydınlatabileceğinizi düşündüğüm sorularım var. İsterseniz takıntı deyin."

"Tabii, ne zaman istersen. Bunu ilk tanışma sayalım. Yok, ilk tanışma değil. Dedim ya, annen hapishaneye görüşe getirmişti seni. Hayat ne tuhaf. Yıllar, yıllar sonra buluşup böyle şeyler konuşacağımız gelir miydi aklıma! Baban hep söylerdi; gerçek hayat romanlardan çok daha inanılmazdır, derdi. Benim de buralarda bir işim vardı, gelmişken halledeyim. Beni Taksim'de silkelersen iyi olur."

Sadu

Babasının ölümünün üstünden aylar geçtikten sonra kızın gelip beni bulacağı hiç aklıma gelmemişti. Babasıyla arasına bunca mesafe koymuş, ilişkisini koparmış, neredeyse babayı reddetmiş birinin Yazar'ın ölümünü araştırmaya şimdi neden bu kadar istekli olduğunu anlamak güç. Miras desem; intiharmış, kazaymış, cinayetmiş, bu hiçbir şeyi değiştirmez. İntikam alma isteği desem, kimden, neyin intikamı? Yaşarken yitirdiği, yüreğinde öldürdüğü babaya pişmanlıkla yüklü bir özür mü? Artık neye yarar!

Günlerce ağır işkenceden sonra acıyı hissetmez olmuştum, bedenim beni terk etmiş gibiydi. Getirip koğuşa çuval gibi attıklarında yüzüme eğilmiş kafalar arasında seçtiğim ilk çehre onunkiydi. Bana kendi şiltesini vermişti. Mahpuslukta böyle şeyler önemlidir.

O zamanlar gençtim, çocuktum, cahildim, masumdum, kendini kahraman sanan kurbandım. Zafer namlunun ucundaydı ve dağlar bizimdi.

Günlüklerinde, tahliye olurken ona, "Benim buradan sağ çıkıp çıkmayacağım belli olmaz. Hikâyelerimi yazacağına söz ver," dediğimi yazmış Ceren kızın aktardığına göre. Böyle bir şey söylediğimi hatırlamıyorum, Yazar öyle demiş olmamı istemiş, öyle hatırlamayı yeğlemiş besbelli. İşimize geldiği gibi, istediğimiz gibi hatırlarız. Gerçeği eğip bükeriz, istediğimiz şekli veririz; en az acıtacak, hatırladıkça yüreğimizi ferahlatacak kıvama getiririz. Kendimden biliyorum, hafıza çoğu kez yalancıdır.

Kız, "Babam romanlarının konusunu sizin anlattığınız hikâyelerden mi aldı?" diye sorduğunda ne diyeceğimi bilemedim. Hepsini okumamıştım, okuduklarımı da Sidney'den döndükten sonra, Ada'da Yazar'ın evinde kalırken bir daha şöyle bir karıştırdım. Hapishanede anlattıklarımdan, bizim oraların hallerinden, söylencelerinden, dedemden anamdan duyduğum Tertele günlerinden izler vardı okuduklarımda. Bunları kendisi yaşamış gibi değil böyle şeyler yaşandığını öğrenen, dünyadan habersizken gerçekleri görüp aydınlanan, yedek subayken yolu bizim oralara düşmüş bir aydının ağzından yazmıştı. Kime ne zararı var bunun! İyi ki yazmış, hem de güzel yazmış. Güzel yazmış ki bunca insan okuyor, beğeniyor. Yazılsın ki bilinsin, ibret alınsın.

İlk romanları yayımlandığında içerideydim, 80'lerin ortalarıydı, en kötü günlerdi. Yazdığını duymuştum, merak etmiştim ama içeriye kitap mitap girmiyordu. Davutpaşa'dan Diyarbakır 5 numaraya; bok yedirdikleri, arkadaşının kıçına soktukları copu yalattıkları, oğula babayı dövdürdükleri, Köpek Jo'ya selam durup tekmil verdiğimiz o cehennemin dibine nakledilmiştim. Kendimi öldürmek istemiş, becerememiştim. Kurtarıldığımda kafayı hepten yemiştim; ne yazar ne kitap ne hikâye umurumdaydı. Canından vazgeçen kişinin dünya umurunda olmaz. Yüreğimle birlikte anılar da masallar da kurumuştu. Hatırlamak istemiyordum: ne o cehennem günlerini ne de öncesini. İlk fırsatta kaçtım buralardan. Bu topraklarda hiç yaşamamış gibi olmak, unutmak, yeniden doğmak istedim. Becerebildim mi? Bu ayrı bir konu, ayrı bir hikâye. Başardım belki ama bu ben, eski ben değil. Hangisi daha iyiydi, bu da başka bir konu.

Neler anlatmıştım Yazar'a? Bizim oraların masalları, efsaneleri, kılıç artığı dedelerin ninelerin fısıldaştıkları Tertele günleri, ölümler, sürgünler, dağlar, isyanlar, halamın iki yana sallana sallana çığırdığı ağıtlar, aşk destanları, destansı aşklar, ulularımıza, kutsallarımıza, Duzgîn Baba' ya, Ana Fatma'ya hele de Hızır'a –ah, o hep beklenen, hiç gelmeyen Hızır'a– yakarışlar... Bir de ikide birde basılan köyümüz, hesabı tutulmayan, sorulmayan ölülerimiz.

Pirimizin, rehberimizin kış ortası çırılçıplak soyulup kar üstünde süründürüldüğünü görmüştüm. Sakladığınız silahları çıkar, teslim et diye anamın saçlarından sürüklendiğini, abime süngü dayandığını görmüştüm. Çocuktum, korkmuştum, kin tutmuştum, nefret bilemiştim. Başka ne hikâyem vardı ki o yaşımda! Bunlara benzer şeyler anlatmıştım. Evirip çevirip yazmış onları, bizi oralardan çıkarıp başka iklimlere, başka zamanlara taşımış. İyi etmiş; zulmün, acının, isyanın, insanın hikâyesi her yerde hep aynı. Her halkın kendi Hızır'ı, kendi Duzgîn Babası, kendi kapıları vardır ki aslında hepsi birdir.

Dünyanın bir ucuna kadar giden yollarda benim de hikâyelerim oldu, neler yaşadım, neler gördüm! Bizim toprakların masalları uzak ülkelerin masallarıyla, efsaneleriyle buluştu. Atalarımın masalları benim yaşadıklarıma karıştı. Onlar gerçekten de romanlıktı. Onları anlatmadım, anlatamadım, o da yazamadı, aramıza yıllar, acılar, okyanuslar girmişti. Anlatsaydım yazabilir miydi, bundan da emin değilim. Her hikâye kendi öz dilini, kendi kahramanlarını arar. İnsan yaşadığı yere benzer, her yazar aynı hikâyeyi kendi toprağının kokusunu taşıyan dille anlatır.

Romanlarındaki insanlar Yazar'ın bildiği, tanıdığı, onun dünyasından kişiler değildi. Yine de etten kemikten insanlardı okuduğum kadarıyla. Akıllıca bir şey yapmış; benim insanlarımı değil de onlarla karşılaşan, karşılaştığında da başka yaşamların, başka dünyaların farkına varan kendi gibileri yazmış. Güzel de yazmış. Bizler sözü severiz, yazıyla tanışıklığımız geç olmuştur. Şimdi gençler artık kendi sesleri, kendi sözcükleri, kendi renkleriyle yazıyorlar. Türkçe de yazsalar okurken Kürtçeymiş gibi, Zazakiymiş gibi geliyor insana, ne tuhaf! Yurtları, toprakları, ataları gönül dillerine sinmiş de ondan.

Hapishanedeyken, biraz vakit geçirmek, biraz yüreğimi hafifletmek, biraz da dinleyen bulmuşken konuşabilmek için hikâyeler anlatırdım. Bir işe yaramış işte anlattıklarım.

Uzun yıllar görüşmedik, haberleşmedik. Onunla ne aynı şehirdendik ne de aynı örgütten. Demem o ki köklü bir yakınlığımız yoktu. Birkaç yıl Davutpaşa Askerî'de aynı koğuşu paylaşmıştık, hepsi o kadar. Neme lazım, iyi mahpustu, sızlanmazdı, hayatı zorlaştırmazdı. Üniversitede çalışıyormuş, nereden bulaşmış bu örgüt işlerine, hem de silahlısı! O günlerde harekette bunun gibiler çoktu. Bizler bu şehir çocuklarını küçümserdik aslında, belki biraz da kıskanırdık. Devrimcilik moda oldu ya, bunlar da modaya uyuyorlar derdik. Sonra aralarından ölenler bile oldu, kimi işkencede, kimi dağlarda.

Önceleri, bu kalem efendisi şehir çocuğu çabuk su koyar, çöker diye düşünmüştüm, yakınlaştıkça bizimkilerin çoğundan daha dirençli olduğunu anladım. Bunu ona itiraf ettiğimde, "Başkalarına değil kendime direniyorum, kendi varlığımı, onurumu korumak için dik duruyorum," demişti.

Yıllar sonra Diyarbakır zindanından tahliye olduğumda, bedenim ruhumdan ruhum bedenimden daha yaralı, dış dünyaya paçavra gibi döndüğümde, bu onur meselesini düşündüm. Orada gördüğümüz muamelenin, bütün o işkencelerin amacı onurumuzu yok etmek, insanlıktan çıkarmak içindi, anladım. Artık buralarda kalmak istemedim. Hayır, korkmak değil tiksinti... Yaşattıklarını yaşadın mı, insan cellatlarından değil kendinden bile tiksiniyor. Dedim ya, uzaklara gittim. Buralardan da kendimden de kurtulmak için.

Yazar o dönemde enikonu ünlenmişti, istesem ulaşırdım ama aramadım. Hikâyelerimi ne yaptın, yazdın mı diye sormak aklıma düşmedi hiç. Ayıp olurdu sorsaydım. Borcu varmış da tahsil etmek istiyormuşum gibi olurdu. Ceren, bence sevgisizlikle, acımasızlıkla, hatta kaba biçimde, "Babamın sizin hikâyelerinizi romanlaştırdığı, konularını sizden çaldığı doğru mu? Bu canınızı sıkmadı mı hiç?" diye sorduğunda bir tuhaf oldum, ne cevap vereceğimi bilemedim. "Hiç böyle bir şey düşünmedim, çalmak da ne demek, estağfurullah," dedim. "Ben almak demiştim, çalmak diyen sizsiniz," dedi hiç de dost olmayan bir ses tonuyla. Yanlış mı duymuştum, aklım bana oyun mu oynamıştı, bilmiyorum. "Romanlarının tümünü okumadım, okumuş olanlar da o hikâyelerin bana ait olduğunu nereden bilecekler, benim için de baban için de sorun yok," diyemedim. Zaten bütün romanlar, hikâyeler, destanlar, kadim zamanlardan beri dönüp dolaşıp aynı hikâyeleri anlatmaz mı? İnsan bildiğimiz insan oldukça, dünyanın dört bucağında değişen bir şey yok. Bunu gittiğim uzak ülkede Aborjin karımdan öğrendim. Onun soyunun, işgalci efendilerden gördüğü kırım, zulüm, baskı bizimkinden farksız değilmiş.

Ceren matbaaya geldiğinde beni nasıl bulduğuna şaşırdım. Ölmeden önce ya babası ya da Adalı Yusuf vermiştir adresimi, telefonumu diye düşündüm. İkisi de değilmiş. Kız, dedektif gibi babasının ölümünün peşine düşmüş, bulduğu her ipucunu, her izi değerlendiriyor anlaşılan. Günlüklerden haberim yoktu, "Yazarlarevi Cinayeti" başlıklı bir roman yazdığını da bilmiyordum, nereden bileceğim, onunla kitaplardan, romanlardan konuşmazdık ki... Ada'daki son görüşmemizde de havadan sudan, eski günlerden, benim Avustralya maceramdan konuşmuştuk. Neler yaptığından, ne yazdığından haberim yoktu. Ölümünden sonra haberleştiğimiz Yusuf, bilgisayarının, telefonunun, bazı not defterlerinin kendisinde olduğunu söylemişti ama ayrıntıya girmemişti. Bunları ne yapacağını bilmiyordu. Aileye ver, karısı rahatsız, ilgilenemez, oğlu da uzaklarda ama kızı ilgilenebilir, dedim. Yayınevindeki editörünün ve avukatının telefonunu verdim: Onlarla temasa geçersen ne yapman gerektiğini söylerler dedim.

Ada'da bulunmayacağı, bir süre yurtdışına gideceği sırada benden evdeki onarım işlerine göz kulak olmamı istemişti. Böyle işlerden anlamazdı. "Bir ihtiyacın olursa Sultan'ın kocası var, köyden birine danışman gerekirse Şair'in Yeri'ni işleten Yusuf'a güvenirim; köyün çocuğudur, herkesi tanır, usta bulmakta, işçi bulmakta yardımcı olur," demişti.

O günlerde Yazarlarevi'nde konuk yoktu. Rastlantı mıydı, kendisi mi istememişti bilmiyorum. Ülke karışık olduğundan yazarlar rezervasyonlarını iptal etmiş olabilirler.

Beni ısrarla çağırmıştı. Meselenin sadece onarım işleri olmadığını anlamıştım. Yokluğunda ev sahipsiz kalsın istemiyordu. Bir şeyden kuşkulanıyor, ürküyor gibi geldi bana. Peki, neden köyden güvendiği biri değil de ben? Mesela yıllardır eve bakan aile vardı, neden onlar değil? Sonradan öğrendim, meğer onlar da köylerine izne gideceklermiş.

Seyahate çıkmadan bir gece önce emektarları Sultan'ın hazırladığı çilingir sofrasında eski günleri anarken, benim Avusturalya maceramdan, kaybettiğim Aborjin karımdan, arkamda bıraktığım, babalarının ne vatanını ne de dilini tanıyan oğlumla kızımdan söz ederken, "Senden bir şey isteyeceğim Sadu, hani bana gönderdiğin adamla Jasmen vardı, hatırlarsın, onlarla başım biraz dertte. Bir konuşsan diyorum," dedi.

Hatırladım, birkaç yıl önceydi. Birkaç yıl dediysem en az beş-altı yıl oldu. Bizim oraların dengbejleri, kilamları, ağıt okuma tarzları üzerine bir araştırma yapmak istediğini söylemişti. "Senin de benim de hikâyelerimiz tükendi Sadu, şimdi yeni sese, yeni bir dile ihtiyacım var. Bir kitap geçti elime, senin matbaada basılmış: *Nâlân'ın Gözyaşları*. Saçma sapan, ne anlattığı belirsiz, dua mı, şiir mi, hezeyan mı anlaşılmayan bir şey. Öyle farklı bir dili, öyle bir sesi var ki! O dili, o sesi duymak istiyorum," demişti.

Ne istediğini pek anlamasam da bu tür roman falan gibi şeyler pek basmadığımızdan kitabı hatırladım. Yazdıklarını bizim matbaada bastıran, "kendi yazar-kendi satar" lakabı taktığımız memleketlim delikanlı getirmişti. Bir bakarım, dedim Yazar'a. Çocuğun telefonu vardı, onu buldum; dil, duygu, şiir, ses gibi şeyleri karıştırmadan Yazar'ın bizim taraflarla ilgili araştırma yaptığını, kendisine kilam okuyacak, aşk şarkılarını, ağıtları, destanları anlatacak birini aradığını söyledim. Bir çeşit aracılıktı benimki. O da Jasmen diye bir dengbej kadın bulmuş. Kadını bir kez gördüm. Birlikte Ada'ya, yazara gittiklerini biliyorum. Sonrasını izlemedim, beni ilgilendirmez!

Ada'da son görüştüğümüz o gece, "Onlarla başım dertte, bir konuşsan," derken huzursuzdu. Bir şey söylemek istiyor da cesaretlenemiyor gibiydi. "Çalışmamız bitti bitecek, artık onlara ihtiyacım kalmadı. Kadın sıkıldı, 'Benden bu kadar Yazar, aldığını aldın,' deyip çekip gitti zaten. İyi bir kadın, onunla hiçbir sorun yok ama oğlana laf anlatamıyorum," dedi kadehteki rakısını bir dikişte bitirirken.

Meselenin aslını tam kavrayamasam da benden ne istediğini anlar gibi oldum. Zaten açık konuşmuyordu, konunun etrafında dönüp duruyordu. Ne yapmamı istediğini sordum. Son yazdığı şeye, roman mı, hikâye mi, her neyse, sahip çıkmak istediklerini, oğlanın kendisini rezil etmekle tehdit ettiğini, kadının bu işte günahı olmadığını söyledi. "Jasmen'den istediğim dili, duyguyu, şiiri yakalamak için yardım aldım, *Yasemin Kokulu Rüzgâr*'da hiçbir sorun çıkmadı ama bu defa adam işi şantaja vardırıyor," dedi. "Sanma ki bedelini ödemedim, bol bol ödedim," diye ekledi.

Elimden geleni yapacağıma söz verdim. Ne de olsa onları ben bulmuştum, sorumluluğum vardı. "Kendi yazar-kendi satar" çocuk da bana saygıda hiç kusur etmemişti. Hele bir meseleyi anlayayım, oğlanla konuşurum. Ama kafama tuhaf sorular takılmadı da değil. Yazdığı romana sahip çıkmak ne demek? Sonunda, yazılı olmasa da iş sözleşmesi gibi bir şey vardı herhalde aralarında. Jasmen dediği kadın, Yazar'ın aradığı yeni anlatımı bulmasına kendi dilini, duygusunu, sesini aktararak yardım edecekti anladığım kadarıyla. Karşılığında da bir ücret alacaktı tabii. Ben olayı böyle anladım. Belki de yanlış anladım. Ödeme sorunu mu yaşadılar, başka bir şey mi, çocukla konuşup anlarım.

O gece bir daha konuya değinmedik, biraz hapishane günlerimizi andık, şu ne yapıyor bundan haberin var mı falan... Bana Avustralya'yı anlattırdı. "Dünyayı epeyce dolaştım, pek çok yere gittim, Avustralya nasip olmadı," dedi. Çok içmişti, eskiden böyle içmezdi bildiğim kadarıyla, geceyi uzatmadık. Yazar ertesi sabah Ada'dan ayrıldı. Aliço diye tanıdığım genç adam ortalıkta yoktu, bendeki telefonu cevap vermiyordu. Aldırmadım, nasıl olsa dönecek; buraya dönmese, eli mahkûm İstanbul'da matbaaya uğrayacak.

Yazar gelmeden bitirmek için hızla onarım işine daldım.

Yusuf'la o günlerde tanıştık. Yazar'ın kendisinden yardım alabileceğimi söylediğini aktardım, memnun oldu, onurlandı. Aslında inşaat için ona ihtiyacım yoktu, usta zaten bulunmuştu, mevsimlik işçilerin çoğu bizim taraflardandı, çabuk anlaştık. Dil insanları kaynaştırıyor, güven sağlıyor. Yusuf'u tanımak, Yazar'ı bir de ondan dinlemek, hani diyorlar ya, onun merceğinden bakmak istiyordum.

Bana, kendi tabiriyle "eski güzel günler"i, Yazar'ın edebiyat atölyesini, kendisine neler borçlu olduklarını, onun sayesinde önlerine nasıl yeni ufuklar açıldığını anlatırken, o günlere duyduğu özlem sadece sözlerine değil gözlerine de yansıyordu. Yazar olma hayalleri peşinde koştukları, kendi deyişiyle "kendilerine bahşedilmiş yazma yetisinin ayrıcalığına sahip olduklarına inandıkları" gençlik günleri... Yazar'a sevgisini saygısını büyüten, o eski güzel günlerin hatırasıydı biraz da. Gerçekten de "bahşedilmiş o yeti"ye sahipler miydi yoksa heveskârlık mıydı o gençlerinki, ben bilemem. Öyle ya da böyle yazar olamadıkları anlaşılıyor.

Anlam veremediğim, Yazar'ın üzerinde çalıştığı romana "Yazarlarevi Cinayeti" adını vermesi. Ceren, babasının bu konuda kararsız olduğunu, başlığın yanına soru işaretleri koyduğunu söyledi. Acaba kuruntuya kapılmış da bir cinayete kurban gideceğinden mi korkuyordu? Saçma! Böyle bir adam değildir o. Ölümünden sonra bir ara Yusuf'la konuşup ağzını arayayım diye düşündüm, sonra vazgeçtim.

Yazarlarevi'nin onarımı tahminimden çabuk bitti. Ada'da kalıp Yazar'ın yurtdışından dönüşünü beklemenin anlamı yoktu. Matbaadaki işleri yoluna koyup memlekete kısa bir tatile gittim. Kötü haberi telefonla Yusuf verdi. Cenazeye yetişmek için acele İstanbul'a döndüm. Aslında Yazar son uykusuna Ada'da yatmak isterdi; yayınevi, yakın dostları, aile ille de şanına yakışır büyük cenaze töreni istemişler anlaşılan ki İstanbul'da kaldırıldı cenazesi. Böyledir; ünlü oldun mu cenazene bile sahip çıkamazsın. Cenazede başsağlığı dilemek için aileye yaklaşmadım. Başları kalabalıktı, zaten beni tanımazlar.

O gece Ada'daki evde demlenirken hapishane arkadaşımı son defa görmüşüm meğer. Nereden bilebilirdim! Bana birşeyler anlatmaya çalıştığını, açık açık olmasa da yardım istediğini sezinlemiştim ama üstünde durmamıştım. Haberini aldığımda çok sarsıldım. Kazayı engelleyebilirmişim de yapmamışım gibi pis bir suçluluk duygusu yapıştı yüreğime. Kafamdan neler geçmedi neler... Çocuğa ulaşamıyordum, ortada yoktu. Yoksa... yoksa gerçekten de... Hayır olamaz, öyle biri değildi. Olayın kaza olduğu besbelliydi. Günlerce kahroldum, sonra konuyu içimde kapattım. Ben böyleyimdir: başımdan bunca felaket geçti, bunca zulüm gördüm, bunca acı çektim. Yine de ayakta kalabildiysem, hayata yeniden tutunabildiysem, kimilerinin vurdumduymazlık sayacağı bu hâlimdendir. Yapacak bir şey yoksa, sonuç değişmeyecekse yarayı kaşımak neye yarar! En iyisi fazla kurcalamamak, sünger çekmek, unutmaktır. Sadece kediyi değil insanı da merak öldürür, en azından huzurunu kaçırır. Gerçek gerçek diye çırpınır insan, sonra bakarsın gerçek üstüne yıkılmış, altında kalmışsın.

İçinde son yazdıklarının olduğu bilgisayarı Yazar'ın neden Yusuf'a gönderdiğini de anlamadım. Bir de ikinci bir bilgisayar varmış, ailesine teslim etmişler incelemeden sonra. İçinde önemli bir şey yokmuş. Yazar'ın ölümünden sonra Yusuf'un kendisindeki bilgisayarı temizlemesine, bahçede taflanların, çiçek tarhlarının arasında bulduğunu söylediği telefonunu boşaltmasına da bir anlam veremedim doğrusu. Belki telefonu Yusuf boşaltmamıştır, yağmur altında kalınca alet bozulmuştur. Bilgisayar daha önemli; bilgisayarı boşaltmasını Yusuf'tan Yazar'ın kendisi istemiştir desek; madem birşeyler saklamaya çalışıyor, not defterlerini, kızın kafasını bulandıran cinayet romanı taslağının kaydını neden vermiş? Ceren'in okuduğunu söylediği günlüklerden ise ne Yusuf'un ne de benim haberimiz vardı. Olayın şaşkınlığını yaşarken evde arama yapmanın tedirginliği içinde köşeyi bucağı iyi araştırmadığı, her yana bakmadığı anlaşılıyor. Kız atmaca gibi, üstelik de avukat; suç nedir, ceza nedir benden iyi bilir. Suç nedir gerçekten? Suçlu kim? Gerçeği hiçbir zaman tam bilemezsin, gerçeği bilmek de bazen suçu, suçluyu aydınlatmayabilir.

Matbaaya geldiği o ilk buluşmadan sonra kızı başımdan savabilirdim, hiçbir şey bilmediğime inandırır, lafı uzatmayı, tekrar buluşup konuşmayı engelleyebilirdim, yapamadım. Kaza olduğuna inanmıyorsa, içine kuşku düşmüşse babasının neden, nasıl öldüğünü bilmek hakkıdır. Bir gece jandarmanın evden alıp götürdüğü, sırra kadem basan babamızın, bırak dirisini, ölüsünü bulmak için bile nasıl çırpınmış, karakollarda, mahkeme kapılarında aylarca nasıl bekleşmiştik...

Ben neyi ne kadar biliyorum? Doğru saydığım çıkarımlarımın kaynağı, dayanağı nedir? Ağzından dirhemle laf çıkan Yusuf'un bölük pörçük aktardıkları da sanki olayı aydınlatmak için değil, örtbas etmek için.

Ceren, Aliço'nun peşindeydi, beni aramasının nedeni buydu. Bir bakıma doğru adreste sayılırdı ama çocuğa ulaşmak mümkün değil. Çok uğraştım, cep telefonu cevap vermiyordu, herhalde sim kartını iptal etmiş, değiştirmiş. Matbaaya, kapalı bir zarf içinde benim adıma bıraktığı kısacık notta, "Benim bu işle ilgim yok. Hedefte olan bendim, canımı zor kurtardım. Hakkını helal et," yazıyordu. Sordum soruşturdum, kim ne zaman bırakmış o zarfı, kimse bilmiyordu. Nereden bilsinler, her gün bir sürü kâğıt, makbuz, mektup gelir matbaaya, burası işyeri. Bu nottan Ceren'e bahsetmedim, kafası büsbütün karışmasın diye.

Şu hayatta hiçbir şey öğrenmediysem, gerçek tek bile olsa o gerçeği herkesin kendine göre yorumladığını, gerçeğin bakan göze göre değiştiğini, herkesin doğrusunun farklı olabileceğini öğrendim. Âdem oğlu, işine gelen kendi gerçeğine inanır.

* * *

Ceren'le, çalıştığı avukatlık bürosunda buluşmayı kararlaştırmıştık. Şehrin her daim kördüğüm trafiğine takılmamak için metroya bindim. Tünel'de inip İstiklal Caddesi'ne çıktım. Çıkışta, pörsümüş, solgun karanfiller satan Çingene kızlar, kâğıt mendil satan yaşlı adam, insanların peşi sıra dilenen Suriyeli küçük çocuklar vardı. Ceren'in, sonra konuşuruz diyerek ayaküstü sözünü ettiği "Yazarından roman! Benim romanım! Ben yazdım!" diye bağıra çağıra kitap satan genç yoktu. Orada olmayacağını biliyordum. Kıza buralardan pek sık geçmediğimi, öyle birine de hiç rastlamadığımı söylemiştim. "Belki hep aynı genç değildir, belki birkaç kişi birden yapıyordur bu işi, fena ticaret de değil, üreticiden tüketiciye doğrudan satış, iyi fikir," demiştim.

Şimdi Ceren'in bürosuna doğru yürürken konuyu çok büyüttüğümüzü düşünüyorum. Pireyi deve yapıyoruz, hayatın olağan akışı içinde karşımıza çıkabilecek rastlantıları kötü bir polisiye romana dönüştürüyoruz. Hepimizin kuşkuları, soru işaretleri, paylaşmadığı, kendine sakladığı tahminleri oldu Yazar'ın ölümüyle ilgili. Ceren gelip de ortalığı karıştırmasaydı kimse huzursuz olmayacaktı. Bildiklerimizi, bilip de söylemediklerimizi bir süre sonra unutup gidecektik. Ölen ölmüştü; yazıları, romanları, anıları, adı kalmıştı geriye. Bizler Yazar'ı tanımıştık. Tanıdığı, arkadaşı, öğrencisi, yardımcısı olduğumuz için duyduğumuz övünç yetmez mi, suyu bulandırmaya ne gerek var!

Avukatlık bürosu üçüncü katta. Asansörde üçe basarken "kendi romanını satan genç adam"ın artık buralara gelmeyeceğini söyleyip söylememekte kararsızım. "Bizim oralardandır. Roman yazma hevesine kapılmış, bastırmak için birkaç kez gelmişti bizim matbaaya. Uzaktan tanıdık olduğundan arka çıkmıştım, 200-300 basmaya razı olmuştum. Tükettikçe geliyordu, birkaç yüz daha basıyorduk, artık bu baskı işleri kolaylaştı," diyebilirim Ceren'e. Hem yalan da söylememiş olurum.

Çocuğun ilk geldiği günü hatırlıyorum. Sekiz-on yıl önceydi. Matbaayı yeni devralmıştım. Bizim sülaleden bir büyüğümüzün adını vermiş, "Size gönderdi," demişti. 38 kırımından nasılsa sağ çıkıp Almanya'ya göçen bir dedenin torunuydu adını verdiği hısmım. Mazgirt'teki baba evini onarmış, yazları tatillerde, izinlerde gelir gider olmuştu. Ben de oralardayken birkaç defa karşılaşmış, sohbet etmiştik.

Önce çocuk yardım istiyor sandım. Elimizden geleni yaparız gerektiğinde, töremizde kapıya gelen canları çevirmek yoktur. Ama kimdir, nedir, kimlerdendir? Yaşı yirmi beş civarında görünüyordu, mahcup bir hâli vardı. Romanımı bastırmak istiyorum dediğinde şaşırdım. Aklıma hemen Yazar geldi. Matbaacı olduğumu unuttum, zaten yeni başlıyordum bu işe, Yazar'la tanışmak istediğini sandım. Ne yalan söyleyeyim, sen kim roman yazmak kim, diye geçirdim içimden ama renk vermedim.

"250-300 adet bassanız yeter, parayı toplayınca borcum neyse öderim," dedi. "İyi de bu işin kâğıdı var, kapağı var, bandrol almak gerek, kaç tane satacaksın da ödeyeceksin?"

Cebinden bir 200'lük çıkardı. "Bu sizde kalsın, borcumun tamamını kitapları satınca öderim," dedi. O mahcup hali gitmiş, yüzüne kendine güvenli, kararlı bir ifade gelmişti.

"Sok o parayı cebine!" dedim. Çocuğu sınamak için kimlerdensin diye sordum bizim dilde.

"Silo Qiz'i bilirsin. Anam tarafından o sülaleden geliriz," dedi.

Oğlanın Zazakisi benden iyiydi. Ben yıllardır o kadar uzak kaldım ki memleketten, konuşmaya konuşmaya dilim pek gerilemiş.

"Silo Qiz'in sülalesinden şairler, dengbejler çıkmıştır, sen de roman yazdın demek ki," dedim bölgeyi bildiğimi sezdirmek için.

"O kadar yakın değiliz, ben kendisini tanımam, çevresinden birilerini buldum, burayı da onlar salık verdiler," dedi.

"Kim?" dedim, bir ad söyledi, çıkaramadım ama belli ki bizim oralardan biriydi matbaayı devraldığımı bildiğine göre.

Genç çıraklardan birini çağırdım. "Bu abinin işini yap, bundan 250 adet basın, kapağını falan da halledin." Zaten kalın bir şey değildi, 250 adetin maliyeti nedir ki, hem de bizim oralardanmış, sevabım olsun. Bakarsın ileride tanınmış yazar bile olur.

"Burası matbaa," dedim çiçeği burnunda romancıya. "Basalım, tamam da düzeltiydi, kapak çizimiydi, şusuydu busuydu, biz bunları yapamayız. Ayrıca kitap basmıyoruz henüz. Düzgün bir şey çıkmaz. Sen keşke bir yayınevine götürseydin kitabını."

"Hiçbiri kabul etmedi ki. Parayı bastırdın mı kitabını yayımlayan yayınevleri var ama analarının nikâhını istiyorlar, üstelik tenezzül edip kendi yayımları arasında göstermiyorlar, dağıtımına da asılmıyorlar. İyisi mi ben kendim satarım, masrafını çıkarırım, size de borcumu öderim."

"Para kazanmak için mi yapıyorsun bu işi? Para için yapıyorsan ne kazandırır ki, emeğine değer mi?" diye sordum.

"Yazmak sırf para kazanmak için olur mu," dedi, "içinden gelir insanın. Yazmadan edemezsin, sonra da birileri okusun istersin. Okunsun, başkaları da bilsin ki senin yüreğinden geçeni anlasınlar, sesini duysunlar."

Böyle bir cevap beklememiştim. Türkü okumak, kilam söylemek gibi bir şey demek ki.

Elimi öpmek istedi. Sevinçten ağlayacaktı neredeyse. Romanın adını sordum, *Aliço'nun Kaderi* mi *Ali Çocuğun Kaderi* mi, öyle bir şeydi. Kitabı okumadım, işim mi yok! Bizim Yazar'ınkileri bile doğru dürüst okumamışken... Basılmış bir nüsha gördüm. Kapağı falan berbattı. Birkaç ay sonra, hiç aklımda yokken geldi, borcunun tamamını ödedi. Almak istemedim, "Almazsan 200 tane daha bas diyemem, yeni yazacaklarımı da basın diye getiremem Apê Sadu," dedi, elimi öpüp gitti.

* * *

Avukatlık bürosunun zilini çaldığımda hâlâ neyi ne kadar söyleyeceğime karar vermemiştim. Biraz da Ceren'in ne öğrenmek istediğine bağlıydı.

Büro epeyce geniş, iyi döşenmiş bir yer. Üç ortak –o üç arkadaş demişti– çalıştıklarını söylemişti. Sekreter dahilî telefonla geldiğimi haber veriyor, koridorun sonundaki odayı işaret ediyor. Beni karşılamak için odasının kapısına çıkmış bile. Hoş geldiniz diyor, elini uzatıyor. Masasına geçmiyor, çalışma masasının önündeki koltuklara karşılıklı oturuyoruz.

"Çay mı kahve mi?" diye soruyor.

"Biz çaycıyızdır, Avustralya'da bile kahveye alışamadım."

İki çay söylüyor. "Babam da çaycıydı," diyor, sonra ekliyor: "Gelmezsiniz sanmıştım, geldiğinize sevindim, sağolun."

"Tabii ki gelecektim. Babanla hukukumuz var, mahpushane yoldaşlığı bir başkadır. İçini rahatlatmaya yardımım olacaksa neden gelmeyim?"

Kalkıp yazı masasının çekmecesinden bir kitap çıkarıyor. Bir an, çocuğun getirdiği ilk roman olduğunu düşünüyorum. Nereden bulmuş olabilir? Baştan beri biliyor muydu yoksa?

"Bu da sizin matbaada basılmış," diyor.

Kitabın kapağını görünce hatırlıyorum: *Aliço'nun Kaderi* değil *Nâlân'ın Gözyaşları*. Arada bir de şiir kitabı bastırmıştı: *Kilamlar*...

"Öyledir herhalde, ben işin bu tarafıyla pek ilgilenmem. Birinci sınıf büyük bir matbaa değiliz, yine de küçük yayınevlerinin kitapları gelir, bir de böyle kendi kitaplarını bastırmak isteyen hevesliler var."

Arkasından gelecek soruyu tahmin ediyorum.

"Yıllar önce, galiba 2010'du, metronun Tünel çıkışında kendi romanını satan bir gence rastladığımı söylemiştim ya. Kapağını tam görememiştim, *Ali Çocuğun Kaderi* ya da *Aliço'nun Kaderi* gibi bir şey, aklımda öyle kalmış."

Susuyorum.

"Onu da siz mi basmıştınız? *Nâlân'ın Gözyaşları*'nı da aynı kişi mi getirmişti size?"

"Bunu bilmem güç, hiç hatırlamıyorum," diyorum.

Nereye varmaya çalıştığını, hikâyeyi nasıl kurduğunu bilsem ona göre davranacağım.

"Bunun babanın ölümüyle ne ilgisi var Ceren?"

"Ölümüyle ilgisi olabilir de olmayabilir de ama köyde herkesin sözünü ettiği, kim olduklarını, neyin nesi olduklarını kimsenin tam bilmediği, Yazarlarevi'nde kalan genç adamla kadının kimliklerini çözmek, babamla ne işleri olduğunu öğrenmek açısından ilgisi var."

Neyi ne kadar söyleyeceğim? Mesleki refleks mi zekâ mı uyanıklık mı, Ceren eninde sonunda yapbozun parçalarını yerli yerine oturtup resmi tamamlayacak besbelli. Aliço'yu tanıdığımı söylemeye karar veriyorum.

"O genç yazar heveslisini hatırlıyorum, ilgimi çekmişti, kitabını basmıştık, sonra satabilmiş ki gelip borcunu ödedi. Emin değilim, galiba aynı genç çocuktu, hatta bir de şiir kitabı getirmişti, bizim o tarafların kilamları... İncecik, iki formalık bir şeydi. Artık genç değildir, yıllar önceydi bunlar."

"Görseniz tanır mısınız?"

Bir an, tanımam demeyi düşünüyorum. Gençliğimde, eski günlerdeki sorgular gibi ama işkence yok. Ya gerçekleri söyleyeceksin, öteceksin ya da ölümüne susacaksın derlerdi. Adını bile söylemeyip susanlar olmuş, işkencede ölmüşlerdi gerçekten.

"Tanırım herhalde ama nereden göreceğim, matbaaya uğrarsa başka. Kendin yaz kendin sat ticareti pek iyi gitmedi ki yıllardır bir daha uğramadı."

"Ya annesi olduğu söylenen kadın?"

"Onu tanımam, nereden bileyim Ceren!" Sonuna kadar götüremeyeceğimi sezdiğim yalanımı laf kalabalığına getirmek için işi şakaya vuruyorum. "Beni bayağı bayağı sorguya çekiyorsun, avukatsın diye biliyorduk, savcı olmuşsun."

"Kusura bakmayın," diyor özür dileyen bir sesle,

"kusura bakmayın, sizi yordum, canınızı sıktım; kafam da olay da aydınlansın istiyorum. Belki size saçma geliyordur, hastalıklı bir ruh hâli, anlamsız bir saplantı belki ama bazı şeyleri çözmeden huzura kavuşamayacağımı biliyorum."

Ya düğümü çözdüğünde, çözdüğünü sandığında kafan büsbütün karışırsa Ceren! Tabii ki kıza böyle bir şey söyleyip yüreğini iyice bulandırmaya niyetim yok; üstelik benim bildiklerim de tahminden, yakıştırmalardan, kendi yazıp kendi satan heveskâr genç adamın bıraktığı nottan, Yazar'ın kuşkularından, huzursuzluğundan, birlikte oturup içtiğimiz o son gece söylediği bazı sözlerden ibaret.

Yazar'ın isteği üzerine onu bulup Jasmen'le birlikte Ada'ya gönderen benim. Yazar'ın tam ne istediğini, o dil meselesini falan anlamadığımdan ilişkilerinin ne olduğunu, Jasmen'in ne işe yaradığını, sonra neden bozuştuklarını bilemem. Kafamdan geçenlerin tümü benim yakıştırmam, benim hikâyem.

"Kilamlar," diyor birden, kendi kendine konuşur gibi. Yüzünde hem düşünceli hem de çikolata ödüllü bilmeceyi çözmüş de ödülünü bekleyen çocuğun ışıltılı ifadesi var. "Haiku'lar gibi bir şey mi kilamlar?"

"Haiku'ları bilmiyorum. Kilamlar bizim yörenin deyişleridir; bir çeşit şiir ya da özlü söz, ağıtlar, yakarışlar... Dengbej deriz, duymuşsundur belki, dengbejler kilamları, masalları ahenkli bir sesle müzikle okurlar. Şarkı türkü değildir, sesli şiir, sesli masal, destan diyelim."

Çalışma masasının üzerinde duran, kapağında *Nâlân'ın Gözyaşları* yazılı kitabı işaret ediyor. "Bunun gibi mi?"

"Bilmem," diyorum, "o kitapta ne yazdığını bilmiyorum ki!"

Kafamın içinde Yazar'ın sözü dönüp duruyor: "Hikâyeler tükendi, bana yeni bir dil, yeni bir ses gerek, o dili, o sesi bulabilir miyiz?"

Nâlân'ın Gözyaşları'ndaki "büyülü" dediği dili istiyordu. Dil nasıl bulunup getirilir? Başkasının diliyle nasıl yazılır? Benim anlattıklarımı, bazen de koğuştaki öteki mahkûmların hikâyelerini derleyip toparlayıp pek güzel yazdı. Ben değerlendiremem; güzel yazdı ki bu kadar okundu, beğenildi. O, başkalarının hikâyelerini, kendine mal etmeden bir tanık gibi kendi diliyle anlatmış. Okurları da sanırım hep aynı çevrelerdendir. Onlar yazarın diline aşinadırlar. Bilmedikleri iklimlerin, tanımadıkları insanların başlarına gelenleri okurken kendilerini Yazar'ın yerine koymuşlardır. Romanlarını da bu yüzden sevmişlerdir. Ama dil dediniz mi, deyiş, şiir dediniz mi bu bambaşka bir şey. Başka dünyaların, başka yaşamların, başka insanların diliyle yazmak nasıl bir şey ola? Yapılabilir mi? Ben bilemem, bu onun işi. Ben dostluğumu yaptım. İstediği sese, dile ulaşması için arkadaşıma aracılık ettim.

Hatırlıyorum: Bizim orada, Şobek köyünde bir mezar vardır. Köylüler orada yatanı evliya bilirler, pir bilirler. Bize de öyle anlatıldı, öyle bildik çocukken. Sonradan öğrendim, orada Cevahir'in yattığını, öldürüldüğünde köyde yedi yıl davul zurna çalınmadığını, Hızır'ın elçisi, devrimin habercisi olduğunu... Babamansur Ocağı'ndan, anası babası Dersim Tertelesi'nin kılıç artıklarından Hüseyin'e yakılan ağıtların dili, onu gizli gizli kutsayan dengbejlerin söylencelerinin dili, kilamların dili nasıl yankılanır yaban ellerde, yaban dillerde? Mazgirt'in Şobek köyünün evladına ağladığı gönül dili "Kimmiş bu len!" diyen yabancının ağzında bozuk plak gibi, kekeme gibi olmaz mı? Yazar'a söylemedim bunları. Her meslek gibi yazarlık da romancılık da bir meslek. Erbabı ne yapacağını bilir. İstediği dili bulmasına aracılık ettim, ötesi ona ait.

İyi de Ceren'e nasıl anlatırım bunları, anlatmamın ne yararı var?

Kanayan Güvercinin Dilini Aramak

Google'da kısa bir arama...

YouTube'da dengbejler, kilamlar... Yüz yaşını aşmış Silo Qiz, Dersim kırımında genç bir adammış, keman çaldığı için ölümden kurtulmuş. Dengbej geleneği, Kırmancki, Zazaki ağzı, Türkçe söyleyenler, kitaplar, araştırmalar... Dersim Tertelesi... Kızılbaş Alevi kırımı... Tehcir... Büsbütün habersiz değilsem de ilgi alanımın dışında, iyi bilmediğim konular.

Ne çok dünya var bu dünyanın içinde, ne çok dünya var kendi daracık dünyamızın dışında. Kırkıma geliyorum neredeyse, daha önce ne dengbej duymuştum ne kilam. Kırmancki ne ola, Zazaki, Dimili ne ola? Tam Kürtçe değil anlaşılan, Zazaların kendi konuştukları dile verdikleri admış. Kafa karıştırıcı bilgi kırıntıları... Dersim dili, Dersim müziği, Alevilik, Kızılbaşlık konusunda doktora yapacak hâlim yok, yine de internette okuduğum bazı maddelerde gönderme yapılan birkaç kitabı ısmarlıyorum.

Sadu Bey –ona ne demeliyim bilmiyorum, Sadu Bey demek komik geliyor, Sadullah Bey de çok resmî– üçkâğıtçı birine benzemiyor. Babama saygısı var. Kendi romanını bastırıp satan genci tanıdığını saklamadı. Kadını tanımıyor. Tanımıyor mu?

Babamın çalışma odasındaki dolapta bulduğum, ilk göz attığımda haiku'lara benzettiğim şiirimsi, şarkı sözümsü satırlar... Çocuksu bir elyazısıyla hafifçe sararmış ikinci hamur dosya kâğıtlarına karalanmış dörtlükler ya da uzun uzun akıp giden, uyaksız vezinsiz yazılar... Garip bir dil; araya bilmediğim sözcüklerin girdiği bir Türkçe, sonra başka bir dile geçiş. Kürtçe mi, Sadu'nun Kırmancki dediği dil mi? Okumaya çalışıp hafifçe mırıldandığımda bir iç müzik duyuyorum. Gerçek mi ya da bana mı öyle geliyor? İnsan kafasını bir konuya takınca gerçeği istediği tarafa eğip bükmeye başlıyor. Bunlar Sadu'nun sözünü ettiği kilamlar mı? Çocuk dediği genç adamın *Kilamlar* başlıklı bir şiir kitabı bastırdığını söylememiş miydi? Bu yazılar ona mı ait? *Nâlân'ın Gözyaşları* da onun romanı mı? Aradaki benzerliği –hısımlığı demek daha doğru– ben mi uyduruyorum kafamda yazdığım senaryoyu beslemek için?

"Büyük yazarımıza" diye imzalanmış kitabın kapağında yazar adı yoktu. Daha önce de bakmıştım ama bu kez dikkatle inceledim. İç sayfadaki künyede A. Doğan yazıyor. İthafın altındaki imza okunaksız. *Kilamlar*'da yazar adı var mıydı acaba?

Beni nereye götüreceğini, ne aradığımı, ne bulacağımı tam bilmeden sezgilerimin peşine takılmış iz sürüyorum. Düğümü, bu A. Doğan kimse –gerçek adı bu olmayabilir tabii– onun çözebileceğini hissediyorum. Beni ona ancak Sadu götürebilir.

Ne zaman istersen beni ara, demişti Sadu. Adamcağızı taciz ettiğimin farkındayım da birşeyler sakladığının da farkındayım. *Kilamlar* onun matbaasında basıldığına göre mutlaka bir nüshası vardır orada.

Sabah ola hayrola bile demeden telefonu tuşluyorum: "Kusura bakmayın, biraz geç oldu ama bir şey soracaktım, bir şiir kitabından söz etmiştiniz, *Kilamlar*'dı yanlış hatırlamıyorsam. Yazar olarak kimin adı vardı o kitapta?"

Sadu şaşırmıştır herhalde. Konuyu takıntı hâline getirdiğimi, tuhaflaştığımı düşünüyordur. Haksız da sayılmaz. Kafamın içinde sanki bir kurtçuk var, mecazi anlamda değil, gerçekten de beynimin bir noktası kemiriliyor sanki. Bazen, neden Ada'ya gittim, neden Yazarlarevi'ne uğrayıp orayı burayı araştırdım, neden Şair'le, Engin'le, Sultan'la konuşup hem onları hem de kendimi huzursuz ettim diye düşünüyorum, kendime kızıyorum. Babama ölümünden sonra da olsa kavuşmak için mi, onu reddettiğim, yok saydığım için duyduğum pişmanlıktan mı, olayla yüzleşip kendimi affedebilmek için mi yoksa?

"Bastığımız kitapların bir bölümü matbaada bir dolapta duruyor bildiğim kadarıyla. Yarın matbaaya gideceğim zaten, bakarım, *Kilamlar*'ı bulabilirsem bakar, söylerim."

Ertesi gün gerçekten de aradı. "*Kilamlar*'ı buldum," dedi, "yazarı A. Doğan değil, kapakta Bewran yazıyor. Bewran bizim oralarda güvercin anlamınada gelir, yani bence yazar adı değil. İçerde Baver Doğan yazıyor, Baver'in v'si w. Yazarı aynı kişi olabilir. Demek ki farklı adlar kullanıyor."

Beni oyalamadığı, ricamı unutmadığı, ciddiye aldığı için mutlu oldum, içim ısındı. "Sağolun Sadu Amca," dedim. Adamı amcalığa terfi ettirmeme kendim de şaştım. Yalnızlığıma merhem çalmış, boşuna çabama destek olmuş gibi hissettim.

"Son bir rica; *Kilamlar*'a bir bakabilir miyim? Fotokopisini alır hemen iade ederim."

"Kargoyla gönderirim, yarın elinde olur. Nereye varmak istediğini, ne işine yarayacağını anlamasam da madem istiyorsun, tabii..."

Elimde acil bir dosya vardı bakılacak, yine de Bawer adının anlamını aradım. Kürtçe, "emin", "güvenilir" demekmiş. Durumun ve yazarının karışıklığına bakılırsa ironik bir anlam.

* * *

Şair'den beklemediğim bir mesaj geldi: "Gül'ün Otçu Hanife'den duyduğuna göre, Ada'dan ayrılmadan hemen önce kadın ondan çok miktarda kokulu ot, gülyağı, çiçek esansı falan almış."

O kadınla ilgilendiğimi biliyordu ama bu konuda bir isteğim olmamıştı. Beni aramasını beklemiyordum. Demek ki yardımcı olmaya karar vermiş. Hoşuma gitti.

Hemen aradım.

"Bilgi verdiğin için sağol, Ada'dan ne zaman ayrılmış?"

"Kazadan en az iki hafta önce."

"İllegalite mi yapıyorsun, neden doğrudan aramayıp mesaj atıyorsun?"

"Yok, belki Adliye'desindir, belki müvekkilinle görüşüyorsundur, işin gücün vardır diye telefon etmedim."

"Ada'dan ayrıldığını kesinlikle biliyor muyuz?"

"Kendisi söylemiş. Burası pek turistik değil, gelenler hep yerli turist, Çeşme, Alaçatı, Bodrum taraflarında işin tam zamanı, şimdi tezgâhların başı yerli yabancı turist kaynıyordur, demiş."

"Ne tezgâhı?"

"O da bir çeşit otçuluk yapıyormuş anladığım kadarıyla. Bitki özleri, çiçek kokuları, yedi derde deva şifalı otlar, meyve kremleri..."

"Babama güzellik kremi yapmıyordu ya bu kadın! Yazarlarevi'nde babamla ne işi olduğunu sormamış mı Hanife?"

"Öyle sormamış da, 'Buraya kokularını, kremlerini, şifalı otlarını satmaya mı gelmiştin?' diye sormuş. 'Yok,' demiş, 'buranın mevsimi kısa, maliyetini kurtarmaz. Yazar'a yardım etmek için gelmiştim. Bizim ellerin kokularını, seslerini, sözlerini getirmiştim,' demiş. Hanife pek bir şey anlamamış."

"Sen anladın mı Şair?"

"Tam değilse de galiba biraz anladım."

Telefonda uzatmak istemedim, "Ben de anlamaya çalışıyorum," dedim.

Yaseminle manolya karışımı o koku, *Yasemin Kokulu Rüzgâr. Nâlân'ın Gözyaşları, Kilamlar*... "Bana dili getir, sesi getir." Babamın notlarından birkaç sözcük, birkaç kırık cümle. Ödünç dil, yeni bir dil arayışı ... "Bizim ellerin kokuları, sesleri, sözleri başka bir dil yaratır, sizinkiler başka bir dil." Kimden duymuştum bu sözleri, Sadu'dan mı? Yoksa babamın çok sevdiği, yazdıklarında söylediklerinde tekrarladığı o şiirden mi? Aklımda kalan dizelerden birkaçını mırıldanıyorum kendi kendime: "İnsan yaşadığı yere benzer / O yerin suyuna, o yerin toprağına benzer / Suyunda yüzen balığa / Toprağını iten çiçeğe / Dağlarının tepelerinin dumanlı eğimine / Hasretine, yalanına benzer..."

Sis bir köşesinden yırtıldığında nasıl olursa öyle, önce sisin aralandığı noktada ürkek, çekingen bir aydınlık, sonra genişleyip yayılan bir ışık: Sadu kadını tanıyordu. Babama dil büyücüsü kadını getiren oydu. *Nâlân'ın Gözyaşları* da *Kilamlar* da kadınındı. Belki yer yer kendi anadilinde, yer yer Türkçe okumuş, oğlu sanılan adam becerebildiği kadarıyla toparlamıştı. *Nâlân'ın Gözyaşları*'nda bölümler arasındaki dil farklılığını, bazı bölümlerin daha düzgün, daha akıcı bazılarının aksak olmasını da açıklayabilecek bir varsayım...

Tam da amcalığa terfi ettirmişken gerçekleri hâlâ

benden saklayan Sadu'ya öfkeleniyorum. Üstelik bunu saklamanın hiçbir anlamı yok. Bu saçma sapan metinleri kimin yazdığı umurumda değil, ben bambaşka bir şeyin peşindeyim. Neyin? Kafamın içindeki sis zaman zaman yoğunlaşıyor, o küçük, ürkek ışık sisler arasında kayboluyor. Ne aradığım bulanıklaşıyor. Psikoloğuma gitme zamanı geldi belki. Peki ona ne anlatacağım, derdimi nasıl açıklayacağım? Babamın mahremiyetine girmek, sırları ifşa etmek olmaz mı bu? Üstelik sır nedir, gerçekten bir sır var mı yoksa babamın ölümünü bir türlü kabullenmek istemediğimden paranoyak bir hikâye mi yazıyorum?

Sadu ihmal etmemiş. *Kilamlar* kuryeyle geldi: incecik bir kitap, amatör işi bir kapak, *Nâlân'ın Gözyaşları*'nın kapağı gibi. *Kilamlar*'ın kapağındaki acemice çizilmiş beyaz güvercinin göğsünde kıpkızıl kan lekesi, damla damla süzülen kan... Kör kör parmağım gözüne, ilkel, ilkelliğine karşın etkileyici bir çizim. Beyaz güvercinin kanadında maviyle bir yazı: Bewran. Kapağı çizenin adı mı yoksa Kürtçe, Zazaca, –Kirmancki mi demişti Sadu?– her neyse, o dilden bir sözcük mü? Sadu'ya sormak istemiyorum. Google Hazretleri'ne başvurmak daha kolay.

Bazı maddelere ulaşılamıyor, karartılmış. *Kısa Kürtçe Sözlük* maddesine giriyorum, hem 'v' hem de 'w' ile deniyorum, bulamıyorum. *Zazaca Adlar Sözlüğü* maddesinde Bewran var: Güvercin... Bir kadın adı. Ne güzel bir ad! Biraz daha arıyorum, başka maddelere giriyorum; güvercinin karşılığı olarak "borane", "kevoke" var, "bewran" yok.

İncecik kitabın kapağının içinde, Sadu'nun telefonda söylediği gibi, Bawer Doğan yazıyor.

Elimdeki dosyanın rutin işlerini stajyere bırakıp bürodan çıktım. Babamın ölümünü çözemesem de Bewran'ı çözeceğim, vurulmuş güvercin beni biryerlere götürecek.

Eve varır varmaz, Ada'dan toplayıp getirdiğim babama ait kitapların, kâğıtların, not defterlerinin, ona ait ne varsa hepsinin durduğu dolaptan, özenle dosyaladığım elyazılı sayfaları çıkardım. Babamın Yazarlarevi'ndeki çalışma odasında – yasemin kokusu sinmiş kilitli dolapta bulduğum, kötü dosya kâğıtları üzerine elyazısıyla yazılmış dizeler... Burnunun dibindeki kilamları bilmeyen Ceren! Onları haiku sanmıştın ya!

Kendime okkalı bir Türk kahvesi yaptım, bir keyif sigarası yaktım. Sonunu merak ettiğiniz bir romana gömüldüğünüzde ya da polisiye bir film seyrederken duyulan haz... Bir çeşit "acıyı bal eyledik" ruh hâli mi yoksa bir vakayı çözecek ipuçlarına varmış olma duygusunun yarattığı o kıpır kıpır heyecan mı?

Önce *Kilamlar*'ı okumaya başladım. Aşka dair, ormanlara, dağlara, nehirlere, sulara, kuşlara, geyiklere, hasrete, sıla özlemine, sonra ölüme, sonsuzluğa dair deyişler: Ağıt mı dua mı, bilinmeyen bir tanrıya yakarış mı, aşk şarkısı mı, doğayı kutsama mı, insanlığa, canlara çağrı mı, mistik hezeyan mı?

Türkçe deyişler de var Zazaca sandığım bir dil de... Yüksek sesle okumaya başlayınca, ne tuhaf, anlamadığım dilin müziğini duydum. Sözleri anlamasam da şiiri hissettim.

Babam, "Yazının Dili ve Şiir" konulu notlarında –galiba bir edebiyat dergisinde de yayımlanmıştı– "Okurken müziği duyabiliyorsanız, sözleri unutup kendinizi müziğe kaptırıyorsanız şiir amacına ulaşmış, gerçek şiir olmuştur. Ben düzyazıda, romanda bu dili arıyorum," diye yazmıştı. Bir söyleşide, "Aradığınız dili bulabildiniz mi?" diye sorduklarında, "Bulana kadar yazmayacağım," cevabını vermişti. Roman yazmaya ara verdiği dönemin ardından gelen *Yasemin Kokulu Rüzgâr* o arayışın ürünü müydü?

Yusuf'un, babamın kendisine emanet ettiği bilgisayarında bulup kaydettiği "Yazarlarevi Cinayeti" roman taslağında, romanın kahramanı ünlü yazar kaldığı yazarlarevinin bağlı olduğu vakfın yöneticisiyle edebiyatın duygu dili konusunu tartışırken aradığı dili kolay yakalayamadığını, şiirlerden, mistik metinlerden ödünç aldığını söylüyordu. Hatırladım...

Babam nereden, kimden ödünç almıştı aradığı dili? Neden bu kadar saplanmıştı bu dil meselesine? Ödüllü, ünlü, otuzdan fazla dile çevrilmiş yazar neden ihtiyaç duymuştu yepyeni bir dile?

Notlarından da anladığım kadarıyla artık yazdıklarıyla yetinmiyordu, kendi yazarlığını sorguluyor, başka bir yazardan söz ederken yaptığı değerlendirmeyle kendini vasat buluyordu. Hangi romanıydı hatırlamıyorum, ilk baskısı çıkar çıkmaz tükenmiş, yayınevinden ikinci baskıya geçtikleri haberi gelmişti. Başarıyı aile sofrasında iyi bir şarapla kutladığımıza göre, bizi terk etmesinden önceydi. Çok içmişti, bir şişe daha açmış; anneme, hatta bana bile birer kadeh daha içmemiz için ısrar etmişti. Çocuk hâlimle, ne demek istediğini tam anlamasam da, "Rastlantıların yarattığı, kendine rağmen bir yazarım ben, arzuhalci gibiyim," dediğini hatırlıyorum. "Sen iyi bir yazarsın, okur seni benimsedi, çoksatar olmak her zaman kötü yazarlık anlamına gelmez," gibi birşeyler söylemişti annem. "Okur çoğunluğu vasatı benimser, bazen rastlantılar üst üste gelir, elin kalem tutuyorsa, şansın, biraz da becerin varsa biryerlere gelirsin, sonra da okur talebine teslim olursun," demişti kadehini bir yudumda boşaltarak. Belki kelimesi kelimesine böyle değildi ama o gece sofradaki konuşmaların anlamı buydu. "Vasat" sözcüğünü ilk kez duyduğum için aklımda kalmış. Onu bir daha böyle kontrolsüz içerken görmedim.

Kendini kurcalayan, kendisiyle yüzleşmekten kaçınmayan biriyseniz başarı da şöhret de tatmin etmeyebilir. Babamın bizi bırakıp yeni arayışlara girmesinin nedeni de buydu, şimdi anlıyorum. Yazar olarak vardığı noktayı yeterli bulmuyordu, sıradanlığı, vasatlığı reddediyordu, yeni arayışlara girerek sıçrama yapmayı, kendini aşmayı deniyordu.

Bulabildi mi aradığı dili?

Cevabı, kanadı kanlı, vurulmuş güvercinde, cevabı *Kilamlar*'da, *Nâlân'ın Gözyaşları*'nda, cevabı sözünü sesini babama ödünç veren o kadında.

Alice, Harikalar Diyarı'nda yolunu ararken bir yol ayrımına geldiğinde, "Hangi yöne sapmalıyım?" diye sorar Tavşan'a. "Bu senin nereye ulaşmak istediğine bağlı," der Tavşan.

Ben nereye ulaşmak, hangi sonuca varmak istiyorum? Babamın ölümünü sindiremiyorum, kaza olduğuna niye bilmem inanamıyorum. Ona karşı işlediğim sevgisizlik, ilgisizlik, uzaklık günahının kefaretini mi ödemeye çalışıyorum yoksa marazi bir merakla "Yazar'ın ölümü" olayının izini mi sürüyorum?

Hangi yöne gitmeliyim Tavşan Kardeş?

Yüreğinin git dediği yolda yürü, diyor benim tavşanım. O yola çıkıyorum.

Bewran

Kekiğin, adaçayının, lavantanın, fesleğenin, karanfilin, sümbülün, ille de manolyanın, gülün, yaseminin, dağ otlarının, kır çiçeklerinin peşine takılarak mı buldu beni? Ada'daki otçu kadına artık bu tarafların mevsiminin geldiğini, tezgâhımı buralarda açacağımı söylemiştim lavanta, kekik, adaçayı alırken. Neden oralardan taşıdın bu otları, her yerde bulurdun, diyeceksiniz. Oysa bulunmaz. Her yerin lavantasının, nanesinin, kekiğinin kokusu farklıdır. Aynı toprakta, aynı bölgede bile farklı kokularda nane, kekik, lavanta olur. Kayalıkların arasında başka, kumlu toprakta başka, kızıl toprakta başka.

Ada'da Yazar'la çalışırken, bunaldığımda tepelere çıkardım. Dağ yavrusu o kayalık tepeleri severdim, bizim dağlarımızın doruklarını hatırlatırdı ama sadece görünüşleri. Lâldiler, dile gelmezlerdi, canları sakınıp kollamazlardı, ne efsaneleri vardı ne de ruhları, ne ulularını, evliyaları ne Duzgîn Baba'nın hezalları, keçileri... Belki vardı da nefesleri, dilleri bana ayan değildi; herkesin dağının dili ayrıdır.

Gel git bunca zaman kaldım – ilk gelişte üç mevsim, son gelişimde biraz daha kısa, bahardan sonbahara. Onca zaman, olsa olsa üç-beş inmişimdir köye; o da otçu kadından ot almak, ot vermek, buraların otlarını tanımak için. Ama dağları tepeleri karış karış öğrendim. Buraya özgü hafif nane kokulu kekik hangi bayırda, kengerin körpesi nerede, lavantanın keskin kokulusu, asmaların ipek yapraklısı, bizim gone dediğimiz gevenotu –Adalı kadınlar askılı bluz diyorlar– adaçayı, iğde çiçeği, mercanköşk dedikleri yarpuz, biberiye, dağsarımsağı... Hepsinden torba torba topladım.

Otçuluk, kokuculuk bana şifacı ninemden mirastır. Onunla dağlara çıkar ot toplardık. Hepsini öğren, derdi bana, öğren ki canların dertlerine çare olasın. Hangi otu, hangi mevsimde, nerede bulacağını eliyle koymuş gibi bilirdi de şaşardım.

"Nasıl bildin belazar'ın bugün açtığını Dapîre?"

"Yılda bir hafta açar, zamanının geldiğini hissedersin."

"Ama ben hissetmiyorum."

"Büyüdükçe, sadece burnunla değil yüreğinle koklamayı öğrendikçe hissedeceksin."

Işkınların en lezzetlisi Munzur kenarlarında; gulik'in kokulusu Duzgîn Bawo'nun bağrında; caşur, kaya kovuklarında, Mezela Dewres'te bulunurdu; nazara karşı piltan rutubetli kuytulara saklanırdı. Kızva'nın, menengeç'in mevsimi başka, dağ gülünün, ters lalenin mevsimi başkaydı. Bir ot vardı ki, "Bunlara kari, yılanyatağı da derler, bunları sen toplama, bilmeyenin elinde zehir olur," derdi dapîrem. Munzur Dağları'nın karlı tepelerine bakar bakar iç geçirirdi. Dualar ederdi, anlamazdım. Peri suyunu saran sarp kayalıklar arasındaki mağaraları tek tek bilirdi. Oralarda da ot toplardık. O zaman bir ağıt tutturur, ağlardı.

"Buralarda yolunu nasıl kaybetmiyorsun nine? Bu mağaraların dibi var mı nine? Uyyy dapîre, neden ağlarsın?"

"Dereler kan akardı," der, sonra susardı.

Anam dilsizdi. Konuş dayê, konuş benimle, bir şey

de! Çocukken, gördüklerinden dili tutulmuş derlerdi. Nazara gelmiş, derdi kimileri de. Daha beşindeyken öyle güzel kilam söylermiş, öyle güzelmiş ki sesi periler, cinler kıskanmış. Ne Ana Fatma ne Duzgîn Bawo ziyaretleri kâr etmiş dilini açmaya.

Otçuluk, şifacılık baba tarafımdan ninemdendi; ses, söz, anlatıcılık ana soyundan. Dört kuşak dengbej sayarlardı soyumuzda. Anamın anası kadın dengbejmiş, kadınlara söylermiş hikâyelerini, kilamlarını. Anası vurulup da kanlar içinde üstüne yığıldığında dili tutulmasaydı, o da dengbej olurdu derlerdi anam için. Ben, köyümüz basılıp da jandarma babamı götürdüğünde söylemişim ilk kilamımı. Bunun da anası gibi dili tutulacak diye korkmuşlar. Ben çocuk hâlimle kilam ne, şiir ne, ağıt ne bilmezdim. Babamın ardından kendimce ağlıyordum; korkumu, yalnızlığımı, öksüzlüğümü söylüyordum. O gün bugün kendimi sözle, sesle anlattım. Önceleri bizim dilde, sonra şehre göçtüğümüzde, tek çare elime sazı alıp dengbejliğe başladığımda, gerektiğinde her iki dilde...

Yazıya hiç ısınamadım, ruhun insandan insana akmasının, insanın ötekiyle bir olmasının arasında engel bildim yazıyı. Yazı sesi, sözü tutsak eder, cendereye sokar, çarpıtır, anlamı kaskatı dondurur. Bunu söylediğimde, "Sesle söz yazıya dökülmedikçe kalıcı olmaz, geleceğe uzanamaz, dünyayı kucaklayamaz," demişti Yazar. "Hiçbir şey kalıcı değildir, insan da ölür canlılar da; bir gün kitaplar okunmaz olur, diller kaybolur, yazı biter ama ses ile söz kalır," demiştim de düşünceli düşünceli başını sallamış, "Belki de haklısın, yazmak ya da yazmamak, işte bütün mesele," demişti. Daha önce de buna benzer bir söz duymuştum. Nereden? Çıkaramam şimdi.

Kız beni Alaçatı pazarında tezgâhımı kurarken buldu. Yanındaki kadını tanıyordum. Ota, kokuya, çiçeğe, böceğe meraklı bir taze. Bölgede nerede tezgâh açsam gelir beni bulur. Kekik yağı, badem yağı, piltan, gülhatmi tohumu, bir de manolya-yasemin karışımı kokudan alır. Bizim oraların otlarından, çiçeklerinden, dağlarından, sularından sorar. Okumuş yazmış biridir. Munzur'u da bilir, gözeleri de, pirleri, talipleri, semahları da. Bir zamanlar turizm rehberliği yapmış, bizim oralara da turist götürmüş, öyle söyledi. Dediğine göre hep dolaşmış oraları, pek sevmiş, hele de deyişlerimizi, masallarımızı, efsanelerimizi, inancımızı... Bir keresinde, "Tanıdığım bir yazar var, bir kitabında sizin oraların hikâyelerini anlatıyor," demişti. Merak sarmadım. Okumam yazmam var, ortayı bitirmiştim. Okutun bu kızı demişti öğretmenim. Ninemgiller daha fazla okutamazlardı, bir de o yıl kafamda tuhaf birşeyler oldu, beynimin bir köşesi kapandı. Bakıyor görmüyordum, söylüyor duymuyordum. Ne Duzgîn Bawo ne Ana Fatma ne öteki ulular ne şifacılar ne de doktorlar kâr etti. Sonra yavaş yavaş düzeldim de bir daha hiç eskisi gibi olmadım. Deli desen deli değil, akıllı desen akıllı değil. Kuşların kanadından haber almaya gelince, suları okumaya, bulutların dilini çözmeye, dilek bağlamaya, sır çözmeye gelince, bir de ses vermeye, kilam söylemeye, türkü çığırmaya, ağıt yakmaya gelince, bak bunlarda iyiydim işte. Ama okumayı sevemedim, hele de öyle kalın kalın kitapları hiç. Yazar'la çalışırken okumam için birkaç kitap vermişti. Okuyamam bunları, beni boğar dediğimde şaşırmıştı. Kitapları okumadımsa da müziklerin hepsini dinledim, verdiği küçük alette en sevdiklerimi defalarca tekrarladım. Bunlar CD demişti. Beni cahil sanmasına bozuldum. Bu zamanda CD nedir bilmeyen mi var! Oğlan benim de CD'mi yaptırmıştı, güvercinli kapağı vardı, "Bewran'dan Kilamlar" yazıyordu kapağında. Bewran aslında anamın adıydı. Bizim tarafta Borun da derler, güvercin demektir. Bizde güvercin kutsal bilinir, güvercin vuran iflah olmaz. Zazaca da söylemiştim Kürtçe de. Türkçe kilam okumadım hiç ama şarkı söyledim.

Oğlan açıkgözdür, "Bu işte para var, hele Kürtçe, Zazaca olursa, el altından iyi gidiyor," demişti. Beni oturtur anlattırırdı, anlattıklarımı okuduklarımı kasete alırdı. Kitap yapacam, derdi. Yaptı da. Ben hiçbirini okumadım. Sayesinde aç açık da kalmadık.

Kızı ilk kez, müşterim olan kadının yanında, akşam pazarı için tezgâhımı kurarken gördüm. Bir yerden gözüm ısırıyordu. Nereden? Yazar'ın çalışma masasının üstündeki fotoğraftan tabii. Çocukluk fotoğrafıydı o ama gözler değişmez, gözleri kapatmadan tebdil gezemezsiniz.

O saat anladım: *Yasemin Kokulu Rüzgâr* kitabını okumuş, yasemin kokusunun peşine takılmıştı. O kitap çıkalı üç-dört yıl oldu, kapağı pek güzeldi, benim yöre işi ipek örtümden almışlardı desenini. O örtüyü de yitirdim, nerede bıraktım bilmiyorum. Kitabı merakımdan biraz okudum, bitiremedim. Yazar kendi bildiğince yazmış anlattıklarımı, söylediklerimi. Gariptir, kendi dilimden de bir tat almadım. Yazıya dökülünce solmuştu kelimeler, seslerini yitirmişti. Yazara söylemedim olmamış diye. O memnundu ki bir daha çağırdı. Son yaptığımız iş ne olmuştur acaba? Çıkmış mıdır kitabı? Belki de babası birşeyleri açık etmiştir, kız da izimi öyle bulmuştur.

Kızın adı Ceren'di, hatırlıyorum. Yazar kendinden söz etmezdi, bana da beni pek sormazdı, özel şeyler konuşmazdık. Bir keresinde, "Bir kızım vardı, Ceren," demişti. "Yıllardır görmedim, kabahat onun mu benim mi bilmiyorum. Önemli değil, önemli olan kayıplar hanemin günden güne büyümesi..."

Sesi de yüzü de kederliydi. Soğuk bir adamdı; bana karşı öyleydi, belki kadın olduğumdan, aklıma bir kötülük gelmesin diye. Onu ilk kez kendime yakın hissettim.

Sevinçten çok kederde birbirini tanır, neşeden çok acıda birbiriyle buluşur insanlar. Ötekinin acısını, kederini içinde duymadıkça derdine derman bulamazsın. Adamın hâline üzüldüm, hiç belli etmemişti yarasını. Gelenler gidenler, yiyip içmeler, para pul; demek ki derinlerde kanayan bir şey vardı. Söz yetmezdi teselliye; ses verdim, vurulan güvercine bir ağıt yaktım. Yüreğimden kopmuştu, söylerken gözyaşımı içime akıtarak ağladım. Hiçbir şey demedi, yüzünü batan güneşe verip dinledi. Hiçbir şey demedim, odadan çıkıp kendimi yamaca vurdum, kayalık tepeye tırmandım, ot toplamaya koyuldum.

"Arkadaşım, benim çok sevdiğim o kokuyu arıyor," dedi tezgâhıma sık sık uğrayan genç hanım, "hani şu yaseminle manolya karışımı koku." "Bu yıl yapamadım, mevsim kötü gitti, bulunduğum yerde manolya yoktu, yaseminler de çabuk karardı, esansını alamadım," dedim. Arkadaşın aslında başka bir şey arıyor, demedim.

O beni tanıdı, hiç görmeden tanıdı, doğru iz üzerinde olduğunu bildi. Adalılar da tarif etmişlerdir, Otçu Hanife buralara geleceğimi söylemiştir. Babasıyla barışmış olmalı ki Ada'ya gitmiş. Belki de Yazar anlatmıştır ona. Yolu buralara düşmüşken arkadaşına sormuş, o da beni eliyle koymuş gibi bulmuştur.

Yaz aylarında bu çevrede, sahil boyu turistik akşam pazarlarında tanırlar beni. Sadece bizimkiler değil, asıl yabancı turist kadınlar şifalı bitkilere, doğal kremlere, sabunlara meraklıdır. Ben çoğu malzememi; şifalı otları, bitkileri, kökleri, kurutulacak meyveleri bizim oralardan toplar getiririm. Bu yıl oralara gidemedim, Ada'dan doğru buralara geldim. Ada'da tamah edilecek pek bir şey yoktu; lavantayı, kekiği, köpeknanesini, adaçayını saymazsak.

Oğlan CD'lerini de koy tezgâha demişti, yapmadım. Sesimi sözümü, derinimi yüreğimi kendi elimle satamam. Kim bu söyleyen diye soran olsa "ben" diyemem. "Bewran diye bir kadın dengbej," desem yalan olur. Yalan insanın yüreğini karartır. Yürek kararırsa ses de söz de kaçar insandan.

Beni buralarda Bewran diye bilmezler. Kimisi Jasmen der yaseminden bozma, yaseminli kokularım, sabunlarım, kremlerim yüzünden. Evde Asmên diye çağırırlardı, okulda Esma oldum. Öyle yazdırmışlar nüfusa. Kendim tekim, adlarım çoktur: Bewran, Jasmen, Asmên, Esma... Oğlan Bewran diye, Yazar Jasmen diye çağırır... Ben bensem adın ne önemi var.

* * *

Gece ilerleyip de tezgâhı topladıktan sonra asma çardaklı, mor salkımlı bir iç avluda buluştuk. Arkadaşının işlettiği beş-altı odalı küçük, güzel bir pansiyon. Kendisi de orada kalıyormuş. "Ben Yazar'ın kızı Ceren'im, sizinle konuşmaya ihtiyacım var," derken benim ben olduğumdan o kadar emindi ki sormaya bile ihtiyaç hissetmemişti. Ben de anlamazdan gelmedim, kızı bozmadım. "Tabii, nasıl isterseniz," dedim.

Şimdi küçük bir masada karşılıklı oturuyoruz. Önünde ara sıra dudaklarına götürdüğü bir kadeh pembe şarap var. Ben bitki çayımı içiyorum. Belki Ada'ya gelip babasıyla barışmıştır, belki onu bana Yazar yollamıştır. Bu defa işin sonuna doğru gelmiştik ama son noktayı koymamıştık. Benim kelimelerim tükenmişti, yorulmuştum. Söyle söyle, hep aynı şeyleri söyle, aynı kilamları oku... Tadı tuzu kalmıyor, söz gücünü yitiriyor, sesin bile rengi soluyor. Yazar'ın da hevesi kaçmış gibiydi. Zaten bu defa oğlanın zoruyla, Sadu'nun ısrarıyla gelmiştim. Bu iş zorlamayla olmaz; gün gelir sesin sözün biter, içindeki pınar kurumuştur. Oğlan İstanbul'da dolanıp Ada'ya döndüğünde, "Olmuyor, hikâyem de sesim de yüreğim de tükendi, hem de sıkıldım," dedim. "Dişini sık," dedi önce, sonra Yazar'la mı konuştu ne, "Olmuyorsa gidelim," dedi. Yazar da gitme demedi zaten. Belki o da sıkılmıştı, bitirmek istiyordu. Belki aradığını bulmuş, "anlam" dediği şeye ulaşmıştı da artık bana ihtiyacı kalmamıştı. Bence o, hayatın anlamını değil kendisinin, yazarlığın anlamını arıyordu. Neden var olduğunu, neden yazdığını, neden yazarken hayatı ıskaladığını... Aradığını nerede bulacağını da bilmiyordu. Ben ne verebilirdim ki ona! Koskoca yazar bu, onca kitap yazmış, bana muhtaç değil ya! Üstelik arı çiçeğin balını emdi, alacağını aldı.

Sadu, oğlanla beni Ada'ya ilk gönderdiğinde, "Beyler sultanlar gibi yaşayacaksınız, hikâyelerini masallarını nasıl anlatıyorsan gittiğin yerlerde, dengbejlik gibi yani, Yazar'a da öyle anlatacaksın, bütün iş bu," demişti. Oğlan çok hevesliydi. "İşin ucunda iyi para var, bakarsın kendisi yazmaktan vazgeçer, yeni bir romanım olur; dilini, sesini bana nasıl ödünç verdiysen şimdi de ona vereceksin. Senin için fark etmez," dedi.

Nâlân'ın Gözyaşları kitabını benim sesimden alıp yazıya dökmüş, bastırmış, para da kazanmıştı o zaman. Hakkımı gani gani vermişti sağolsun. Sadu kanalıyla gelen teklifi anlatırken, "Adam tanınmış bir yazar, kendini yenilemek, yeni bir dil denemek istiyor, *Nâlân'ın Gözyaşları*'nı okumuş. Daha doğrusu bir rastlantı oldu, bir gece Beyoğlu'ndaki meyhanelere uğrayıp kitabı satmaya çalışırken hem de elli lira verip aldı. Yanında arkadaşları vardı, biri, 'Bak sen de romancıymışsın, bu bey kim biliyor musun, ülkenin en önemli romancılarından,' deyince, 'Büyük yazarımıza' diye imzaladım, elli lirayı da cebe indirdim," diye anlatmıştı.

Toparlanıp gittik Ada'ya, Yazarlarevi denilen yere. Birkaç ay çalıştık orada, ben söyledim o yazdı, kayıt yaptı.

İsfahan'ın bahçelerinden yaseminlerin, güllerin, karanfillerin kokusunu yüklenerek kopup gelen rüzgârın masalını anlattım ona. Köyde çok yaşlı bir dengbej nine vardı, gözleri görmezdi ama yıllar ne sesini soldurmuş ne sözünü tüketmişti. Gözler görmedikçe renkler sese vurur derler, ilk ondan dinlemiştim rüzgârın masalını. O, Munzurlardan kopan rüzgâr diye anlatırdı. İsfahan'ı ben uydurdum, daha büyülü, daha masalsı geldi bana. İsfahan'ı ne gördüm ne bilirim ama bizim masallarda, efsanelerde büyülü ülkelerdir oralar. Sonra aldım o rüzgârı diyar diyar gezdirdim, her uğradığı yerde yeni bir koku yükledim, bazen çiçek bazen kan kokusu, bazen yeni doğmuş bebeğin bazen çürümüş cesedin, bazen ormanların, denizlerin bazen barutun, yangınların kokusu. İçimden nasıl gelirse, günler beni nereye savurmuşsa öyle anlattım, öyle söyledim. Acı, zulüm, keder sadece bizde sanırdım, yaşadıkça dünyayı tanıdım, dört bir yanda insanların acı çektiğini öğrendim, savaşları, sürgünleri, kırımları öğrendim. Yazar'a anlatırken hepsini yükledim o rüzgâra. Rüzgâr bunca yükü taşıyamadı, yasemin kokuları uçtu, usul esen yel fırtına oldu, boran oldu, dünyanın tepesine vardı, buzulların arasında dondu kaldı. Rüzgârı öldürdüm. O nasıl yazdı bilemem, ben böyle anlattım. İçimden böyle geldi. Zaman zaman sözcüklerle, zaman zaman salt sesle, kilamlarla anlattım. Bazı günler içim kurudu, anlatamadım, sustum. Bütün bir gün bizim dağlara benzeyen kayalık tepelerde dolandım, zararsız köryılanlarla konuştum, dilimi anladılar. Yılkı atlarını gördüm, vahşileşmişlerdi, atlayıp süremedim. Sürülerini güden çobanlara, acemi dağcılara, kamp kurmuş gençlere görünmedim, kaya kovuklarına gizlendim. Döndüğümde dağlarımızı anlattım Yazar'a; yasemin kokulu rüzgârı, ninemin önünde ağlayıp bütün ulularımıza yakardığı, anaların sesleri duyulmasın diye bebelerini boğdukları, içeriye gaz atıp canları fare gibi kırdıkları ölüm mağaralarında dolaştırdım. Yasemin kokusu ölüm kokusu oldu, rüzgârın esintisi boğulan insanın son nefesi oldu.

Sonra işimiz bitti. Otlarımı, çiçeklerimi, kokularımı toplayıp her yıl yaptığım gibi denizlere, sahillere, yazlık sitelere, yatlara teknelere geldim, tezgâhımı açtım.

Yazar'ın bana bir daha ihtiyacı olmaz, alacağını aldı, buraya bir daha dönmem sanıyordum. Kader kısmet işte, bir kez daha nasipmiş, yine geldik, yine aynı terane. Ama bu son, oğlan da zorlasa Sadu da bastırsa Yazar da istese, bu son...

Kızı babası göndermişse, dönsün gelsin, daha işimiz var demişse de gitmem bir daha. Buraların mevsimi uzundur, tezgâh açarım, insan görürüm, dünya görürüm, ola ki yüreğim küskün kelimelerle barışır, söz geri gelir, ses söze eşlik eder, yeniden başlarım dengbejliğe. Kadın dengbej tutar burada. Cici hanımlar, mankenler, modeller, şarkıcılar, artistler, hele de meraklı yabancı turistler bayılırlar buna. Sahil sahil, koy koy, köy köy, site site dolaşır, kendimi geçindirecek kadar kazanırım.

Açık etmeden inceliyorum kızı, okumaya çalışıyorum. İyi bir kadına benziyor. İnsanı gözleri ele verir, gözlerinde hile, yalan yok. Dost da değil düşman da, henüz kararını vermemiş gibi. Bana neden düşman olsun ki zaten!

İlk söz bana düşmez, konuşmak isteyen oydu, ne diyeceğini bekliyorum.

"Sizi nasıl bulduğumu merak ediyorsunuzdur," diyor. "Aslında Otçu Hanife verdi ipucunu. Ben kendim konuşmadım ama Ada'da herkes, üstüne vazife olsun olmasın bir laf duydu mu yayar. Ondan kekik, adaçayı, çeşitli otlar alırken bu taraflarda tezgâh açacağınızı söylemişsiniz."

Öyle hemen senlibenli olanlardan değil, "siz" diye

konuşuyor, bu hoşuma gidiyor. "Benim meşhur yasemin kokusu için mi geldiniz buralara kadar?" diye soruyorum.

"Hem evet hem hayır, aslında yasemin kokulu rüzgârın peşine takıldığım doğru ama kokuya, parfüme pek meraklı değilimdir."

"Size nasıl yardımcı olabilirim?"

Bu deyişi televizyon dizilerinden, reklamlardan öğrendim. Hani telefon arızalanınca ya da başka bir yeri arayınca telefona çıkan kızlar böyle diyorlar ya...

"Babamı arıyorum," diyor.

Şaşırıyorum, yoksa bu kız, Yazar'ın peşime takılıp ben nereye o oraya gittiğini mi sanıyor? Vay başıma! Öyle bir dedikodu çıkmış olmasın Ada'da!

"Neredeyse bir yıl oldu Yazar'ı görmeyeli. İşimiz bitince, geçen yaz sonu ayrıldım oradan. Doğrusunu isterseniz iş daha bitmemişti de, ikimiz de usanmıştık galiba. Oğlan gelip beni aldı, gemiye bindirdi. Bir daha da ne gördüm ne duydum ne haber aldım."

"Oğlan dediğiniz o genç adam mı? Köydekiler sizden söz ederken gençten biriyle birlikte gelip gittiğinizi söylüyorlar, oğlunuz olduğunu yakıştırmışlar."

"Oğlum değil, uzun hikâye, baba tarafımdan uzak bir hısım ama ana-oğul olduk bir çeşit. Onu da görmedim uzun zamandır, artık bana ihtiyacı kalmadı herhalde. Benim de ona ihtiyacım kalmadı, böylesi daha iyi."

Yüzüme bakıyor, yüzümde bir şey arıyor. Birden telaşlanıyorum, kötü şeyler doğuyor içime.

"Yazar'ın, yani babanız demek istedim, nerede olduğunu Ada'dakiler bilir. Sıkılıp usanıp da kafa dinlemek için kimseye haber vermeden gitmiş olsa en azından eve bakan kadınla kocası bilir. Sultan mıydı adı? Onun kadar tanınmış biri öyle kolay kolay sırra kadem basamaz."

"Sırra kadem bastı" lafını yersiz kullandığımı fark edip susuyorum.

"Sırra kadem bastı," diye kendi kendine mırıldanıyor. "Eğer Masa Kayası'nın altında bulunmasaydı böyle diyebilirdik ama bulundu. Yine de bir sır var, o sırrı çözmek için buradayım."

Masa Kayası'nın altında bulunan ne? Yüzüne sorguyla bakıyorum, gözlerini yakalamaya çalışıyorum boşuna, gözlerini masanın üzerinde duran kadehe dikmiş, bakışlarıma cevap vermiyor. Söylemekte zorlandığı bir şey var.

Başını kaldırmadan, yüzüme bakmadan, "Babam öldü," diyor, "kayalardan düşüp öldü. Hemen aşağıda, denizde bulmuşlar."

Sonrası... Sonrasını hatırlamıyorum, kendimden geçmişim. Daha önce de iki kez gelmişti başıma. Biri küçücükken, silahlı adamlar gelip babamı götürdüklerinde, ötekisi de oğlumun haberini aldığımda.

* * *

Başta ne ben ona inandım ne de o bana. "Neredeyse bir yıl olacak, nasıl bilmezsin, nasıl duymazsın!" dedi. Yazar benim dünyamın insanı değildi. Kim getirecekti haberini, nereden duyacaktım? Gazeteler yazmış, televizyonlar söylemiş. Ben öyle gazete okumam, ara sıra bakkaldan pazardan gazete kâğıdına sarılı bir şey aldığımda takılır gözüm. Televizyonum da yok artık, alamayacağımdan değil; bir yandan şarkıdan türküden, dengbejlikten kazandığım, öte yandan ot-koku işi, bir de Aliço'nun kitaplardan, Yazar'dan aktardığı para... Bir zamanlar onca yoksulluk çektikten sonra bu aralar hâlim vaktim hiç kötü değil. Eskiden televizyonda haberleri dinlerdim, dinledikçe bizim oralar için kaygım artardı, artık kimsem kalmadı oralarda, insanlarım da ya göçtü ya öldü. Bir de dizilere bakardım, essah gelmez yalancı gelirdi, düzmece gelirdi, yabancı gelirdi. Acıları benim acım değildi, sevinçleri, kederleri, hele de aşkları yaşanmış değil uydurulmuş hikâyelerdi. Yüz yüze, göz göze gelmediğim, sıcaklığını duymadığım, ağlıyorsa gözyaşını silmediğim, gülüyorsa gülüşünü sevmediğim, camın arkasında devinen insan gölgelerinden bir şey anlamam. Ben sesi dinlerim: türküleri, şarkıları, kavalı, neyi, kemanı, bağlamayı, ille de insan sesini. Bir keresinde yine buralarda bir yerde akşam pazarında tezgâh açtığımda küçük radyomu iyice kısmış aryalar dinliyordum. Tezgâhtaki doğal kremleri, kurutulmuş meyveleri, otları karıştıran, alınacak birşeyler arayan turist kadın az kaldı küçük dilini yutacaktı. Gözlerini fal taşı gibi açmış, "*Aida, Aida*!" diye küçük çığlıklar atmıştı. Ses gırtlaktan gelmez yürekten gelir, kulakla duyulmaz yürekle duyulur. Yürekle söyleyen, yürekle duyanlar için arya, türkü, caz, alafranga, alaturka olmaz, hepsi sestir, hepsi musikidir. Nedense benim gibilere yakıştıramazlar arya marya dinlemeyi. Ben hepsini severim.

Yazar'ın ölümünü hiç duymadım. Kimden duyacaktım? Bir Aliço bir de Apê Sadu bilirdi olsa olsa. O gün bugün ikisinden de ses gelmedi. Sadu yakınım değil zaten, oğlan tanıştırdı. Ada'dan ayrıldıktan sonra çocuğu birkaç kez aradım, telefonu cevap vermedi: "Aradığınız numara artık kullanılmamaktadır..." Telefonunu değiştirmiş olmalı, o da beni aramadı bir daha. Artık herkes kendi yoluna... Özlediğinde gelir, iyi çocuktur, sevgiyi bilir.

Kızın anlattığına göre kaza diyorlarmış. Ayağı kayıp düşmüş. Polis de öyle yazmış ölüm şeyine, tutanak diyorlar ya ona işte. İçime doğmuş gibi hep ürkmüşümdür o kayalardan. Yazar'la çalışırken bunaldıkça kayalık tepelere tırmandım, karış karış gezip ot topladım, köryılanlarla, yeşil kertenkelelerle, keçilerle konuştum, Masa Kayası denilen yere bir kez bile uğramadım. Ortadaki kaya gerçekten de masa gibiydi, yer sofrası gibiydi. Yazar, elinde kadehi, orada oturup günbatımını seyretmeyi severdi. Bazen yalnız, bazen Yazarlarevi'nde kalan bir konuk ya da köyden biriyle. Bir kere çağırdı, gitmedim, "Oradan korkarım," dedim. Güldü, "Siz doğan güneşi selamlarsınız, ben batan güneşi selamlıyorum," dedi.

Kızın, izimi sürüp buralara kadar gelmesini de ben anlamadım. Babasının ölümüne kaza diyemiyordu bir türlü. İntihar etmiş olmasını da hem babasına konduramıyor hem de kendine yediremiyordu. İnsan kendi canına kıyarsa, ölümü ağır bir sitem gibi yüklenir ardında kalanlara, altından kalkması zordur. Aşk uğruna canına kıyanlarla ilgili nice kilam, nice destan, nice deyiş vardır. Köy köy, meclis meclis dolaşıp, kınada düğünde, yasta ölümde söylerken kadınlar en çok bu hikâyelere ağlarlar.

İntihar değilse, kaza değilse, o zaman ne kalıyor geriye? Birinin, adamı oradan itmiş olması... Sözü bile içini yakıyor insanın: cinayet. Benden kuşkulanıp da mı düşmüştü peşime? Belki... Sonra ben kendime gelip de gün ağarana kadar konuştuğumuzda, yüreklerimizi birbirimize açtığımızda, içimde kabaran, dalga dalga yayılan kedere dayanamayıp Yazar'a usul usul ağıt yakarken gözyaşlarımız birbirine karıştığında, işte o zaman bana inandı.

Yine de babasına dair bir bildiğim var da söylemiyorum sanıyordu. Dönüp dolaşıp Aliço'yu soruyordu. Son ne zaman görüştük, ne zaman haber aldım ondan, şimdi nerede olduğunu biliyor muyum, kaza olduğu sırada Ada'da mıydı?

Beni araba vapuruna bindirdikten sonra onu hiç görmediğimi, hiç haberleşmediğimi söylediğimde inanmadı. "İnsan oğlundan haber almaz mı bunca zaman, Ada'daki herkes ikinizi hep birarada görmüş, ikiniz de Yazarlarevi'nde kalıyormuşsunuz, nerededir, ne yapıyordur merak etmez misin," dedi.

Sadu'yla konuşmuş, ona da sormuş, o da bilmediğini söylemiş. Oğlan, Sadu, ben; üçümüzün bir dolap çevirdiğimize inanıyordu. "Sadullah Bey bilmeyebilir ama anası, ablası, yakını, her nesiysen, sen nasıl bilmezsin," diyordu. Sizden sen demeye geçmişti. Yakınlıktan mı aşağılamaktan mı, anlayamadım.

"Oğlanın adı Aliço," dedim, "çocuk diyoruz, oğlan diyoruz ya artık koca adam oldu, otuz beşini geçti. Benim oğlum değil, hayatta kalan çocuğum yok benim."

Gözlerini kocaman kocaman açtı, ceylan gibi, *hezal* gibi, adı gibi güzel gözleri vardı. Ne oldu çocuklarına, neden yitirdin onları, diye sordu. İşte o anda içim öyle ısındı ki kıza! Peşinde olduğu soruları, oğlanı ne zaman gördüğümü falan unutuvermişti, gelişigüzel söylediğim o gereksiz sözüme takılmıştı. Çocuklarını yitirmiş ana, bir an için babasının ölümünden fazla dağlamıştı yüreğini.

Hayatta kalan çocuğum yok. Birini gömdüm, küçücüktü, mezarı bizim dağlarda kaldı. Ötekinin mezarı –eğer varsa– başka dağlarda. Hakka vardığının haberini vurulmuş güvercinden aldım. Avucumu açtım, elime düştü, kanıyordu; *sûr, ganiya sûre,* kızıl kan... O saat anladım, oğul vurulmuş, kanıyor. Güvercin bir çırpındı, sessizce verdi nefesini. Bildim ki oğul öldü. Bir ağıt tutturdum, günler boyunca susmadım, o ağıdı bir daha da hiç seslemedim.

Babası içeride öğrenmiş, görüşe gittiğimde bana bir şey demedi. Adamımın içerden çıkması da nasip olmadı. Onun haberini de Aliço getirdi, taş atan çocuk girip delikanlı çıktığı zindandan. Sol kolu çolaktı, görmezden geldim, sormadım. İyi ki sağ kolumu kırmadılar yoksa yazamazdım, dedi. Ne demek istediğini sonradan anladım.

Ceren'e bunları anlatmadım, "Aliço oğlum değil, o da kimsesizdi ben de, yıllardır dar zamanda birbirimize dayanak olduk. Becerikli çocuktur, benim sesim sözüm vardı, onun yazısı kalemi. Hikâyeyi ben anlatırdım o da yazardı," dedim.

"Babamla yaptığınız gibi mi?"

"Yazar başka tabii," dedim. "Aliço ne kadar yazsa Aliço kadar olur, benim hikâyelerim Yazar'a hafif gelir. O başka bir şey arıyordu, gerçek olup da gözün görmediğini gönül gözüyle yakalamaya çalışıyordu. Anlamı bulmak, sırra varmak istiyordu."

"Sen anlamı bulmuş muydun, sırra varmış mıydın?"

"Sır bana bağışlanmamıştır, ben nakilciyim, sözü nakledecek ses bağışlanmıştır bana, o kadar..."

"Sence babam anlamı bulabilmiş miydi?"

"Hakk'a varmadan anlama varılmaz, sırra yaklaşılmaz. Onun benden istediği anlama vardıracak, anlamı aktaracak dildi. Ötesini kendisinin araması gerektiğini biliyordu."

"Bunları konuşmuş muydunuz, söylemiş miydin ona?"

"Tam böyle söylemedim ama o anladı. Son işi bitirmeden bırakmamız da bundandı. Sonrası ona aitti. Bizim bir anlaşmazlığımız yoktu, biraz usanmışlık vardı o kadar... Yazar kızdıysa bana değil çocuğa kızmıştır. Aralarında ne geçti, anlaşamadıkları neydi bilemem."

"Babamın senden istediği tam neydi Jasmen? Ne verebilirdin ona?"

"Dedim ya, sözün hakikatinin peşindeydi. Bildiği, yazdığı dil yetersiz kalıyordu. Göklerin yerlerin, geçmişin geleceğin, salt insanın değil bütün yaratıkların dilini arıyordu. İnançsızdı ama inancın diline ulaşmak istiyordu."

"*Nâlân'ın Gözyaşları*'nın dili mi? Senin kilamlarının dili mi?"

"Sadece içimden geldiği gibi anlatmamı, içimden geldiği gibi söylememi istiyordu. Önce Zazaki söylerdim sonra Türkçeye çevirirdim. 'Anlamıyorum ama kendi dilinde söyleyince daha güzel oluyor, her şey yerine oturuyor,' demişti bir keresinde. Galiba o zaman anlamıştı."

"Neyi?"

"Dil dediğinin sadece dil olmadığını... Başkasının diliyle yazmak –nasıl söyleyeyim– üstüne oturmayan fistan gibidir. İster Türkçe ister başka bir dille olsun, ister sözle ister sesle ister yazıyla olsun; insan tarihinden, atalarından, inançlarından, çevresinden miras kendi yürek dilini kullanır. Bir gün Yazar'a dedim ki: 'Biz perperik deriz, siz kelebek. İkisi de aynı yaratığın adı. Perperik'i bizim ellerin dağları, ormanları, suları, çiçekleri, masalları perperik yapar. Kelebek sizin buralarda kelebek olur. Hem aynı hem de çok farklıdır perperik ile kelebek."

"Bunları anlattığında ne dedi babam?"

"'Galiba anlamaya başlıyorum,' dedi. 'Baobap denilen bir ağaç vardır, kitaplarda okumuştum. Sırf onları görmek için çok uzak bir ülkeye gittim. Kitaplardaki gibi değillerdi, Küçük Prens'inkinden de farklıydılar, ben bakınca başka bir şey, başka bir ağaç olmuşlardı. Bir başka ülkeye daha gittim, oradakiler de farklıydı. Benim kafamdaki baobaplar ise büsbütün başka,' dedi. Tam anlamış mıydı bilmem. Sonraki günlerde bir süre ara verdik çalışmaya."

Düşünceli düşünceli sustu, uzun uzun baktı yüzüme.

"Anlaşılması zor, derin bir kadınsın," dedi. "Babam neden öldü sence? Aradığı dili bulamamaktan mı, sende bulduğu dille yazamamaktan mı?"

Aradığına sahip olmadığını bilmekten, kendinin değil başkasının diliyle uçmaya çalışmanın ağırlığından belki, diyecektim, demedim.

"Bildiğin, düşündüğün, sandığın her şeyi anlattın mı Jasmen?" diye sordu ayrılırken.

Kızın içini rahatlatmak için, "Belki gerçekten de ayağı kaymış o lanet kayadan aşağı yuvarlanmıştır," dedim. "İnsan sevdiğinin ölümünü anlamlandırmak için hikâyelere, rüyalara sığınır. Ben de erkeğimin, oğlumun ölümlerini anlamlandırmak için dağların çekimine, dağların lanetine, dağların özgürlüğüne sığınmıştım. Yaşam gibi ölümün de bir anlamı olmalı."

Hiç beklemiyordum, kucakladı, sımsıkı sarıldı bana, sonra da gitti. Bir daha karşılaşmayacağımızı biliyordum. Yasemin-manolya esansını da bir daha hiç karmadım, içimden gelmedi. Buralarda soranlara, "Mevsim iyi gitmedi, manolyalar çabuk karardı, yaseminler soldu," diyorum.

İtiraf edeyim şimdi; uçup gitmemesi için yasemin yağına birkaç damla o çok pahalı kokudan katıyordum. Aliço getiriyordu nereden buluyorsa. "Bunun iki damlası yüz liradan fazla," demişti, ben kendi kokumun küçük şişesini iki kuruş on paraya satıyordum.

"Yok Roman"ın İzinde

Jasmen güneş doğarken ayağa kalkıp yüzünü güneşe döndü, birşeyler mırıldandı, güneşe selam gönderdi. İçimden geldi, ona sarıldım, bir veda cümlesi aradım, bulamadım, Jasmen, dedim, gerisini getirmedim. Bewran'ı daha çok yakıştırmıştım, "Beni buralarda Jasmen diye bilirler," dediği için öyle seslendim.

Alaçatı'da çok kalmadım. Hem çok işim vardı hem de bir an önce kaçmak, karmakarışık düşüncelerimi düzene koymak, kendimle hesaplaşmak, tabiri caizse normalleşmek istiyordum.

Kadına inanmıştım, babamın neden ona ihtiyaç duyduğunu tam kavramasam da kendi yazı serüveninin bir aşamasında silkinmeye, eşik atlamaya, kendi deyimiyle çoksatar "vasat" yazar olmaktan çıkıp "saf edebiyat" dediğine ulaşmaya çabaladığını seziyordum. Önem verdiği bir eleştirmenin, yazdıklarını "kolay okunan, düz, vasat romanlar" olarak değerlendirmesine canının çok sıkıldığını hatırlıyorum. "Ya adam haklıysa!" demişti anneme. Annem babama aşıksa da aşktan gözü kör olanlardan değildi. "Sen iyi bir anlatıcısın, hikâyelerini sağlam kuruyorsun, güzel anlatıyorsun. Tamam; yenilikçi bir yazar, romanda çığır açan, akım yaratan bir yazar değilsin. Senin kendine özgü bir tarzın var, kendinden kuşku duymana gerek yok, ayrıca okurlar sandığın kadar alık değildir, iyi olmasan okumazlardı," demişti. Babam sinirli sinirli gülmüştü. "Okurlar alık değiller ama edebiyat pazarının yönlendirmesi, paralı reklamlar, tanıtımlar, medya gücü onları alıklaştırıyor. Bir keresinde bir ilk roman jürisindeydim. Öyle bir metin geldi ki önüme, bundan kötüsü olamaz, ayıp bir şey. Bunu neden baştan elemediniz, jüriyi neden bunlarla meşgul ediyorsunuz demiş, metni bir kenara atmıştım. Sonra ne oldu biliyor musun? Roman çoksatar olmakla kalmadı, ahbap çavuş çevrelerince göklere bile çıkarıldı. Meğer yazar büyük bir gazetenin sahibinin karısıymış," dediğini hatırlıyorum.

Annemin sözleri babamı rahatlatmış mıydı, kendine güvenini tazelemiş miydi bilmiyorum. Şimdi anlıyorum; o, kendisiyle, yazarlığıyla sürekli hesaplaşan bir insandı. Beklemediği ilgiyi yakaladığı ilk romanlarının üzerinden bir süre geçip de romanları art arda dizdiği sonraki yıllarda yazarlık kariyeri üzerinde çok düşünmüştü anlaşılan. Defterlerinden birinde elyazısıyla şöyle bir not okumuştum:

> Ünlü yazar olmak, çoksatarlık, okur hayranlığı, medyatiklik, tek başına iyi edebiyatın ölçütü olamaz. Aksine yazarı edebiyat piyasasının talebine uygun rutin üretime sürükleyebilir. Önemli ödüller de bir başka bela! Yazar o ödüllerle dokunulmazlık kazanıyor. Edebiyat jürilerinin kriterlerinin pek de edebî olmadığını bilmeyen mi var! Siyasetçinin "odunu aday göstersem seçtiririm" pervasızlığı, "boş kâğıda karalama da yapsam okuturum" ruh hâline dönüşebiliyor bazen. Nice Nobelli yazar var ki Nobel'den sonra yazdıkları öncesinde yazdıklarına kıyasla güçsüz, yetersiz metinler. Nicelerinin de bugün adları bile anılmıyor. Bu noktada kalacaksam yazmanın ne anlamı var? Eşik

atlamalıyım, adımın değil yapıtımın kalıcı olacağı bir yere varmalıyım.

Bewran'ın ya da Jasmen'in esinlediği dilin eşiği atlamasına yardımcı olacağını ummuştu. Aradığı dilin işaretlerine *Nâlân'ın Gözyaşları*'nda rastlamış, o işaretlerden yeni bir dil, yeni bir üslup yaratıp kendi deyimiyle "şiirleşmiş roman"a ya da "romanlaşmış şiir"e varabileceğini hayal etmişti. Ortaya çıkan ürün *Yasemin Kokulu Rüzgâr*'dı. Eski okurları bunu yadırgasalar da beğenmişlerdi. "Marka olmuşsan, okur, ne yazsan beğenmek zorunda hisseder kendini. Dokunulmazlık kazanmış önemli bir yazarın kitabını beğenmediğini söylemek zordur, beğenmeyen okur kendisinden kuşku duyar, demek ki ben anlamadım diye düşünür," dermiş Babam. Bunu da galiba Engin söylemişti.

Yasemin Kokulu Rüzgâr çıktıktan sonraki değerlendirmelere, tanıtımlara, kendisiyle yapılan söyleşilere baktım. Kitap öncekiler kadar olmasa da fena satmamış, birkaç baskı yapmış. Eleştirmenler ikiye ayrılmış görünüyorlar: beğenenler, hatta göklere çıkaranlar; beğenmediklerini kimisi mahcup bir üslupla kimisi açık açık yazanlar, söyleyenler. Kendisi memnun muydu? Notlarında, söyleşilerinde bu konuda açıklık yok, sadece bir gazetenin kitap ekindeki söyleşisinde, "Evet, bir eşik atladı edebiyatım, yine de istediğim noktada değilim, bu tarzı sürdüreceğim," demiş.

Yasemin Kokulu Rüzgâr'ın birinci baskısı 2014 sonlarında yayımlanmış. Sonraki dönemde yeni bir romanı, roman olmasa da edebî bir metni yok. Jasmen'in örtülü sözlerinden, dolambaçlı anlatımından, hedeflediği noktaya varamadığını, yeni bir şey üretemediğini çıkarıyorum. Jasmen'le yeni bir roman üzerinde çalıştığı –çalıştıkları demek daha doğru olacak– anlaşılıyor.

Babamın ölümü kaza değil de intiharsa... İstediğim gibi yazamıyorum, özendiğim dili tutturamıyorum diye kim intihar eder? Babam değil; babam öyle marazi ruh halleri olan biri değildi. Uzun zamandır birlikte olmasak da, son dönemlerini izlememiş olsam da uçlarda yaşayanlardan, deha ile çılgınlığın sınırında yürüyenlerden olmadığını biliyorum. Ada'dakiler: Engin, Şair, Sultan hatta balıkçısından meyhanecisine, bahçıvanından taksicisine köy halkı, onda bir gariplik, eskisinden farklı bir hal tavır sezmemişlerdi. Daha fazla içtiğini, ortalıkta daha az göründüğünü, köy halkıyla daha az ilişki kurduğunu gözlemlemişlerdi ama bunu yaşın getirdiği keyifsizliğe, bir de çok çalışmasına yoruyorlardı. "Artık eskisi kadar genç değil, sağlığına aldırmıyor, kendini fazla yıpratıyor," demişti Sultan.

Jasmen; birlikte yapmakta oldukları işin tamama ermediğini, iyi yürümediğini, Yazar'ın memnun olmadığını, Aliço oğlana kızdığını, kendisinin de sıkılıp tükendiğini, Ada'dan ayrıldığını söylemişti. Belki de babam, Jasmen'in "iş" dediği metnin en azından kabasını tamamlamıştır, artık Jasmen'e ihtiyacı kalmamıştır. Kadının bundan haberi olmayabilir, zaten umurunda değil. *Yasemin Kokulu Rüzgâr*'ı bile okumamış. İnsan merak etmez mi kendi sesinin, sözünün yansımasını, yazıya dökülmesini, kitap hâline gelmesini!

"Sen söyledin babam mı yazdı?" diye sormuştum. "Olur mu öyle şey, benim Türkçem bile yetmez. Ben Yazar'a yüreğin sesini ilettim, gördüklerimi hissettiklerimi kendi iç sesimle, bildiğim her dilde söyledim. O kendi romanını yazdı," demişti. Sırf sınamak için, "*Yasemin Kokulu Rüzgâr* biraz da senin romanın sayılmaz mı, ama adın bile konmamış," dediğimde, "Söylediğim masallarda, ta geçmişten, atalardan gelen deyişlerde, mesellerde, okuduğum kilamlarda da adım yok; yazıda neden olsun, olsa ne kazandırır ki bana!" dedi.

Ne kazandırır gerçekten? Yardımının, katkısının karşılığında bir ücret almıştı herhalde. Ne kadar? Anlattıklarından çıkardığım kadarıyla bu işleri; dengbejliği, kınalarda çalıp söylemeyi, Bewran CD'lerini oğlan örgütlüyor, ona da pay veriyordu. Başka talebi yoktu. Babamın kendini paraladığı konular: vasat olmamak, yeni bir dile ulaşıp kendini aşmak, çığır açan yazar olmak – büyülü gerçekçilik denince akla nasıl Cortázar, Márquez geliyorsa şiirsel gerçekçilik denilince de kendi adının anılması– Jasmen için bunların bir değeri, bir anlamı yoktu. Hayır, aptal değildi, noksan akıllı değildi, cahil hiç değildi. Dünyaya, yaşama, anlama, başka bir pencereden: Güvercinlerin Bewran, ceylanların hezal, dağ keçilerinin Hızır'ın kutsal sürüsü olduğu; göğün toprağın, dağların ırmakların, göklerin yerlerin, güneşin ayın, bitkilerin, hayvanların ruhunun insanla bütünleştiği pencereden bakıyordu. Babam, kendisine artık dar gelen, mengene gibi sıkan, edebiyatını boğan hücresinden çıkmak, hapsolup kaldığı kalıplardan kurtulmak için Jasmen'in penceresinden bakmayı, onun gönül gözüyle görmeyi, onun sesini söze dökmeyi denemişti. Ama gözler kendi gözleriydi, söz kendi sözüydü. Derdi buydu belki de.

Ya başarmışsa? Jasmen'in diliyle söylersem: Anlama varmışsa, anlamın dilini yakalamışsa... yazının, sözün müzik olup senfonik bir şiire dönüştüğü, sözcüklerin nota, notaların sözcük olduğu bir metin üretebilmişse?

Bunu neden hiç düşünmedim! Başka bir metin! İşte aradığım buydu, başardım dediği bir metin... "Yazarlarevi Cinayeti" romanının yarım kalmış taslağı değil, büsbütün başka bir şey. Yayınevine göndermeye, yayımlatmaya fırsat bulamadığı, varlığından kimsenin haberdar olmadığı, Sultan'ın Şair'e teslim etmesini istediği bilgisayarda kayıtlı bir metin...

Şair, bilgisayarı kendisinin temizlediğini, "Yazarlarevi Cinayeti" dahil, önemli ne varsa kaydettiğini, hepsini de bana ilettiğini söyledi. Böyle bir metin varsa neden saklasın!

Kurcaladıkça yeni bir soru dürtüyor kafamı, sorular soruları doğuruyor, hiçbirinin akla yakın, doyurucu bir cevabı yok. Gizlenen bir şey var ama kimin, neden gizlediğini anlayamıyorum.

* * *

Şair'e, vakti olduğunda beni WhatsApp'tan araması için bir mesaj attım. Uzunca konuşmak istiyordum. Okullar kapandı, Ada'nın turizm mevsimi geldi, bu mevsimde işleri yoğundur. Şair'in Yeri'nin önündeki bembeyaz çakıllı pırıl pırıl denizi, zeytinlerin, ayva, dut, zerdali ağaçlarının gölgesinde, asma çardaklı, bol kedili bahçeyi düşününce bir an kalkıp gideyim, yüz yüze konuşayım diye geçirdim içimden ama adli tatilden önce yapılacak bir sürü iş, önemli davalar vardı. Anneme bakan Gürcü bakıcının memleketine gitmiş olması da cabası.

"Tuhaf bir kadın" dedikleri, hakkında hiçbir şey bilmez göründükleri –gerçekten de bilmiyorlardı– Jasmen'i bulduğumu, konuştuğumu söyleyecektim Şair'e. Jasmen'le birlikte görülen genç adamın kadının oğlu değil bir çeşit iş ortağı olduğunu anlatacaktım. İş ortağı sözü garip geliyor; hangi iş, nasıl bir ortaklık diye sorsa ne cevap vereceğim, nasıl anlatacağım, babamla ilişkilerini nasıl açıklayacağım? Kadın söylüyor babam da yazıyordu mu diyeceğim? Hiç de bu kadar basit değil. Babama başka bir dünyanın ufkunu açıyor, o dünyanın dilini aktarıyordu mu diyeceğim? Bu daha doğru olsa da Yazar'a haksızlık hatta hakaret değil mi? Bunu ne Şair ne de Engin içine sindirir. Ben nasıl kabullenemiyorsam onlar da kabullenmezler. En iyisi lafı eğip bükmeden, kafama takılan soruyu sormak.

Sordum da...

"Bana verdiklerinin dışında, babamın senin bildiğin başka bir çalışması, ne bileyim, mesela bir roman ya da denemeler, hikâyeler, herhangi bir edebî metin var mı?"

Telefonda uzunca bir sessizlik oldu mu yoksa kafayı bu işe taktığım için bana mı öyle geldi?

"Bende ne varsa hepsini aktardım sana, bu işin peşini artık bırak Ceren. Haddim değil, biliyorum ama lütfen kendini harap etmekten vazgeç. Yarım kalan, yayımlanmamış 'Yazarlarevi Cinayeti' taslağı dışında başka bir metin varsa da bende değil."

"Kimde o zaman?" dedim, böyle bir metnin varlığından yüzde yüz eminmişim gibi. Söyler söylemez de gerçekten emin oldum. Dil, düşünce, bilinç arasındaki etkileşim ne tuhaf! Söz ağzınızdan çıkıyor ve gerçeklik kazanıyor. Evet, babamın aradığı dili, aradığı anlamı bulduğu o sihirli metin vardı.

"O kadının izini buldum Yusuf. Zor olmadı, Otçu Hanife'nin verdiği ipucu yetti. Hiç de öyle esrarengiz biri değil; ne iş yaptığını, Ada'dan ayrıldığında nereye gidip tezgâh açacağını Hanife'ye söylemiş kadıncağız."

"Ne tezgâhı?"

"Otçu Hanife'ninkinden daha gelişkin, daha çeşitli: kokular, bitki özlü kremler, şifalı doğal ilaçlar, hatıralık eşya, nazar boncuğundan takılar, bu türden ıvır zıvır satıyor. Bodrum'un, Çeşme'nin, Alaçatı'nın, o sahil şeridinin turistik akşam pazarlarında tezgâh açıyor."

"Sen dedektifliği iyice geliştirmişsin," dedi, işi şakaya vurmaya çalışarak. "O kadın mı söyledi Yazar'ın bilmediğimiz bir eseri olduğunu?"

"Hayır, o bir şey bilmiyor, ilgilenmiyor da zaten. Bu arada oğlu sanılan genç adam da oğlu değil. Ona bazı işler bulan, kadının, yani Jasmen'in yeteneklerini pazarlayan bir yakını."

"Hangi yetenekleri? Yazar'a ne pazarlamış?"

"Bilmezden gelme. Babamın *Yasemin Kokulu Rüzgâr*'da denediği, aradığı, varmaya çalıştığı dil; ödünç dil. Babamın artık yazamaz olduğunu, sıkıntılı bir arayış dönemine girdiğini sen de Engin de açık açık olmasa da hissettirmiştiniz bana. O tutukluğu, yazıdan kesilme krizini böyle atlatmış olabileceğini hiç düşünmediniz mi?"

"Böyle de olsa, buradan başka bir roman ya da her neyse, başka bir metin olduğuna nasıl varıyorsun, kadının anlattıklarından mı?"

"Kadın deme öyle, onun adı Jasmen ya da Bewran. O, babamın neyin peşinde olduğunu, ne aradığını hepimizden iyi biliyor. Sezgileriyle, duygu antenleriyle kavrıyor. Onunla konuşurken, babamın aradığı dile, aradığı anlatıma onun aracılığıyla, yardımıyla ulaşmış olabileceğini anladım. İstersen medyum gibi diyelim. Bu doğruysa babamın intihar etmiş olması varsayımı anlamsızlaşıyor, aradığını bulmuşsa, istediğine ulaşmışsa neden intihar etsin! Zaten buna hiç inanmamıştım."

"İyi ya, artık rahat et, huzura kavuş Ceren. Kazaydı, bunda senin hiçbir suçun, günahın yok. Çok acı biliyorum, hepimiz için çok acı ama artık bunu içimize sindirmeliyiz."

"O metin varsa, ki bana göre var, her şeyin anahtarı o metinde."

Telefonda ahla of arası bir ses çıkardı. "Gül mutfaktan çağırıyor, müşteri yoğun, sonra tekrar ararım," dedi. "Her şeyi çok büyütüyorsun, o kadın da aklını karıştırmış, kuşkularının seni kemirmesine izin verme. Diyelim ki öyle bir metin var, peki kimde, nerede? O bir 'yok roman', artık takma kafanı Ceren," diye ekledi.

Tuhaf olan belki de bizleriz, diye geçirdim içimden.

O kadın çok şeyi senden benden daha açık, daha duru görüyor, aynanın öteki tarafına bakabiliyor. Bizler için anlamlı olan şeylerin onun için hiçbir değeri yok. Bizim önemsiz gördüğümüz şeyler ise onun için değerli.

Şair tekrar aramadı. Ben de üstelemedim.

Engin'e ulaşsam? Karar veremiyorum. Konuştuklarımızın ötesinde bir şey bilseydi bana söylerdi. Onun da babamın ölümünün kaza olduğundan kuşku duyduğunu hissediyorum. Kimi sözlerini, yarıda kalan cümleleri, suskunluklarını hatırlıyorum. Babamın artık yazamaz olduğunu, bu yüzden bunalıma girdiğini düşünüyordu. Beni kırmamak için bunu açık açık söyleyemiyordu. *Yasemin Kokulu Rüzgâr* konusunda da kuşkuları vardı. Ben o romandan söz ettiğimde üzerinde fazla konuşmak istememişti. İntihar varsayımına daha yatkın gibiydi, benim üzüleceğimi bildiğinden bunu da hissettirmemeye çalışmıştı. Kendi kendime Engin'le konuşuyorum: Eğer aradığı dili bulmuşsa, başyapıtı olduğuna inandığı metni yazmışsa, neden intihar etsin Enginciğim?

Geriye kalan son ihtimal, belki hepimizin aklından geçen ama ağzımızdan çıkmasından bile korktuğumuz, dehşete kapıldığımız sözcük: cinayet...

En küçük bir kanıt, kuşku, iz yok. Belki de var: Son eseri, kayıp başyapıtı...

Aliço

Beni bu işe Apê Sadu sürükledi. Filmi başa sarmak için artık çok geç.

Onun adını adresini anamın sülalesinden Eme Sirma'nın damadından aldım. Bizim buralarda kalmak istemiyordum artık. Tutunacak bir dalım yoktu, büyük şehirlerden birinde, ille de İstanbul'da bir dayanak arıyordum.

Avucumu koklayıp molotof atmışsın diye içeri tıktıklarında on beşime girmemiştim daha. Molotofun kokusu var mıdır bilmem, olsa bile ben molotof değil taş atmıştım. Çocuktum, sokaklardaydım, taş atan çocuklar diye epeyce film olmuştuk o günlerde. Acıyıp uğraşanlar, duyuranlar, yardım edenler oldu. Af Örgütü mü, Barış Derneği mi, bizim belediyeler mi, vicdanlı iyi insanlar, ablalar, abiler yazdılar, çizdiler, televizyonlarda konuştular, avukat bile tuttular ama işe yaramadı. Altı yıl sonra, cehennemden sol kolum kırık çıktığımda artık taş değil mermi atacak kıvamdaydım. Yapmadım, bu işlere bulaşmadım. Kimileri bilenmiş çıktılar buradan, içeride örgütlenmişlerdi, yüzlerini dağa çevirdiler. Başka umarları yoktu. Çocuk girmişsin içeri, delikanlı çıkmışsın. İş yok, doğru düzgün okul yok, okul olsa dil yok, para yok, gelecek yok. Ya sokaklarda sürüneceksin ya suça bulaşacaksın ya da dağa çıkacaksın, umudu dağlarda arayacaksın.

Kırsalın toz duman olduğu yıllardı. Mezrayı bir asker basardı bir gerilla, askerin alıp götürdükleri bir daha dönmezdi, gerillaya katılanlardan da bir daha haber gelmezdi. Bizim oralarda ölsen kalsan hesabı sorulmaz. Sormaya kalkışanlar da iflah olmaz. Ağıt yakılır, Hızır çağrılır, ölün bulunursa mezar kazılır. Mezar önemlidir, mezarsız ölü bir yere kavuşana kadar azap içinde gezer durur. Hortlak dedikleri mezarsız ölülerdir. Bu yüzden analar babalar evlatlarının parçalarını toplayıp, başsız kolsuz da olsa bedenlerine ulaşıp toprağa vermek, başına bir taş dikmek için nice eziyete katlanırlar.

Şehirde insanın ölüsü bilinir bari, demişti babam. Şehre göç etmiştik, hem güvende oluruz diye hem de aş, iş için. Ensesinden tek kurşunla öldüğü bilindi de kimin öldürdüğü hiç bilinmedi: Faili meçhul...

Şehre göçtüğümüzde küçücüktüm. Alışamadım; kırları, suları, keçileri, koyunları, dağları, ırmakları aradım. Babam hayattayken yine iyiydi; inşaata giderdi, kamyon sürerdi, aç açık kalmazdık. O gittikten sonra anam ne yapsın üç çocukla! Belediyede hademelik yaptı bir ara. Biz de çöp toplardık, cami avlusunda mendil, sakız, biryerlerden aşırmışsak tespih satardık.

Türkçeyi okulda öğrendim. Kolay öğrendim çünkü sevdim; hem öğretmenimi hem de onun dilini... Okumayı Türkçe sökünce, önce dükkânların adlarından, reklam panolarından başladım. Nerede eski bir gazete, yazılı bir kâğıt parçası bulsam okumaya çalışırdım. Bazen çöp bidonlarından kâğıt, karton, kuru ekmek, çürümüş sebze meyve toplarken resimli bir çocuk kitabı veya okuduğumda hiçbir şey anlamadığım kitaplar bulduğum olurdu. Alır eve getirirdim. Çocuk aklımla, yazıların büyülü olduğunu, anlamlarının ötesinde bir anlam taşıdığını düşünürdüm. Aslında şimdi de öyle düşünüyorum; okuduğum her sözcüğün, her satırın ardında çözülmesi gereken bir başka dil, bir başka mana var.

Bir gün; çöp bidonlarında bulduğum kâğıt, şişe, hurda dolu derme çatma çekçeğimi sürüklerken dengemi yitirdim, araba devrildi, düştüm. Toparlanmaya çalışırken bir abla geldi yanıma, ayağa kalkmama, arabayı doğrultmama yardım etti. Dizlerim kanamıştı; yolun hemen karşısındaki eczaneye götürdü, merhem sürdürdü, dizimi sardırdı. Eczaneden çıktığımızda bir de baktım ki arabam ortada yok. Zabıta mı götürmüştü şerefsizin teki bir orospu çocuğu mu, bilemedim. Ağlamaya başladım. Çocuktum, dokuz-on yaşındaydım, üstelik sıskaydım, çelimsizdim. Abla acıdı hâlime, nerede oturduğumu sordu, adresi aldı, para verdi. Sonra da eli üstümden eksik olmadı, hep yardım etti. O olmasaydı okula gidemezdim.

Çocuklara uyup polise taş atmasaydım, içeri atılmasaydım daha da okurdum, hevesim vardı, okumayı seviyordum. Polis taşlama heyecanlı bir oyundu, fırsat buldukça, hele de ortalık karışıp evlere baskınlar yoğunlaştıkça oynardık. Bu işi pek sevmezdim, biraz da tırsardım ama katılmamak ne mümkün! Taşlamasan cas sayılırsın, hain sayılırsın, yalnız kalırsın.

Belki fıtratımda yoktu, belki gözüm korkmuştu, belki de arkadaşların dediği, demekle kalmayıp alaya aldıkları gibi, ödlektim. Silaha külaha bulaşmadım, örgütlere, çetelere karışmadım. Belki babamın ölümü, belki dağda ölen oğlunun dirisine değil ölüsüne bile razı, tek derdi bir mezar olan komşumuzun yaktığı ağıtlar, arkadaşlarımın anlattığı kan, ölüm, işkence, zindan dolu hikâyeler yüreğime korku saldı. Ne gerilla ne örgüt militanı, "taş atan çocuk" oldum. Hepsi o kadar...

Bir kolumu kaybettim, çocukluğumu kaybettim, okulumu kaybettim. İçerisi bana okul oldu. Onca gaddarlık, onca eza cefa gördüm, yine de bazen, iyi ki de düşmüşüm oraya, hele de yaşım erip de nakledildiğim o koğuşa, diye düşünürüm.

Yazmayı çizmeyi hep severdim. "Allah vergisi" demişti defterime kendim yazıp kendim resimlediğim hikâyeciğimi okuyan öğretmenim. Üstelik Türkçe yazmıştım, pek memnun olmuştu. "Hep böyle yaz, Türkçemizle, güzel dilimizle yaz. O zaman belki yazar da olabilirsin," demişti. Sınıfta bir çocuk vardı, ağabeyi dağdaydı. Defterimi yırtmış, öğretmene küfretmiş, "Sen cas mısın ulan, casları vururlar," demişti. Neye kızdığını, ne demek istediğini anlamamıştım. Cas olmak istemezdim, ödevler hariç bir daha Türkçe yazmadım. Yazdıysam da kimseye göstermedim.

Buldukça kitap okurdum: Abilerin verdikleri örgüt kitaplarını da bulduğum çocuk kitaplarını da... İçerideyken de ne bulsam okudum. Bazen gizli bazen izinli kitap gelirdi koğuşa, bazı abiler de uzaktan eğitime çalışırlardı. Biri vardı, işlemediği suçtan on iki yıldır yatan. Örgüt emriyle başkası adına üstlenmişti cinayeti. Davası kaç kez bozulmuş kaç kez yeniden görülmüştü ama suçu inkâr etmemişti; kalleşlik olur, ihanet olur diye. Ona çok kitap gelirdi. Siyasi şeyler yasaktı, zararsız romanlara, din kitaplarına izin vardı. "Romanlar zindanın kapılarını açar, seni başka dünyalara, başka ülkelere götürür. Tanımadığın insanlarla arkadaş kardeş olursun, onların dertlerini, acılarını, aşklarını paylaşırsın, buradan çıkar özgürlüğe uçarsın," derdi. Haklıydı, romanlarla özgürleştim. Rusya mı istersin Amerika mı, Çin mi istersin İspanya mı, Meksika mı istersin Fransa mı! Hangi çağ, kaçıncı yüzyıl! Devrimler, aşklar, savaşlar, insanlar, insanlar... Hepsi önüme serilirdi okudukça. Romanları sevdim, yazanları sevdim, en çok da yazmayı sevdim, yazmaya özendim. Yazdıkça ferahlardım, yazdıkça kendime güvenim gelirdi, "hiç" olmaktan kurtulurdum.

Bir keresinde koğuşa gizlice sokulmuş bir roman verdi. Bunu oku, bizden biri değil ama bizim gibilerin hikâyesini anlatıyor, kendisi de 80'lerin başlarında bir süre yatmış dedi koğuş kıdemlisi abi. Okudum, beğendim, hevese geldim. Ben niye yazmayayım o yazabilmişse... Yazar'ı çok sonra tanıdım. Onun çok yıllar önce, gençliğinde, Apê Sadu'nun hapishaneden devresi olduğunu da çok sonra öğrendim.

İçeriden çıkarken, koğuştaki yaşlı Apê Sülo iki adres verdi: Biri, bizim oralardan şehre göçmüş bir kadın. Ona, adamının tahliye olduğunu, durup oyalanmayıp dağa çıktığını söyleyecektim. Biri de bir öğretmen, belki faydası olur, sahip çıkar, yardım eder diye...

Öğretmen, "Buralarda kalma, rahat vermezler, sicilin temiz değil. Barut değil taş attım demene o zaman inanmadılar, şimdi de inanmazlar. Doğuştan suçlusun sen, barut kokusu sende değil seni koklayan burunlarda," dedi. "İstanbul'a, İzmir'e, Batı'ya git, oralarda kalabalığa karış," diye öğütledi. Birkaç adres de verdi İstanbul'da.

İçeriden çıkınca önce anamı, kardeşlerimi aradım bildiğim adreste. Çoktan ayrılmışlardı oradan, mahalle de yıkılmış, evler boşaltılmıştı. Nereye gittiklerini, ne olduklarını bilen yoktu. Zaten ne anam ne kardeşlerim arayıp sormuşlardı yıllardır. Arabam devrilip düştüğümde yardım eden abla, ilk zamanlar çocuklar koğuşundayken ara sıra gelirdi, sonra ortadan yok oldu, belki de şehirden ayrılmıştı. Tek başımaydım, yapayalnızdım. Üzüleceğime sevindim yalnızlığıma. Kendimi okuduğum romanların hem yazarlarına hem de kahramanlarına benzetiyordum; başıma buyruktum, özgürdüm.

Adamının gelmeyeceğini, doğru dağa gideceğini haber vermek için Bewran'ı buldum. Gerçek adı bu değildi, ben onu bu adla bildim, bu adla sevdim, yitik anamın yerine koydum, dayê dedim ona. Kilamlarını deyr'lerini dinleyen, yaktığı ağıtlara ağlayan kadınlar da Bewran diye bilirlerdi: dengbej Bewran, şifacı Bewran.

Kocasının haberini verdiğimde, "Artık onun da yeri dağlardır, oğulun mezarının peşinden gideceğini biliyordum, oğul ölmeseydi bana dönerdi, şimdi oğula döndü," dedi. Ağlayıp bağırmadı, ağıt yakmadı. Sonra, "Yerin yurdun yoksa istersen kal benimle, oğlumun yerini al," diye önerdi. Kaldım.

İçerideyken başlamıştım yazmaya kimselere göstermeden. Zulam güvenliydi. İkide birde baskın düzenleyip koğuşu altüst ettiklerinde, şiltelerin içini bile didikledikleriṅde bulamadılar. Yazdıklarımı, sayfalarını yırtıp boşalttığım ciltli bir Kuran'ın içine saklıyordum. Yırttığım Kuran sayfalarını da hiç atmadım, çarpılmayım diye onları da öpüp başıma koyup sakladım. Bizim öyle kitabımız yoktur ama indirilmiş bütün kitaplar kutsaldır, çocukluktan öyle öğrenmişiz, öyle biliriz.

Okuya okuya insanın içine yazma ateşi düşüyor. Hele *David Copperfield*'ı okuyunca kendimi onun yerine koydum. Ben de yazmalıyım dedim. İçeride yazmaya başladığım romanımı dışarıda bitirdim. Kendimi anlattım; çocukluğumu, hapishaneye düşüşümü, öksüzlüğümü, yalnızlığımı. Öyle ahım şahım bir hikâyem yoktu, on dördünde içeri düşmüş çocuğun yaşanmışlığı ne olur ki! Hayatı hayattan değil romanlardan öğrenmiştim. Mecbur: maceralar uydurdum, yaşamadığım aşk acılarını anlattım. Çok acıklı oldu, yazarken ağladım, okurken ağladım. Yıllar sonra, kaderin bir cilvesi, Ada'da Yazar'la tanışıp konuşurken, "Bazıları yaşadıklarını yazar, bazıları başkalarının hayatını, mesele gerçeği yakalamak, ötekinin hikâyesini içselleştirmek, onun duygusuna ulaşmak, ama yazar en iyi kendini anlatır," demişti.

Yazmak içimi ferahlattı, kendime dışarıdan bakmış gibi oldum, David'i aldım Aliço yaptım. Romanımın adını *Aliço'nun Kaderi* koydum. Aliço, kötü kaderini ünlü bir yazar olarak yeniyordu romanın sonunda, tıpkı David Copperfield gibi...

"Ben sözle, sesle çalışırım, yazıya aklım ermez," dedi Bewran konuyu açtığımda. "Madem yazdın, yayımlatmalısın, kendin okumak için yazmadın ya! Bu kilam değil, şarkı türkü değil. Söz, ses uçar, sonsuzluğa kavuşur, sonsuzda yaşar; yazı okunmak için vardır," dedi.

O zaman anladım. Nasıl ki romandaki Aliço kötü kaderini büyük yazar olup yeniyorsa gerçek Aliço'nun da tek şansı buydu.

Kim basar benim romanımı! Bizim buralarda yayınevi yoktur, birkaç matbaa dolaştım, baktım bu kentte mümkünü yok. Buralarda durma, Batı'ya, büyük kentlere, İstanbul'a, İzmir'e git diyen öğretmene hak verdim. Bewran da git dedi. "Oğlum dağa çıkarken ölüme gittiğini biliyordum, içime doğmuştu, yine de gitme demedim, hakkım yoktu. İkinci oğluma da gitme demem; o ölümü seçmişti, sen yazar olmayı seçiyorsun, bir dene hele, kaderinde varsa, Hak yazarlık bahşetmişse olursun," dedi.

Koğuştaki Apê Sülo'nun, "Git gör, sana yardımı olur," deyip gönderdiği öğretmene açtım konuyu, birkaç yayınevi adresi verdi. "Bunlara gönder yazdıklarını, bir şansını dene," dedi, ver ben okuyayım önce demedi. Daktilom, bilgisayarım yoktu, romanımı elyazısıyla yazmıştım: iki kalın defter... Bunu söylemeye utandım. Söyleseydim, bu hâliyle hiç gönderme der diye korktum.

Cevap bile gelmedi yayınevlerinden, bir de para verip teksircide iki kopya yaptırmıştım, onları da iade etmediler.

Nasıl oluyor bu işler, bilmiyorum; ya arkan olacak ya da şansın... Aklıma geldi: Siktir et yayınevlerini, bul bir matbaa, kendin bastır, kendin sat Aliço dedim. Bewran biraz para verdi. O dengbejlikten fena kazanmıyor. Şehirlerde kadın dengbej pek yok artık, sesi olanların hepsi şarkıcı türkücü oldu, kasetleri, CD'leri yapılıyor, konserlerde sahneye çıkıyorlar. Kadın meclisleri kurulduğunda, kadınlar kendi aralarında toplandıklarında, bir de turlarla meraklı turistler geldiğinde Bewran iyi iş yapıyor. Ben de organizasyonda yardımcı oluyorum. Bewran'dan aldığım parayla bilgisayarda temize çektirdim romanımı. Ara sıra uğradığım dernekte böyle işler yapan lise sonda bir arkadaş vardı. Romanın Türkçesini de biraz düzeltti. "Kürtçe yaz ulan, kendi dilimizden yaz," demeyi de ihmal etmedi. Hem Kürtçem Türkçemden kötüydü hem de kim okur Kürtçe *Aliço'nun Kaderi*'ni...

Anamın sülalesi Silo Qiz'in köyündendir. Anam Mulu köyü derdi, şimdilerde Milli olmuş. Ben o köyü hiç bilmem, babamgiller Markasor'danmış, orayı da hayal meyal hatırlarım. Şehre inince kopmuşuz oralardan. İnsan dara düştü mü Hızır yetişip çözümü getiriveriyor aklına.

O günlerde Silo Qiz doksanı geçmişti çoktan, yüz yaşına yaklaşıyordu. İyiden iyiye ünlenmişti; geleni gideni, belgeselcisi derlemecisi çoktu. Almanyalardan, Fransalardan bile gelenler varmış, duyuyorduk. Anamın akrabalarından birilerini bulsam, Silo Qiz'in yakınlarına ulaşsam, onların çevresi geniştir, tanışları çoktur, belki bir çare bulurlar, yardım ederler bana, diye düşündüm.

Şurası burası derken, tesadüfe bak! Küçük tezgâhımda şarkı türkü CD'leri satarken Bewran'ın kilam söylediği kasetlerinden birini çalıyorum bir gün, Almanya'dan tatile gelmiş biriyle karşılaştım. Adam kilamı duymuş. Gelip sordu bu kimdir diye. Kadın dengbejdir, ablamdır, dedim, yalan söyledim. Neredensin, kimlerdensin, falan, bir de Silo Qiz'in adını söyledim, onu nasıl olsa tanır. Adam Eme Sirma üzerinden anamın uzaktan da olsa hısmı çıkmadı mı!

Ayaküstü konuştuk bir süre. İstanbul'a gitmek istediğimi, ablamın kilamlarını Kürtçe-Zazaca-Türkçe yayınlatmak istediğimi söyleyiverdim. Yalan söyledim,

"Kendi romanımı bastırmak, yazar olmak istiyorum," demedim.

Yanında bir de arkadaşı vardı. O da ilgilendi. Bir Silo Qiz CD'si aldılar, ben de Bewran'ın kasetini verdim, armağanım olsun dedim. Adamın arkadaşı, "Tanıdığım bir matbaacı var İstanbul'da, hâlâ orada mıdır, bu işi yapıyor mu bilmem ama," diyerek bir adres verdi. Küçük tezgâhımdaki tükenmezlerden biriyle hemen not aldım. Apê Sadu'ya böyle ulaştım.

İnsan suretinde Hızır'dı o adam. Kaderin değişiyor Aliço, diye düşündüm.

* * *

Aliço'nun Kaderi'ni –hem de kendi çizdiğim kapakla– basılı gördüğümde heyecandan, sevinçten ağlayacaktım. İlk iki yüz ellisini bizim taraflardan olduklarını bildiğim, gazete, dergi de satan birkaç büfeye dağıttım, bir de Beyoğlu'nun arka sokaklarındaki dürümcülere, türkü barlara bıraktım üçer beşer. Baktım satılmıyor, alan okuyan yok, başladım seyyar satıcı gibi bağıra çığıra kendim satmaya: "Yazarından roman, benim romanım, *Aliço'nun Kaderi*, benim kaderim!" Metro istasyonlarının çıkışlarında, kitapçıların önünde, meyhanelerde... İlk iki yüz elliyi tükettim, bir üç yüz daha bastırdım. Matbaaya borcumu da ödedim. Kitapların içine telefonumu da yazıyordum. Tek bir geri dönüş olmadı, kimse arayıp sormadı, hiçbir yayınevi ilgi göstermedi, kimsenin haberi olmadı. Alanlar meraktan veya acımaktan almışlardı demek ki. Okumamışlardı bile...

Döndüm, Bewran'ı buldum. "Böyleyken böyle oldu, başaramadım," dedim. "İstersen yaparsın, farklı bir şey yaz, okuyanları şaşırtacak bir şey," dedi.

Ne yazabilirdim ki farklı! Kendimi yazmıştım, başka

yazacak şeyim yoktu, barutu tüketmiştim. İnsanlar David Copperfield'ın kaderini okuyor, göklere çıkartıyor ama Aliço'nun kaderiyle ilgilenmiyorlar. Bewran haklıydı, okuyanları şaşırtacak bir şey yazmalıydım ama ne?

"Sana bir masal söyleyeyim, bir damla gözyaşının masalını," dedi. "Dengbejliğe çağırdıklarında zaman zaman okurum, bir de kendi dillerinden okudum mu insanlar, hele de kadınlar etkilenir, kimileri ağlar. Bir damla gözyaşının bulutlara karışıp dünyayı dolaştığını, insanların bin bir hâlini görüp kahrolduğunu anlatırım. Bir hikâye içinden çok hikâye çıkarırım. Sonunu içimden nasıl gelirse öyle bağlarım. Bazen bir çocuğun mezarına düşer, mezarın üstünde güller biter, bazen çölde susuz kalmış birine zemzem olur, bazen kıraç toprakları yeşertir, bazen dağlara çıkar, damla damla düşer gerillanın yüzüne. Ağladığı sanılır şehit yoldaşının ardından, o benim gözyaşımdır."

O söyledi ben yazdım, o bazen Türkçe bazen bizim dilde söyledi, ben bildiğimce Türkçeye aktardım. Türkçe oldu mu daha fazla şansı var, Zazakiyi kim okur, Zazaki yazıp büyük yazar olan var mı? Hapishanedeki abi, "Coğrafya insanın kaderidir," derdi bizim buralarda insanların çektiklerinden konuşurken. Dil de yazarın kaderi oluyor.

Romanımın adını "Bewran'ın Gözyaşı" koyacaktım, o istemedi, *Nâlân'ın Gözyaşları* yaptım. Kullanılmış, hurdaya çıkmış aletleri tamir edip satan bir arkadaştan aldığım eski bir bilgisayarda yazdım bu defa. Yine gönderdim birkaç yayınevine. Birinden alaycı bir cevap geldi: "Dosyanızı inceledik. Metniniz şiir mi destan mı hikâye mi yepyeni bir tür mü anlaşılmıyor. Yazar olmak istiyorsanız bir yaratıcı yazarlık atölyesine devam etmenizi tavsiye ederiz."

Yayınevlerinden bana ekmek yoktu, *Suç ve Ceza*'yı

yazsam bile basmayacaklardı. Belki de haklılar, kim bilir benimki gibi kaç dosya geliyordur ellerine. Bir tavsiye ya da albenili bir sunuş yoksa çoğunu okumuyorlardır bile. Apê Sadu'nun matbaasının yolunu tuttum yine. *Aliço'nun Kaderi*'nden hatırladı beni. "Yazarımız azimli, vazgeçmiyor," dedi. Ben yine bir kapak çizmiştim kendime göre. "Bunu bizim arkadaşlardan biri biraz düzeltsin bari, kapak önemlidir, satışı etkiler," dedi. Bu defa 500 bastı kitabı, parasını da peşin istemedi. Yazar olmak için çırpındığımı gördüğünden mi memleketlisi olduğumdan mı, beni desteklemek istediğini sezdim.

Nâlân'ın Gözyaşları aslında Bewran'ın sayılır. Konu onundu, dil onundu, ben daktiloya çeken gibi bir şeydim. "Senin adını koyayım," dedim Bewran'a. "Bana ne faydası var ki, yazar olmak isteyen sensin, kendi adını koy," deyip istemedi. Böylece yine kendim yazdım, kendim bastım, kendim sattım.

Bir akşam, bundan sonra buradan iş çıkmaz deyip metronun İstiklal çıkışındaki her zamanki yerimden ayrıldım, Asmalımescit'teki meyhaneleri deneyeyim bir; artistler, yazarlar, tanınmış insanlar olur oralarda, belki ilgilerini çeker, acıyıp sadaka olsun diye alsalar bile romanımı açıp bakan, okuyan da olur belki. Şanslı bir günümdü. Yakup'ta bir tane satmayı başardım. Biraz uzaktaki başka bir meyhaneye girdim. Kalabalıkça bir masada kadınlı erkekli bir gruba yaklaştım. Seyyar satıcı gibi çığırtkanlık yapmadan, "Ben yazdım, benim romanım, böyle bir şey okumadınız, okursanız göreceksiniz," dedim sesimi fazla yükseltmeden. Elleriyle uzaklaş işareti yaparlarken aralarından biri, "Gel buraya, ver bir roman bakalım," dedi. Ötekiler gülüşürken, "Ama imzalayacaksın," deyip, kaç para falan diye sormadan 50 lira uzattı. "O da senin gibi yazardır, hem de ünlü bir yazar," dedi masadaki kadınlardan biri. Ben de adını sormadım, "Büyük yazarımıza" yazıp imzaladım, bir de tarih attım. Nereden tanıyayım, nereden bileyim onun bizim Yazar olduğunu. Birkaç yıl sonra Bewran'ı Ada'ya getirdiğimde anladım. O geceyi hatırlattığımda, "Herhalde sarhoştum, hiç hatırlamıyorum," dedi. İmzalı kitabı saklayıp saklamadığını sormadım. Bir kenara atmıştır ya da meyhanede unutmuştur diye düşündüm. Meğer...

Apê Sadu matbaaya bıraktığım numaradan arayıp tanıdığı bir yazarın, bizim tarafların hikâyelerini, deyişlerini, kilamlarını derlemek istediğini söylediğinde önce bir mana veremedim. Konuyu bilen, araştıran, bölgede dört dönen bunca derlemeci, müzikçi, bunca ünlü kişi, profesörler bile varken neden ben? Şimdi anlıyorum; Yazar *Nâlân'ın Gözyaşları*'nı okumuştu. Apê Sadu'ya yazarını sormuş olmalı. Bana bunu demedi, şımarmayayım diye belki. "Ben bilmem ama bilen birini tanıyorum, senin matbaada basılan *Kilamlar*'ı söyleyen bir kadın dengbej var. Menkıbeler, efsaneler, destanlar da anlatır, şiirler de okur," dedim. "İş paralı, hem de iyi paralı," dedi Sadu. "Bir bakayım, bir sorayım, kabul ederse ararım," dedim.

Bewran önce olmazlandı, "Oralarda sıkılırım, öyle kapatma gibi oturmaya dayanamam, hem şimdi sahillerde tezgâh açmanın tam zamanı," dedi. "Orası da ada, dört yanı deniz yani, yaz aylarında turist dolup taşıyormuş, tezgâhını orada da açarsın," dedim. İsteksizdi ama ünlü bir yazarla tanışmanın benim için de iyi olacağını, beni destekleyebileceğini söyleyince kabul etti. İyi, hem de çok iyi yürekli bir kadındır o.

Yazarla Apê Sadu üzerinden haberleştik. Kararlaştırılan gün deniz otobüsüne binip Ada'ya geldik. Öyle bir hava ki anlatılmaz. Lodos fırtınası vardı, deniz otobüsü batıp çıkıyor. Yerlerimizden kalkmamamız anons edildi, kusanlar için torbalar dağıtıldı. Çoluk çocuk feryat ediyor, ağlayanlar, bağıranlar. Bewran Hızır'ı çağırıyor, dualar okuyor, yüzü bembeyaz. Benim korkudan dilim tutulmuş. Neyse, bata çıka eriştik karaya. Sonraki bütün seferler iptal edilmiş.

Olacakların işareti miydi, günahlarımızın kefareti mi? Bewran'la Yazarlarevi'ne gelişimiz böyle oldu. Rastlantılar zincirinin sonucu muydu, yazgı mıydı? Yazgı dediğimiz şey birbirine eklenen rastlantılardan başka nedir ki!

* * *

Ben istediğim kadar iyi yazamıyorum; yazarken olmuyor, beceremiyorum. Okurken Yazar'ın has edebiyat, büyülü dokunuş, yazardan okura geçen duygu aktarımı dediğinin ne olduğunu anlayabiliyorum. Yazmaktan vazgeçmiyorum, bir gün öyle bir şey yazacağım ki herkes şaşıracak. Sanki yazmak için gelmişim bu kavanoz dipli dünyaya, sanki yazmasam çekip gideceğim. Nereye? Onu da bilmiyorum.

Gençliğinde hapishanedeyken başladığı ilk romanını yazarken bunları düşünmediğini seyrek konuşmalarımızdan birinde söylemişti Yazar. "Sadu'nun anlattıklarından etkilenmiştim, onun hikâyelerini roman formunda yazmayı denedim, ayrıca içerideyken insana bir meşgale lazım, vakit de bol, böyle başladım," demişti. Sonra ilk roman, sonra ikincisi. Kendisi de şaşmış kitapların gördüğü ilgiye. "Bu biraz da benim kimliğimle ilgiliydi. Bizim edebiyat çevrelerinde metinden çok yazarla ilgilenilir. Ama sağ ama sol ama başka bir şey, bir çevrenin, bir camianın ilgisi önemlidir. Üniversitede asistanken sol örgütten girmişsin içeriye, belli bir çevrede tanınıyorsun zaten. Devrimci kimliğin öne çıkarılıyor; devrimcilikten, sosyalistlikten vazgeçti, döneklik yapıyor, diyenler de oluyor tabii, onlar da ne yazmış bakalım bu herif, diye okuyorlar... Edebiyata meraklı olanlar, kitap okuyanlar daha çok bizim mahallenin insanlarıdır. Bir de kadınlar var, asıl roman okuyucusu onlar. Biraz da zamanlama meselesi, ilk romanlarım çıktığında ülkedeki ortam, siyasi iklim bu tarz metinler talep ediyordu. Sonraları ilgiler değişti, yeni konular girdi gündeme. Yelkenlerimiz böyle şişti işte," diye anlatmıştı.

Elbet Hızır yetişir, benim de yelkenlerimi şişirecek bir rüzgâr eser bir gün. Hızır Aleyhisselam o rüzgârı estirse de kolay mı! Kitap fuarı varmış, TÜYAP diye koca koca afişler asılmıştı her yana. Merak ettim gittim. Hiç bu kadar kitabı birarada görmemiştim; binlerce, on binlerce kitap... İnsanlar da kum gibi kaynıyor; çoluk çocuk, kadın erkek, genç yaşlı kitap bakıyor, kitap alıyor.

Burası böyleyse, bir de dünyayı düşün dedim kendi kendime. Kaç milyon yazar, kaç milyon, belki de milyar kitap vardır kim bilir! Aliço'nun yazdıklarının esamisi okunur mu milyonlarca kitabın, romanın arasında: Denizde kum taneciği, basıp geçsen de haberin olmaz varlığından. Yazıp da ne olacak, kim bilecek, kim okuyacak seni! Oradan çıkmak, kaçıp gitmek istedim. Sonra tezgâhlardan birinde –onlar stant diyorlar– bizim Yazar'ın kitaplarını gördüm. Tezgâhın önü kalabalıktı, Yazar'ın kitapları kapış gidiyordu. Yine de milyonlarca, milyarlarca kitaptan, denizdeki kum taneciklerinden biriydi işte. Kendime geldim, "Yazmaya devam Aliço, kumları kabartmaya devam!" dedim kendime. Akşama kadar, gözlerim kararıp başım dönene kadar dolaştım orada. Bakmadığım tezgâh, okşamadığım kitap kalmadı. Bir daha yıl ben de kitaplarımı getiririm, bir köşecik edinirim kendime diye hayal kurdum.

Yazar tuhaf bir adamdı. Onu hiçbir zaman tam anlayamadım. Burnundan kıl aldırmayanlardan değildi. Büyük yazar havası atmaz, yazdıklarını abartmazdı. Ama soğuk bir adamdı, en azından bana karşı. Bewran'ı Ada'ya ilk getirdiğimde biraz konuşmuştuk. Utana sıkıla, "Ben de yazıyorum, iki romanım var," demiştim. Hangi yayınevinden çıkıyor kitapların diye sormuş, ilgilenmişti. Önce bizim taraflardan küçük bir yayınevi, daha doğrusu matbaa adı uydurmayı düşündüm, sonra belki ilginç bulur, etkilenir diye, "Kendim bastırıyorum, sonra da kendim satıyorum, siz hatırlamazsınız, bir gece, bir restoranda –meyhane demeye utanmıştım– size de imzalamıştım *Nâlân'ın Gözyaşları*'nı," deyiverdim.

Öyle durup yüzüme neden uzun uzun baktığını, sonra acele bir işi varmış da o anda aklına gelmiş gibi, "Hiç hatırlamıyorum, şimdi gitmem gerekiyor," deyip acele ayrılışını o zaman anlamlandıramamıştım.

Biz Bewran'la Yazarlarevi'ne gelmeden beş-altı yıl öncesine kadar Ada'nın okumaya yazmaya meraklı gençleriyle çalışmalar yaparlarmış. Yazarlık atölyesi gibi bir şey. Bir ara ben de niyetlenmiştim İstanbul'dayken ama üç aylık kurs için analarının nikâhını istiyorlardı. Kendime de pek yakıştıramamıştım zaten; bir sürü süslü püslü yazarlık heveslisi kadın, çoğu kolejlerde okumuş üniversiteler bitirmiş, iş güç sahibi genç adamlar... herkesin gözü yazarlıkta, bana göre değil yani. Yaşar Kemal yazarlık kursuna mı gitmiş, Dostoyevski edebiyat atölyesi mi görmüş hayatında!

Yazar'ın edebiyat sohbetlerine, yazarlık atölyesine katılanlardan ikisini tanıdım Ada'ya geldiğimde: Şair dedikleri Yusuf'la Engin'i... Yazarın derslerine, konuşmalarına katılmışlar, kurs görmüşler de ne olmuş! Biri pansiyonculuk, meyhanecilik yapıyor; öteki kılığına kıyafetine, hâline tavrına bakılırsa bir tuhaf âdem. Yazar onlarla çok ilgilenmiş, bana hiç yüz vermedi nedense. Oysa onlar hiçbir şey yazamamışlar, sadece gevezeliğini yapmışlar, benim iyi kötü yayımlanmış kitaplarım var.

Nâlân'ın Gözyaşları'nı hatırlamıyorum, derken Yazar yalan söylüyordu. Bunu da sonradan anladım. Kitap kütüphane rafında, öteki romanların arasında değildi, çalışma odasındaki kırtasiye dolabına, kâğıtların, defterlerin arasına tıkılmıştı. Ortada görünmesini istemiyordu besbelli. Bir gün bir şey sormak için odasına girdiğimde, çalışma masasından kalkmaya üşenip, "Hazır ayaktayken şu dolaptan birkaç defter çıkarır mısın lütfen," demişti. Allah'ı var, kibar adamdı doğrusu, emretmez rica ederdi, sesi emir tonunda olsa bile...

Dolabı açınca kitabımı gördüm, bir şey demedim, görmemiş gibi davrandım. Neden böyle yaptım, bilmiyorum. Hatırlamıyorum, diye yalan söylediğine göre konunun açılmasının hoşuna gitmeyeceğini hissettim, utandırmak da istemedim. İstediği defterleri çıkarıp masasına koydum, sonra dolabı kapattım.

Apê Sadu beni arayıp da Yazar'ın bizim tarafların deyişlerini, efsanelerini, şiirini, sazını sözünü, dengbej geleneğini araştırmak istediğini söyleyip birini bulup bulamayacağımı sorduğunda konuyu tam anlamamıştım. Sonradan anladım: Yazar, *Nâlân'ın Gözyaşları*'nda aradığı dilin ipuçlarını yakalamıştı. Apê Sadu'ya söylediği gibi dengbejleri, kilamları, bizim toprakların efsanelerini araştırmak değildi niyeti, kitabın yazarına ulaşmak istiyordu. Kitapta matbaanın adresi, Sadu'da da telefonum vardı. Beni bulmaları kolay oldu.

Nâlân'ın Gözyaşları kimin kitabı? Benim mi Bewran'ın mı? Peki *Yasemin Kokulu Rüzgâr*? O kimin? Bewran'ın mı Yazar'ın mı?

Yazar'ın korkularının, benden çekinmesinin, konuşursam yazarlık şöhretine halel geleceği kaygısının sırrı bu sorunun cevabında gizli. Yıllar boyunca gıdım gıdım, iyi kötü bir servet biriktirmişsiniz. Sadece para değil – hatta para hiç önemli değil– şan, şöhret, saygınlık, hayranlık, büyük yazarlık mertebesi... Sonra birinin hazinesine el koyuyorsunuz. O hazineyle servetinizi katlıyorsunuz, şanınızı, şöhretinizi pekiştiriyorsunuz. Ama paylaşmaya, herkese hakkını vermeye niyetiniz yok, daha doğrusu yitireceklerinizi göze alamıyorsunuz.

Onu anlıyorum. Kimse kolay kolay göze almaz bunu. Yine de bir kitabın üstüne adınızın yazılması başkasının eserinin üstüne yatmaya değecek kadar önemli mi! Hele de, "Edebiyat sadece metin üzerinden değerlendirilmeli, yazar üzerinden değil," diyen biri için.

Ya ben? Ben kendi adımı hiç koymadım yazdıklarıma. Bewran'ın da umurunda değildir adı. Zaten gerçek adı nedir, hangisidir; Asmên mi, Jasmen mi, Esma mı, Bewran mı, kendi bile bilmez, umursamaz da... Ama bilinmez! Ünlü olduğumda bakarsın Yazar gibi ben de adımdan vazgeçmeye, yazarlık ünümü paylaşmaya yanaşmam. İnsan kendini denemeden bilmez ne zaman nasıl davranacağını. Misal: İşkence görmeden ötüp ötmeyeceğini, itirafçı cas olup olmayacağını bilemezsin. Aç kalmadan çalıp çalmayacağını bilemezsin.

Yasemin Kokulu Rüzgâr'da işler tıkırında gitti, yamukluk olmadı. Bewran'ın umurunda değildi, ben de daha toydum, kavramamıştım olayı. Yazar'a istediği duyguyu, dili, sesi bulmasında yardımcı olmuştuk, karşılığında ücretimizi bol bol almıştık: Alan memnun, satan memnun durumu.

Sonra herkes kendi yoluna gitti. Bewran yazları sahil sahil, pazar pazar dolaşıp otçuluk, şifacılık yapmaya, kış geldi mi memlekete dönüp dengbejliğe devam etti. Ben de biraz onun yanında biraz İstanbul'da bir yandan kitap, kaset, CD satarken yeni bir şey yazmaya başlamıştım. Bu defa iddialıydım. Doğrusunu söylemek gerekirse, Yazar'ın kitabımı hem düzeltmek hem de bastırmak için el vereceğini, belki bir önsöz bile yazacağını hayal ediyordum.

Hani yazarlar esinlendikleri, şu veya bu şekilde yararlandıkları kişilere kitabın başında birkaç satırla teşekkür ederler ya, *Yasemin Kokulu Rüzgâr* yayımlandığında böyle bir teşekkür, bir gönderme, en azından "Bewran'a" diye bir sözcük aradım boşuna. Bunu Bewran'a söylediğimde, "Aman sen de! Ben kilamları, hikâyeleri, efsaneleri söylerken, şarkılarımızı çığırırken, ağıtlarımızı okurken kimin adını anıyorum ki!" dedi. Yazının, yazarlığın, kitabın farklı olduğunu ona anlatmanın mümkünü yoktu, o kendi dünyasının, kendi iç âleminin gözleriyle bakıyordu konuya.

Bir metni kimin yazdığının, üzerinde kimin adının olduğunun önemi var mı gerçekten? Dostoyevski değil de benim adım yazsa *Suç ve Ceza*'nın üstünde ne değişir! Yazarı ölür gider, kitabı kalır. Geleceğe kalan büyük eserler için öyle de, yazar yaşıyorsa iş değişir. Hem yazar hem de okur için önemi var tabii. Ben bir şaheser yazsam bile okurun umurunda olmaz, alıp okumaz. Aynı metin, diyelim bir roman, Yazar'ın imzasıyla çıkarsa önemsenir, okunur, çoksatar bile olur. Bir de şöyle düşünüyorum: Kim yazmış olursa olsun, önemli olan kitabın, romanın –her neyse o– kendisi değil mi? Kitabın üzerine yazılacak ad için ölmeye, öldürmeye değer mi?

Hapishanedeyken *Asılanların İsyanı* diye bir roman okumuş, çarpılmıştım. Müthiş bir kitaptı. Meksika'da geçiyordu. Zulmün sadece bizim buralarda değil beş bin beterinin her yerde olduğunu ilk o kitaptan öğrendim. Yazarın adı Traven'di. Bana kitabı gizlice veren koğuş sorumlusu abi, "Traven kim, kimse bilmiyor. Bu aslında takma ad, yazar kendini hiç açık etmemiş, ne nerede yaşadığı ne ailesi ne hayatı biliniyor," demişti. Traven'in *Altına Hücum* diye bir romanını daha okudum sonra. Kitabın arkasında, "Bir yazarın yapıtlarından başka tanıtıcısı olmamalı," dediği yazıyordu. Traven değil de Tom olsa, Jean olsa, Ahmet, Mehmet, Ali olsa o roman farklı mı olacaktı? Mesele insanın sözünü söylemesi, birilerine duyurması değil mi! Peki, madem öyle, ben neden bu kadar ısrarcı oldum Bewran'ın adını da koyması için yeni romanına? Hakkaniyet için mi yoksa kıskançlık, haset de mi var işin içinde?

Yazar, "Peşinde olduğum, aradığım buydu. O dile, o duyguya ulaştım," derken nasıl da rahattı. Başyapıtım dediği metnin kendine ait olduğundan hiç kuşkusu yoktu. Öyle miydi gerçekten?

Bewran kitap daha bitmeden, son bölüm yazılmadan ayrıldı Ada'dan. Gitmesini Yazar istemişti. "Artık verimli olmuyor, ilerleyemiyorum, kendimizi tekrar ediyoruz," demişti. Bewran'ın da işine geldi bu, hem artık sıkılmıştı hem de mevsim tam geçmeden bir an önce tezgâhını açacağı turistik yerlere varmak istiyordu. Aslında Yazar'ın onun diline, onun sesine, şiirine ihtiyacı kalmamıştı, çiçeğin balını emmişti. Ulaşmak istediği metin için bütün malzeme elindeydi: konu, akış, dil, duygu... Kurgu ustası diye bilinen Yazar için bundan sonrası kolaydı. Artık ne Bewran'a ne de bana ihtiyacı vardı. Bizden ne kadar çabuk kurtulursa romanı sahiplenmesi, "Benim başyapıtım," demesi, kendini de buna inandırması o kadar kolay olacaktı.

Ne dürttü beni, nasıl cesaret ettim? Hırs mı haset mi? Ben yazamadım o yazdı, ben yazsam kimse aldırmazdı, kitabın üstünde onun adı var diye başyapıt sayılacak burukluğu mu? Kıskançlık mı yoksa haksızlığa isyan mı?

"Kitaba Bewran'ın da adını koymalısınız, en azından ortak eser olduğunu, onun gönül dilini ödünç aldığınızı, hikâyenizi bizim yüzlerce, binlerce yıllık inancımızdan, kutsallarımızdan, efsanelerimizden, mesellerimizden, acılarımızdan onun aracılığıyla süzdüğünüzü önsözde açıklamalısınız," gibi birşeyler söyledim bir nefeste. Tam böyle mi söyledim, şimdi bilmiyorum; bu kadar iyi söylememişimdir, kabalık yapmışımdır. Öfkeliydim, sinirliydim, içimde bir başkası vardı da o konuşuyordu sanki. Sözümden, sesimden kendim paniğe kapıldım, sustum.

"Daha fazla para mı istiyorsun?" dedi buz gibi bir sesle. Hiç tanımadığım başka bir adam olmuştu o anda. Bu sözü söylemeseydi sonradan olanlar olmayacaktı. Yazar başka biri olmuştu dedim ya, ben de başka biri oluverdim sanki.

"Dil parayla satılmaz, yürekten kopup gelene paha biçilmez. Bewran'a bahşedilmiş olana el koyamazsın," dedim. O lafları nasıl bulduğuma, nasıl söylediğime kendim de şaştım.

Güldü. Pis pis değil, alaycı da değil; yorgun, kederli bir gülüşle güldü.

"Bu kitaplar, bu romanlar başkalarına ait, onlar söyledi ben yazdım mı diyeceğim? Bunca yıldır herkesi kandırdım mı diyeceğim? Bunca yılın birikimini, tam da istediğime ulaşmışken sana mı yedireceğim? Üstelik doğru da değil, sadece esinlendim Jasmen'in anlattıklarından, okuduklarından. Arı çiçeğin özsuyunu emer ama balı yapan çiçek değil arıdır," dedi.

Birden tepem attı. Öfke insanı değiştiriyor, daha önce düşünmediğin, hissetmediğin, göze alamayacağın şeyleri düşünmeye, hissetmeye başlıyorsun. Öfke insanın gözünü karartıyor, cesaretini kabartıyor. O zaman el yükselttim.

"Her şeyi açıklarım," dedim, "şanınız şöhretiniz bir anda yerle bir olur."

"Buna gücün yetmez oğlum, kim inanır ki sana! Herkes pis bir şantajcı olduğunu anlar. Bu işin şakası yok, git işine, git gözüm görmesin, paranı Sadu'dan alırsın," dedi. Yüksek perdeden konuşuyordu ama gözlerinde korkuyu gördüm, sesinde telaşı hissettim.

"Bewran'ın adını da kapağa koymazsan, nasıl o söyledi sen yazdın anlatmazsan, ant olsun yaparım, kayıtlar bende de var," dedim.

Der demez de belaya çattığımı fark ettim. Öfke baldan tatlıdır demişler. Hayır, öfke zakkum tadında, zehir tadında. Üstelik bir kez kaptırdın mı kendini, kolay kolay geri adım atamıyorsun.

"Ses kaydını yedeklemeyi başta sizin için düşünmüştüm, Bewran anlatıp, söyleyip siz yazarken, not alırken eksik bir şey kalırsa işinize yarar diye. Bilgisayarda yazdıklarınızı da kendi bilgisayarıma aktardım. Yani eser bende."

"Kayıtları bana ver," dedi sakin bir sesle. Sesinde öyle bir şey vardı ki ürperdim.

"Unut," dedim, "başyapıtın benim ya da Bewran'ın adıyla yayımlanacak."

Üstüme yürüyecek gibi yaptı, sonra geri çekildi.

"Bu yaptığına şantaj denir. Polise haber versem ânında tutuklattırırım seni. Aklını başına toplamazsan olacaklardan kendin sorumlusun, ayağını denk al!"

"Alırım," dedim sakin olmaya çalışarak. Sonra yelkenleri biraz suya indirdim, Yazar yaşadıkça o kitabı kendi adıma ya da Bewran'ın adına yayımlatamayacağım kafama dank etti: "Benden size zarar gelmez, gelemez. Eşit değiliz. Sizin gibiler haksızken de haklı çıkarsınız," dedim.

Karşımda durmuş, gözlerimin içine bakıyordu buz gibi. Üstündü, güçlüydü, gözlerimi kaçırdım. Korkmuştum, çok korkmuştum aslında. Afra tafram bir anda yok olmuş, uçup gitmişti. Güç insanı ezer, hele de çocukluğundan beri eziksen. Yazar güçlüydü, işkence sırasında kolumu büküp kıran o ızbandut herif kadar, hatta ondan daha da güçlü: adından aldığı güç, şöhretinden aldığı güç, yazdıklarından aldığı güç...

Korktuğumu anlasın istedim. Korkumun beni beladan koruyacağını, aslında iyi bir adam olan Yazar'ın öfkesini soğutacağını, belki de beni anlayacağını umdum. Çocukluktan beri her diklendiğinizde sopa inmişse kafanıza, haklı da olsanız hep haksız çıkmışsanız, serkeşliği cesaret, kabadayılığı kahramanlık sanıyorsunuz. Kabadayılık sökmeyince de kurtuluşu güçlünün suyuna gitmekte, güçlüyü memnun etmekte buluyorsunuz.

"Kayıt mayıt, elinde ne varsa bana ver, sonra defol git, başımı belaya sokma. Bir halt etmeye kalkışırsan kendini yok bil," dedi. Gözlerinde o zamana kadar görmediğim tuhaf bir bakış vardı.

"Kayıt bende değil, Bewran'ın telefonuydu zaten, alıp gitti, çoktan silmiştir, üstüne kendi şarkılarını okumuştur. O böyle şeylerle ilgilenmez," dedim. Yalan söyledim.

Gözlerini görmemek için başımı öne eğdim. Yanlış yapmıştım, çok ileri gitmiştim, her şeyi berbat etmiştim. Hangi şeytan dürtmüştü beni! Kitapta Bewran'ın adı olsa ne olur, olmasa ne olur. Bu kadar mı haset etmiştim Yazar'a, bu kadar mı kıskanmıştım!

Kaçmaya hazırlanırken koluma yapıştı. "Şakası yok," dedi. "Yanlış bir adım atarsan senden kurtulması kolay."

Sesinde öyle bir tını vardı ki, şaka etmiyordu, kuru sıkı atmıyordu. Ciddi, hem de çok ciddiydi. Bütün kozlar elindeydi. Bendeyse amatör bir ses kaydıyla seyahate gitmeden önce Sultan Abla'ya verdiği bilgisayardan, kadın ortalığı toplarken kaşla göz arasında kaydettiğim metin vardı. Kaydettikten sonra da "Üç Nokta" dosyasını bütünüyle silmiştim, bellekten kazımıştım.

Yazar seyahatten dönmüş, Ada'ya yeni gelmişti. Bilgisayarını Şair'den henüz teslim almamış, dosyanın silindiğinin farkına varmamıştı. Farkına vardığı anda hâlim haraptı. Üstelik uyuyan yılanı uyandırmıştım, şimdi gidip her şeyi kontrol edecek, Şair'deki bilgisayarı inceleyecekti. Acele etmeliydim.

"Kurtulmanıza gerek kalmayacak, merak etmeyin," dedim, fırladım odadan çıktım. Arkadaki konuk odalarından birinde kalıyordum, birkaç parça eşyamı aceleyle sırt çantama tıkıp kendimi kel tepeye vurdum. Köye uğramadan, anayoldan değil de ağılların, su depolarının önünden geçen patikadan, fıstık çamlarıyla zeytinlerin arasından doğuya yöneldim. Yersiz bir korkuydu, Yazar beni öldürecek değildi ya! Korku bir kez yapıştı mı yüreğe insana hata üstüne hata yaptırıyor. Şair'i aradım telefonla, "Gündoğdu yolunun üstündeki sizin zeytinlikte buluşalım, çok önemli," dedim. Aklım sıra olanları anlatacak, onların koruyucu şemsiyelerine sığınıp kendimi güvence altına alacaktım.

Aslında şaşkındım, bir halt etmiştim, şimdi ne yapacağımı bilemiyordum. Öfkem durulmuş, yerini pişmanlığa bırakmıştı. Şair'le arkadaşı bana güvenselerdi, hâlimi anlasalar, söyleyeceklerimi dinleseler, bir yol gösterselerdi her şey başka türlü olabilirdi. Temiz bir dayak yemekten zor kurtulup kaçtım. Adamlar haklıydı, derdimi tam anlatamamıştım, inanılacak şeyler söylememiştim, saçmalamıştım. Üstelik kulaklarına kar suyu kaçırmış, kuşkulandırmıştım.

Adadan ilk tekneyle ayrılıp olanları unutmaktan başka çarem yoktu. Yazar'a telefonla ulaşıp özür dilemek, kaygılanmamasını söylemek, hem telefondaki kayıtları hem de hafıza çubuğuna kaydettiğim metni teslim etmek geçti aklımdan. Kendimi kurtarmanın tek yolu buydu. Bir cesaret, numarasını tuşladım. İstemeseydi telefonu açmazdı, açtı. Sesi buz gibiydi, dostça değildi ama konuşmayı reddetmedi. "Öfkeme, hırsıma yenildim, sizin yazarlığınız, ustalığınız olmasaydı Bewran'ın sesi de sözü de hikâyeleri de bir işe yaramazdı. Haklıydınız, balı arı yapar," gibi birşeyler söyledim. "İstersen gel konuşalım, yüz yüze daha iyi olur," deyince şaşırdım. Gitmeli miyim? Öfkeme yenilmiştim, Yazar'a saygısızlık yapmıştım, kendimi suçlu hissediyordum, helalleşmek ıstıyordum. Gittim.

Dün bütün gün yağan yağmur sabah da ara ara devam etmişti. Dünkü gibi seller sular akmıyordu; ılık, usul, incecikten bir yağmurdu: yaz sonu yağmuru. Taksiye, minibüse binmedim, öyle ıslana ıslana yürüdüm.

Yazarlarevi'ne yaklaştığımda uzaktan Yazar'ı gördüm. Masa Kayası'nın oradaydı, ara ara çiseleyen yağmura aldırmadan kayanın üstüne oturmuş, denizi seyrediyordu. Beni evde beklememiş, dışarı çıkmıştı. Evde yalnızken bir kötülük yapacağımdan korkmuştu belki de. Hem utandım hem de her şey yoluna girecek diye sevindim.

Yanına yaklaştım. Ayağa kalktı. Durduğu yerde şöyle bir sallandı. Ya başı dönmüştü ya da içkiliydi. Bewran da söylemişti son zamanlarda çok içtiğini. Adamı sinirlendirdim, korkuttum, benim yüzümden sabah sabah dikmiş şişeyi kafaya diye düşünüp utandım. Ellerine sarılıp af dilemek, elini öpmek istedim. Sadece korkudan değil, ben yazarı sevmiştim de ondan.

"Beni öldürmeye mi geldin it oğlu it!" dedi pürtüklü, tuhaf, sanki uzaktan gelen bir sesle. Yüzünden kan çekilmiş gibiydi, gözleri kıpkırmızıydı. Karşı karşıya, yüz be yüz duruyorduk. Gözlerimi indirdim, yüzüne bakmaya cesaret edemedim. "Ne öldürmesi, af dilemeye geldim Yazar," diyecektim, gözüm elinde tuttuğu çakı mı bıçak mı sustalı mı, neyse, o şeye takıldı. Korkuyla geriye sıçradım. O, kayanın deniz tarafındaydı, ben yol tarafında. "Yanlış yaptım, özür dilemeye geldim," dedim. Diyebildim mi diyemedim mi bilmiyorum. Hani karabasan görürsünüz, avaz avaz bağırırsınız da sesiniz çıkmaz; öyle işte...

Elindeki o şeyle bir adım yaklaştı. Tanıdığım, bildiğim Yazar değildi sanki. Gözleri onun gözleri, bakışı onun bakışı değildi. Kaçmak istedim, yol tarafına, arkaya doğru sıçradım. Hızla koşup kaçabilirdim, dengesini zor bulan sarhoş hâliyle peşimden koşamazdı. Ama kıpırdayamıyordum, yılanın karşısındaki tavşan gibiydim. Koşamadım, şöyle yarım döndüm, adım adım gerilemeye çalıştım. Yaklaştı, yaklaştı; çolak kolumda, sırt çantamın kayışının altında bir acı hissettim. O zaman anladım: Maksadı korkutmak değildi, maksadı benden kurtulmaktı. Ne içmiş, ne almışsa gerçekle bağlarını koparmış, başka bir âleme geçmişti.

Bıçakla, silahla işi olan biri değildi Yazar, yanında kesici alet taşıma gibi âdeti yoktu. En büyüğünden bir İsviçre çakısı vardı, okurundan armağan olduğunu söylemişti, bir de dedesinden kalma kabzası bezemeli, palaya benzer bir kâğıt açacağı. Çakıya istekli istekli baktığımı görünce, "Ben açmasını bile beceremiyorum, istersen senin olsun," demişti iyi günlerimizden birinde. Neden bilmem almadım, "Armağansa saklamalısınız," dedim. "Haklısın, dal kesmek için, sopa yontmak için lazım olur. Hem şişe açacağı da var ama biraz fazla büyük, o küçük İsviçre çakıları daha işlevlidir," dedi, çakıyı yazı masasının çekmecesine koydu. Hayır, kesinlikle böyle bir şey yapabilecek biri değildi. Olanları anlatacak olsam anlattıklarıma ben bile inanmam.

Telefon edip özür dilemeye geleceğimi söyleyince mi niyetlendi bu işe? Beni yok etmeyi, cinayet işlemeyi hesapladığını hiç sanmam. Benim ona bir şey yapacağımdan korkmuş, her ihtimale karşı kendini savunmak için çakıyı ya da kâğıt açacağını –neyse o şey– yanına almış olmalı. Beni karşısında görünce birden kafası bozulmuştur.

"Yapmayın, yapmayın," diye fısıldıyordum adım adım

geri çekilmeye çalışırken. Yol tarafına doğru kaçmaya çabalarken ayağım kayanın kovuğuna takıldı, düştüm. Yazar sendeleyerek bana doğru birkaç adım attı. Bıçağı yere atmamıştı, hâlâ elindeydi. Belli ki ne bıçak ne sustalı kullanmıştı şimdiye kadar, bu işlerin adamı değildi. Belki de pişman oldu, doğrulmama yardım etmek istiyor, diye geçirdim aklımdan. Kendimi toplayıp ayağa kalkmaya çabalarken elindeki o kesici şeyle bir kez daha bana doğru hamle etmeye çalıştığını fark ettim. Aramızda olsun olsun üç-dört adım vardı. O, Masa Kayası'nın uçuruma bakan yanında, ben yol tarafındaydım. Birden sendeledi, geriye doğru kaykıldı, yayvan kayanın tam ucunda bir an yalpaladı. "Dikkat et!" diye bağırdım. Sesim çıktı mı yoksa çığlığım boğazıma mı takıldı, bilmiyorum. Tam yanına varıp tutacakken arkaya doğru kaydı. Saniyenin onda biri mi, yüzde biri mi, bilemem artık, gözümün önünde kayboldu.

Omzuma tek kayışla taktığım sırt çantam yere düşmüştü, aceleyle sırtıma taktım. Yazar'a ne olduğunu görmek, yaşıyorsa yardım etmek için uçurumdan aşağıya bakmadım. Son anda bıçak ya da çakı –her neyse– kayaların orada bir yere mi düştü yoksa Yazar'la birlikte denize mi yuvarlandı, diye düşündüm ama dönüp bakamazdım. Kaçmaktan başka çarem yoktu. Etrafı kolaçan ettim. Ne ev tarafında ne yolda kimseyi göremedim. Deniz sakindi, posta saati değildi, uzaklardan bir tekne geçiyordu. Yağmur durmuştu, toprak ıslaktı. Yağmur yağmasaydı, kayalar ıslanmamış olsaydı, kafası dumanlı da olsa dengesini bulmakta zorlansa da ayağı kayıp aşağı düşmeyebilirdi, diye düşündümse de bir an, bu düşünce içimi ferahlatmadı, suçluluk duygusundan kurtarmadı.

Benim yüzümdendi, olayları bu noktaya ben getirmiştim.

Yolu aceleyle aştım, bayırı tırmandım. Kimseye görünmemek için bildiğim patikalardan yamaçtaki zeytinliklere doğru yürüdüm.

Sol omuz başımdaki bıçak yarası derin değildi ama kanıyordu. Keltepe'den inen incecik suyun başında yarayı yıkadım. Kanlanmış tişörtü sargı bezi gibi kullanıp sıkı sıkı sardım. Sırt çantamdan koyu renk temiz bir gömlek çıkarıp giydim, üstüne de rüzgârlığımı geçirdim ki fark edilmesin.

İçim bomboştu, ıssızdım. Kafama, yüreğime pamuk doldurulmuş gibi hissizdim. Çocukluğumdan beri böyleyimdir. Başıma çok kötü bir şey geldiğinde donup kalırım. Taş attım diye tutup götürdüklerinde, içeri attıklarında da böyle olmuştum. Ağabeyimin yüzü parçalanmış cesedini getirip köy evimizin kapısına bıraktıklarında da, babamın ensesinden tek kurşunla vurulmuş cesedini gördüğümde de böyle olmuştum. Önce boşluk, ıssızlık, ölüm uykusu hâli; acı sonra gelir, ağır ağır çöker içime. İyi bir yanı var bunun, insan o anda paniklemiyor, bağırış çığırış etmiyor.

Bir an, polis karakoluna gidip olanları anlatmayı düşündüm. Jandarmaya değil polise... Kendimi bildim bileli jandarmadan korkarım. Kürt'sen, Kızılbaş'san hiçbir şey yapmasan da suçlusundur jandarmanın gözünde. Polis daha mı insaflı? Değil ama bizler daha çok jandarmadan çekiniriz, köyleri hep jandarma basardı da ondan belki. Sonra düşündüm: Yazar'ın Masa Kayası'ndan düştüğünü polise haber versem, gerçeği olduğu gibi anlatsam kim inanır bana? Üstelik sabıkalıyım. Taş atan çocuk: doğuştan suçlu terörist... Benim itmediğimi nasıl ispatlarım! Omuz başımdaki yara bile aleyhime delil olur bakarsın. En akıllıcası, olay ortaya çıkmadan, Yazar ölü veya yaralı bulunmadan önce kimselere görünmeden Ada'dan ayrılmak, izimi kaybettirmek.

Tır taşıyan kooperatif teknesinin saati gelene kadar

zeytinlikte oyalandım. Sonra anayola çıkmadan yamaçlardaki patikaları izleyerek büyük iskeleye indim. Tekneye binip ön tarafta dışarıda oturdum, yüzümü rüzgâra verdim. Rüzgârlığımın kapüşonunu kafama geçirdim, içim geçti, uyuyakaldım.

Meçhul Yazarın Başyapıtı: *Üç Nota*

Alışılmadık doğa olaylarının; tayfunların, hortumların, sellerin, yangınların peş peşe geldiği sıcak bir yaz geçti; bilimsel verilere göre son 70 yılın en sıcak yazı. Sonra, sonbahar yaşanmadan kış birden çullandı üstümüze. Sadece bizim buralarda değil dünyanın her yerinde mevsimler şaştı artık. Eriyen buzullardan kopan buz kitlesi üzerinde düşünceli, şaşkın, çaresiz bekleyen kutup ayısı fotomontaj değil, gerçeğin ta kendisi: Küresel ısınma...

İstiklal Caddesi'nden Tünel'e doğru, ayağım kayıp da düşmemeye çalışarak dikkatli adımlarla yürüyorum. Bütün gece yağıp gündüz çözülen, çamurlu, kirli, kaygan İstanbul karı...

Bu karlı, soğuk havada caddenin her zamanki kalabalığı: avare gezen gençler, mendil, çiklet, çakmak satan ya da dilenen sokak çocukları –çelimsiz, sarı benizli, çıplak ayaklı, çoğu Suriyeli–, mağazalardan ellerinde kocaman paketlerle çıkan zengin Arap turistler ortalıkta yok.

Acele etmiyorum, ilk randevuma daha bir saat var. Son çıkan kitaplara göz atmak, birkaç dergi almak, biraz da ısınmak için kafesi de olan kitapçılardan birine girmeye niyetleniyorum. Kitapçının vitrini, silme aynı kitapla donatılmış. Kitabın kapağı dikkatimi çekiyor: Parlak beyaz fon üzerinde, taneleri etrafa saçılmış kanayan bir nar ve kıpkızıl harflerle: *Üç Nota.*

Kitapçının biraz içerlek girişinin bir yanına asılmış büyük boy afişte, aynı kitabın kapağının üstüne atılmış kırmızı bantta siyah harflerle, "Benzerini okumadığınız şaşırtıcı bir başyapıt!" yazıyor. Yazar adı var mı diye dikkatle bakıyorum: yok. Kapağın en altında, sağ köşede büyük bir yayınevinin amblemi...

Babamın sözlerini hatırlıyorum: "Ya tutarsa hesabıyla yine bir yıldız yaratma peşindeler. Kitapçı payını yüzde 50'lere, 60'lara yükseltmişlerdir, gazetelerin kitap eklerini, dergileri reklama boğmuşlardır, yazara üç kuruş telif ödemişlerdir, bir de yazarın boy boy havalı fotoğrafları... Böyle bol tanıtımlı başyapıtlara meraklı sıradan okur –eli mahkûm– mecbur alacak kitabı," derdi. Kendi romanları da çoksatarlar listelerinde yer alırdı ama aşırı reklamla piyasaya sürülen, kendi deyimiyle "türedi heveskârlar"a bozulurdu. İlk romanını yayımladığında kendisi de edebiyat piyasasına yeni çıkmış bir "türedi" değil miydi? Biraz da kıskançlık yok muydu bu sözlerde? Geçelim...

Üç Nota'lar kitapçının girişine tepeleme yığılmış. Bu da bir satış taktiği herhalde. Kitaba dikkat etmeden, içinde ne olduğunu merak etmeden geçip gitmeniz olanaksız. Belki de babamın etkisiyle; okuru reklamla, parayla yazdırılmış tanıtımlarla taciz eden, alıp okumazsan cahilin tekisin havası yaratılan bu tür kitaplardan uzak dururum, ancak güvendiğim biri önerirse alır okurum. Ne okuyacağıma, piyasanın zorlamasıyla değil kendim karar vermeliyim.

Yine de yazarının adı kitabın ön kapağında görülmeyen bu "başyapıt"ı merak ettim doğrusu. Bir karıştırmakta, arka kapağındaki tanıtımı okumakta yarar var.

En üstteki kitaplardan birine uzanıyorum, arka kapaktaki kısa tanıtım yazısına bakıyorum.

Şiir diliyle yazılmış, nota nota bestelenmiş bir anlatı. Roman geleneğinden tümüyle kopmayı göze almış yarı deli, yarı dâhi bir yazarın kaleminden çıkabilecek bir metin. Ne düzyazı ne şiir, belli bir konusu, bir hikâyesi yok, yine de tökezlemeyen, su gibi akan bir kurgu. Bugüne kadar okuduklarımıza benzemiyor. Önce şaşırıyorsunuz, sonra sözcükler, satırlar, dizeler akıp gidiyor, okurken sizi de sürükleyip götürüyor. "Aynanın öte tarafına geçip sırra varmak," diyor *Üç Nota*'nın meçhul yazarı.

"Meçhul yazar!" Yine bir pazarlama taktiği mi? Meçhul yazar deyince, okur merak eder. İlk akla gelen, edebiyat dünyası dışından, tanınmış, önemli bir kişi, ya bir işinsanı ya da bir siyasetçi olur. Ne var ki, "Hayatım ne roman!" diye romancılığa soyunanlar adlarını saklamıyorlar çoğunlukla, saklamak ne kelime, iftiharla sunuyorlar kendilerini okura. Yazarlığı, romancılığı yaptıkları işten daha saygın gördükleri için belki.

O meçhul yazar yayınevine hiç gelmemiş, yayımcısıyla hiç karşılaşmamış mı? Dosyasını yollayıp kayıplara karışmış, "meçhul" olmayı seçmiş de olabilir tabii. Ama babamdan biliyorum, yayıncılık bir endüstri koluna dönüştüğünden beri kimse öyle bildiği gibi at oynatamıyor. Sözleşmesi yoksa yayınevi kitabı yayımlamayı göze alamaz; bu işlerin kuralı var, yasası var. Yayıneviyle yazar böyle bir sunumda anlaşmış olmalılar.

Kitabın ilk sayfasını açıyorum. Yazarın adı? Müstear da olsa bir ad vardır mutlaka. Evet var. *Üç Nota* başlığının altında Mehmet Ali Bevran adını okuyorum. Sayfanın arkasındaki künyede de aynı ad okunuyor: Mehmet Ali Bevran... Bevran'ın v'si w değil...

Kitap elimden yere düşüyor, yerden almak için eğilirken üst üste yığılmış *Üç Nota*'lar etrafa dağılıyor. Çocukluğumda, hastalanıp da ateşim çok yükseldiğinde uykuyla uyanıklık arasında bir karabasan görürdüm: Dipsiz bir kuyuda ağır ağır, döne döne düşerken kuyunun duvarlarından fırlayan binlerce kitap başıma, bedenime çarpar, üstüme yığılır, nefessiz kalırdım. Üstelik elimdeki topluiğneyle bütün kitapları tek tek kaldırmam gerekiyordu. Aynı karabasan...

Biri elimden tutup kaldırmaya çalışıyor. "İyi misiniz?" Uzaktan bir başka ses: "Kitapları destek koymadan üst üste yığmayın demiştim size!" Doğruluyorum, "Başım döndü, özür dilerim," diyorum. Neden, kimden özür dilediğimi bilmiyorum. Kitapçıdan çıkıyorum. Yüzüme çarpan soğuk hava iyi geliyor. Kar yağıyor, kondukları yerde eriyen beyaz kelebekler... Kaymamaya çalışarak ağır ağır yürüyorum. Ateşim mi çıktı yine? Kar taneleri çocukluk karabasanlarımdaki kitaplar gibi art arda düşüyor üstüme. Galatasaray'a doğru başka bir kitapçının vitrininde sıra sıra *Üç Nota*'lar... Gerçek değil bu, rüyadayım. İstiklal Caddesi daralıyor, kıvrılıyor, dipsiz, derin bir kuyu oluyor.

* * *

Başyapıt... Babamın başyapıtı...

Şair'in, Engin'in, Sadu'nun parça buçuk sezdikleri, bilip de bilmezden geldikleri, bir cümle iki söz arasına sıkıştırdıkları, görüp de görmeye, bilip de bilmeye cesaret edemedikleri ne varsa, hepsini toparladım, gerçeğe susamışlığımla kardım, duygularımla yoğurdum. Sorularımın cevabını buldum. Artık biliyorum.

Kitap masamın üstünde duruyor. Kapağı, sadeliği içinde albenili. Kapakta yazar adı yok. Eğer bir giz aranacaksa içerdeki yazar adında aranmalı: Mehmet Ali Bevran... Babamın pek kullanılmayan ön adı Mehmet, Aliço'nun Ali'si ve Bevran. Neden Bewran değil de Bevran? Etnik kimliğe gönderme olmasın, yerel kalmasın, w'ler, q'lar yayınevinin başına bela olmasın diye herhalde.

"Meçhul yazar"ın değil "meçhul yazarlar"ın ortak başyapıtının gün yüzüne çıkabilmesi için babam veya "kendi yazar-kendi satar" genç adamdan birinin ölmesi mi gerekiyordu? Ölen babam olmuştu ama katil Aliço değildi. Bunu Sadu'nun ağzından kaçırdığı –ya da aksine– duymamı istediği bir sözünden biliyorum: "Aliço'nun dahli yok; korkuyordu, o da kurban belki."

Cinayet fikri babamın kafasında, kendisi de farkına varmadan, bilince çıkarmadan, bir roman kurgusu yaparcasına, bir hikâye çatarcasına ağır ağır mayalanmış olmalı. "Yazarlarevi Cinayeti" roman taslağının kahramanı yazar karakterini şimdi daha iyi anlıyorum.

Gerçeği kim biliyordu? Bewran ile Aliço... Bewran'ın derdi, umuru değildi. O başka bir boyuttandı. Peki Aliço? Aliço yaşadıkça "başyapıt" tehdit altındaydı. Hele de bir hak talep etmişse... Ölümcül kaza babamı cinayete teşebbüsten, en azından yaralamadan yargılanmaktan kurtarmıştı.

Bu senaryo ne kadar gerçekçi? Daha iyisi yazılabilir mi bilmiyorum, elimdeki bütün verileri birleştirince...

Böyle bir davada katil zanlısının avukatı olsaydım müvekkilimi temize çıkaracak delil sunmakta, suçsuzluğunu ispat etmekte zorlanırdım. Savunmayı zanlının kimliği, kişiliği üzerine kurar, mahkeme heyetini yazarın böyle bir teşebbüste bulunması için hiçbir neden olmadığına inandırabilirdim. Karşı tarafın elindeki deliller mahkûmiyet kararına yetmezdi. Üstelik bütün tanıklar yazardan yana ifade verir, iftira davası açılmasa bile en azından delil yetersizliğinden beraat alırdım. Ama hem yargıç hem savcı hem de avukatı olduğum vicdan mahkemesinde, sevgili müvekkilimi beraat ettiremiyorum.

Babamın dikkatle, satır satır incelediğim, tekrar tekrar okuduğum notları, "Yazarlarevi Cinayeti" taslağındaki olay örgüsü, satır araları, Ada halkının konuşmaları, yarım kalmış cümleler, kaçırılan bakışlar, sözlerden çok suskunluklar, Sultan'ın acemi yalanları, Sadu'nun saklamaya çalışıp da saklayamadıkları ya da saklamak istedikleri, Bewran'ın aynasının sırrı... Bunların tümünden kardığım hamuru yüreğimin süzgecinden geçirince kara katran gibi bir tortu kalıyor. Yüzleşmesi güç olan gerçek...

Babamın başyapıtı Bewran'ın türküsüydü, ak kâğıt üzerindeki satırlar Bewran'ın bestesinin notalarıydı. Bunları yazıya dökmüş, kurgu ustalığıyla, yılların yazarlık deneyimiyle istediği, özlediği başyapıtı çıkarmıştı ortaya.

Cevaplayamadığım soru: Bir esere, bir edebî metne adını yazdırmak için ölmeye, öldürmeye değer mi? Soruyu şöyle sormak da mümkün: Sanatçı ya da yazar eserini başkasıyla paylaşmaya razı olur mu? Bir başka soru: Yaratıcı, eserine başka birinin el koymasına izin verir mi? Başka sorular da var: Bir yazar –hem de tanınmış, başarılı bir yazar– kendini aşmak, bir başyapıt yaratıp edebiyat tarihine adını yeni bir akımın öncüsü olarak yazdırmak için neleri göze alır? Yaratmanın doyumu yeterli değil midir? Ne biçim bir hırs, ne biçim bir tutku bu!

Babamın yarım bıraktığı "Yazarlarevi Cinayeti" romanındaki yaşlı yazar kimi, neden öldürmek istiyordu? Bilinmesini istemediği hangi sırrı –ya da suçu– saklamak için? Erkeklik onurunu yerle bir eden utanç verici olayı mı, romanındaki dili başka birinden ödünç aldığını mı?

Sadu, Şair, Engin, hatta Sultan, hepsi gerçeği seziniyordu. Hepsi babamı kendilerince seviyorlardı. O yıpranmasın, aşağılanmasın, yazarlık ününe halel gelmesin, daha da önemlisi manevi ölüme mahkûm edilmesin diye susmuşlar, bildiklerini, sezdiklerini birbirleriyle paylaşmaktan bile çekinmişlerdi. Bir tek Bewran –yaşanan trajedinin tam göbeğindeki, başyapıt senfonisinin bestecisi Bewran– her şeyin dışındaydı. Bütün bunlar onu ilgilendirmiyordu; çünkü onun değerler dünyasında, şan şöhret sağlamak için, tarihe geçip geleceğe kalmak için bir eserin altına imza koymanın hiçbir anlamı yoktu.

Kitap masamın üstünde duruyor. Henüz okumaya hazır değilim. Notlarından birinde, "Sıradanı aşamazsam bugüne kadar yazdıklarımın anlamı yok. Hepsini yok edip aradığım dille yazılmış tek bir eserle anılmak isterdim," diye yazıyordu. Not defterlerini gelişigüzel karıştırırken rastladığım başka bir notta, "Neden olduğum kadarıyla yetinmiyorum? Kibirden mi gerçek değerimi abartmaktan mı tatminsizlikten mi? İnsanın kendini aşma tutkusu yüceltici bir erdem mi bir günah mı?" diye soruyordu.

Ada'ya, yitirdiğim babamı aramaya, ölümünden sonra da olsa onunla –ve kendimle– barışmaya gitmiştim. Şimdi, masanın üstünde duran kitaba bakarken onu bir kez daha kaybetmenin kederini duyuyorum içimde.

Yalnızım, acılıyım, karışık duygular içindeyim ama yüreğimde bir kelebek kanadı hafifliği var. Üstümden bir yük kalkmış ya da aylardır aman vermeyen bir ağrı birden kesilmiş gibi: Bilmenin huzuru... "Bilmek kimi zaman rezilce korkuludur," demişti Şair. Hayır; korkulu da olsa bilmek kuşkudan iyidir.

Hikâyemi, sonunu biraz değiştirerek gönlüme göre temize çekiyorum: Babamın ölümü kazaydı; kendisinin sebep olduğu, üzücü, kötü bir kaza. Bundan böyle benim için hikâyenin bu baskısı geçerli.

Telefonuma uzanıp Engin'i arıyorum.

"Buraya kar yağıyor, Ada'ya da yağdı mı?" diye soruyorum.

"Cereeeen! Sesini duymak ne güzel! Evet, burada

da yağmaya başladı, Keltepe beyaz külahını giydi bile. Sen nasılsın, her şey yolunda mı?"

Sesi şaşkın, biraz da endişeli.

"Her şey yolunda, merak etme. Seni şunun için aradım. Düşündüm de, eğer ilgilenecek olursan Yazarlarevi'ni yeniden canlandıralım. Senin kitaplığı da oraya taşırız. Çocuklarla, gençlerle okuma günleri, yazarlık atölyeleri falan... Hazırlıkları tamamlamak için yaza kadar bol bol vaktimiz var."

Sanki ben değil de bir başkası konuşuyormuşçasına kendi sözlerime şaşırıyorum. Böyle bir şey düşünmedim, vaktim bile olmadı bu konuyu düşünmeye. Söz yine düşüncenin önüne geçti.

"Bir düşün ama ne olur olumlu cevap ver."

Uzunca bir sessizlik oluyor.

"Tamam," diyor, "havalar biraz düzelince gelebilirsen bakarız."

"İDO seferleri çoktan bitmiştir. Avşa-Marmara tekneleri işliyor mu?"

"Kooperatif teknesi her gün var, ötekiler de şimdilik çarşamba, pazar haftada iki sefer yapıyorlar."

"İyi, ilk fırsatta gelirim. Şair'e de selam söyle. Haa, bir de *Üç Nota* adlı yeni bir roman çıkmış. Bütün kitapçılarda 'başyapıt' diye vitrinlerde. Haberin olsun."

Marmara Adası - İstanbul
4 Aralık 2021

Alıntılar

Sayfa 13, 88, 89 - İsmet Değirmenci, *Gemi Ne Zaman Gelecek*, Assos Yayınları, s. 9-123, 127-7, 9.

Sayfa 75 - Samih Rifat, *Ada*, Sel Yayınları, s. 28.

Sayfa 85 - Hilmi Yavuz, *Bedreddin Üzerine Şiirler*, Cem Yayınevi, s. 27.

Sayfa 290 - Edip Cansever, *Yerçekimli Karanfil*, Adam Yayınları, s. 402.